L'Ancien Livre De Jashar

Traduit par Hakeem Valcin

On l'appelle aussi

Sepher HaYasher (en Hébreu)

ou

Le Livre des Justes

Une Nouvelle Édition Annotée Tradruit

Référencé dans Josué 10:13 ; 2 Samuel 1:18 ; fait allusion dans 2 Timothée 3:8

ISBN : 978-1-967787-53-1

Table des matières

Dédicace

Je dédie ce livre à YAHWEH, le Père, à Yeshúa Hamashiach, le Fils, et à Ruach Hakodesh, le Saint-Esprit.

À Propos de l'Auteur

Hakeem Valcin est né en 1995, en Haïti, il est devenu chrétien à l'âge de 15 ans. Il se rendit vite compte qu'il y avait des différences dans la doctrine et dans les dénominations et il a commencé à chercher à se prouver l'interprétation correcte de ces questions qui divisent les Chrétiens. Il a étudié la Bible et la théologie au Nyack College de New York et a complété ses études à l'Université Campbell, en Caroline du Nord, sur les études Chrétiennes dans le ministère de la jeunesse. Il a obtenu son diplôme d'associé en études Chrétiennes en 2021 et son baccalauréat en études Chrétiennes en ministère auprès des jeunes en 2022. Après une étude intensive de l'Église du premier siècle et des Saintes Écritures, il a cherché à ramener les enseignements des apôtres et des disciples de les 12 apôtres et les prophètes de l'Ancien Testament. Hakeem Valcin est un auteur qui parle de diverses questions liées à la nation d'Israël dans la Bible, de la vraie réalité d'Israël aujourd'hui et de l'histoire ancienne du peuple de Dieu que l'on ne retrouve pas dans l'église mais qui sont importantes. Il a encore d'autres tâches à accomplir pour ouvrir les yeux du peuple de Dieu. Parmi eux le livre de Jashar, Vidéos animées sur le Livre de Jashar à venir, une application pour installer les livres apocryphes, des livres audios, et de nombreux sujets et spectacles. Son cœur est d'écrire et de traduire des livres, de servir les gens et de donner de la lumière pour guider tous ceux qui souhaitent connaître plus de vérité qui transformera et apportera un impact durable dans sa communauté. Restez à l'écoute pour plus de livres et de lumière sur la parole de Dieu.

Actuellement, Hakeem Valcin gère une chaîne YouTube appelée Reyalite Ebre et une autre chaîne en anglais appelée Hebrew Realities qui parle de ces livres et d'autres sujets intéressants.

Introduction

Qu'est-ce que le Livre de Jashar ?

Le Livre de Jashar est l'un des livres dits apocryphes, faisant partie d'une collection de plus de 36 textes historiques anciens que la Bible recommande de lire. Parmi ces textes, nous trouvons le Livre de Jashar, qui existe encore malgré de nombreuses tentatives pour l'effacer de l'histoire. Voici son histoire brève selon le texte : ce livre a été écrit il y a plus de 3 500 ans, à peu près à la même époque que le livre de la Genèse dans la Bible. Il couvre une période similaire à celle de la Genèse et de l'Exode, mais contient deux fois plus d'informations que la Genèse. Il répond à de nombreuses questions que les gens se posent sur la Genèse et s'étend jusqu'au livre de Josué.

Comment pouvons-nous être sûrs qu'il s'agit du véritable Livre de Jashar ? Pourrait-il s'agir d'une falsification du Moyen Âge ?

Il est vrai qu'il y a eu au moins deux falsifications du Livre de Jashar. L'une est un traité éthique du Moyen Âge qui, à ma connaissance, n'a pas été traduit en anglais. De plus, cette première falsification adopte un style gnostique, commençant par une section sur les mystères de la création, selon les érudits. Une deuxième falsification a été publiée en 1829, prétendument traduite par Flaccus Albinus Alcuinus. Cependant, ces falsifications n'ont pas la même crédibilité que le Livre de Jashar que vous avez entre les mains. De plus, ces deux versions falsifiées manquent des informations que les Saintes Écritures attribuent au véritable Livre de Jashar.

Ce Livre de Jashar, en particulier, correspond à ce que la Bible dit à son sujet, garantissant que la version traduite est une copie fidèle de l'original. De nombreux détails supplémentaires trouvés dans le Livre de Jashar apparaissent également dans des textes juifs tels que le Talmud babylonien, la Michna et Legends of the Jews, traduit par Louis Ginzberg. Dans de nombreux cas, il existe des références montrant que le rabbin Eléazar, un érudit juif éminent, utilisait abondamment le Livre de Jashar au premier siècle après J.-C. La Michna a été achevée autour de l'an 200 après J.-C., et le Talmud babylonien, vers l'an 800 après J.-C. Par conséquent, il est évident que la Michna et le Talmud se sont appuyés sur le Livre de Jashar comme document source, et non l'inverse.

De plus, puisque le Seder Olam a été écrit autour de l'an 169 après J.-C. et fait fréquemment référence au Livre de Jashar, nous savons que le Livre de Jashar était utilisé par d'autres historiens au IIe siècle après J.-C. Tout cela montre à quel point le Livre de Jashar était connu et significatif parmi de nombreux auteurs juifs.

Que dit la Bible sur le Livre de Jashar ?

Les Saintes Écritures rapportent un événement où Dieu fit s'arrêter le Soleil et la Lune jusqu'à ce que Josué et son peuple aient vaincu les Amoréens. Cet événement était si extraordinaire que l'auteur du livre de Josué affirma qu'il était véridique parce que cet événement est également consigné dans le Livre de Jashar comme témoignage. Cela nous apprend deux choses :

Le Livre de Jashar original est plus ancien que le livre de Josué.

La Bible recommande de lire ce livre historique.

"Alors Josué parla à l'Éternel, le jour où l'Éternel livra les Amoréens entre les mains des enfants d'Israël ; et il dit en présence d'Israël : 'Soleil, arrête-toi sur Gabaon, et toi, lune, sur la vallée d'Ajalon.' Et le soleil s'arrêta, et la lune suspendit sa course, jusqu'à ce que la nation se fût vengée de ses ennemis. Cela est écrit dans le Livre de Jashar. Et le soleil s'arrêta au milieu du ciel, et il ne se hâta point de se coucher environ un jour entier. Il n'y a point eu de jour comme celui-là, ni avant ni après, où l'Éternel ait exaucé la voix d'un homme ; car l'Éternel combattait pour Israël." (Josué 10:12-14)

Voici comment Jashar décrit le même événement :

"Josué dit à la vue de tout le peuple : 'Soleil, arrête-toi sur Gabaon, et toi, lune, sur la vallée d'Ajalon, jusqu'à ce que la nation se venge de ses ennemis.' Et le soleil s'arrêta au milieu des cieux, et il ne se hâta point de se coucher pendant trente-six moments. La lune aussi s'arrêta, et le jour ne s'acheva pas complètement. Il n'y a jamais eu un jour comme celui-là, ni avant ni après, où l'Éternel ait exaucé la voix d'un homme, car l'Éternel combattait pour Israël." (Jashar 88:63-64)

La référence à Jashar dans 2 Samuel apparaît lorsque David déplore la mort de Saül et de Jonathan :

"David composa cette complainte sur Saül et sur Jonathan, son fils, et il ordonna de l'enseigner aux enfants de Juda : c'est le Cantique de l'Arc (il est écrit dans le Livre de Jashar) :" (2 Samuel 1:17-18)

Ce passage renvoie à un moment où Jacob, proche de la mort, rassembla ses fils pour leur prophétiser leur avenir. Cet événement est consigné dans Genèse 49. Cependant, l'ordre spécifique de Jacob à Juda ne se trouve pas dans les Saintes Écritures, mais dans l'ancien Livre de Jashar, comme mentionné :

"...Enseignez seulement à vos enfants l'usage de l'arc et de toutes les armes de guerre, afin qu'ils combattent pour leurs frères, qui régneront sur leurs ennemis." (Jashar 56:9)

Paul mentionne également les noms de deux magiciens, Jannès et Jambrès, qui résistèrent à Moïse. Cet événement est consigné dans Exode 7:8-13, mais les noms des magiciens ne sont pas donnés dans l'Ancien Testament. Paul a appris leurs noms et d'autres détails à partir de textes hébraïques externes, dont le Livre de Jashar :

"Et de même que Jannès et Jambrès s'opposèrent à Moïse, de même ces hommes s'opposent à la vérité : des hommes corrompus d'entendement, réprouvés en ce qui concerne la foi. Mais ils n'iront pas plus loin ; car leur folie sera manifeste pour tous, comme le fut celle de ces hommes-là." (2 Timothée 3:8-9)

"Quand ils se retirèrent, Pharaon convoqua Balaam, le magicien, ainsi que Jannès et Jambrès, ses fils, et tous les magiciens, illusionnistes et conseillers du roi. Aaron jeta rapidement sa verge devant Pharaon et ses serviteurs, et elle se changea en serpent." (Jashar 79:27,36)

Le Seder Olam, un autre texte historique hébraïque écrit en l'an 169 après J.-C., note que le rabbin Éliezer était l'un des plus précis pour calculer les dates et les événements, car il s'appuyait fortement sur l'ancien Livre de Jashar. Cela montre à quel point le Livre de Jashar était connu et respecté au premier siècle après J.-C. Consultez le chapitre 4 du Seder Olam pour plus de détails.

L'introduction originale de la traduction anglaise du Livre de Jashar mentionne également que Flavius Josèphe, un historien juif, le considérait comme une source historique hautement crédible. Consultez l'appendice E à la fin de ce livre pour plus d'informations :

"Ce livre fournit une compréhension sage de certains récits soigneusement préservés, relatant des événements parmi les Hébreux année après année. Il fut nommé Jashar ou 'Le Juste' pour sa fiabilité historique." ~Flavius Josèphe

Pourquoi le Livre de Jashar n'est-il pas inclus dans la Bible ?

La réponse à cette question est complexe et comporte plusieurs facettes. En résumé, le Livre de Jashar a été redécouvert et publié au XVIIe siècle. Vers l'an 70 après J.-C., le livre avait été transféré de Jérusalem à l'Espagne, ce qui le rendait indisponible en nombre suffisant lorsque les décisions sur le canon biblique furent prises. Cela signifiait que, lorsque l'Église catholique et les groupes protestants finalisèrent leurs propres canons, il était déjà trop tard. Le dernier grand concile ayant influencé la version de la Bible que nous connaissons aujourd'hui s'est tenu en 1885, après des réunions ayant débuté en 325 apr. J.-C. et continué en 1546, 1563, et bien d'autres dates. J'ai l'intention d'écrire un commentaire sur le Livre de Jashar pour vous aider à mieux comprendre son histoire.

Qui était Jashar ?

En rassemblant des informations provenant de divers anciens parchemins, du préambule original du Livre de Jashar et de nombreuses références issues de 1 Chroniques 2:18 et Genèse 46:12, nous découvrons que Jashar, également écrit Yesher, Yashar ou en Hébreu HaYashar, avec des variations orthographiques entre les versions (mais faisant toutes référence à la même personne), est né au pays de Canaan (Israël). Il était le premier-né de Caleb. En bref, ce Caleb dont nous parlons n'est pas le même que Caleb, fils de Jephunné, qui était parmi les douze espions envoyés par Moïse (Nombres 13:6). Maintenant, ce Caleb était fils de Hetsron, né après Caleb, le plus jeune fils de Jephunné ; ils étaient donc deux générations différentes. Selon les archives historiques, Jashar affirme avoir obtenu ses informations de Caleb, son père ; Hetsron, son grand-père. Il enregistra des événements auxquels il assista, comme le moment où le soleil et la lune s'arrêtèrent pendant une journée entière, ainsi que des récits d'événements antérieurs à son époque. Jashar relata ces événements tels qu'ils se produisirent, avec simplicité et force de vérité. En général, ses récits concordent avec ceux des livres de Moïse. Lorsqu'ils divergent, il semble qu'il ait fidèlement rapporté les événements avec plus de détails, reflétant son rôle de gardien de la vérité. Cet engagement envers la vérité et la droiture lui valut dès son jeune âge le nom de "Jashar," qui signifie littéralement "le juste." En Israël, on disait de lui, en raison de sa fidélité dans ses œuvres et son rôle de chroniqueur parmi son peuple : « Voici l'homme juste. » Ainsi, Jashar écrivit le volume qui porte son nom.

Cependant, ce sujet reste controversé. Certains intellectuels affirment que "Jashar" n'était pas une personne, mais plutôt un titre signifiant "Le Livre des Justes," puisque le terme הישר ספר se traduit littéralement "Le Rouleau du Juste ou Correct." D'autres pensent qu'il fait bien référence à une personne spécifique. Ce débat demeure ouvert. Que le livre porte le nom d'une personne ou qu'il signifie "Le Livre des Justes," il reste un document utile et précieux à lire. Comme Martin Luther le déclara à propos des livres apocryphes : « Ils sont utiles et bons à lire. » De plus, la Bible recommande ce livre à trois reprises : deux fois par son nom et une fois par allusion. Pour ces raisons, le Livre de Jashar mérite d'être lu et considéré comme une source historique, inspirée et religieuse digne d'attention.

Quelle est l'histoire du Livre de Jashar ?

Selon une légende rabbinique, le Livre de Jashar et plusieurs autres textes anciens non bibliques furent transportés de Jérusalem en Espagne après la chute de Jérusalem en l'an 70 apr. J.-C. L'un des officiers romains de l'empereur Titus, nommé Sidrus, croyait au Dieu des Hébreux. Il fit en sorte que plusieurs textes sacrés soient déplacés de Jérusalem vers un endroit sûr à Séville, en Espagne. Les rabbins séfarades (nom donné aux Juifs vivant en Espagne) protégèrent ces textes.

En 1613, la première version imprimée officielle en Hébreu du Livre de Jashar fut publiée à Venise, en Italie. La première traduction de cette version hébraïque en anglais fut achevée en 1840.

Le texte de Jashar a-t-il été corrompu au fil des siècles ?

Ces anciens parchemins étaient en mauvais état lorsque le livre fut imprimé en Hébreu en 1613. Le texte, inspiré par Dieu et historiquement précis, montre des signes d'erreurs de copistes, similaires à ceux observés dans notre Bible canonique. Toutefois, il est important de rappeler que ce rouleau a plus de 3,500 ans. Sans machines à écrire ni imprimantes modernes, les textes devaient être copiés à la main d'une langue à une autre, rendant les erreurs inévitables. Malgré cela, ces erreurs n'altèrent ni le message ni le contenu historique de l'original. La Sainte Écriture recommande vivement le Livre de Jashar.

Le calendrier hébraïque

Le calendrier chrétien repose sur la naissance du Christ. Si ce calendrier n'avait pas été modifié, l'année 2024 apr. J.-C. signifierait que Jésus-Christ est né il y a 2,024 ans. En revanche, le calendrier hébraïque se base sur la création du monde. L'année chrétienne 2024 apr. J.-C. correspond à l'année hébraïque 5785 AM. L'abréviation "AM" signifie Anno Mundi, qui veut dire "Année du Monde," de la même manière que "apr. J.-C." signifie Anno Domini, ou "Année du Seigneur." La plupart des chrétiens fondamentalistes croient que le calendrier hébraïque manque ou a ajouté au moins 168 années. Cependant, cette discussion dépasse le cadre de cet ouvrage. Toutes les dates dans le Livre de Jashar sont comptées depuis la Création jusqu'à l'entrée des Israélites dans la Terre Promise. Il couvre les premiers 2,516 ans de l'histoire de l'humanité.

Organisation de ce livre

Après ce chapitre introductif, vous trouverez le texte de l'Ancien Livre de Jashar. Les récits du Livre de Jasher sont organisés avec des références correspondant aux chapitres Bibliques pour offrir clarté, contexte, détails et simplicité. À la suite du texte, il y a cinq annexes. L'Annexe A fournit un tableau chronologique pour votre commodité, extrait du site web du Dr. Ken Johnson, Biblefacts.org. L'Annexe B contient des notes sur la chronologie et une table des nations, organisée par Biblefacts.org. L'Annexe C offre des informations sur des événements importants et une liste de rois gentils (Biblefacts.org). L'Annexe D présente ma propre analyse détaillée et approfondie des supposées contradictions entre Jashar et la Bible. L'Annexe E inclut le préambule original ajouté à l'édition de 1840. Veuillez envoyer toutes vos questions et commentaires par email à ReyaliteEbre24@outlook.com. Nous serions ravis de savoir comment ce livre vous a béni. L'Ancien Livre de Jashar contient 91 chapitres.

L'Ancien Livre De Jashar

C'EST LE LIVRE DES GÉNÉRATIONS DE L'HUMANITÉ, QUE DIEU A CRÉÉE SUR LA TERRE, LE JOUR OÙ LE SEIGNEUR DIEU FIT LES CIEUX ET LA TERRE.

1 – De la Création à Abel

(Genèse 1-4)

[1] Et Dieu dit : Faisons l'homme à notre image, selon notre ressemblance, et Dieu créa l'homme à son image.

[2] Et Dieu forma l'homme de la poussière du sol, et il souffla dans ses narines le souffle de vie, et l'homme devint une âme vivante douée de parole.

[3] Et l'Éternel dit : Il n'est pas bon que l'homme soit seul ; je lui ferai une aide semblable à lui.

[4] Et l'Éternel fit tomber un profond sommeil sur Adam, qui s'endormit, et il prit une de ses côtes, et bâtit la chair à sa place, et forma la femme et l'amena à Adam, et Adam, s'éveillant de son sommeil, voit une femme debout devant lui.

[5] Et il dit : Celle-ci est os de mes os et sera appelée femme, car elle a été prise de l'homme ; et Adam appela son nom Ève, car elle était la mère de tous les vivants.

[6] Et Dieu les bénit et appela leurs noms Adam et Ève le jour où il les créa, et l'Éternel Dieu dit : Soyez féconds, multipliez, et remplissez la terre.

[7] Et l'Éternel Dieu prit Adam et sa femme, et les plaça dans le jardin d'Éden pour le cultiver et le garder ; et il leur commanda, en leur disant : De tout arbre du jardin vous pouvez manger, mais de l'arbre de la connaissance du bien et du mal vous ne mangerez point, car le jour où vous en mangerez, vous mourrez certainement.

[8] Et après que Dieu les eut bénis et leur eut donné des commandements, il les quitta, et Adam et sa femme demeurèrent dans le jardin selon le commandement que l'Éternel leur avait donné.

[9] Et le serpent, que Dieu avait créé avec eux sur la terre, vint à eux pour les inciter à transgresser le commandement de Dieu qu'il leur avait donné.

[10] Et le serpent séduisit et persuada la femme de manger de l'arbre de la connaissance, et la femme écouta la voix du serpent, et elle transgressa la parole de Dieu, et prit de l'arbre de la connaissance du bien et du mal, et mangea, et en donna aussi à son mari qui mangea.

[11] Et Adam et sa femme transgressèrent le commandement de Dieu qu'il leur avait donné, et Dieu le sut, et sa colère s'enflamma contre eux et il les maudit.

[12] Et l'Éternel Dieu les chassa ce jour-là du jardin d'Éden, pour cultiver le sol d'où ils avaient été pris, et ils allèrent habiter à l'est du jardin d'Éden ; et Adam connut Ève sa femme et elle enfanta deux fils et trois filles.

[13] Et elle appela le nom du premier-né Caïn, en disant : J'ai acquis un homme de la part de l'Éternel, et elle appela le nom de l'autre Abel, car elle dit : En vanité nous sommes venus sur la terre, et en vanité nous en serons ôtés.

[14] Et les garçons grandirent et leur père leur donna une possession dans la terre ; et Caïn était laboureur de la terre, et Abel gardien de brebis.

[15] Et au bout de quelques années, ils apportèrent une offrande à l'Éternel, et Caïn apporta des fruits de la terre, et Abel apporta des premiers-nés de son troupeau et de leur graisse, et Dieu se tourna vers Abel et son offrande, et un feu descendit de l'Éternel du ciel et la consuma.

[16] Et à Caïn et à son offrande, l'Éternel ne se tourna pas, et il ne s'y inclina pas, car il avait apporté le fruit inférieur de la terre devant l'Éternel, et Caïn était jaloux de son frère Abel à cause de cela, et il chercha un prétexte pour le tuer.

[17] Et quelque temps après, Caïn et Abel, son frère, allèrent un jour dans les champs pour travailler ; et ils étaient tous deux dans les champs, Caïn labourant et cultivant son sol, et Abel gardant son troupeau ; et le troupeau passa par la partie que Caïn avait labourée dans le sol, ce qui affligea grandement Caïn.

[18] Et Caïn s'approcha de son frère Abel avec colère, et lui dit : Qu'y a-t-il entre moi et toi, que tu viennes habiter et amener ton troupeau à paître dans mon pays ?

[19] Et Abel répondit à son frère Caïn et lui dit : Qu'y a-t-il entre moi et toi, pour que tu manges la chair de mon troupeau et te vêtisses de leur laine ?

[20] Et maintenant donc, ôte la laine de mes moutons avec laquelle tu t'es vêtu, et compense-moi pour leurs fruits et leur chair que tu as mangés, et quand tu auras fait cela, je m'en irai de ton pays comme tu l'as dit.

[21] Et Caïn dit à son frère Abel : Sûrement si je te tue aujourd'hui, qui demandera ton sang de ma part ?

[22] Et Abel répondit à Caïn, disant : Sûrement Dieu qui nous a faits sur la terre, il vengera ma cause, et il demandera mon sang de toi si tu me tues, car l'Éternel est le juge et l'arbitre, et c'est lui qui rétribuera l'homme selon son mal, et l'homme méchant selon la méchanceté qu'il peut faire sur la terre.

[23] Et maintenant, si tu me tues ici, sûrement Dieu connaît tes vues secrètes, et te jugera pour le mal que tu as déclaré faire contre moi ce jour.

[24] Et quand Caïn entendit les paroles qu'Abel, son frère, avait prononcées, voici, la colère de Caïn s'enflamma contre son frère Abel pour avoir déclaré cela.

[25] Et Caïn se hâta et se leva, et prit la partie en fer de son instrument de labour, avec laquelle il frappa soudainement son frère et le tua, et Caïn versa le sang de son frère Abel sur la terre, et le sang d'Abel s'écoula sur la terre devant le troupeau.

[26] Et après cela, Caïn se repentit d'avoir tué son frère, et il fut tristement affligé, et il pleura sur lui et cela le vexa extrêmement.

[27] Et Caïn se leva et creusa un trou dans le champ, où il mit le corps de son frère, et il retourna la poussière dessus.

[28] Et l'Éternel sut ce que Caïn avait fait à son frère, et l'Éternel apparut à Caïn et lui dit : Où est Abel, ton frère, qui était avec toi ?

[29] Et Caïn dissimula, et dit : Je ne sais pas, suis-je le gardien de mon frère ? Et l'Éternel lui dit : Qu'as-tu fait ? La voix du sang de ton frère crie vers moi depuis le sol où tu l'as tué.

[30] Car tu as tué ton frère et tu as dissimulé devant moi, et tu as imaginé dans ton cœur que je ne te voyais pas, ni ne connaissais toutes tes actions.

[31] Mais tu as fait cela et tu as tué ton frère pour rien et parce qu'il te parlait justement, et maintenant, donc, sois maudit du sol qui a ouvert sa bouche pour recevoir le sang de ton frère de ta main, et où tu l'as enterré.

[32] Et il arrivera, quand tu le cultiveras, qu'il ne te donnera plus sa force comme au début, car des épines et des chardons produira le sol, et tu seras en mouvement et errant sur la terre jusqu'au jour de ta mort.

[33] Et à cette époque, Caïn sortit de la présence de l'Éternel, du lieu où il était, et il se mit en mouvement et erra dans le pays vers l'est d'Éden, lui et tout ce qui lui appartenait.

[34] Et Caïn connut sa femme en ces jours, et elle conçut et enfanta un fils, et il appela son nom Hénoc, en disant : En ce temps-là, l'Éternel commença à lui donner du repos et du calme sur la terre.

[35] Et à cette époque, Caïn commença aussi à bâtir une ville : et il bâtit la ville et appela le nom de la ville Hénoc, selon le nom de son fils ; car en ces jours, l'Éternel lui avait donné du repos sur la terre, et il ne se déplaçait plus et n'errait pas comme au début.

[36] Et Irad naquit à Hénoc, et Irad engendra Méhuyaël et Méhuyaël engendra Metushaël.

2 – De Seth à Énoch

[1] Et ce fut dans la cent trentième année de la vie d'Adam sur la terre, qu'il connut de nouveau Ève, sa femme, et elle conçut et enfanta un fils à sa ressemblance et à son image, et elle appela son nom Seth, en disant, Parce que Dieu m'a attribué une autre descendance à la place d'Abel, car Caïn l'a tué.

[2] Et Seth vécut cent cinq ans, et il engendra un fils ; et Seth appela le nom de son fils Énosch, en disant, Parce qu'à cette époque, les fils des hommes commencèrent à se multiplier, et à affliger leurs âmes et leurs cœurs en transgressant et en se rebellant contre Dieu.

[3] Et ce fut aux jours d'Énosch que les fils des hommes continuèrent à se rebeller et à transgresser contre Dieu, pour augmenter la colère du Seigneur contre les fils des hommes.

[4] Et les fils des hommes allèrent et ils servirent d'autres dieux, et ils oublièrent le Seigneur qui les avait créés dans la terre : et en ces jours, les fils des hommes firent des images de bronze et de fer, de bois et de pierre, et ils s'inclinèrent et les servirent.

[5] Et chaque homme fit son dieu et ils s'inclinèrent devant eux, et les fils des hommes abandonnèrent le Seigneur tous les jours d'Énosch et de ses enfants ; et la colère du Seigneur s'enflamma à cause de leurs œuvres et des abominations qu'ils faisaient sur la terre.

[6] Et le Seigneur fit que les eaux du fleuve Guihon submergèrent ceux-ci, et il les détruisit et les consuma, et il détruisit le tiers de la terre, et malgré cela, les fils des hommes ne se détournèrent pas de leurs voies mauvaises, et leurs mains étaient encore tendues pour faire le mal aux yeux du Seigneur.

[7] Et en ces jours-là, il n'y avait ni semence ni récolte sur la terre ; et il n'y avait pas de nourriture pour les fils des hommes et la famine était très grande en ces jours-là.

[8] Et la semence qu'ils avaient semée en ces jours-là dans le sol devenait des épines, des chardons et des ronces ; car depuis les jours d'Adam était cette déclaration concernant la terre, de la malédiction de Dieu, qu'il avait maudite la terre, à cause du péché qu'Adam avait commis devant le Seigneur.

[9] Et ce fut lorsque les hommes continuèrent à se rebeller et à transgresser contre Dieu, et à corrompre leurs voies, que la terre aussi devint corrompue.

[10] Et Énosch vécut quatre-vingt-dix ans et il engendra Caïnan ;

[11] Et Caïnan grandit et il avait quarante ans, et il devint sage et eut connaissance et compétence en toute sagesse, et il régna sur tous les fils des hommes, et il conduisit les fils des hommes à la sagesse et à la connaissance ; car Caïnan était un homme très sage et avait compréhension en toute sagesse, et avec sa sagesse, il régna sur les esprits et les démons ;

[12] Et Caïnan sut par sa sagesse que Dieu détruirait les fils des hommes pour avoir péché sur terre, et que le Seigneur amènerait sur eux les eaux du déluge dans les derniers jours.

[13] Et en ces jours-là, Caïnan écrivit sur des tablettes de pierre, ce qui devait se passer à l'avenir, et il les mit dans ses trésors.

[14] Et Caïnan régna sur toute la terre, et il convertit certains des fils des hommes au service de Dieu.

[15] Et lorsque Caïnan eut soixante-dix ans, il engendra trois fils et deux filles.

[16] Et voici les noms des enfants de Caïnan ; le nom du premier-né Mahalaleel, le second Énan, et le troisième Mered, et leurs sœurs étaient Ada et Tsilla ; ce sont les cinq enfants de Caïnan qui lui sont nés.

[17] Et Lamech, le fils de Metushael, devint parent de Caïnan par mariage, et il prit ses deux filles pour ses épouses, et Ada conçut et enfanta un fils à Lamech, et elle appela son nom Yabal.

[18] Et elle conçut de nouveau et enfanta un fils, et appela son nom Youbal ; et Tsilla, sa sœur, était stérile en ces jours-là et n'avait pas d'enfants.

[19] Car en ces jours-là, les fils des hommes commencèrent à pécher contre Dieu, et à transgresser les commandements qu'il avait donnés à Adam, d'être féconds et de se multiplier sur la terre.

[20] Et certains des fils des hommes firent boire à leurs épouses une potion qui les rendrait stériles, afin qu'elles puissent conserver leur silhouette et que leur beauté ne se fane pas.

[21] Et lorsque les fils des hommes firent boire certaines de leurs épouses, Tsilla bu avec elles.

[22] Et les femmes enceintes apparaissaient abominables aux yeux de leurs maris comme des veuves, tandis que leurs maris vivaient, car ils étaient attachés seulement aux stériles.

[23] Et à la fin des jours et des années, quand Tsilla devint vieille, le Seigneur ouvrit son ventre.

[24] Et elle conçut et enfanta un fils et elle appela son nom Tubal-Caïn, en disant, Après avoir dépéri, je l'ai obtenu de Dieu Tout-Puissant.

[25] Et elle conçut de nouveau et enfanta une fille, et elle appela son nom Naama, car elle dit, Après avoir dépéri, j'ai obtenu plaisir et délice.

[26] Et Lamech était vieux et avancé en âge, et ses yeux étaient si faibles qu'il ne pouvait voir, et Tubal-Caïn, son fils, le guidait et c'était un jour où Lamech alla dans le champ et Tubal-Caïn, son fils, était avec lui, et tandis qu'ils marchaient dans le champ, Caïn, le fils d'Adam, s'avança vers eux ; car Lamech était très vieux et ne pouvait guère voir, et Tubal-Caïn, son fils, était très jeune.

[27] Et Tubal-Caïn dit à son père de tendre son arc, et avec les flèches il frappa Caïn, qui était encore loin, et il le tua, car il leur semblait être un animal.

[28] Et les flèches entrèrent dans le corps de Caïn bien qu'il fût éloigné d'eux, et il tomba au sol et mourut.

[29] Et le Seigneur rétribua le mal de Caïn selon sa méchanceté, qu'il avait faite à son frère Abel, selon la parole du Seigneur qu'il avait dite.

[30] Et il arriva que, lorsque Caïn fut mort, Lamech et Tubal allèrent voir l'animal qu'ils avaient tué, et ils virent, et voici Caïn leur grand-père était tombé mort sur la terre.

[31] Et Lamech fut très attristé d'avoir fait cela, et en frappant des mains ensemble il frappa son fils et causa sa mort.

[32] Et les épouses de Lamech entendirent ce que Lamech avait fait, et elles cherchèrent à le tuer.

[33] Et les épouses de Lamech le haïrent dès ce jour, parce qu'il avait tué Caïn et Tubal-Caïn, et les épouses de Lamech se séparèrent de lui, et ne l'écoutèrent pas en ces jours-là.

[34] Et Lamech vint à ses épouses, et il les pressa d'écouter à propos de cette affaire.

[35] Et il dit à ses épouses Ada et Tsilla, Écoutez ma voix, ô épouses de Lamech, prêtez attention à mes paroles, car maintenant vous avez imaginé et dit que j'ai tué un homme de mes blessures, et un enfant de mes coups sans qu'ils aient fait de violence, mais sachez assurément que je suis vieux et aux cheveux gris, et que mes yeux sont lourds à cause de l'âge, et j'ai fait cette chose sans le savoir.

[36] Et les épouses de Lamech l'écoutèrent sur cette affaire, et elles revinrent à lui avec le conseil de leur père Adam, mais elles ne lui donnèrent plus d'enfants dès lors, sachant que la colère de Dieu augmentait en ces jours-là contre les fils des hommes, pour les détruire avec les eaux du déluge pour leurs méfaits.

[37] Et Mahalaleel, le fils de Caïnan, vécut soixante-cinq ans et il engendra Jared ; et Jared vécut soixante-deux ans et il engendra Hénoc.

3 - La Vie d'Énoch

(Genèse 5)

[1] Et Énoch vécut soixante-cinq ans et engendra Methuschélah; et Énoch marcha avec Dieu après avoir engendré Methuschélah, et il servit le Seigneur et méprisa les voies mauvaises des hommes.

[2] Et l'âme d'Énoch fut enveloppée dans l'instruction du Seigneur, dans la connaissance et dans la compréhension; et il se retira sagement des fils des hommes et se cacha d'eux pendant de nombreux jours.

[3] Et ce fut à l'expiration de nombreuses années, pendant qu'il servait le Seigneur et priait devant lui dans sa maison, qu'un ange du Seigneur l'appela du ciel, et il dit : Me voici.

[4] Et il dit : Lève-toi, sors de ta maison et de l'endroit où tu te caches, et apparais aux fils des hommes, afin que tu puisses leur enseigner la voie dans laquelle ils doivent aller et le travail qu'ils doivent accomplir pour entrer dans les voies de Dieu.

[5] Et Énoch se leva selon la parole du Seigneur, et sortit de sa maison, de son lieu et de la chambre dans laquelle il était caché; et il alla vers les fils des hommes et leur enseigna les voies du Seigneur, et à ce moment-là rassembla les fils des hommes et les familiarisa avec l'instruction du Seigneur.

[6] Et il ordonna qu'il soit proclamé dans tous les lieux où les fils des hommes habitaient, disant : Où est l'homme qui souhaite connaître les voies du Seigneur et les bonnes œuvres ? qu'il vienne à Énoch.

[7] Et tous les fils des hommes s'assemblèrent alors à lui, car tous ceux qui désiraient cela allèrent à Énoch, et Énoch régna sur les fils des hommes selon la parole du Seigneur, et ils vinrent et s'inclinèrent devant lui et ils entendirent sa parole.

[8] Et l'esprit de Dieu était sur Énoch, et il enseigna toute sa sagesse de Dieu et ses voies, et les fils des hommes servirent le Seigneur tous les jours d'Énoch, et ils vinrent écouter sa sagesse.

[9] Et tous les rois des fils des hommes, tant les premiers que les derniers, avec leurs princes et leurs juges, vinrent à Énoch lorsqu'ils entendirent parler de sa sagesse, et ils s'inclinèrent devant lui, et ils lui demandèrent également de régner sur eux, ce à quoi il consentit.

[10] Et ils s'assemblèrent en tout, cent trente rois et princes, et ils firent d'Énoch le roi sur eux et ils furent tous sous son pouvoir et commandement.

[11] Et Énoch leur enseigna la sagesse, la connaissance, et les voies du Seigneur; et il fit la paix parmi eux, et la paix fut sur toute la terre durant la vie d'Énoch.

[12] Et Énoch régna sur les fils des hommes deux cent quarante-trois ans, et il fit la justice et la droiture avec tout son peuple, et il les conduisit dans les voies du Seigneur.

[13] Et ce sont là les générations d'Énoch, Methuselah, Elisha, et Elimelech, trois fils; et leurs sœurs étaient Melca et Nahmah, et Methuselah vécut quatre-vingt-sept ans et engendra Lamech.

[14] Et ce fut dans la cinquante-sixième année de la vie de Lamech qu'Adam mourut; il avait neuf cent trente ans à sa mort, et ses deux fils, avec Énoch et Methuselah son fils, l'enterrèrent avec grande pompe, comme à l'enterrement des rois, dans la caverne que Dieu lui avait dite.

[15] Et en ce lieu tous les fils des hommes firent un grand deuil et pleurèrent à cause d'Adam; c'est donc devenu une coutume parmi les fils des hommes jusqu'à ce jour.

[16] Et Adam mourut parce qu'il avait mangé de l'arbre de la connaissance; lui et ses enfants après lui, comme le Seigneur Dieu l'avait dit.

[17] Et ce fut l'année de la mort d'Adam, qui était la deux cent quarante-troisième année du règne d'Énoch, à cette époque, Énoch résolut de se séparer des fils des hommes et de se cacher comme au début afin de servir le Seigneur.

[18] Et Énoch fit ainsi, mais ne se cacha pas entièrement d'eux, mais resta éloigné des fils des hommes pendant trois jours puis alla vers eux pendant un jour.

[19] Et pendant les trois jours où il était dans sa chambre, il pria et loua le Seigneur son Dieu, et le jour où il alla et apparut à ses sujets, il leur enseigna les voies du Seigneur, et tout ce qu'ils lui demandaient sur le Seigneur, il leur disait.

[20] Et il fit de cette manière pendant de nombreuses années, et par la suite, il se cacha pendant six jours et apparut à son peuple un jour sur sept; et après cela, une fois par mois, puis une fois par an, jusqu'à ce que tous les rois, princes et fils des hommes le cherchent et désirent à nouveau voir le visage d'Énoch, et entendre sa parole; mais ils ne pouvaient pas, car tous les fils des hommes avaient une grande peur d'Énoch, et ils craignaient de s'approcher de lui en raison de l'effroi divin qui était assis sur son visage; donc aucun homme ne pouvait le regarder, de peur qu'il ne soit puni et ne meure.

[21] Et tous les rois et princes résolurent d'assembler les fils des hommes, et de venir à Énoch, pensant qu'ils pourraient tous lui parler au moment où il viendrait parmi eux, et ils firent ainsi.

[22] Et le jour vint où Énoch sortit et ils s'assemblèrent tous et vinrent à lui, et Énoch leur parla des paroles du Seigneur et il leur enseigna la sagesse et la connaissance, et ils s'inclinèrent devant lui et dirent : Que le roi vive ! Que le roi vive !

[23] Et quelque temps après, alors que les rois, princes et fils des hommes parlaient à Énoch, et qu'Énoch leur enseignait les voies de Dieu, voici qu'un ange du Seigneur appela Énoch du ciel, et souhaita l'amener au ciel pour qu'il y règne sur les fils de Dieu, comme il avait régné sur les fils des hommes sur la terre.

[24] Lorsque à ce moment-là Énoch entendit cela, il alla et rassembla tous les habitants de la terre, et leur enseigna la sagesse et la connaissance et leur donna des instructions divines, et il leur dit : Il m'a été demandé de monter au ciel, je ne sais donc pas le jour de mon départ.

[25] Et maintenant donc, je vais vous enseigner la sagesse et la connaissance et vous donner des instructions avant de vous quitter, comment agir sur la terre pour que vous puissiez vivre; et il fit ainsi.

[26] Et il leur enseigna la sagesse et la connaissance, et leur donna des instructions, et les réprimanda, et leur présenta des statuts et des jugements à faire sur la terre, et il fit la paix parmi eux, et leur enseigna la vie éternelle, et demeura avec eux quelque temps leur enseignant toutes ces choses.

[27] Et à cette époque, les fils des hommes étaient avec Énoch, et Énoch leur parlait, et ils levèrent les yeux et la ressemblance d'un grand cheval descendit du ciel, et le cheval se déplaçait dans l'air;

[28] Et ils racontèrent à Énoch ce qu'ils avaient vu, et Énoch leur dit : C'est à cause de moi que ce cheval descend sur terre; le temps est venu où je dois partir de chez vous et je ne serai plus vu par vous.

[29] Et le cheval descendit à ce moment-là et se tint devant Énoch, et tous les fils des hommes qui étaient avec Énoch le virent.

[30] Et Énoch ordonna de nouveau qu'une voix soit proclamée, disant : Où est l'homme qui se délecte de connaître les voies du Seigneur son Dieu, qu'il vienne ce jour à Énoch avant qu'il ne soit pris parmi nous.

[31] Et tous les fils des hommes s'assemblèrent et vinrent à Énoch ce jour-là; et tous les rois de la terre avec leurs princes et conseillers restèrent avec lui ce jour-là; et Énoch enseigna alors aux fils des hommes la sagesse et la connaissance, et leur donna des instructions divines; et il leur ordonna de servir le Seigneur et de marcher dans ses voies tous les jours de leur vie, et il continua à faire la paix parmi eux.

[32] Et après cela, il se leva et monta sur le cheval; et il partit et tous les fils des hommes le suivirent, environ huit cent mille hommes; et ils allèrent avec lui le voyage d'un jour.

[33] Et le deuxième jour, il leur dit : Retournez chez vous, à vos tentes, pourquoi voulez-vous aller ? peut-être mourrez-vous; et certains d'entre eux le quittèrent, et ceux qui restèrent allèrent avec lui le voyage de six jours; et Énoch leur dit chaque jour : Retournez à vos tentes, de peur que vous ne mouriez; mais ils ne voulaient pas retourner, et ils allèrent avec lui.

[34] Et le sixième jour, certains hommes restèrent et s'accrochèrent à lui, et ils lui dirent : Nous irons avec toi à l'endroit où tu vas; aussi vrai que le Seigneur vit, seule la mort nous séparera.

[35] Et ils insistèrent tant pour aller avec lui, qu'il cessa de leur parler; et ils le suivirent et ne voulurent pas retourner;

[36] Et lorsque les rois revinrent, ils firent faire un recensement, afin de connaître le nombre d'hommes restants qui étaient allés avec Énoch; et ce fut au septième jour qu'Énoch monta au ciel dans un tourbillon, avec des chevaux et des chars de feu.

[37] Et le huitième jour, tous les rois qui avaient été avec Énoch envoyèrent chercher le nombre d'hommes qui étaient avec Énoch, à cet endroit d'où il était monté au ciel.

[38] Et tous ces rois allèrent à l'endroit et ils trouvèrent la terre là remplie de neige, et sur la neige se trouvaient de grandes pierres de neige, et l'un dit à l'autre : Venez, brisons la neige et voyons, peut-être les hommes qui étaient restés avec Énoch sont morts, et sont maintenant sous les pierres de neige, et ils cherchèrent mais ne purent le trouver, car il était monté au ciel.

4 - De l'Apostasie à la Naissance de Noé

(Genèse 6:1-8)

[1] Et tous les jours qu'Énoch vécut sur la terre furent de trois cent soixante-cinq ans.

[2] Et lorsque Énoch fut monté au ciel, tous les rois de la terre se levèrent et prirent Methuschélah, son fils, l'oignirent, et le firent régner sur eux à la place de son père.

[3] Et Methuschélah agit avec droiture devant Dieu, comme son père Énoch lui avait enseigné, et il enseigna également pendant toute sa vie la sagesse, la connaissance et la crainte de Dieu aux fils des hommes, et il ne dévia pas du bon chemin, ni à droite ni à gauche.

[4] Mais dans les derniers jours de Methuschélah, les fils des hommes se détournèrent de l'Éternel, ils corrompirent la terre, ils se volèrent et se pillèrent les uns les autres, et ils se rebellèrent contre Dieu et transgressèrent, et corrompirent leurs voies, et n'écoutèrent pas la voix de Methuschélah, mais se rebellèrent contre lui.

[5] Et l'Éternel fut extrêmement courroucé contre eux, et l'Éternel continua à détruire la semence en ces jours-là, de sorte qu'il n'y avait ni semis ni moisson sur la terre.

[6] Car lorsqu'ils semaient le sol afin d'obtenir de la nourriture pour leur subsistance, voici, des épines et des chardons étaient produits, qu'ils n'avaient pas semés.

[7] Et néanmoins, les fils des hommes ne se détournèrent pas de leurs mauvaises voies, et leurs mains étaient toujours étendues pour faire le mal aux yeux de Dieu, et ils provoquèrent l'Éternel par leurs mauvaises voies, et l'Éternel fut très courroucé, et regretta d'avoir fait l'homme.

[8] Et il pensa les détruire et les anéantir, et il le fit.

[9] En ces jours, lorsque Lamech, fils de Methuschélah, avait cent soixante ans, Seth, fils d'Adam, mourut.

[10] Et tous les jours que vécut Seth furent de neuf cent douze ans, et il mourut.

[11] Et Lamech avait cent quatre-vingts ans lorsqu'il prit Ashmua, fille d'Élishaa, fils d'Énoch son oncle, et elle conçut.

[12] Et à cette époque, les fils des hommes semèrent la terre, et un peu de nourriture fut produite, mais les fils des hommes ne se détournèrent pas de leurs mauvaises voies, et ils transgressèrent et se rebellèrent contre Dieu.

[13] Et la femme de Lamech conçut et lui donna un fils à cette époque, au changement de l'année.

[14] Et Methuschélah appela son nom Noé, disant : La terre était en ses jours au repos et exempte de corruption, et Lamech son père appela son nom Menachem, disant : Celui-ci nous consolera dans nos travaux et labeur misérable sur la terre, que Dieu avait maudite.

[15] Et l'enfant grandit et fut sevré, et il marcha dans les voies de son père Methuschélah, parfait et droit devant Dieu.

[16] Et tous les fils des hommes abandonnèrent les voies de l'Éternel en ces jours-là alors qu'ils se multipliaient sur la face de la terre avec des fils et des filles, et ils s'enseignèrent les uns aux autres leurs pratiques mauvaises et continuèrent à pécher contre l'Éternel.

[17] Et chaque homme se fit un dieu à lui-même, et ils volèrent et pillèrent chaque homme son voisin ainsi que son parent, et ils corrompirent la terre, et la terre fut remplie de violence.

[18] Et leurs juges et gouvernants allaient vers les filles des hommes et prenaient de force leurs épouses de leurs maris selon leur choix, et les fils des hommes en ces jours-là prenaient parmi le bétail de la terre, les bêtes des champs et les oiseaux du ciel, et enseignaient le mélange des animaux d'une espèce avec une autre, afin de provoquer le Seigneur ; et Dieu vit toute la terre et elle était corrompue, car toute chair avait corrompu sa voie sur terre, tous les hommes et tous les animaux.

[19] Et le Seigneur dit : Je vais effacer de la surface de la terre l'homme que j'ai créé, oui, depuis l'homme jusqu'aux oiseaux du ciel, ensemble avec le bétail et les bêtes qui sont dans le champ car je regrette de les avoir faits.

[20] Et tous les hommes qui marchaient dans les voies du Seigneur moururent en ces jours-là, avant que le Seigneur n'apporte le mal sur l'homme qu'il avait déclaré, car cela venait du Seigneur, pour qu'ils ne voient pas le mal que le Seigneur avait parlé concernant les fils des hommes.

[21] Et Noé trouva grâce aux yeux du Seigneur, et le Seigneur le choisit, lui et ses enfants, pour faire naître une descendance d'eux sur la face de toute la terre.

5 – De Noé à la Mort de Methuschélah

(Genèse 6)

[1] Et ce fut dans la quatre-vingt-quatrième année de la vie de Noé, qu'Énoch, fils de Seth, mourut ; il avait neuf cent cinq ans à sa mort.

[2] Et dans la cent soixante-dix-neuvième année de la vie de Noé, Caïnan, fils d'Énos, mourut, et tous les jours de Caïnan furent de neuf cent dix ans, et il mourut.

[3] Et dans la deux cent trente-quatrième année de la vie de Noé, Mahalaleel, fils de Caïnan, mourut, et les jours de Mahalaleel furent de huit cent quatre-vingt-quinze ans, et il mourut.

[4] Et Jéred, fils de Mahalaleel, mourut en ces jours-là, dans la trois cent trente-sixième année de la vie de Noé ; et tous les jours de Jéred furent de neuf cent soixante-deux ans, et il mourut.

[5] Et tous ceux qui suivaient le Seigneur moururent en ces jours-là, avant qu'ils ne voient le mal que Dieu avait déclaré faire sur terre.

[6] Et après de nombreuses années, dans la quatre cent quatre-vingtième année de la vie de Noé, quand tous ces hommes, qui suivaient le Seigneur, étaient morts parmi les fils des hommes, et que seul Methuschélah était alors en vie, Dieu dit à Noé et à Methuschélah, en disant,

[7] Parlez, et proclamez aux fils des hommes, en disant, Ainsi dit le Seigneur, revenez de vos mauvaises voies et abandonnez vos œuvres, et le Seigneur se repentira du mal qu'il avait déclaré vous faire, de sorte qu'il ne se produise pas.

[8] Car ainsi dit le Seigneur, Voici, je vous donne une période de cent vingt ans ; si vous vous tournez vers moi et abandonnez vos mauvaises voies, alors je me détournerai aussi du mal que je vous ai dit, et il n'existera pas, dit le Seigneur.

[9] Et Noé et Methuschélah parlèrent de toutes les paroles du Seigneur aux fils des hommes, jour après jour, leur parlant constamment.

[10] Mais les fils des hommes ne voulaient pas les écouter, ni incliner leurs oreilles à leurs paroles, et ils étaient obstinés.

[11] Et le Seigneur leur accorda une période de cent vingt ans, en disant, S'ils reviennent, alors Dieu se repentira du mal, afin de ne pas détruire la terre.

[12] Noé, fils de Lamech, s'abstint de prendre une femme en ces jours-là, pour engendrer des enfants, car il dit, Sûrement maintenant Dieu détruira la terre, pourquoi donc engendrerais-je des enfants ?

[13] Et Noé était un homme juste, il était parfait dans sa génération, et le Seigneur le choisit pour élever une descendance de sa semence sur la face de la terre.

[14] Et le Seigneur dit à Noé, Prends pour toi une femme, et engendre des enfants, car je t'ai vu juste devant moi dans cette génération.

[15] Et tu élèveras une descendance, et tes enfants avec toi, au milieu de la terre ; et Noé alla prendre une femme, et il choisit Naama, fille d'Énoch, et elle avait cinq cent quatre-vingts ans.

[16] Et Noé avait quatre cent quatre-vingt-dix-huit ans, quand il prit Naama pour femme.

[17] Et Naama conçut et enfanta un fils, et il appela son nom Japhet, en disant, Dieu m'a agrandi sur la terre ; et elle conçut de nouveau et enfanta un fils, et il appela son nom Sem, en disant, Dieu m'a fait un reste, pour élever une descendance au milieu de la terre.

[18] Et Noé avait cinq cent deux ans quand Naama enfanta Sem, et les garçons grandirent et allèrent dans les voies du Seigneur, dans tout ce que Methuschélah et Noé leur père leur enseignèrent.

[19] Et Lamech, le père de Noé, mourut en ces jours-là ; pourtant, il ne suivit pas de tout son cœur la voie de ses ancêtres, et il mourut dans la cent quatre-vingt-quinzième année de la vie de Noé.

[20] Et tous les jours de Lamech furent de sept cent soixante-dix ans, et il mourut.

[21] Et tous les fils des hommes qui connaissaient l'Éternel moururent cette année-là avant que l'Éternel ne fasse venir le mal sur eux ; car l'Éternel voulait qu'ils meurent, pour ne pas voir le mal que Dieu allait apporter sur leurs frères et leurs proches, comme il l'avait déclaré.

[22] En ce temps-là, l'Éternel dit à Noé et à Methuschélah, Tenez-vous debout et proclamez aux fils des hommes toutes les paroles que je vous ai dites en ces jours, peut-être se détourneront-ils de leurs mauvaises voies, et je me repentirai du mal et ne l'apporterai pas.

[23] Et Noé et Methuschélah se levèrent et dirent aux oreilles des fils des hommes tout ce que Dieu avait parlé à leur sujet.

[24] Mais les fils des hommes n'écoutèrent pas, ni n'inclinèrent leurs oreilles à toutes leurs déclarations.

[25] Et après cela, l'Éternel dit à Noé, La fin de toute chair est venue devant moi, à cause de leurs mauvaises actions, et voici, je vais détruire la terre.

[26] Et toi, prends du bois de gopher, et va à un certain endroit et fais une grande arche, et place-la à cet endroit.

[27] Et tu la feras ainsi ; trois cents coudées sa longueur, cinquante coudées sa largeur et trente coudées sa hauteur.

[28] Et tu feras à toi une porte, ouverte sur le côté, et tu finiras à une coudée au-dessus, et tu la couvriras de bitume dedans et dehors.

[29] Et voici, je vais amener le déluge d'eaux sur la terre, et toute chair sera détruite, sous les cieux tout ce qui est sur la terre périra.

[30] Et toi et ta maison, vous irez et vous rassemblerez deux couples de toutes choses vivantes, mâle et femelle, et vous les amènerez à l'arche, pour conserver leur descendance sur la terre.

[31] Et rassemble pour toi toute nourriture qui est mangée par tous les animaux, afin qu'il y ait de la nourriture pour toi et pour eux.

[32] Et tu choisiras pour tes fils trois jeunes filles, parmi les filles des hommes, et elles seront épouses pour tes fils.

[33] Et Noé se leva, et il fit l'arche, à l'endroit où Dieu lui avait commandé, et Noé fit comme Dieu lui avait ordonné.

[34] Dans sa cinq cent quatre-vingt-quinzième année, Noé commença à faire l'arche, et il fit l'arche en cinq ans, comme l'Éternel l'avait commandé.

[35] Alors Noé prit les trois filles d'Eliakim, fils de Methuschélah, pour épouses pour ses fils, comme l'Éternel l'avait commandé à Noé.

[36] Et ce fut en ce temps-là que Methuschélah, fils d'Énoch, mourut, âgé de neuf cent soixante ans à sa mort.

6 – Le Déluge

(Genèse 7,8)

[1] En ce temps-là, après la mort de Methuschélah, l'Éternel dit à Noé : Entre, toi et ta maison, dans l'arche ; car voici, je vais rassembler vers toi tous les animaux de la terre, les bêtes des champs et les oiseaux du ciel, et ils viendront tous s'assembler autour de l'arche.

[2] Et tu iras t'asseoir aux portes de l'arche, et toutes les bêtes, les animaux et les oiseaux s'assembleront et se placeront devant toi, et ceux d'entre eux qui viendront et se courberont devant toi, tu les prendras et les remettras entre les mains de tes fils, qui les amèneront dans l'arche, et tout ce qui se tiendra devant toi, tu laisseras.

[3] Et l'Éternel fit cela le lendemain, et les animaux, les bêtes et les oiseaux vinrent en grande multitude et entourèrent l'arche.

[4] Et Noé alla s'asseoir à la porte de l'arche, et de toute chair qui se courba devant lui, il l'amena dans l'arche, et tout ce qui se tenait devant lui, il laissa sur terre.

[5] Et une lionne vint, avec ses deux lionceaux, mâle et femelle, et les trois se courbèrent devant Noé, et les deux lionceaux se levèrent contre la lionne et la frappèrent, et la firent fuir de sa place, et elle s'en alla, et ils retournèrent à leurs places, et se courbèrent sur la terre devant Noé.

[6] Et la lionne s'enfuit, et se tint à la place des lions.

[7] Et Noé vit cela, et s'émerveilla grandement, et il se leva et prit les deux lionceaux, et les amena dans l'arche.

[8] Et Noé amena dans l'arche de toutes les créatures vivantes qui étaient sur terre, de sorte qu'il n'en resta aucune si ce n'est celles que Noé amena dans l'arche.

[9] Deux à deux vinrent à Noé dans l'arche, mais des animaux purs et des oiseaux purs, il en amena sept couples, comme Dieu lui avait commandé.

[10] Et tous les animaux, et bêtes, et oiseaux, étaient encore là, et ils entouraient l'arche de toute part, et la pluie n'était pas encore descendue jusqu'à sept jours après.

[11] Et ce jour-là, l'Éternel fit trembler toute la terre, et le soleil s'obscurcit, et les fondements du monde rugirent, et toute la terre fut ébranlée violemment, et les éclairs jaillirent, et le tonnerre gronda, et toutes les sources de la terre se rompirent, comme cela n'était pas connu des habitants auparavant ; et Dieu fit ce grand acte, afin d'effrayer les fils des hommes, pour qu'il n'y ait plus de mal sur la terre.

[12] Et pourtant, les fils des hommes ne revinrent pas de leurs mauvaises voies, et ils augmentèrent la colère de l'Éternel à ce moment-là, et ne dirigèrent même pas leurs cœurs vers tout cela.

[13] Et à la fin des sept jours, dans la six centième année de la vie de Noé, les eaux du déluge furent sur la terre.

[14] Et toutes les sources du grand abîme se rompirent, et les fenêtres des cieux s'ouvrirent, et la pluie fut sur la terre quarante jours et quarante nuits.

[15] Et Noé et sa maison, et toutes les créatures vivantes qui étaient avec lui, entrèrent dans l'arche à cause des eaux du déluge, et l'Éternel les enferma dedans.

[16] Et tous les fils des hommes qui restaient sur la terre, devinrent épuisés à travers le mal à cause de la pluie, car les eaux venaient plus violemment sur la terre, et les animaux et bêtes entouraient encore l'arche.

[17] Et les fils des hommes se rassemblèrent, environ sept cent mille hommes et femmes, et ils vinrent vers Noé à l'arche.

[18] Et ils appelèrent Noé, disant : Ouvre-nous afin que nous puissions venir à toi dans l'arche – et pourquoi devrions-nous mourir ?

[19] Et Noé, d'une voix forte, leur répondit de l'arche, disant : N'avez-vous pas tous révolté contre l'Éternel, et dit qu'il n'existe pas ? et donc l'Éternel a fait venir sur vous ce mal, pour détruire et vous retrancher de la surface de la terre.

[20] N'est-ce pas là ce que je vous ai dit il y a cent vingt ans, et vous n'avez pas écouté la voix de l'Éternel, et maintenant désirez-vous vivre sur terre ?

[21] Et ils dirent à Noé : Nous sommes prêts à revenir à l'Éternel ; seulement ouvre-nous afin que nous puissions vivre et ne pas mourir.

[22] Et Noé leur répondit, disant : Voici maintenant que vous voyez le trouble de vos âmes, vous souhaitez revenir à l'Éternel ; pourquoi n'êtes-vous pas revenus pendant ces cent vingt ans, que l'Éternel vous avait accordés comme période déterminée ?

[23] Mais maintenant vous venez et me dites cela à cause des troubles de vos âmes, maintenant aussi l'Éternel ne vous écoutera pas, ni ne prêtera l'oreille à vous en ce jour, si bien que vous ne réussirez pas maintenant dans vos souhaits.

[24] Et les fils des hommes s'approchèrent afin de forcer l'entrée dans l'arche, pour y entrer à cause de la pluie, car ils ne pouvaient supporter la pluie sur eux.

[25] Et l'Éternel envoya toutes les bêtes et les animaux qui se tenaient autour de l'arche. Et les bêtes les maîtrisèrent et les chassèrent de cet endroit, et chaque homme s'en alla de son côté et ils se dispersèrent de nouveau sur la face de la terre.

[26] Et la pluie descendait encore sur la terre, et elle descendit quarante jours et quarante nuits, et les eaux prévalurent grandement sur la terre ; et toute chair qui était sur la terre ou dans les eaux mourut, que ce soient des hommes, des animaux, des bêtes, des reptiles ou des oiseaux du ciel, et il ne resta que Noé et ceux qui étaient avec lui dans l'arche.

[27] Et les eaux prévalurent et augmentèrent grandement sur la terre, et elles soulevèrent l'arche et elle fut élevée de la terre.

[28] Et l'arche flotta sur la face des eaux, et elle fut ballottée sur les eaux de sorte que toutes les créatures vivantes à l'intérieur furent retournées comme du potage dans un chaudron.

[29] Et une grande anxiété saisit toutes les créatures vivantes qui étaient dans l'arche, et l'arche était comme pour être brisée.

[30] Et toutes les créatures vivantes qui étaient dans l'arche furent terrifiées, et les lions rugirent, et les bœufs mugirent, et les loups hurlèrent, et chaque créature vivante dans l'arche parla et se lamenta dans sa propre langue, de sorte que leurs voix atteignirent à grande distance, et Noé et ses fils crièrent et pleurèrent dans leurs troubles ; ils avaient grandement peur d'avoir atteint les portes de la mort.

[31] Et Noé pria l'Éternel, et cria à lui à cause de cela, et il dit : Ô Éternel aide-nous, car nous n'avons pas la force de supporter ce mal qui nous a entourés, car les vagues des eaux nous ont entourés, des torrents malicieux nous ont terrifiés, les pièges de la mort sont venus devant nous ; réponds-nous, ô Éternel, réponds-nous, illumine ton visage vers nous et sois gracieux envers nous, rachète-nous et délivre-nous.

[32] Et l'Éternel écouta la voix de Noé, et l'Éternel se souvint de lui.

[33] Et un vent passa sur la terre, et les eaux se calmèrent et l'arche se reposa.

[34] Et les sources de l'abîme et les fenêtres des cieux furent fermées, et la pluie du ciel fut retenue.

[35] Et les eaux diminuèrent en ces jours-là, et l'arche se reposa sur les montagnes d'Ararat.

[36] Et Noé ouvrit alors les fenêtres de l'arche, et Noé appela encore l'Éternel à cette époque et il dit : Ô Seigneur, qui as formé la terre et les cieux et tout ce qui s'y trouve, fais sortir nos âmes de cette captivité, et de la prison dans laquelle tu nous as placés, car je suis grandement fatigué de soupirer.

[37] Et l'Éternel écouta la voix de Noé, et lui dit : Lorsque tu auras complété une année entière, tu sortiras alors.

[38] Et à la révolution de l'année, quand une année entière fut complétée du séjour de Noé dans l'arche, les eaux séchèrent de dessus la terre, et Noé retira le couvercle de l'arche.

[39] A cette époque, le vingt-septième jour du deuxième mois, la terre était sèche, mais Noé et ses fils, et ceux qui étaient avec lui, ne sortirent pas de l'arche jusqu'à ce que l'Éternel leur dit.

[40] Et le jour vint où l'Éternel leur dit de sortir, et ils sortirent tous de l'arche.

[41] Et ils s'en allèrent et chacun retourna à sa voie et à sa place, et Noé et ses fils habitèrent dans la terre que Dieu leur avait dite, et ils servirent l'Éternel tous leurs jours, et l'Éternel bénit Noé et ses fils à leur sortie de l'arche.

[42] Et il leur dit : Soyez féconds et remplissez toute la terre ; devenez forts et multipliez-vous abondamment sur la terre et multipliez-vous en elle.

7 - Les Générations de Noé

(Genèse 10)

[1] Voici les noms des fils de Noé : Japhet, Cham et Sem ; et des enfants leur furent nés après le déluge, car ils avaient pris des épouses avant le déluge.

[2] Voici les fils de Japhet : Gomer, Magog, Madaï, Javan, Tubal, Méshec, et Tiras, sept fils.

[3] Les fils de Gomer étaient Askénaz, Riphath et Togarma.

[4] Les fils de Magog étaient Élichanaf et Lubal.

[5] Les enfants de Madaï étaient Acon, Zeelo, Chazoni et Lot.

[6] Les fils de Javan étaient Élisha, Tarsis, Kittim et Dodanim.

[7] Les fils de Tubal étaient Ariphi, Kesed et Taari.

[8] Les fils de Méshec étaient Dedon, Zaron et Shebashni.

[9] Les fils de Tiras étaient Benib, Guéra, Lupirion et Guilak ; voilà les fils de Japhet selon leurs familles, et leur nombre en ces jours était d'environ quatre cent soixante hommes.

[10] Voici les fils de Cham ; Cusch, Mitsraïm, Pout et Canaan, quatre fils ; et les fils de Cusch étaient Séba, Havila, Sabta, Raama et Satecha, et les fils de Raama étaient Séba et Dedan.

[11] Les fils de Mitsraïm étaient Lud, Anom et Pathros, Chasloth et Caphtor.

[12] Les fils de Pout étaient Gebul, Hadan, Béna et Adan.

[13] Les fils de Canaan étaient Sidon, Heth, Amori, Gergashi, Hivi, Arkee, Seni, Arodi, Zimodi et Chamothi.

[14] Voilà les fils de Cham, selon leurs familles, et leur nombre en ces jours était d'environ sept cent trente hommes.

[15] Voici les fils de Sem ; Élam, Assur, Arpacschad, Lud et Aram, cinq fils ; et les fils d'Élam étaient Sushan, Machul et Harmon.

[16] Les fils d'Assur étaient Mirus et Mokil, et les fils d'Arpacschad étaient Schélach, Anar et Aschcol.

[17] Les fils de Lud étaient Péthor et Bizayon, et les fils d'Aram étaient Uz, Hul, Guéter et Mash.

[18] Voilà les fils de Sem, selon leurs familles ; et leur nombre en ces jours était d'environ trois cent hommes.

[19] Voici les générations de Sem ; Sem engendra Arpacschad et Arpacschad engendra Schélach, et Schélach engendra Héber et à Héber naquirent deux enfants, le nom de l'un était Péleg, car en ses jours les fils des hommes furent divisés, et dans les derniers jours, la terre fut divisée.

[20] Et le nom du second était Yoktan, signifiant qu'en son jour la vie des fils des hommes fut diminuée et réduite.

[21] Voici les fils de Yoktan ; Almodad, Schéleph, Hazarmaveth, Yérach, Haduram, Uzal, Dikla, Obal, Abimaël, Séba, Ophir, Havila et Jobab ; tous ceux-là sont les fils de Yoktan.

[22] Et Péleg son frère engendra Yen, et Yen engendra Serug, et Serug engendra Nahor et Nahor engendra Térach, et Térach avait trente-huit ans, et il engendra Haran et Nahor.

[23] Et Cusch fils de Cham, fils de Noé, prit une épouse en ces jours dans sa vieillesse, et elle enfanta un fils, et ils appelèrent son nom Nimrod, disant, À ce moment-là les fils des hommes recommencèrent à se rebeller et à transgresser contre Dieu, et l'enfant grandit, et son père l'aima excessivement, car il était le fils de sa vieillesse.

[24] Et les vêtements de peau que Dieu fit pour Adam et sa femme, lorsqu'ils sortirent du jardin, furent donnés à Cusch.

[25] Car après la mort d'Adam et de sa femme, les vêtements furent donnés à Énoch, fils de Jéred, et lorsque Énoch fut emporté vers Dieu, il les donna à Methuschélah, son fils.

[26] À la mort de Methuschélah, Noé les prit et les emporta dans l'arche, et ils furent avec lui jusqu'à ce qu'il sorte de l'arche.

[27] Et en sortant, Cham vola ces vêtements à Noé son père, et il les prit et les cacha à ses frères.

[28] Et lorsque Cham engendra son premier-né Cusch, il lui donna les vêtements en secret, et ils restèrent avec Cusch de nombreux jours.

[29] Et Cusch les cacha également à ses fils et à ses frères, et lorsque Cusch engendra Nimrod, il lui donna ces vêtements par amour pour lui, et Nimrod grandit, et lorsqu'il eut vingt ans, il mit ces vêtements.

[30] Et Nimrod devint fort lorsqu'il mit les vêtements, et Dieu lui donna puissance et force, et il fut un puissant chasseur sur la terre, oui, il fut un puissant chasseur dans les champs, et il chassa les animaux et construisit des autels, et offrit sur eux les animaux devant le Seigneur.

[31] Et Nimrod se renforça, et se leva parmi ses frères, et il combattit les batailles de ses frères contre tous leurs ennemis tout autour.

[32] Et le Seigneur livra tous les ennemis de ses frères entre ses mains, et Dieu le fit prospérer de temps à autre dans ses batailles, et il régna sur la terre.

[33] Ainsi, il devint courant en ces jours, quand un homme menait ceux qu'il avait formés pour la bataille, il leur disait, Comme Dieu fit à Nimrod, qui était un puissant chasseur sur la terre, et qui réussit dans les batailles qui prévalurent contre ses frères, qu'il les délivra de la main de leurs ennemis, ainsi Dieu nous fortifie et nous délivre ce jour.

[34] Et lorsque Nimrod eut quarante ans, à ce moment-là, il y eut une guerre entre ses frères et les enfants de Japhet, de sorte qu'ils étaient au pouvoir de leurs ennemis.

[35] Et Nimrod sortit à ce moment-là, et il rassembla tous les fils de Cusch et leurs familles, environ quatre cent soixante hommes, et il loua également environ quatre-vingts hommes parmi ses amis et connaissances, et leur donna leur salaire, et il partit avec eux à la bataille, et lorsqu'il était en route, Nimrod fortifia le cœur des gens qui allaient avec lui.

[36] Et il leur dit, Ne craignez pas, ne soyez pas alarmés, car tous nos ennemis seront livrés entre nos mains, et vous pouvez faire d'eux ce que bon vous semble.

[37] Et tous les hommes qui y allèrent étaient environ cinq cents, et ils combattirent contre leurs ennemis, et les détruisirent, et les soumirent, et Nimrod plaça des officiers permanents sur eux à leurs postes respectifs.

[38] Et il prit certains de leurs enfants en garantie, et ils furent tous serviteurs à Nimrod et à ses frères, et Nimrod et tout le peuple qui était avec lui retournèrent chez eux.

[39] Et lorsque Nimrod revint joyeusement de la bataille, après avoir conquis ses ennemis, tous ses frères, avec ceux qui le connaissaient avant, s'assemblèrent pour le faire roi sur eux, et ils placèrent la couronne royale sur sa tête.

[40] Et il établit sur ses sujets et son peuple, des princes, des juges et des dirigeants, comme c'est la coutume parmi les rois.

[41] Et il plaça Térach, fils de Nahor, prince de son armée, et il le dignifia et l'éleva au-dessus de tous ses princes.

[42] Alors qu'il régnait selon les désirs de son cœur, après avoir vaincu tous ses ennemis autour de lui, il consulta ses conseillers pour construire une ville pour son palais, et ils le firent.

[43] Ils trouvèrent une grande vallée en face de l'est, et ils lui bâtirent une ville grande et étendue, et Nimrod nomma cette ville Shinar, car le Seigneur avait fortement secoué ses ennemis et les avait détruits.

[44] Nimrod résida à Shinar, où il régna en toute sécurité, combattit ses ennemis, les soumit, prospéra dans toutes ses batailles, et son royaume devint très grand.

[45] Toutes les nations et langues entendirent parler de sa renommée, se rassemblèrent autour de lui, s'inclinèrent devant lui, lui apportèrent des offrandes, et il devint leur seigneur et roi. Ils habitèrent tous avec lui dans la ville de Shinar, et Nimrod régna sur toute la terre sur tous les fils de Noé, qui étaient tous sous son pouvoir et son conseil.

[46] Toute la terre avait une seule langue et des mots d'union, mais Nimrod ne suivit pas les voies du Seigneur et fut plus méchant que tous les hommes qui étaient avant lui, depuis les jours du déluge jusqu'à ces jours.

[47] Il fabriqua des dieux de bois et de pierre, se prosterna devant eux, se rebella contre le Seigneur, et enseigna à tous ses sujets et aux peuples de la terre ses mauvaises voies; et Mardon, son fils, fut plus méchant que son père.

[48] Chacun qui entendait parler des actes de Mardon, le fils de Nimrod, disait à son sujet : "De l'impie procède l'iniquité"; cela devint donc un proverbe dans toute la terre, disant : "De l'impie procède l'iniquité", et cela resta dans les paroles des hommes de ce temps jusqu'à aujourd'hui.

[49] Térach, le fils de Nahor, prince de l'armée de Nimrod, était en ces jours très estimé aux yeux du roi et de ses sujets; le roi et les princes l'aimaient et l'élevèrent très haut.

[50] Térach prit une épouse nommée Amthélo, la fille de Cornebo; et la femme de Térach conçut et lui donna un fils en ces jours.

[51] Térach avait soixante-dix ans quand il engendra ce fils, et il appela son fils Abram, parce que le roi l'avait élevé en ces jours et l'avait distingué au-dessus de tous ses princes qui étaient avec lui.

8 – Les Sages Hommes de Nimrod

[1] Et ce fut dans la nuit où Abram naquit, que tous les serviteurs de Térach, et tous les sages de Nimrod, et ses conjurateurs vinrent et mangèrent et burent dans la maison de Térach, et ils se réjouirent avec lui cette nuit-là.

[2] Et quand tous les sages et conjurateurs sortirent de la maison de Térach, ils levèrent leurs yeux vers le ciel cette nuit-là pour regarder les étoiles, et ils virent, et voici qu'une très grande étoile venait de l'est et courait dans les cieux, et elle engloutit les quatre étoiles des quatre côtés des cieux.

[3] Et tous les sages du roi et ses conjurateurs furent étonnés de la vue, et les sages comprirent cette affaire, et en connurent l'importance.

[4] Et ils se dirent les uns aux autres, Cela ne signifie que l'enfant qui est né à Térach cette nuit, qui grandira et sera fécond, et se multipliera, et possédera toute la terre, lui et ses enfants pour toujours, et lui et sa descendance tueront de grands rois, et hériteront de leurs terres.

[5] Et les sages et conjurateurs rentrèrent chez eux cette nuit-là, et le matin tous ces sages et conjurateurs se levèrent tôt, et s'assemblèrent dans une maison désignée.

[6] Et ils parlèrent et dirent entre eux, Voici que la vision que nous avons vue hier soir est cachée au roi, elle ne lui a pas été révélée.

[7] Et si cette chose venait à être connue du roi dans les jours à venir, il nous dira, Pourquoi avez-vous caché cette affaire de moi, et alors nous souffrirons tous de mort; donc, maintenant allons dire au roi la vision que nous avons vue, et l'interprétation de celle-ci, et nous serons alors libres de toute accusation.

[8] Et ils firent ainsi, et ils allèrent tous chez le roi et s'inclinèrent devant lui jusqu'à terre, et ils dirent, Que le roi vive, que le roi vive.

[9] Nous avons entendu qu'un fils est né à Térach, fils de Nahor, le prince de ton armée, et nous sommes venus hier soir à sa maison, et nous avons mangé et bu et nous nous sommes réjouis avec lui cette nuit-là.

[10] Et lorsque tes serviteurs sont sortis de la maison de Térach, pour aller dans nos maisons respectives y demeurer pour la nuit, nous avons levé nos yeux vers le ciel, et nous avons vu une grande étoile venant de l'est, et la même étoile courait avec grande vitesse, et a englouti quatre grandes étoiles, des quatre côtés des cieux.

[11] Et tes serviteurs furent étonnés de la vue que nous avons vue, et furent grandement terrifiés, et nous avons fait notre jugement sur la vision, et avons su par notre sagesse l'interprétation correcte de celle-ci, que cette chose s'applique à l'enfant qui est né à Térach, qui grandira et se multipliera grandement, et deviendra puissant, et tuera tous les rois de la terre, et héritera de toutes leurs terres, lui et sa descendance pour toujours.

[12] Et maintenant notre seigneur et roi, voici nous t'avons véritablement informé de ce que nous avons vu concernant cet enfant.

[13] Si cela semble bon au roi de donner à son père une valeur pour cet enfant, nous le tuerons avant qu'il ne grandisse et augmente dans le pays, et que son mal n'augmente contre nous, afin que nous et nos enfants ne périssions pas à cause de son mal.

[14] Et le roi entendit leurs paroles et elles lui semblèrent bonnes, et il envoya appeler Térach, et Térach vint devant le roi.

[15] Et le roi dit à Térach, Il m'a été dit qu'un fils t'était né hier soir, et de cette manière fut observée dans les cieux à sa naissance.

[16] Et maintenant, donne-moi donc l'enfant, pour que nous le tuions avant que son mal ne s'élève contre nous, et je te donnerai pour sa valeur, ta maison pleine d'argent et d'or.

[17] Et Térach répondit au roi en disant : Mon seigneur et roi, j'ai entendu tes paroles, et ton serviteur fera tout ce que son roi désire.

[18] Mais mon seigneur et roi, je vais te dire ce qui m'est arrivé hier soir, pour que je puisse voir quel conseil le roi donnera à son serviteur, et ensuite je répondrai au roi sur ce qu'il vient de dire ; et le roi dit : Parle.

[19] Et Térach dit au roi, Ayon, fils de Mored, est venu me voir hier soir, en disant,

[20] Donne-moi le grand et magnifique cheval que le roi t'a donné, et je te donnerai de l'argent et de l'or, ainsi que de la paille et du fourrage pour sa valeur ; et je lui ai dit : Attends que je parle au roi de tes paroles, et voici, quel que soit ce que le roi dira, cela je le ferai.

[21] Et maintenant mon seigneur et roi, voici, j'ai fait connaître cette chose à toi, et le conseil que mon roi donnera à son serviteur, cela je suivrai.

[22] Et le roi entendit les paroles de Térach, et sa colère s'enflamma et il le considéra comme un fou.

[23] Et le roi répondit à Térach, et lui dit : Es-tu si insensé, ignorant ou dépourvu de compréhension pour faire cela, pour donner ton magnifique cheval pour de l'argent et de l'or ou même pour de la paille et du fourrage ?

[24] Es-tu à ce point à court d'argent et d'or, pour que tu fasses cela, parce que tu ne peux pas obtenir de la paille et du fourrage pour nourrir ton cheval ? et que sont pour toi l'argent et l'or, ou la paille et le fourrage, pour que tu donnes ce beau cheval que je t'ai donné, comme lequel il n'y en a aucun sur toute la terre ?

[25] Et le roi cessa de parler, et Térach répondit au roi, en disant : Ainsi a parlé le roi à son serviteur ;

[26] Je t'en prie, mon seigneur et roi, qu'est-ce que ceci que tu m'as dit, en disant, Donne ton fils pour que nous le tuions, et je te donnerai de l'argent et de l'or pour sa valeur ; que ferai-je de l'argent et de l'or après la mort de mon fils ? qui m'héritera ? sûrement alors, à ma mort, l'argent et l'or retourneront à mon roi qui l'a donné.

[27] Et quand le roi entendit les paroles de Térach, et la parabole qu'il avait apportée concernant le roi, cela le chagrina grandement et il fut vexé de cette chose, et sa colère brûla en lui.

[28] Et Térach vit que la colère du roi s'était enflammée contre lui, et il répondit au roi, en disant : Tout ce que j'ai est au pouvoir du roi ; tout ce que le roi désire faire à son serviteur, qu'il le fasse, oui, même mon fils, il est au pouvoir du roi, sans valeur en échange, lui et ses deux frères qui sont plus âgés que lui.

[29] Et le roi dit à Térach : Non, mais j'achèterai ton fils cadet pour un prix.

[30] Et Térach répondit au roi, en disant : Je t'en prie, mon seigneur et roi, permets à ton serviteur de dire un mot devant toi, et que le roi entende la parole de son serviteur, et Térach dit : Que mon roi me donne trois jours de temps jusqu'à ce que je considère cette affaire en moi-même, et que je consulte avec ma famille concernant les paroles de mon roi ; et il pressa fortement le roi d'accepter cela.

[31] Et le roi écouta Térach, et il fit ainsi, lui donnant trois jours de temps. Térach sortit de la présence du roi, retourna chez sa famille et leur rapporta toutes les paroles du roi ; et le peuple fut grandement effrayé.

[32] Et au troisième jour, le roi envoya dire à Térach : Envoie-moi ton fils contre une somme d'argent comme je te l'ai dit ; et si tu ne fais pas cela, j'enverrai tuer tout ce que tu as dans ta maison, de sorte que tu n'auras même pas un chien qui reste.

[33] Térach se hâta, (la chose étant urgente de la part du roi), et prit un enfant de l'un de ses serviteurs, que sa servante lui avait donné ce jour-là, et Térach amena l'enfant au roi et reçut une compensation pour lui.

[34] Et le Seigneur était avec Térach dans cette affaire, pour que Nimrod ne puisse pas causer la mort d'Abram, et le roi prit l'enfant de Térach et, de toute sa force, le jeta au sol, le tuant, car il pensait que c'était Abram ; et cela fut caché depuis ce jour et oublié par le roi, car il était de la volonté de la Providence de ne pas laisser souffrir la mort d'Abram.

[35] Térach prit secrètement Abram, son fils, avec sa mère et sa nourrice, et les cacha dans une grotte, leur apportant leurs provisions mensuellement.

[36] Et le Seigneur était avec Abram dans la grotte où il grandit, et Abram resta dans la grotte dix ans, et le roi, ses princes, ses devins et ses sages pensèrent que le roi avait tué Abram.

9 - Abram et la Tour de Babel

(Genèse 11:1-9)

[1] Et Haran, fils de Térah, frère aîné d'Abram, prit une femme en ces jours-là.

[2] Haran avait trente-neuf ans lorsqu'il la prit pour femme; et la femme de Haran conçut et enfanta un fils, et il l'appela du nom de Lot.

[3] Elle conçut de nouveau et enfanta une fille, et elle l'appela du nom de Milca; puis elle conçut encore et enfanta une fille, et elle l'appela du nom de Saraï.

[4] Haran avait quarante-deux ans lorsqu'il engendra Saraï, ce qui était dans la dixième année de la vie d'Abram; et en ces jours, Abram et sa mère et sa nourrice sortirent de la grotte, car le roi et ses sujets avaient oublié l'affaire d'Abram.

[5] Et quand Abram sortit de la grotte, il alla vers Noé et son fils Sem, et il resta avec eux pour apprendre l'instruction du Seigneur et ses voies, et nul ne savait où était Abram, et Abram servit Noé et Sem, son fils, pendant longtemps.

[6] Et Abram demeura dans la maison de Noé trente-neuf ans, et Abram connut le Seigneur dès l'âge de trois ans, et il marcha dans les voies du Seigneur jusqu'au jour de sa mort, comme Noé et son fils Sem le lui avaient enseigné; et tous les fils de la terre transgressèrent grandement contre le Seigneur en ces jours-là, et ils se rebellèrent contre lui et servirent d'autres dieux, et ils oublièrent le Seigneur qui les avait créés sur la terre; et les habitants de la terre se firent à cette époque, chacun son dieu; des dieux de bois et de pierre qui ne pouvaient ni parler, ni entendre, ni délivrer, et les fils des hommes les servirent et ils devinrent leurs dieux.

[7] Et le roi, tous ses serviteurs, et Térah avec toute sa maison furent alors les premiers à servir des dieux de bois et de pierre.

[8] Et Térah avait douze dieux de grande taille, faits de bois et de pierre, selon les douze mois de l'année, et il servait chacun d'eux mensuellement, et chaque mois Térah apportait son offrande de nourriture et son offrande de boisson à ses dieux; ainsi fit Térah tous les jours.

[9] Et toute cette génération était méchante aux yeux du Seigneur, et ils se firent chacun son dieu, mais ils abandonnèrent le Seigneur qui les avait créés.

[10] Et il ne se trouva pas un homme en ces jours dans toute la terre, qui connaissait le Seigneur (car ils servaient chacun son propre Dieu) sauf Noé et sa maison, et tous ceux qui étaient sous son conseil connaissaient le Seigneur en ces jours-là.

[11] Et Abram, fils de Térah, grandissait en ces jours dans la maison de Noé, et nul ne le savait, et le Seigneur était avec lui.

[12] Et le Seigneur donna à Abram un cœur intelligent, et il sut que toutes les œuvres de cette génération étaient vaines, et que tous leurs dieux étaient vains et n'avaient aucun effet.

[13] Et Abram vit le soleil briller sur la terre, et Abram se dit en lui-même Certainement maintenant ce soleil qui brille sur la terre est Dieu, et lui, je le servirai.

[14] Et Abram servit le soleil en ce jour et pria devant lui, et quand le soir vint le soleil se coucha comme d'habitude, et Abram se dit en lui-même, Sûrement cela ne peut pas être Dieu ?

[15] Et Abram continua de parler en lui-même, Qui est celui qui a fait les cieux et la terre ? qui a créé sur terre ? où est-il ?

[16] Et la nuit s'obscurcit sur lui, et il leva les yeux vers l'ouest, le nord, le sud, et l'est, et il vit que le soleil avait disparu de la terre, et le jour devint sombre.

[17] Et Abram vit les étoiles et la lune devant lui, et il dit : Sûrement, c'est là le Dieu qui a créé toute la terre ainsi que l'homme, et voici, ses serviteurs sont des dieux autour de lui : et Abram servit la lune et pria devant elle toute cette nuit-là.

[18] Et le matin, quand il fit jour et que le soleil brilla sur la terre comme à son habitude, Abram vit toutes les choses que le Seigneur Dieu avait faites sur la terre.

[19] Et Abram se dit en lui-même : Sûrement, ce ne sont pas des dieux qui ont fait la terre et toute l'humanité, mais ce sont les serviteurs de Dieu, et Abram resta dans la maison de Noé et là connut le Seigneur et ses voies, et il servit le Seigneur tous les jours de sa vie, et toute cette génération oublia le Seigneur, et servit d'autres dieux de bois et de pierre, et se rebella tous leurs jours.

[20] Et le roi Nimrod régna en sécurité, et toute la terre était sous son contrôle, et toute la terre était d'une seule langue et de paroles d'union.

[21] Et tous les princes de Nimrod et ses grands hommes se consultèrent ensemble ; Pout, Mitsraïm, Cusch et Canaan avec leurs familles, et ils se dirent l'un à l'autre, Venez, bâtissons-nous une ville et une tour forte dedans, et son sommet atteignant les cieux, et nous nous ferons un nom, afin que nous puissions régner sur le monde entier, afin que le mal de nos ennemis cesse de nous atteindre, que nous puissions régner puissamment sur eux, et que nous ne soyons pas dispersés sur la terre à cause de leurs guerres.

[22] Et ils allèrent tous devant le roi, et ils dirent ces mots au roi, et le roi fut d'accord avec eux dans cette affaire, et il fit ainsi.

[23] Et toutes les familles s'assemblèrent au nombre d'environ six cent mille hommes, et ils partirent à la recherche d'un vaste terrain pour bâtir la ville et la tour, et ils cherchèrent dans toute la terre et ils n'en trouvèrent pas de semblable à une vallée à l'est du pays de Schinear, à environ deux jours de marche, et ils y voyagèrent et y habitèrent.

[24] Et ils commencèrent à fabriquer des briques et à brûler des feux pour construire la ville et la tour qu'ils avaient imaginée achever.

[25] Et la construction de la tour fut pour eux une transgression et un péché, et ils commencèrent à la construire, et tandis qu'ils construisaient contre le Seigneur Dieu des cieux, ils imaginèrent dans leurs cœurs de faire la guerre contre lui et de monter au ciel.

[26] Et tout ce peuple et toutes les familles se divisèrent en trois parties ; la première disait : Nous monterons au ciel et nous battrons contre lui ; la seconde disait : Nous monterons au ciel et y placerons nos propres dieux et les servirons ; et la troisième partie disait : Nous monterons au ciel

et le frapperons avec des arcs et des flèches ; et Dieu connaissait toutes leurs œuvres et toutes leurs mauvaises pensées, et il vit la ville et la tour qu'ils construisaient.

[27] Et lorsqu'ils construisaient, ils se bâtirent une grande ville et une tour très haute et forte ; et à cause de sa hauteur, le mortier et les briques n'atteignaient pas les constructeurs dans leur montée jusqu'à elle, jusqu'à ce que ceux qui montaient aient complété une année entière, et après cela, ils atteignaient les constructeurs et leur donnaient le mortier et les briques ; ainsi fut-il fait quotidiennement.

[28] Et voici, ceux-ci montaient et d'autres descendaient tout le jour ; et si une brique tombait de leurs mains et se brisait, ils pleuraient tous dessus, et si un homme tombait et mourait, aucun d'eux ne le regardait.

[29] Et le Seigneur connaissait leurs pensées, et il arriva que lorsqu'ils construisaient, ils lancèrent des flèches vers les cieux, et toutes les flèches retombèrent sur eux remplies de sang, et lorsqu'ils les virent, ils se dirent l'un à l'autre : Sûrement, nous avons tué tous ceux qui sont dans les cieux.

[30] Car cela venait du Seigneur afin de les faire errer, et dans l'ordre ; de les détruire de la surface du sol.

[31] Et ils construisirent la tour et la ville, et ils firent cela quotidiennement jusqu'à ce que de nombreux jours et années se soient écoulés.

[32] Et Dieu dit aux soixante-dix anges qui se tenaient au premier rang devant lui, à ceux qui étaient près de lui, en disant : Venez, descendons et confondons leur langue, afin qu'un homme ne comprenne pas la langue de son voisin, et ils firent ainsi envers eux.

[33] Et dès ce jour suivant, ils oublièrent chacun la langue de son voisin, et ils ne pouvaient pas comprendre pour parler en une langue, et lorsque le bâtisseur prenait des mains de son voisin de la chaux ou une pierre qu'il n'avait pas commandée, le bâtisseur la jetait et la lançait sur son voisin, pour qu'il meure.

[34] Et ils firent ainsi de nombreux jours, et ils en tuèrent beaucoup de cette manière.

[35] Et le Seigneur frappa les trois divisions qui étaient là, et il les punit selon leurs œuvres et leurs desseins ; ceux qui disaient : Nous monterons au ciel et servirons nos dieux, devinrent comme des singes et des éléphants ; et ceux qui disaient : Nous frapperons le ciel avec des flèches, le Seigneur les tua, un homme par la main de son voisin ; et la troisième division de ceux qui disaient : Nous monterons au ciel et nous battrons contre lui, le Seigneur les dispersa à travers la terre.

[36] Et ceux qui étaient restés parmi eux, lorsqu'ils connurent et comprirent le mal qui venait sur eux, abandonnèrent la construction, et ils furent également dispersés sur la face de toute la terre.

[37] Et ils cessèrent de construire la ville et la tour ; c'est pourquoi il appela cet endroit Babel, car là le Seigneur confondit la langue de toute la terre ; voici, c'était à l'est du pays de Schinear.

[38] Et quant à la tour que les fils des hommes avaient construite, la terre ouvrit sa bouche et avala un tiers de celle-ci, et un feu descendit aussi du ciel et brûla un autre tiers, et le dernier tiers est

resté jusqu'à ce jour, et il est de cette partie qui était en hauteur, et son circonférence est de trois jours de marche.

[39] Et beaucoup des fils des hommes moururent dans cette tour, un peuple sans nombre.

10 – Les Descendants de Noé

(Genèse 10 étendue en détail)

[1] Et Péleg, fils d'Éber, mourut en ces jours-là, dans la quarante-huitième année de la vie d'Abram, fils de Térach, et tous les jours de Péleg furent de deux cent trente-neuf ans.

[2] Et lorsque le Seigneur dispersa les fils des hommes à cause de leur péché à la tour, voici qu'ils se répandirent en de nombreuses divisions, et tous les fils des hommes furent dispersés aux quatre coins de la terre.

[3] Et toutes les familles devinrent chacune selon sa langue, sa terre ou sa ville.

[4] Et les fils des hommes construisirent de nombreuses villes selon leurs familles, dans tous les endroits où ils allaient, et sur toute la terre où le Seigneur les avait dispersés.

[5] Et certains d'entre eux construisirent des villes dans des endroits d'où ils furent par la suite extirpés, et ils nommèrent ces villes d'après leurs propres noms, ou les noms de leurs enfants, ou d'après leurs événements particuliers.

[6] Et les fils de Japhet, fils de Noé, allèrent et se construisirent des villes dans les lieux où ils étaient dispersés, et ils nommèrent toutes leurs villes d'après leurs noms, et les fils de Japhet furent divisés sur la face de la terre en de nombreuses divisions et langues.

[7] Et voici les fils de Japhet selon leurs familles : Gomer, Magog, Madaï, Javan, Tubal, Méshec et Tiras ; ce sont les enfants de Japhet selon leurs générations.

[8] Et les enfants de Gomer, selon leurs villes, étaient les Francum, qui habitent dans la terre de Franza, près du fleuve Franza, par le fleuve Senah.

[9] Et les enfants de Rephath sont les Bartonim, qui habitent dans la terre de Bartonia par le fleuve Ledah, qui se déverse dans la grande mer Gihon, c'est-à-dire l'océan.

[10] Et les enfants de Tugarma sont dix familles, et voici leurs noms : Buzar, Parzunac, Balgar, Elicanum, Ragbib, Tarki, Bid, Zebuc, Ongal et Tilmaz ; tous ces peuples se dispersèrent et se reposèrent au nord et se construisirent des villes.

[11] Et ils nommèrent leurs villes d'après leurs propres noms, ce sont eux qui habitent près des fleuves Hithlah et Italac jusqu'à ce jour.

[12] Mais les familles d'Angoli, Balgar et Parzunac, elles habitent près du grand fleuve Dubnee ; et les noms de leurs villes sont aussi selon leurs propres noms.

[13] Et les enfants de Javan sont les Javanim qui habitent dans la terre de Macédoine, et les enfants de Madaï sont les Orelum qui habitent dans la terre de Curson, et les enfants de Tubal sont ceux qui habitent dans la terre de Toscane près du fleuve Pashiah.

[14] Et les enfants de Méshec sont les Shibashni et les enfants de Tiras sont Rushash, Cuschni et Ongolis ; tous ces peuples allèrent et se construisirent des villes ; ce sont les villes situées près de la mer Jabus par le fleuve Cura, qui se déverse dans le fleuve Tragan.

[15] Et les enfants d'Élisha sont les Almanim, et eux aussi allèrent et se construisirent des villes ; ce sont les villes situées entre les montagnes de Job et Shibathmo ; et parmi eux étaient les peuples

de Lombardie qui habitent en face des montagnes de Job et Shibathmo, et ils conquirent la terre d'Italie et y restèrent jusqu'à ce jour.

[16] Et les enfants de Kittim sont les Romains qui habitent dans la vallée de Canopia près du fleuve Tibre.

[17] Et les enfants de Dudonim sont ceux qui habitent dans les villes de la mer Gihon, dans la terre de Bordna.

[18] Voici les familles des enfants de Japhet selon leurs villes et langues, lorsqu'ils furent dispersés après la tour, et ils nommèrent leurs villes d'après leurs noms et événements ; et voici les noms de toutes leurs villes selon leurs familles, qu'ils bâtirent en ces jours après la tour.

[19] Et les enfants de Cham étaient Cusch, Mitsraïm, Pout et Canaan selon leur génération et villes.

[20] Tous ceux-ci allèrent et se construisirent des villes là où ils trouvèrent des lieux convenables pour eux, et ils nommèrent leurs villes d'après les noms de leurs pères Cusch, Mitsraïm, Pout et Canaan.

[21] Et les enfants de Mitsraïm sont les Ludim, Anamim, Lehabim, Naphtuhim, Pathrusim, Casluhim et Caphtorim, sept familles.

[22] Tous ceux-ci habitent près du fleuve Sihor, c'est-à-dire le ruisseau d'Égypte, et ils se construisirent des villes et les nommèrent d'après leurs propres noms.

[23] Et les enfants de Pathros et Casluhim se marièrent ensemble, et d'eux sortirent les Philistins, les Azathim, et les Gérarim, les Githim et les Ekronim, en tout cinq familles ; ceux-ci aussi se construisirent des villes, et ils nommèrent leurs villes d'après les noms de leurs pères jusqu'à ce jour.

[24] Et les enfants de Canaan se construisirent également des villes, et ils nommèrent leurs villes d'après leurs noms, onze villes et d'autres sans nombre.

[25] Et quatre hommes de la famille de Cham allèrent dans la plaine ; voici les noms des quatre hommes, Sodome, Gomorrhe, Adma et Tseboïm.

[26] Et ces hommes se construisirent quatre villes dans la plaine, et ils nommèrent les villes d'après leurs propres noms.

[27] Et eux et leurs enfants et tout ce qui leur appartenait habitèrent dans ces villes, et ils furent féconds et se multiplièrent grandement et habitèrent paisiblement.

[28] Et Séir, fils de Hur, fils de Hivi, fils de Canaan, alla et trouva une vallée face au mont Paran, et il y construisit une ville, et lui et ses sept fils et sa maisonnée y habitèrent, et il nomma la ville qu'il construisit Séir, d'après son nom ; c'est le pays de Séir jusqu'à ce jour.

[29] Voici les familles des enfants de Cham, selon leurs langues et villes, lorsqu'ils furent dispersés dans leurs pays après la tour.

[30] Et certains des enfants de Sem, fils de Noé, père de tous les enfants d'Éber, allèrent également et se construisirent des villes dans les lieux où ils furent dispersés, et ils nommèrent leurs villes d'après leurs noms.

[31] Et les fils de Sem étaient Élam, Assur, Arpacschad, Lud et Aram, et ils se construisirent des villes et nommèrent toutes leurs villes d'après leurs noms.

[32] Et Assur, fils de Sem, et ses enfants et sa maisonnée partirent à ce moment-là, un très grand nombre d'entre eux, et ils allèrent vers une terre lointaine qu'ils trouvèrent, et ils rencontrèrent une vallée très étendue dans la terre où ils allèrent, et ils se construisirent quatre villes, et les nommèrent d'après leurs propres noms et événements.

[33] Et voici les noms des villes que les enfants d'Assur construisirent : Ninive, Resen, Calah et Rehoboth-Ir ; et les enfants d'Assur y habitent jusqu'à ce jour.

[34] Et les enfants d'Aram allèrent aussi et se construisirent une ville, et ils appelèrent cette ville Uz, du nom de leur frère aîné, et ils y habitent ; c'est le pays d'Uz jusqu'à ce jour.

[35] Et dans la deuxième année après la tour, un homme de la maison d'Assur, nommé Bela, quitta le pays de Ninive pour séjourner avec sa famille où il pouvait trouver un lieu ; et ils arrivèrent jusqu'en face des villes de la plaine, près de Sodome, et ils y habitèrent.

[36] Et cet homme se leva et y construisit une petite ville, et appela son nom Bela, d'après son nom ; c'est le pays de Tsoar jusqu'à ce jour.

[37] Et voici les familles des enfants de Sem selon leur langue et leurs villes, après avoir été dispersés sur la terre après la tour.

[38] Et chaque royaume, ville et famille parmi les familles des enfants de Noé se construisirent de nombreuses villes après cela.

[39] Et ils établirent des gouvernements dans toutes leurs villes, afin d'être régulés par leurs ordres ; ainsi firent toutes les familles des enfants de Noé pour toujours.

11 – Le Règne Mauvais de Nimrod

(Genèse 11, une continuation de l'histoire de la tour de Babel)

[1] Et Nimrod, fils de Cusch, était toujours dans le pays de Shinéar, et il y régnait et y habitait, et il construisit des villes dans le pays de Shinéar.

[2] Voici les noms des quatre villes qu'il construisit, et il appela leurs noms d'après les événements qui se sont produits lors de la construction de la tour.

[3] Il appela la première Babel, disant : Parce que le Seigneur y a confondu la langue de toute la terre ; et il nomma la deuxième Erech, car c'est de là que Dieu les a dispersés.

[4] La troisième, il l'appela Eched, disant qu'il y avait eu une grande bataille à cet endroit ; et la quatrième, il l'appela Calné, parce que ses princes et ses hommes puissants y furent consumés, et ils irritèrent le Seigneur, ils se rebellèrent et transgressèrent contre lui.

[5] Quand Nimrod eut construit ces villes dans le pays de Shinéar, il y plaça le reste de son peuple, ses princes et ses hommes puissants qui étaient restés dans son royaume.

[6] Nimrod habitait à Babel, et il y renouvela son règne sur le reste de ses sujets, et il régna en sécurité, et les sujets et les princes de Nimrod appelèrent son nom Amraphel, disant qu'à la tour ses princes et ses hommes étaient tombés par sa faute.

[7] Et malgré cela, Nimrod ne revint pas vers le Seigneur, et il continua dans la méchanceté et enseigna la méchanceté aux fils des hommes ; et Mardon, son fils, était pire que son père, et continua d'ajouter aux abominations de son père.

[8] Et il fit pécher les fils des hommes, c'est pourquoi on dit : Du méchant sort la méchanceté.

[9] À cette époque, il y eut une guerre entre les familles des enfants de Cham, car ils habitaient dans les villes qu'ils avaient construites.

[10] Et Kedorlaomer, roi d'Élam, se sépara des familles des enfants de Cham, et il les combattit et les soumit, et il alla aux cinq villes de la plaine et les combattit et les soumit, et elles furent sous son contrôle.

[11] Et elles le servirent douze ans, et lui donnèrent un tribut annuel.

[12] À cette époque mourut Nahor, fils de Serug, dans la quarante-neuvième année de la vie d'Abram, fils de Térach.

[13] Et dans la cinquantième année de la vie d'Abram, fils de Térach, Abram sortit de la maison de Noé et alla chez son père.

[14] Et Abram connut le Seigneur, et il marcha dans ses voies et ses instructions, et le Seigneur son Dieu était avec lui.

[15] Et Térach son père était en ces jours-là, encore chef de l'armée du roi Nimrod, et il suivait encore des dieux étrangers.

[16] Et Abram vint à la maison de son père et vit douze dieux debout là dans leurs temples, et la colère d'Abram s'enflamma quand il vit ces images dans la maison de son père.

[17] Et Abram dit : Tant que le Seigneur vit, ces images ne resteront pas dans la maison de mon père ; ainsi fera le Seigneur qui m'a créé, si dans trois jours je ne les brise pas toutes.

[18] Et Abram s'éloigna d'eux, et sa colère brûlait en lui. Et Abram se hâta et sortit de la chambre vers la cour extérieure de son père, et il trouva son père assis dans la cour, et tous ses serviteurs avec lui, et Abram vint et s'assit devant lui.

[19] Et Abram demanda à son père, en disant : Père, dis-moi où est Dieu qui a créé le ciel et la terre, et tous les fils des hommes sur la terre, et qui t'a créé toi et moi. Et Térach répondit à son fils Abram et dit : Voici, ceux qui nous ont créés sont tous avec nous dans la maison.

[20] Et Abram dit à son père : Mon seigneur, montre-les-moi, je t'en prie ; et Térach emmena Abram dans la chambre de la cour intérieure, et Abram vit, et voici, toute la pièce était pleine de dieux de bois et de pierre, douze grandes images et d'autres plus petites qu'elles sans nombre.

[21] Et Térach dit à son fils : Voici, ce sont eux qui ont fait tout ce que tu vois sur la terre, et qui m'ont créé moi et toi, et toute l'humanité.

[22] Et Térach s'inclina devant ses dieux, puis il s'éloigna d'eux, et Abram, son fils, s'éloigna avec lui.

[23] Et quand Abram se fut éloigné d'eux, il alla vers sa mère et s'assit devant elle, et il lui dit : Voilà, mon père m'a montré ceux qui ont fait le ciel et la terre, et tous les fils des hommes.

[24] Maintenant, donc, hâte-toi et va chercher un chevreau dans le troupeau, et fais-en une viande savoureuse, pour que je l'apporte aux dieux de mon père comme offrande pour qu'ils mangent ; peut-être deviendrai-je ainsi acceptable à leurs yeux.

[25] Et sa mère fit ainsi, et elle alla chercher un chevreau, et en fit une viande savoureuse, et l'apporta à Abram, et Abram prit la viande savoureuse de sa mère et l'apporta devant les dieux de son père, et il s'approcha d'eux pour qu'ils puissent manger ; et Térach, son père, n'en sut rien.

[26] Et Abram vit, le jour où il était assis parmi eux, qu'ils n'avaient ni voix, ni ouïe, ni mouvement, et qu'aucun d'eux ne pouvait étendre sa main pour manger.

[27] Et Abram se moqua d'eux, et dit : Sûrement, la viande savoureuse que j'ai préparée ne leur a pas plu, ou peut-être était-elle trop peu pour eux, et c'est pour cette raison qu'ils n'ont pas mangé ; donc, demain, je préparerai une viande savoureuse fraîche, meilleure et plus abondante que celle-ci, afin de voir le résultat.

[28] Et le lendemain, Abram donna des instructions à sa mère concernant la viande savoureuse, et sa mère se leva et prit trois beaux chevreaux du troupeau, et en fit d'excellentes viandes savoureuses, telles que son fils les aimait, et les donna à son fils Abram ; et Térach, son père, n'en sut rien.

[29] Et Abram prit la viande savoureuse de sa mère, et l'apporta devant les dieux de son père dans la chambre ; et il s'approcha d'eux pour qu'ils puissent manger, et il la plaça devant eux, et Abram s'assit devant eux toute la journée, pensant qu'ils pourraient manger.

[30] Et Abram les observa, et voici, ils n'avaient ni voix, ni ouïe, ni aucun d'eux n'étendit sa main vers la viande pour manger.

[31] Et le soir de ce jour-là, dans cette maison, Abram fut revêtu de l'esprit de Dieu.

[32] Il s'écria et dit : Malheur à mon père et à cette génération perverse, don't les cœurs sont tous inclinés vers la vanité, qui servent ces idoles de bois et de pierre qui ne peuvent ni manger, ni sentir, ni entendre, ni parler, qui ont des bouches sans discours, des yeux sans vue, des oreilles sans ouïe, des mains sans sensation, et des jambes qui ne peuvent bouger ; tels sont ceux qui les ont fabriqués et qui leur font confiance.

[33] Quand Abram vit tout cela, sa colère s'enflamma contre son père, et il se hâta de prendre une hache à la main, et entra dans la chambre des dieux, et brisa tous les dieux de son père.

[34] Après avoir brisé les images, il plaça la hache dans la main du grand dieu qui était là devant eux, et sortit ; Térach, son père, rentra chez lui, car il avait entendu à la porte le bruit des coups de hache ; ainsi Térach entra dans la maison pour savoir de quoi il s'agissait.

[35] Ayant entendu le bruit de la hache dans la chambre des images, Térach courut vers la chambre aux images, et y rencontra Abram qui sortait.

[36] Térach entra dans la chambre et trouva toutes les idoles tombées et brisées, et la hache dans la main de la plus grande, qui n'était pas brisée, et la viande savoureuse qu'Abram, son fils, avait préparée était encore devant elles.

[37] Quand Térach vit cela, sa colère s'enflamma grandement, et il se hâta de sortir de la chambre pour aller vers Abram.

[38] Il trouva son fils Abram toujours assis dans la maison ; et lui dit : Quelle est cette œuvre que tu as faite à mes dieux ?

[39] Abram répondit à Térach son père et dit : Il n'en est pas ainsi, mon seigneur, car j'ai apporté de la viande savoureuse devant eux, et quand je me suis approché d'eux avec la viande pour qu'ils mangent, ils ont tous tendu leurs mains pour manger avant que le grand n'ait tendu sa main pour manger.

[40] Le grand a vu leurs actions devant lui, et sa colère s'est violemment enflammée contre eux, et il est allé prendre la hache qui était dans la maison et est venu vers eux et les a tous brisés, et voici, la hache est encore dans sa main comme tu le vois.

[41] La colère de Térach s'enflamma contre son fils Abram quand il dit cela ; et Térach dit à Abram son fils dans sa colère : Quel est ce conte que tu as raconté ? Tu me mens.

[42] Y a-t-il dans ces dieux un esprit, une âme ou une puissance pour faire tout ce que tu m'as dit ? Ne sont-ils pas de bois et de pierre, et ne les ai-je pas moi-même fabriqués, et peux-tu dire de tels mensonges, en disant que le grand dieu qui était avec eux les a frappés ? C'est toi qui as placé la hache dans ses mains, puis tu dis qu'il les a tous frappés.

[43] Abram répondit à son père et lui dit : Comment peux-tu alors servir ces idoles qui n'ont aucun pouvoir de faire quoi que ce soit ? Ces idoles en lesquelles tu mets ta confiance peuvent-elles te délivrer ? Peuvent-elles entendre tes prières quand tu les appelles ? Peuvent-elles te délivrer des mains de tes ennemis, ou combattront-elles tes batailles pour toi contre tes ennemis, pour que tu serves du bois et de la pierre qui ne peuvent ni parler ni entendre ?

[44] Et maintenant, sûrement, il n'est pas bon pour toi ni pour les fils des hommes qui sont liés à toi, de faire ces choses ; êtes-vous si insensés, si stupides ou si dépourvus de compréhension que vous serviez du bois et de la pierre, et agissiez de cette manière ?

[45] Et oublier le Seigneur Dieu qui a fait le ciel et la terre, et qui t'a créé sur la terre, et par là apporter un grand mal à ton âme dans cette affaire en servant la pierre et le bois ?

[46] Nos ancêtres n'ont-ils pas péché dans cette affaire, et le Seigneur Dieu de l'univers n'a-t-il pas apporté les eaux du déluge sur eux et détruit toute la terre ?

[47] Comment peux-tu continuer à faire cela et servir des dieux de bois et de pierre, qui ne peuvent ni entendre, ni parler, ni te délivrer de l'oppression, attirant ainsi sur toi la colère du Dieu de l'univers ?

[48] Maintenant donc, mon père, abstiens-toi de cela, et n'apporte pas le mal sur ton âme et les âmes de ta maison.

[49] Abram se hâta et s'élança devant son père, prit la hache du plus grand des idoles de son père, avec laquelle il la brisa et s'enfuit.

[50] Térach, voyant tout ce qu'Abram avait fait, se hâta de quitter sa maison, et alla chez le roi et se présenta devant Nimrod et se tint devant lui, et s'inclina devant le roi ; et le roi dit : Que veux-tu ?

[51] Il dit : Je t'en prie, mon seigneur, écoute-moi — Il y a cinquante ans, un enfant m'est né, et voici ce qu'il a fait à mes dieux et ce qu'il a dit ; et maintenant donc, mon seigneur et roi, envoie le chercher pour qu'il vienne devant toi, et juge-le selon la loi, afin que nous soyons délivrés de son mal.

[52] Le roi envoya trois de ses serviteurs, et ils allèrent et amenèrent Abram devant le roi. Et Nimrod et tous ses princes et serviteurs étaient ce jour-là assis devant lui, et Térach était aussi assis devant eux.

[53] Le roi dit à Abram : Qu'as-tu fait à ton père et à ses dieux ? Et Abram répondit au roi par les paroles qu'il avait dites à son père, et dit : Le grand dieu qui était avec eux dans la maison leur a fait ce que tu as entendu.

[54] Le roi dit à Abram : Avaient-ils le pouvoir de parler, de manger et de faire ce que tu as dit ? Et Abram répondit au roi, en disant : Et s'ils n'ont aucun pouvoir, pourquoi les sers-tu et causes-tu l'égarement des fils des hommes par tes folies ?

[55] Imagines-tu qu'ils puissent te délivrer ou faire quelque chose de petit ou de grand, pour que tu les serves ? Et pourquoi ne reconnais-tu pas le Dieu de tout l'univers, qui t'a créé et en la puissance de qui il est de tuer et de maintenir en vie ?

[56] Ô roi fou, simple et ignorant, malheur à toi pour toujours.

[57] Je pensais que tu enseignerais à tes serviteurs la voie droite, mais tu ne l'as pas fait, mais as rempli toute la terre de tes péchés et des péchés de ton peuple qui a suivi tes voies.

[58] Ne sais-tu pas, ou n'as-tu pas entendu, que ce mal que tu fais, nos ancêtres y ont péché dans les temps anciens, et le Dieu éternel a apporté les eaux du déluge sur eux et les a tous détruits,

ainsi que toute la terre à cause d'eux ? Et toi et ton peuple, allez-vous maintenant vous lever et faire comme cette œuvre, pour attirer la colère du Seigneur Dieu de l'univers, et apporter le mal sur toi et toute la terre ?

[59] Maintenant donc, écarte cette mauvaise action que tu fais, et sers le Dieu de l'univers, car ton âme est entre ses mains, et alors tout ira bien pour toi.

[60] Et si ton cœur méchant n'écoute pas mes paroles pour te faire abandonner tes mauvaises voies et pour servir le Dieu éternel, alors tu mourras dans la honte dans tes derniers jours, toi, ton peuple et tous ceux qui sont liés à toi, entendant tes paroles ou marchant dans tes mauvaises voies.

[61] Et lorsque Abram eut fini de parler devant le roi et les princes, Abram leva les yeux vers les cieux et dit : Le Seigneur voit tous les méchants, et il les jugera.

12 – Abram Fuit Nimrod

(Genèse 11, Continuation de l'histoire de la tour de Babel)

[1] Et quand le roi entendit les paroles d'Abram, il ordonna de le mettre en prison ; et Abram resta dix jours en prison.

[2] Et au bout de ces jours, le roi ordonna que tous les rois, princes et gouverneurs des différentes provinces et les sages viennent devant lui, et ils s'assirent devant lui, et Abram était encore dans la maison de détention.

[3] Et le roi dit aux princes et aux sages, Avez-vous entendu ce qu'Abram, le fils de Térah, a fait à son père ? Ainsi a-t-il agi envers lui, et je l'ai ordonné d'être amené devant moi, et ainsi a-t-il parlé ; son cœur ne l'a pas fait fléchir, ni ne s'est-il agité en ma présence, et voici maintenant qu'il est confiné dans la prison.

[4] Et donc décidez quel jugement est dû à cet homme qui a injurié le roi ; qui a parlé et a fait toutes les choses que vous avez entendues.

[5] Et ils répondirent tous au roi en disant, L'homme qui injurie le roi doit être pendu à un arbre ; mais ayant fait toutes les choses qu'il a dites, et ayant méprisé nos dieux, il doit donc être brûlé à mort, car c'est la loi en cette matière.

[6] Si cela plaît au roi de faire cela, qu'il ordonne à ses serviteurs d'allumer un feu jour et nuit dans ta fournaise à briques, et alors nous jetterons cet homme dedans. Et le roi fit ainsi, et il commanda à ses serviteurs de préparer un feu pendant trois jours et trois nuits dans la fournaise du roi, qui est à Casdim ; et le roi leur ordonna de prendre Abram de la prison et de l'amener pour être brûlé.

[7] Et tous les serviteurs du roi, princes, seigneurs, gouverneurs, et juges, et tous les habitants du pays, environ neuf cent mille hommes, se tenaient en face de la fournaise pour voir Abram.

[8] Et toutes les femmes et les petits se pressaient sur les toits et les tours pour voir ce qui se passait avec Abram, et ils se tenaient tous ensemble à distance ; et il n'y avait pas un homme qui ne soit venu ce jour-là pour voir la scène.

[9] Et lorsque Abram arriva, les conjureurs du roi et les sages virent Abram, et ils crièrent au roi, disant, Notre seigneur souverain, c'est sûrement l'homme que nous connaissons pour avoir été l'enfant à la naissance duquel la grande étoile a englouti les quatre étoiles, ce que nous avons déclaré au roi il y a maintenant cinquante ans.

[10] Et voici maintenant que son père a également transgressé tes commandements, et t'a moqué en t'apportant un autre enfant, que tu as tué.

[11] Et quand le roi entendit leurs paroles, il fut extrêmement courroucé, et il ordonna que Térah soit amené devant lui.

[12] Et le roi dit, As-tu entendu ce que les conjureurs ont dit ? Maintenant dis-moi la vérité, comment as-tu fait ; et si tu dis la vérité, tu seras acquitté.

[13] Et voyant que la colère du roi était tellement allumée, Térah dit au roi, Mon seigneur et roi, tu as entendu la vérité, et ce que les sages ont dit est juste. Et le roi dit, Comment as-tu pu faire

cela, transgresser mes ordres et me donner un enfant que tu n'as pas engendré, et prendre une valeur pour lui ?

[14] Et Térah répondit au roi, Parce que mes sentiments tendres étaient excités pour mon fils, à ce moment-là, et j'ai pris un fils de ma servante, et je l'ai apporté au roi.

[15] Et le roi dit, Qui t'a conseillé cela ? Dis-moi, ne cache rien de moi, et alors tu ne mourras pas.

[16] Et Térah fut grandement terrifié en présence du roi, et il dit au roi, C'était Haran, mon fils aîné, qui m'a conseillé cela ; et Haran avait, à l'époque de la naissance d'Abram, trente-deux ans.

[17] Mais Haran n'avait conseillé à son père aucune chose, car Térah avait dit cela au roi pour sauver son âme du roi, car il avait très peur ; et le roi dit à Térah, Haran, ton fils qui t'a conseillé cela, mourra par le feu avec Abram ; car la sentence de mort est sur lui pour s'être rebellé contre le désir du roi en faisant cela.

[18] Et à ce moment, Haran se sentait incliné à suivre les voies d'Abram, mais il le gardait en lui-même.

[19] Et Haran disait dans son cœur, Voici maintenant que le roi a saisi Abram à cause de ces choses qu'Abram a faites, et il arrivera, si Abram prévaut sur le roi, je le suivrai, mais si le roi prévaut, j'irai après le roi.

[20] Et lorsque Térah eut parlé au roi de cela concernant Haran, son fils, le roi ordonna que Haran soit saisi avec Abram.

[21] Et ils les amenèrent tous les deux, Abram et Haran son frère, pour les jeter dans le feu ; et tous les habitants du pays, les serviteurs du roi, les princes et toutes les femmes et les petits étaient là, ce jour-là, debout sur eux.

[22] Et les serviteurs du roi prirent Abram et son frère, et ils les dépouillèrent de tous leurs vêtements, sauf leurs sous-vêtements qui étaient sur eux.

[23] Et ils lièrent leurs mains et leurs pieds avec des cordes de lin, et les serviteurs du roi les soulevèrent et les jetèrent tous les deux dans la fournaise.

[24] Et le Seigneur aima Abram et eut compassion de lui, et le Seigneur descendit et délivra Abram du feu et il ne fut pas brûlé.

[25] Mais toutes les cordes avec lesquelles ils l'avaient lié brûlèrent, tandis qu'Abram restait et se promenait dans le feu.

[26] Et Haran mourut lorsqu'ils l'avaient jeté dans le feu, et il fut brûlé en cendres, car son cœur n'était pas parfait avec le Seigneur ; et ces hommes qui l'avaient jeté dans le feu, la flamme du feu se répandit sur eux, et ils brûlèrent, et douze d'entre eux moururent.

[27] Et Abram marcha au milieu du feu trois jours et trois nuits, et tous les serviteurs du roi le virent marchant dans le feu, et ils vinrent et dirent au roi, disant, Voici, nous avons vu Abram se promener au milieu du feu, et même les sous-vêtements qui sont sur lui ne sont pas brûlés, mais la corde avec laquelle il était lié est brûlée.

[28] Et lorsque le roi entendit leurs paroles, son cœur défaillit et il ne les crut pas ; alors il envoya d'autres princes fidèles voir cette affaire, et ils allèrent et virent et le rapportèrent au roi ; et le roi

se leva pour aller voir, et il vit Abram marchant de long en large au milieu du feu, et il vit le corps d'Haran brûlé, et le roi s'émerveilla grandement.

[29] Et le roi ordonna qu'Abram soit sorti du feu ; et ses serviteurs s'approchèrent pour le sortir et ils ne purent pas, car le feu était tout autour et la flamme montait vers eux depuis la fournaise.

[30] Et les serviteurs du roi s'enfuirent de là, et le roi les réprimanda, disant, Faites vite et sortez Abram du feu afin que vous ne mouriez pas.

[31] Et les serviteurs du roi s'approchèrent de nouveau pour sortir Abram, et les flammes leur vinrent dessus et brûlèrent leurs visages si bien que huit d'entre eux moururent.

[32] Et lorsque le roi vit que ses serviteurs ne pouvaient s'approcher du feu de peur d'être brûlés, le roi appela Abram, Ô serviteur du Dieu qui est au ciel, sors du milieu du feu et viens ici devant moi ; et Abram obéit à la voix du roi, et sortit du feu et vint se tenir devant le roi.

[33] Et quand Abram sortit, le roi et tous ses serviteurs virent Abram venir devant le roi, avec ses vêtements de dessous sur lui, car ils n'avaient pas brûlé, mais la corde avec laquelle il était lié avait brûlé.

[34] Et le roi dit à Abram, Comment se fait-il que tu n'aies pas brûlé dans le feu ?

[35] Et Abram dit au roi, Le Dieu du ciel et de la terre en qui je confie et qui a tout en son pouvoir, il m'a délivré du feu dans lequel tu m'avais jeté.

[36] Et Haran, le frère d'Abram, fut brûlé en cendres, et ils cherchèrent son corps, et ils le trouvèrent consumé.

[37] Et Haran avait quatre-vingt-deux ans lorsqu'il mourut dans le feu de Casdim. Et le roi, les princes et les habitants du pays, voyant qu'Abram avait été délivré du feu, vinrent et s'inclinèrent devant Abram.

[38] Et Abram leur dit, Ne vous inclinez pas devant moi, mais inclinez-vous devant le Dieu du monde qui vous a créés, et servez-le, et marchez dans ses voies car c'est lui qui m'a délivré de ce feu, et c'est lui qui a créé les âmes et les esprits de tous les hommes, et formé l'homme dans le ventre de sa mère, et l'a amené au monde, et c'est lui qui délivrera ceux qui se confient en lui de toute douleur.

[39] Et cette chose parut très merveilleuse aux yeux du roi et des princes, qu'Abram ait été sauvé du feu et que Haran ait été brûlé ; et le roi donna à Abram de nombreux présents et lui donna ses deux principaux serviteurs de la maison du roi ; l'un s'appelait Oni et l'autre Éliézer.

[40] Et tous les rois, princes et serviteurs donnèrent à Abram de nombreux cadeaux d'argent, d'or et de perles, et le roi et ses princes l'envoyèrent en paix, et il s'en alla en paix.

[41] Et Abram sortit du roi en paix, et de nombreux serviteurs du roi le suivirent, et environ trois cents hommes se joignirent à lui.

[42] Et Abram retourna ce jour-là dans la maison de son père, lui et les hommes qui le suivaient, et Abram servit le Seigneur son Dieu tous les jours de sa vie, et il marcha dans ses voies et suivit sa loi.

[43] Et dès ce jour, Abram inclina le cœur des fils des hommes à servir le Seigneur.

[44] Et à cette époque, Nahor et Abram prirent pour épouses les filles de leur frère Haran ; la femme de Nahor était Milca et le nom de la femme d'Abram était Saraï. Et Saraï, femme d'Abram, était stérile ; elle n'avait pas d'enfants en ces jours.

[45] Et à l'expiration de deux ans depuis la sortie d'Abram du feu, c'est-à-dire dans la cinquante-deuxième année de sa vie, voici que le roi Nimrod était assis à Babel sur le trône, et le roi s'endormit et rêva qu'il était debout avec ses troupes et ses armées dans une vallée en face de la fournaise du roi.

[46] Il leva les yeux et vit un homme à la ressemblance d'Abram sortant de la fournaise, et il vint et se tint devant le roi avec son épée tirée, puis il se précipita vers le roi avec son épée, quand le roi s'enfuit de l'homme, car il avait peur ; et pendant qu'il courait, l'homme jeta un œuf sur la tête du roi, et l'œuf se transforma en une grande rivière.

[47] Et le roi rêva que toutes ses troupes s'enfonçaient dans cette rivière et mouraient, et le roi prit la fuite avec trois hommes qui étaient devant lui et il s'échappa.

[48] Et le roi regarda ces hommes et ils étaient vêtus de tenues princières comme les habits des rois, et avaient l'apparence et la majesté de rois.

[49] Et pendant qu'ils couraient, la rivière se retransforma en œuf devant le roi, et de cet œuf sortit un jeune oiseau qui vint devant le roi, et vola à sa tête et lui arracha l'œil.

[50] Et le roi fut attristé à la vue, et il se réveilla de son sommeil et son esprit était agité ; et il ressentit une grande terreur.

[51] Et le matin, le roi se leva de son lit dans la peur, et il ordonna à tous les sages et magiciens de venir devant lui, quand le roi relata son rêve à eux.

[52] Et un sage serviteur du roi, nommé Anuki, répondit au roi, en disant, Cela n'est rien d'autre que le mal d'Abram et de sa descendance qui surgira contre mon Seigneur et roi dans les derniers jours.

[53] Et voici que viendra le jour où Abram et sa descendance et les enfants de sa maison guerroieront contre mon roi, et ils frapperont toutes les armées du roi et ses troupes.

[54] Et quant à ce que tu as dit concernant les trois hommes que tu as vus semblables à toi-même, et qui ont échappé, cela signifie que seulement toi échapperas avec trois rois des rois de la terre qui seront avec toi dans la bataille.

[55] Et ce que tu as vu de la rivière qui s'est transformée en œuf comme au début, et du jeune oiseau arrachant ton œil, cela ne signifie rien d'autre que la descendance d'Abram qui tuera le roi dans les derniers jours.

[56] C'est le rêve de mon roi, et c'est son interprétation, et le rêve est vrai, et l'interprétation que ton serviteur t'a donnée est juste.

[57] Maintenant donc, mon roi, tu sais sûrement qu'il s'est écoulé cinquante-deux ans depuis que tes sages ont vu cela à la naissance d'Abram, et si mon roi laisse vivre Abram sur la terre, cela sera au détriment de mon seigneur et roi, car tous les jours qu'Abram vivra, ni toi ni ton royaume ne

seront établis, car cela était connu dès sa naissance ; et pourquoi mon roi ne le tuerait-il pas, pour que son mal soit éloigné de toi dans les derniers jours ?

[58] Et Nimrod écouta la voix d'Anuki, et il envoya certains de ses serviteurs en secret pour aller saisir Abram et le ramener devant le roi pour subir la mort.

[59] Et Éliézer, le serviteur d'Abram que le roi lui avait donné, était à ce moment-là en présence du roi, et il entendit ce qu'Anuki avait conseillé au roi, et ce que le roi avait dit pour causer la mort d'Abram.

[60] Et Éliézer dit à Abram, Hâte-toi, lève-toi et sauve ta vie, pour que tu ne meures pas par les mains du roi, car ainsi l'a-t-il vu en rêve à ton sujet, et ainsi Anuki l'a interprété, et ainsi aussi Anuki a conseillé au roi à ton sujet.

[61] Et Abram écouta la voix d'Éliézer, et Abram se hâta et courut chercher refuge chez Noé et son fils Sem, et il s'y cacha et trouva un lieu sûr ; les serviteurs du roi vinrent chez Abram pour le chercher, mais ils ne purent le trouver, et ils cherchèrent dans tout le pays sans le trouver, et ils fouillèrent dans toutes les directions sans le rencontrer.

[62] Et lorsque les serviteurs du roi ne purent trouver Abram, ils retournèrent vers le roi, mais la colère du roi contre Abram s'apaisa, car ils ne l'avaient pas trouvé, et le roi chassa de son esprit cette affaire concernant Abram.

[63] Et Abram resta caché dans la maison de Noé pendant un mois, jusqu'à ce que le roi oublie cette affaire, mais Abram avait toujours peur du roi ; et Térah vint voir secrètement Abram, son fils, dans la maison de Noé, et Térah était très estimé aux yeux du roi.

[64] Et Abram dit à son père, Ne sais-tu pas que le roi pense à me tuer et à anéantir mon nom de la terre par le conseil de ses conseillers malfaisants ?

[65] Qu'as-tu donc ici et que possèdes-tu dans cette terre ? Lève-toi, allons ensemble au pays de Canaan, pour que nous soyons délivrés de sa main, de peur que tu ne périsses aussi par lui dans les derniers jours.

[66] Ne sais-tu pas ou n'as-tu pas entendu que ce n'est pas par amour que Nimrod te donne tout cet honneur, mais c'est uniquement pour son propre bénéfice qu'il te confère tout ce bien ?

[67] Et s'il te fait un bien plus grand que cela, ce ne sont que vanités du monde, car richesses et biens ne peuvent prévaloir au jour de la colère et de la fureur.

[68] Écoute donc ma voix, et levons-nous pour aller au pays de Canaan, hors de portée du mal de Nimrod ; et sers le Seigneur qui t'a créé sur la terre et cela t'ira bien ; et rejette toutes les choses vaines que tu poursuis.

[69] Et Abram cessa de parler, lorsque Noé et son fils Sem répondirent à Térah, disant, Vrai est le mot qu'Abram t'a dit.

[70] Et Térah écouta la voix de son fils Abram, et Térah fit tout ce qu'Abram avait dit, car cela venait du Seigneur, pour que le roi ne cause pas la mort d'Abram.

13 - Abram en Canaan

(Genèse 12, 15)

[1] Et Térah prit son fils Abram, son petit-fils Lot, fils de Haran, et Saraï sa belle-fille, femme de son fils Abram, ainsi que toutes les âmes de sa maison, et partit avec eux d'Ur des Chaldéens pour aller au pays de Canaan. Lorsqu'ils arrivèrent jusqu'au pays de Haran, ils s'y établirent, car la terre était extrêmement propice pour le pâturage et suffisamment vaste pour ceux qui les accompagnaient.

[2] Et les gens du pays de Haran virent qu'Abram était bon et juste avec Dieu et les hommes, et que le Seigneur son Dieu était avec lui, et certains des gens du pays de Haran vinrent se joindre à Abram, et il leur enseigna l'instruction du Seigneur et ses voies ; et ces hommes restèrent avec Abram dans sa maison et lui restèrent attachés.

[3] Et Abram demeura dans le pays trois ans, et au bout de trois ans, le Seigneur apparut à Abram et lui dit : Je suis le Seigneur qui t'ai fait sortir d'Ur des Chaldéens, et t'ai délivré des mains de tous tes ennemis.

[4] Et maintenant, si tu écoutes ma voix et gardes mes commandements, mes statuts et mes lois, alors je ferai tomber tes ennemis devant toi, et je multiplierai ta descendance comme les étoiles du ciel, et je mettrai ma bénédiction sur toutes les œuvres de tes mains, et tu ne manqueras de rien.

[5] Lève-toi maintenant, prends ta femme et tout ce qui t'appartient et va au pays de Canaan et demeure là, et je serai là pour toi comme un Dieu, et je te bénirai. Et Abram se leva, prit sa femme et tout ce qui lui appartenait, et il alla au pays de Canaan comme le Seigneur le lui avait dit ; et Abram avait cinquante ans lorsqu'il quitta Haran.

[6] Et Abram arriva au pays de Canaan et habita au milieu de la ville, et il y dressa sa tente parmi les enfants de Canaan, habitants du pays.

[7] Et le Seigneur apparut à Abram lorsqu'il arriva au pays de Canaan, et lui dit : C'est le pays que je donne à toi et à ta descendance après toi pour toujours, et je rendrai ta descendance comme les étoiles du ciel, et je donnerai à ta descendance en héritage toutes les terres que tu vois.

[8] Et Abram construisit un autel à l'endroit où Dieu lui avait parlé, et Abram invoqua là le nom du Seigneur.

[9] À cette époque, à la fin des trois années de la demeure d'Abram dans le pays de Canaan, cette année-là, Noé mourut, ce qui était la cinquante-huitième année de la vie d'Abram ; et tous les jours que Noé vécut furent de neuf cent cinquante ans et il mourut.

[10] Et Abram habita dans le pays de Canaan, lui, sa femme, et tout ce qui lui appartenait, et tous ceux qui l'accompagnaient, ainsi que ceux qui se joignirent à lui venant du peuple du pays ; mais Nahor, frère d'Abram, et Térah son père, et Lot le fils de Haran et tout ce qui leur appartenait demeuraient à Haran.

[11] Dans la cinquième année de la demeure d'Abram dans le pays de Canaan, le peuple de Sodome et Gomorrhe et toutes les villes de la plaine se révoltèrent contre la puissance de Kedorlaomer, roi d'Élam ; car tous les rois des villes de la plaine avaient servi Kedorlaomer pendant douze ans, et lui avaient donné un tribut annuel, mais en ces jours, dans la treizième année, ils se rebellèrent contre lui.

[12] Et dans la dixième année du séjour d'Abram dans le pays de Canaan, il y eut guerre entre Nimrod roi de Schinear et Kedorlaomer roi d'Élam, et Nimrod vint combattre Kedorlaomer pour le soumettre.

[13] Car à cette époque, Kedorlaomer était l'un des princes des armées de Nimrod, et lorsque tous les gens de la tour furent dispersés et ceux qui restèrent furent également éparpillés sur la face de la terre, Kedorlaomer alla au pays d'Élam et y régna, se rebellant contre son seigneur.

[14] Et en ces jours-là, lorsque Nimrod vit que les villes de la plaine s'étaient rebellées, il vint avec orgueil et colère faire la guerre à Kedorlaomer, et Nimrod rassembla tous ses princes et sujets, environ sept cent mille hommes, et marcha contre Kedorlaomer, et Kedorlaomer sortit à sa rencontre avec cinq mille hommes, et ils se préparèrent pour la bataille dans la vallée de Babel, qui est entre Élam et Schinear.

[15] Et tous ces rois combattirent là, et Nimrod et son peuple furent frappés devant le peuple de Kedorlaomer, et il tomba de l'armée de Nimrod environ six cent mille hommes, et Mardon, le fils du roi, tomba parmi eux.

[16] Et Nimrod s'enfuit et retourna dans son pays honteux et disgracié, et il fut soumis à Kedorlaomer pendant longtemps, et Kedorlaomer retourna dans son pays et envoya des princes de son armée aux rois qui habitaient autour de lui, à Arioch roi d'Élasar, et à Tidal roi de Goïim, et fit alliance avec eux, et ils lui furent tous soumis.

[17] Et ce fut dans la quinzième année du séjour d'Abram dans le pays de Canaan, qui est la soixante-dixième année de la vie d'Abram, et le Seigneur apparut à Abram cette année-là et lui dit : Je suis le Seigneur qui t'ai fait sortir d'Ur des Chaldéens pour te donner cette terre en héritage.

[18] Marche donc devant moi et sois parfait, et garde mes commandements, car à toi et à ta descendance je donnerai cette terre en héritage, du fleuve d'Égypte jusqu'au grand fleuve, le fleuve Euphrate.

[19] Et tu iras rejoindre tes pères en paix et en bonne vieillesse, et la quatrième génération reviendra ici dans ce pays et l'héritera à jamais ; et Abram bâtit un autel, et il invoqua le nom du Seigneur qui lui était apparu, et il offrit des sacrifices sur l'autel au Seigneur.

[20] À cette époque, Abram retourna et alla à Haran pour voir son père et sa mère, et la maison de son père, et Abram et sa femme et tout ce qui lui appartenait retournèrent à Haran, et Abram demeura à Haran cinq ans.

[21] Et beaucoup de gens de Haran, environ soixante-douze hommes, suivirent Abram et Abram leur enseigna l'instruction du Seigneur et ses voies, et il leur apprit à connaître le Seigneur.

[22] En ces jours-là, le Seigneur apparut à Abram à Haran, et lui dit : Voici, je t'ai parlé il y a vingt ans, disant,

[23] Va-t'en de ton pays, de ton lieu de naissance et de la maison de ton père, vers le pays que je t'ai montré pour le donner à toi et à tes enfants, car là dans ce pays je te bénirai, et je ferai de toi une grande nation, et je rendrai ton nom grand, et en toi seront bénies toutes les familles de la terre.

[24] Lève-toi donc, sors de cet endroit, toi, ta femme et tout ce qui t'appartient, ainsi que tous ceux nés dans ta maison et toutes les âmes que tu as faites à Haran, et emmène-les avec toi d'ici, et retourne au pays de Canaan.

[25] Et Abram se leva, prit sa femme Saraï et tout ce qui lui appartenait, ainsi que tout ceux qui étaient nés dans sa maison et les âmes qu'ils avaient acquises à Haran, et ils partirent pour aller au pays de Canaan.

[26] Et Abram alla et retourna au pays de Canaan, selon la parole du Seigneur. Et Lot, le fils de son frère Haran, partit avec lui. Abram avait soixante-quinze ans lorsqu'il quitta Haran pour retourner au pays de Canaan.

[27] Et il arriva au pays de Canaan selon la parole du Seigneur à Abram, et il dressa sa tente et habita dans la plaine de Mamré. Avec lui était Lot, le fils de son frère, et tout ce qui lui appartenait.

[28] Et le Seigneur apparut de nouveau à Abram et lui dit : À ta descendance je donnerai cette terre; et là, il construisit un autel au Seigneur qui lui était apparu, qui existe encore de nos jours dans les plaines de Mamré.

14 – Pharaon Rikayon (Premier Pharaon)

[1] En ces jours-là, il y avait dans le pays de Shinar un homme sage qui avait de l'entendement dans toute sagesse, et d'une belle apparence, mais il était pauvre et indigent ; son nom était Rikayon et il avait du mal à subvenir à ses besoins.

[2] Et il résolut d'aller en Égypte, auprès d'Oswiris le fils d'Anom roi d'Égypte, pour montrer au roi sa sagesse ; car peut-être trouverait-il grâce à ses yeux, pour le relever et lui donner de quoi vivre ; et Rikayon fit ainsi.

[3] Et lorsque Rikayon arriva en Égypte, il demanda aux habitants de l'Égypte concernant le roi, et les habitants de l'Égypte lui dirent la coutume du roi d'Égypte, car c'était alors la coutume du roi d'Égypte qu'il sortait de son palais royal et n'était vu à l'extérieur qu'un seul jour par an, et après cela le roi retournerait à son palais pour y rester.

[4] Et le jour où le roi sortait, il rendait jugement dans le pays, et chacun ayant une requête venait devant le roi ce jour-là pour obtenir ce qu'il demandait.

[5] Et lorsque Rikayon entendit parler de la coutume en Égypte et qu'il ne pouvait pas se présenter devant le roi, il fut grandement attristé et très chagriné.

[6] Et le soir, Rikayon sortit et trouva une maison en ruines, autrefois une boulangerie en Égypte, et il y demeura toute la nuit dans l'amertume de l'âme et serré par la faim, et le sommeil s'éloigna de ses yeux.

[7] Et Rikayon réfléchit en lui-même à ce qu'il devrait faire dans la ville jusqu'à l'apparition du roi, et comment il pourrait se maintenir là.

[8] Et il se leva le matin et se promena, et rencontra sur son chemin ceux qui vendaient des légumes et divers types de graines avec lesquels ils approvisionnaient les habitants.

[9] Et Rikayon souhaita faire de même afin de se procurer de quoi vivre dans la ville, mais il ne connaissait pas la coutume des gens, et il était comme un aveugle parmi eux.

[10] Et il alla et obtint des légumes pour les vendre pour son soutien, et la populace s'assembla autour de lui et se moqua de lui, et prit ses légumes de lui et ne lui laissa rien.

[11] Et il se leva de là dans l'amertume de l'âme, et s'en alla soupirant vers la boulangerie dans laquelle il avait demeuré toute la nuit précédente, et il y dormit la deuxième nuit.

[12] Et cette nuit-là encore, il raisonna en lui-même comment il pouvait se sauver de la famine, et il conçut un stratagème sur la manière d'agir.

[13] Et il se leva le matin et agit avec ingéniosité, et alla et loua trente hommes forts de la populace, portant leurs armes de guerre dans leurs mains, et il les mena au sommet du sépulcre égyptien, et il les y plaça.

[14] Et il leur commanda, disant, Ainsi dit le roi, Renforcez-vous et soyez des hommes vaillants, et que nul homme ne soit enterré ici jusqu'à ce que deux cents pièces d'argent soient données, et alors il pourra être enterré ; et ces hommes firent selon l'ordre de Rikayon au peuple d'Égypte toute cette année.

[15] Et en huit mois de temps Rikayon et ses hommes amassèrent de grandes richesses en argent et en or, et Rikayon prit une grande quantité de chevaux et d'autres animaux, et il embaucha plus d'hommes, et il leur donna des chevaux et ils restèrent avec lui.

[16] Et lorsque l'année revint, au moment où le roi sortit dans la ville, tous les habitants d'Égypte s'assemblèrent pour lui parler du travail de Rikayon et de ses hommes.

[17] Et le roi sortit le jour fixé, et tous les Égyptiens vinrent devant lui et lui crièrent, disant,

[18] Que le roi vive éternellement. Qu'est-ce donc que tu fais dans la ville à tes serviteurs, de ne pas souffrir qu'un corps mort soit enterré jusqu'à ce que tant d'argent et d'or soient donnés ? Y a-t-il jamais eu de pareil dans toute la terre, depuis les jours des anciens rois, oui, même depuis les jours d'Adam, jusqu'à ce jour, que les morts ne soient enterrés que pour un prix fixé ?

[19] Nous savons qu'il est de coutume pour les rois de prendre un impôt annuel sur les vivants, mais tu ne fais pas seulement cela, mais tu exiges aussi un impôt sur les morts jour après jour.

[20] Maintenant, ô roi, nous ne pouvons plus supporter cela, car toute la ville est ruinée à cause de cela, et ne le sais-tu pas ?

[21] Et quand le roi entendit tout ce qu'ils avaient dit, il fut très en colère, et sa colère s'enflamma en lui à cette affaire, car il n'en avait rien su.

[22] Et le roi dit, Qui est-il et où est-il, celui qui ose faire cette chose méchante dans mon pays sans mon commandement ? Vous me le direz sûrement.

[23] Et ils lui racontèrent toutes les œuvres de Rikayon et de ses hommes, et la colère du roi fut attisée, et il ordonna que Rikayon et ses hommes soient amenés devant lui.

[24] Et Rikayon prit environ mille enfants, fils et filles, et les vêtit de soie et de broderie, et les plaça sur des chevaux et les envoya au roi par l'intermédiaire de ses hommes, et il prit aussi une grande quantité d'argent et d'or et de pierres précieuses, et un cheval fort et beau, comme cadeau pour le roi, avec lequel il vint devant le roi et s'inclina jusqu'à terre devant lui ; et le roi, ses serviteurs et tous les habitants d'Égypte s'émerveillèrent de l'œuvre de Rikayon, et ils virent sa richesse et le présent qu'il avait apporté au roi.

[25] Et cela plut beaucoup au roi et il s'en émerveilla ; et quand Rikayon se tint devant lui, le roi lui demanda concernant toutes ses œuvres, et Rikayon parla toutes ses paroles sagement devant le roi, ses serviteurs et tous les habitants d'Égypte.

[26] Et quand le roi entendit les paroles de Rikayon et sa sagesse, Rikayon trouva grâce à ses yeux, et il rencontra la grâce et la bienveillance de tous les serviteurs du roi et de tous les habitants d'Égypte, à cause de sa sagesse et de ses excellents discours, et dès lors ils l'aimèrent excessivement.

[27] Et le roi répondit et dit à Rikayon, Ton nom ne sera plus appelé Rikayon mais Pharaon sera ton nom, puisque tu as exigé un impôt des morts ; et il appela son nom Pharaon.

[28] Et le roi et ses sujets aimèrent Rikayon pour sa sagesse, et ils consultèrent tous les habitants d'Égypte pour le faire préfet sous le roi.

[29] Et tous les habitants d'Égypte et ses sages hommes firent ainsi, et cela fut fait loi en Égypte.

[30] Et ils firent de Rikayon Pharaon le préfet sous Oswiris roi d'Égypte, et Rikayon Pharaon gouverna sur l'Égypte, administrant la justice quotidiennement à toute la ville, mais Oswiris le roi jugeait le peuple de la terre un jour par an, lorsqu'il sortait pour se montrer.

[31] Et Rikayon Pharaon s'empara habilement du gouvernement de l'Égypte, et il exigea un impôt de tous les habitants de l'Égypte.

[32] Et tous les habitants de l'Égypte aimèrent grandement Rikayon Pharaon, et ils firent un décret pour appeler tout roi qui régnerait sur eux et sur leur descendance en Égypte, Pharaon.

[33] Ainsi, tous les rois qui régnèrent en Égypte à partir de ce moment-là furent appelés Pharaon jusqu'à ce jour.

15 – Abram en Égypte (la Famine)

(Genèse 12:10-20; 13)

[1] Et en cette année-là, il y eut une grande famine dans tout le pays de Canaan, et les habitants de la terre ne purent rester à cause de la famine car elle était très grave.

[2] Et Abram et tout ce qui lui appartenait se levèrent et descendirent en Égypte à cause de la famine, et lorsqu'ils furent au ruisseau de Mitzraïm, ils restèrent là quelque temps pour se reposer de la fatigue de la route.

[3] Et Abram et Sarai marchaient à la limite du ruisseau de Mitzraïm, et Abram vit sa femme Sarai qu'elle était très belle.

[4] Et Abram dit à sa femme Sarai, Puisque Dieu t'a créée avec un visage si beau, j'ai peur des Égyptiens de peur qu'ils ne me tuent et ne t'emportent, car la crainte de Dieu n'est pas dans ces lieux.

[5] Tu feras sûrement cela, Dis que tu es ma sœur à tous ceux qui pourraient te le demander, afin que cela me soit bien, et que nous puissions vivre et ne pas être mis à mort.

[6] Et Abram commanda la même chose à tous ceux qui vinrent avec lui en Égypte à cause de la famine; également à son neveu Lot, il commanda, disant, Si les Égyptiens te demandent concernant Sarai, dis qu'elle est la sœur d'Abram.

[7] Et pourtant avec tous ces ordres Abram n'avait pas confiance en eux, mais il prit Sarai et la plaça dans une caisse et la cacha parmi leurs vaisseaux, car Abram était très préoccupé par Sarai à cause de la méchanceté des Égyptiens.

[8] Et Abram et tout ce qui lui appartenait se levèrent du ruisseau de Mitzraïm et vinrent en Égypte; et à peine avaient-ils franchi les portes de la ville que les gardes se levèrent devant eux disant, Donnez la dîme au roi de ce que vous avez, et ensuite vous pourrez entrer dans la ville; et Abram et ceux qui étaient avec lui firent ainsi.

[9] Et Abram avec les gens qui étaient avec lui vint en Égypte, et quand ils arrivèrent, ils apportèrent la caisse dans laquelle Sarai était cachée et les Égyptiens virent la caisse.

[10] Et les serviteurs du roi s'approchèrent d'Abram, disant, Qu'as-tu ici dans cette caisse que nous n'avons pas vu? Maintenant ouvre la caisse et donne la dîme au roi de tout ce qu'elle contient.

[11] Et Abram dit, Cette caisse je ne l'ouvrirai pas, mais tout ce que vous demandez dessus je le donnerai. Et les officiers de Pharaon répondirent à Abram, disant, C'est une caisse de pierres précieuses, donne-nous la dixième partie.

[12] Abram dit, Tout ce que vous désirez je le donnerai, mais vous ne devez pas ouvrir la caisse.

[13] Et les officiers du roi pressèrent Abram, et ils atteignirent la caisse et l'ouvrirent de force, et ils virent, et voici une belle femme était dans la caisse.

[14] Et quand les officiers du roi virent Sarai ils furent frappés d'admiration devant sa beauté, et tous les princes et serviteurs de Pharaon s'assemblèrent pour voir Sarai, car elle était très belle.

Et les officiers du roi coururent et dirent à Pharaon tout ce qu'ils avaient vu, et ils louèrent Sarai auprès du roi; et Pharaon ordonna qu'elle soit amenée, et la femme vint devant le roi.

[15] Et Pharaon vit Sarai et elle lui plut extrêmement, et il fut frappé par sa beauté, et le roi se réjouit grandement à son sujet, et fit des présents à ceux qui lui avaient apporté les nouvelles la concernant.

[16] Et la femme fut alors amenée à la maison de Pharaon, et Abram s'affligea à cause de sa femme, et il pria le Seigneur de la délivrer des mains de Pharaon.

[17] Et Sarai pria également à ce moment-là et dit : Ô Seigneur Dieu, tu as dit à mon seigneur Abram de quitter sa terre et la maison de son père pour aller vers la terre de Canaan, et tu as promis de lui faire du bien s'il accomplissait tes commandements ; voici maintenant que nous avons fait ce que tu nous as commandé, et nous avons quitté notre terre et nos familles, et nous sommes allés vers une terre étrangère et vers un peuple que nous ne connaissions pas auparavant.

[18] Et nous sommes venus dans cette terre pour éviter la famine, et cet accident malheureux m'est arrivé ; maintenant donc, Ô Seigneur Dieu, délivre-nous et sauve-nous de la main de cet oppresseur, et fais-moi du bien pour l'amour de ta miséricorde.

[19] Et l'Éternel écouta la voix de Sarai, et l'Éternel envoya un ange pour délivrer Sarai de la puissance de Pharaon.

[20] Et le roi vint et s'assit devant Sarai et voici qu'un ange de l'Éternel se tenait au-dessus d'eux, et il apparut à Sarai et lui dit : Ne crains pas, car l'Éternel a entendu ta prière.

[21] Et le roi s'approcha de Sarai et lui dit : Quel est cet homme pour toi qui t'a amenée ici ? et elle dit : Il est mon frère.

[22] Et le roi dit : Il nous incombe de le rendre grand, de l'élever et de lui faire tout le bien que tu nous commanderas ; et à ce moment-là, le roi envoya à Abram de l'argent et de l'or et des pierres précieuses en abondance, ainsi que du bétail, des serviteurs et des servantes ; et le roi ordonna qu'Abram soit amené, et il s'assit dans la cour de la maison du roi, et le roi exalta grandement Abram cette nuit-là.

[23] Et le roi s'approcha pour parler à Sarai, et il tendit la main pour la toucher, quand l'ange le frappa lourdement, et il fut terrifié et se retint de la toucher.

[24] Et quand le roi s'approcha de Sarai, l'ange le frappa à terre, et agit ainsi envers lui toute la nuit, et le roi fut terrifié.

[25] Et l'ange frappa lourdement cette nuit-là tous les serviteurs du roi, et toute sa maison, à cause de Sarai, et il y eut une grande lamentation cette nuit-là parmi les gens de la maison de Pharaon.

[26] Et Pharaon, voyant le mal qui lui était arrivé, dit : Sûrement à cause de cette femme cela m'est arrivé, et il s'éloigna d'elle à une certaine distance et lui parla avec des mots plaisants.

[27] Et le roi dit à Sarai : Dis-moi je te prie concernant l'homme avec qui tu es venue ici ; et Sarai dit : Cet homme est mon mari, et je t'ai dit qu'il était mon frère car j'avais peur, de peur que tu ne le mettes à mort par méchanceté.

[28] Et le roi s'éloigna de Sarai, et les plaies de l'ange de l'Éternel cessèrent sur lui et sur sa maison ; et Pharaon sut qu'il avait été frappé à cause de Sarai, et le roi fut grandement étonné de cela.

[29] Et le matin, le roi appela Abram et lui dit : Qu'est-ce que tu m'as fait ? Pourquoi as-tu dit : Elle est ma sœur, à cause de quoi je l'ai prise pour moi comme femme, et cette lourde plaie est donc venue sur moi et sur ma maison.

[30] Maintenant donc voici ta femme, prends-la et va-t'en de notre terre de peur que nous mourions tous à cause d'elle. Et Pharaon prit plus de bétail, de serviteurs et de servantes, et d'argent et d'or, pour donner à Abram, et il lui rendit sa femme Sarai.

[31] Et le roi prit une jeune fille qu'il avait engendrée de ses concubines, et il la donna à Sarai pour servante.

[32] Et le roi dit à sa fille : Il vaut mieux pour toi, ma fille, être servante dans la maison de cet homme que maîtresse dans ma maison, après avoir vu le mal qui nous est arrivé à cause de cette femme.

[33] Et Abram se leva, lui et tout ce qui lui appartenait, et quitta l'Égypte ; et Pharaon ordonna à certains de ses hommes de l'accompagner, lui et tout ce qui allait avec lui.

[34] Et Abram retourna au pays de Canaan, à l'endroit où il avait fait l'autel, là où il avait d'abord dressé sa tente.

[35] Et Lot, le fils d'Haran, frère d'Abram, avait un grand cheptel de bétail, de troupeaux et de tentes, car l'Éternel avait été généreux envers eux à cause d'Abram.

[36] Et lorsque Abram habitait dans le pays, les bergers de Lot se querellèrent avec les bergers d'Abram, car leurs biens étaient trop grands pour rester ensemble dans le pays, et la terre ne pouvait pas les supporter à cause de leur bétail.

[37] Et quand les bergers d'Abram allaient faire paître leur troupeau, ils n'allaient pas dans les champs des gens du pays, mais le bétail des bergers de Lot faisait autrement, car ils étaient autorisés à paître dans les champs des gens du pays.

[38] Et les gens du pays voyaient cela tous les jours, et ils venaient se quereller avec Abram à cause des bergers de Lot.

[39] Et Abram dit à Lot : Qu'est-ce que tu me fais, pour me rendre méprisable aux yeux des habitants du pays, en ordonnant à ton berger de faire paître ton bétail dans les champs d'autres personnes ? Ne sais-tu pas que je suis un étranger dans ce pays parmi les enfants de Canaan, et pourquoi me fais-tu cela ?

[40] Et Abram se querellait tous les jours avec Lot à cause de cela, mais Lot n'écoutait pas Abram, et il continuait à faire de même et les habitants du pays venaient le dire à Abram.

[41] Et Abram dit à Lot : Jusqu'à quand seras-tu pour moi un obstacle avec les habitants du pays ? Je t'en prie, qu'il n'y ait plus de querelle entre nous, car nous sommes parents.

[42] Mais je t'en prie, sépare-toi de moi : va et choisis un endroit où tu pourras habiter avec ton bétail et tout ce qui t'appartient, mais garde-toi à distance de moi, toi et ta maison.

[43] Et n'aie pas peur de t'éloigner de moi, car si quelqu'un te fait du tort, fais-le moi savoir et je vengerai ta cause de lui, seulement éloigne-toi de moi.

[44] Et après qu'Abram eut dit toutes ces paroles à Lot, alors Lot se leva et leva les yeux vers la plaine du Jourdain.

[45] Et il vit que toute cette région était bien arrosée et bonne pour l'homme comme pour le pâturage des bêtes.

[46] Et Lot partit d'avec Abram vers cet endroit, et là il dressa sa tente et habita à Sodome, et ils se séparèrent l'un de l'autre.

[47] Et Abram habita dans la plaine de Mamré, qui est à Hébron, et il y dressa sa tente, et Abram resta dans cet endroit de nombreuses années.

16 – Abram Contre les Cinq Rois

(Genèse 14, 16)

[1] À cette époque, Kedorlaomer, roi d'Élam, envoya vers tous les rois voisins, vers Nimrod, roi de Schinear, qui était alors sous sa puissance, et vers Tidal, roi des nations, et vers Arioch, roi d'Ellasar, avec lesquels il fit alliance, disant : Venez à moi et aidez-moi, afin que nous frappions toutes les villes de Sodome et ses habitants, car ils se sont rebellés contre moi ces treize années.

[2] Et ces quatre rois montèrent avec tous leurs camps, environ huit cent mille hommes, et ils allèrent tels qu'ils étaient, et frappèrent tout homme qu'ils trouvèrent sur leur chemin.

[3] Et les cinq rois de Sodome et Gomorrhe, Shinab roi d'Adma, Shemeber roi de Tseboïm, Béra roi de Sodome, Birscha roi de Gomorrhe, et Béla roi de Tsoar, sortirent à leur rencontre, et ils s'assemblèrent tous dans la vallée de Siddim.

[4] Et ces neuf rois firent la guerre dans la vallée de Siddim ; et les rois de Sodome et Gomorrhe furent battus devant les rois d'Élam.

[5] Et la vallée de Siddim était pleine de fosses de bitume, et les rois d'Élam poursuivirent les rois de Sodome, et les rois de Sodome avec leurs camps s'enfuirent et tombèrent dans les fosses de bitume, et tout ce qui restait se rendit à la montagne pour être en sécurité, et les cinq rois d'Élam les poursuivirent jusqu'aux portes de Sodome, et ils prirent tout ce qu'il y avait à Sodome.

[6] Et ils pillèrent toutes les villes de Sodome et Gomorrhe, et ils prirent aussi Lot, le fils du frère d'Abram, et sa propriété, et ils s'emparèrent de tous les biens des villes de Sodome, et ils s'en allèrent ; et Énec, le serviteur d'Abram, qui était dans la bataille, vit cela et raconta à Abram tout ce que les rois avaient fait aux villes de Sodome, et que Lot avait été pris captif par eux.

[7] Et Abram l'entendit, et il se leva avec environ trois cent dix-huit hommes qui étaient avec lui, et il poursuivit ces rois la nuit et les frappa, et ils tombèrent tous devant Abram et ses hommes, et il ne resta aucun survivant à part les quatre rois qui s'enfuirent, et chacun prit sa route.

[8] Et Abram récupéra tout le bien de Sodome, et il récupéra aussi Lot et sa propriété, ses femmes et ses petits, et tout ce qui lui appartenait, de sorte que Lot ne manqua de rien.

[9] Et quand il revint de la défaite de ces rois, lui et ses hommes passèrent par la vallée de Siddim où les rois avaient fait la guerre ensemble.

[10] Et Béra roi de Sodome, et le reste de ses hommes qui étaient avec lui, sortirent des fosses de bitume dans lesquelles ils étaient tombés, pour rencontrer Abram et ses hommes.

[11] Et Adonisédec roi de Jérusalem, le même était Sem, sortit avec ses hommes à la rencontre d'Abram et de son peuple, avec du pain et du vin, et ils restèrent ensemble dans la vallée de Melech.

[12] Et Adonisédec bénit Abram, et Abram lui donna la dîme de tout ce qu'il avait pris au butin de ses ennemis, car Adonisédec était prêtre devant Dieu.

[13] Et tous les rois de Sodome et Gomorrhe qui étaient là, avec leurs serviteurs, s'approchèrent d'Abram et le supplièrent de leur rendre leurs serviteurs qu'il avait faits captifs, et de prendre pour lui-même tout le bien.

[14] Et Abram répondit aux rois de Sodome, disant : Par le Seigneur vivant, qui a créé les cieux et la terre, et qui a racheté mon âme de toute affliction, et qui m'a délivré ce jour de mes ennemis, et les a livrés entre mes mains, je ne prendrai rien de ce qui est à vous, afin que vous ne puissiez pas dire demain : 'Abram s'est enrichi de notre propriété qu'il a sauvée'.

[15] Car le Seigneur, mon Dieu, en qui je me confie, m'a dit : 'Tu ne manqueras de rien, car je te bénirai dans toutes les œuvres de tes mains'.

[16] Et maintenant, voici, tout ce qui est à vous, prenez-le et partez ; par le Seigneur vivant, je ne prendrai rien de chez vous, depuis une âme vivante jusqu'à un lacet ou un fil, à l'exception des dépenses de la nourriture de ceux qui sont sortis avec moi au combat, ainsi que des parts des hommes qui sont venus avec moi, Anar, Eshkol, et Mamré, eux et leurs hommes, ainsi que ceux aussi qui sont restés pour garder les bagages, ils prendront leur part du butin.

[17] Et les rois de Sodome firent à Abram selon tout ce qu'il avait dit, et ils le pressèrent de prendre ce qu'il voulait choisir, mais il ne le voulut pas.

[18] Et il renvoya les rois de Sodome et le reste de leurs hommes, et il leur donna des ordres au sujet de Lot, et ils allèrent à leurs lieux respectifs.

[19] Et Lot, le fils du frère d'Abram, lui aussi, il le renvoya avec sa propriété, et il partit avec eux, et Lot retourna chez lui, à Sodome, et Abram et son peuple retournèrent chez eux aux plaines de Mamré, qui sont à Hébron.

[20] À cette époque, le Seigneur apparut de nouveau à Abram à Hébron, et il lui dit : Ne crains pas, ta récompense est très grande devant moi, car je ne te laisserai pas, jusqu'à ce que je t'aie multiplié, et béni, et rendu ta descendance comme les étoiles du ciel, qui ne peuvent être mesurées ni comptées.

[21] Et je donnerai à ta descendance toutes ces terres que tu vois de tes yeux, je les leur donnerai en héritage pour toujours, seulement sois fort et ne crains pas, marche devant moi et sois parfait.

[22] Et dans la soixante-dix-huitième année de la vie d'Abram, cette année-là mourut Réou, le fils de Péleg, et tous les jours de Réou furent de deux cent trente-neuf ans, et il mourut.

[23] Et Saraï, la fille de Haran, la femme d'Abram, était encore stérile en ces jours-là ; elle n'avait enfanté ni fils ni fille à Abram.

[24] Et voyant qu'elle n'avait pas d'enfants, elle prit sa servante Agar, que Pharaon lui avait donnée, et elle la donna à Abram son mari pour femme.

[25] Car Agar apprit toutes les voies de Saraï, comme Saraï l'enseignait, elle n'était en rien déficiente dans le suivi de ses bonnes manières.

[26] Et Saraï dit à Abram : Voici, ma servante Agar, va vers elle afin qu'elle puisse enfanter sur mes genoux, et que j'obtienne aussi des enfants par elle.

[27] Et à la fin de dix ans de la demeure d'Abram dans le pays de Canaan, qui est la quatre-vingt-cinquième année de la vie d'Abram, Saraï donna Agar à lui.

[28] Et Abram écouta la voix de sa femme Saraï, et il prit sa servante Agar, et Abram alla vers elle et elle conçut.

[29] Quand Agar vit qu'elle avait conçu, elle se réjouit grandement, et sa maîtresse fut méprisée à ses yeux, et elle dit en elle-même : Cela ne peut être que parce que je suis meilleure devant Dieu que Saraï ma maîtresse, car tous les jours que ma maîtresse a été avec mon seigneur, elle n'a pas conçu, mais moi, le Seigneur m'a permis de concevoir de lui en si peu de temps.

[30] Et quand Saraï vit qu'Agar avait conçu d'Abram, Saraï fut jalouse de sa servante, et Saraï dit en elle-même : Cela ne peut être que parce qu'elle doit être meilleure que moi.

[31] Et Saraï dit à Abram : Mon tort repose sur toi, car au moment où tu as prié devant le Seigneur pour des enfants, pourquoi n'as-tu pas prié pour moi, afin que le Seigneur me donne une descendance de toi ?

[32] Et quand je parle à Agar en ta présence, elle méprise mes paroles, parce qu'elle a conçu, et tu ne dis rien pour la réprimander ; que le Seigneur juge entre moi et toi pour ce que tu m'as fait.

[33] Et Abram dit à Saraï : Voici, ta servante est entre tes mains, agis envers elle comme il te semblera bon ; et Saraï la maltraita, et Agar s'enfuit d'elle dans le désert.

[34] Et un ange du Seigneur la trouva près d'un puits là où elle s'était enfuie, et il lui dit : Ne crains pas, car je multiplierai ta descendance, et tu enfanteras un fils et tu appelleras son nom Ismaël ; maintenant donc, retourne vers Saraï ta maîtresse, et soumets-toi sous ses mains.

[35] Et Agar appela le lieu de ce puits Beer-Lahaï-Roï, qui se trouve entre Kadès et Béred.

[36] Et à cette époque, Agar retourna à la maison de son maître, et au terme des jours, Agar donna naissance à un fils pour Abram, et Abram appela son nom Ismaël ; et Abram avait quatre-vingt-six ans quand il l'engendra.

17 – Le Viol des Sabines
(Genèse 17)

[1] En ces jours-là, dans la quatre-vingt-onzième année de la vie d'Abram, les enfants de Kittim firent la guerre aux enfants de Tubal, car lorsque le Seigneur avait dispersé les fils des hommes sur la face de la terre, les enfants de Kittim allèrent et s'établirent dans la plaine de Canopia, et ils y construisirent des villes et habitèrent près du fleuve Tibreu.

[2] Et les enfants de Tubal habitaient à Tuscanah, et leurs frontières atteignaient le fleuve Tibreu, et les enfants de Tubal construisirent une ville à Tuscanan, et ils appelèrent cette ville Sabinah, du nom de Sabinah fils de Tubal leur père, et ils y habitèrent jusqu'à ce jour.

[3] Et ce fut à cette époque que les enfants de Kittim firent la guerre aux enfants de Tubal, et les enfants de Tubal furent battus devant les enfants de Kittim, et les enfants de Kittim firent tomber trois cent soixante-dix hommes des enfants de Tubal.

[4] Et à cette époque, les enfants de Tubal jurèrent aux enfants de Kittim, disant : Vous ne vous marierez pas parmi nous, et aucun homme ne donnera sa fille à aucun des fils de Kittim.

[5] Car toutes les filles de Tubal étaient en ces jours-là belles, car aucune femme n'était alors trouvée sur toute la terre aussi belle que les filles de Tubal.

[6] Et tous ceux qui se délectaient de la beauté des femmes allaient vers les filles de Tubal et prenaient des épouses d'entre elles, et les fils des hommes, rois et princes, qui se délectaient grandement de la beauté des femmes, prenaient des épouses en ces jours-là parmi les filles de Tubal.

[7] Et à la fin de trois ans après que les enfants de Tubal eurent juré aux enfants de Kittim de ne pas leur donner leurs filles pour épouses, environ vingt hommes des enfants de Kittim allèrent pour prendre certaines des filles de Tubal, mais ils n'en trouvèrent aucune.

[8] Car les enfants de Tubal tenaient leurs serments de ne pas se marier avec eux, et ils ne voulaient pas rompre leurs serments.

[9] Et aux jours de la moisson, les enfants de Tubal allèrent dans leurs champs pour récolter leur moisson, lorsque les jeunes hommes de Kittim se rassemblèrent et allèrent à la ville de Sabinah, et chaque homme prit une jeune femme parmi les filles de Tubal, et ils retournèrent dans leurs villes.

[10] Et les enfants de Tubal l'apprirent et allèrent faire la guerre contre eux, et ils ne purent prévaloir sur eux, car la montagne était excessivement haute devant eux, et voyant qu'ils ne pouvaient prévaloir sur eux, ils retournèrent à leur terre.

[11] Et à la révolution de l'année, les enfants de Tubal allèrent et engagèrent environ dix mille hommes des villes qui étaient près d'eux, et ils allèrent en guerre contre les enfants de Kittim.

[12] Et les enfants de Tubal firent la guerre aux enfants de Kittim, pour détruire leur terre et les affliger, et dans cet engagement, les enfants de Tubal prévalurent sur les enfants de Kittim, et les enfants de Kittim, voyant qu'ils étaient grandement affligés, élevèrent les enfants qu'ils avaient

eus des filles de Tubal, sur le mur qui avait été construit, pour être devant les yeux des enfants de Tubal.

[13] Et les enfants de Kittim leur dirent : Êtes-vous venus faire la guerre à vos propres fils et filles, et n'avons-nous pas été considérés comme votre chair et vos os de ce temps à maintenant ?

[14] Et quand les enfants de Tubal entendirent cela, ils cessèrent de faire la guerre aux enfants de Kittim, et ils s'en allèrent.

[15] Et ils retournèrent dans leurs villes, et les enfants de Kittim à ce moment-là s'assemblèrent et construisirent deux villes près de la mer, et ils appelèrent l'une Purtu et l'autre Ariza.

[16] Et Abram, fils de Térach, avait alors quatre-vingt-dix-neuf ans.

[17] À ce moment-là, le Seigneur lui apparut et lui dit : Je vais établir mon alliance entre moi et toi, et je multiplierai abondamment ta descendance. Voici l'alliance que je conclus entre moi et toi : tout mâle parmi vous sera circoncis, toi et ta descendance après toi.

[18] À l'âge de huit jours, il sera circoncis, et cette alliance sera dans votre chair une alliance perpétuelle.

[19] Désormais, ton nom ne sera plus Abram, mais Abraham, et ta femme ne s'appellera plus Saraï, mais Sarah.

[20] Car je vous bénirai tous les deux, et je multiplierai ta descendance après toi de sorte que tu deviendras une grande nation, et des rois sortiront de toi.

18 – Commencement de La Circoncision
(Genèse 18)

[1] Abraham se leva et fit tout ce que Dieu lui avait ordonné, prenant les hommes de sa maison et ceux achetés avec son argent, et les circoncisit selon ce que le Seigneur lui avait commandé.

[2] Il n'en laissa aucun sans circoncire, et Abraham et son fils Ismaël furent circoncis dans la chair de leur prépuce ; Ismaël avait treize ans lorsqu'il fut circoncis dans la chair de son prépuce.

[3] Le troisième jour, Abraham sortit de sa tente et s'assit à la porte pour profiter de la chaleur du soleil, malgré la douleur de sa chair.

[4] Le Seigneur lui apparut dans la plaine de Mamré et envoya trois de ses anges ministériels le visiter. Il était assis à la porte de la tente, leva les yeux et vit, et voilà, trois hommes venaient de loin. Il se leva, courut à leur rencontre, se prosterna devant eux et les fit entrer dans sa maison.

[5] Il leur dit : "Si j'ai trouvé grâce à vos yeux, entrez et mangez un morceau de pain." Il les pressa, ils entrèrent et il leur donna de l'eau pour laver leurs pieds, puis les plaça sous un arbre à la porte de la tente.

[6] Abraham courut prendre un veau tendre et bon, se hâta de le tuer et le donna à son serviteur Éliézer pour le préparer.

[7] Abraham alla vers Sarah dans la tente et lui dit : "Prépare rapidement trois mesures de fine farine, pétris-la et fais des gâteaux pour couvrir le pot contenant la viande." Elle fit ainsi.

[8] Abraham s'empressa de leur apporter du beurre et du lait, du bœuf et du mouton, et le leur servit à manger avant que la chair du veau ne soit suffisamment cuite, et ils mangèrent.

[9] Lorsqu'ils eurent fini de manger, l'un d'eux lui dit : "Je reviendrai vers toi selon le temps de la vie, et Sarah ta femme aura un fils."

[10] Après cela, les hommes partirent et continuèrent leur chemin vers les lieux où ils étaient envoyés.

[11] À cette époque, tous les habitants de Sodome et Gomorrhe et des cinq villes environnantes étaient extrêmement méchants et pécheurs contre le Seigneur. Ils provoquaient le Seigneur par leurs abominations et s'endurcissaient dans leurs péchés de manière abominable et méprisante devant le Seigneur. Leur méchanceté et leurs crimes étaient grands devant le Seigneur.

[12] Ils avaient dans leur pays une vallée très étendue, d'environ une demi-journée de marche, avec des sources d'eau et beaucoup d'herbes autour de l'eau.

[13] Tous les habitants de Sodome et Gomorrhe s'y rendaient quatre fois par an avec leurs femmes et enfants et tout ce qui leur appartenait pour se réjouir là avec des tambourins et des danses.

[14] Lors de ces réjouissances, ils se levaient tous et prenaient les femmes de leurs voisins, et certains, les filles vierges de leurs voisins, et en abusaient, chaque homme voyant sa femme et sa fille entre les mains de son voisin sans dire un mot.

[15] Ils agissaient ainsi du matin au soir, puis retournaient chacun à sa maison ; ils faisaient cela quatre fois par an.

[16] De plus, lorsqu'un étranger venait dans leurs villes avec des biens qu'il avait achetés dans l'intention de les vendre, les habitants de ces villes, hommes, femmes, enfants, jeunes et vieux, se rassemblaient, allaient vers l'homme et prenaient ses biens de force, donnant un peu à chacun jusqu'à ce qu'il ne reste rien des biens du propriétaire qu'il avait apportés dans le pays.

[17] Et si le propriétaire des biens se disputait avec eux, disant : Quelle est cette action que vous avez faite contre moi, alors ils s'approchaient de lui un par un, et chacun lui montrait le peu qu'il avait pris et le narguait, disant : Je n'ai pris que ce petit peu que tu m'as donné ; et quand il entendait cela de tous, il se levait et les quittait, triste et l'âme amère, quand ils se levaient tous et le poursuivaient, et le chassaient de la ville avec grand bruit et tumulte.

[18] Et il y avait un homme du pays d'Élam qui se déplaçait tranquillement sur la route, assis sur son âne, qui portait un beau manteau de diverses couleurs, et le manteau était lié avec une corde sur l'âne.

[19] Et l'homme était en voyage, passant dans la rue de Sodome quand le soleil se couchait le soir, et il resta là pour passer la nuit, mais personne ne voulait le laisser entrer dans sa maison ; et à cette époque, il y avait à Sodome un homme méchant et malicieux, habile à faire le mal, et son nom était Hedad.

[20] Et il leva les yeux et vit le voyageur dans la rue de la ville, et il vint à lui et dit : D'où viens-tu et où vas-tu ?

[21] Et l'homme lui dit : Je voyage de Hébron à Élam où je réside, et comme je passais, le soleil s'est couché et personne ne m'a permis d'entrer dans sa maison, bien que j'avais du pain et de l'eau, ainsi que de la paille et du fourrage pour mon âne, et je ne manque de rien.

[22] Et Hedad répondit et lui dit : Tout ce don't tu auras besoin te sera fourni par moi, mais tu ne resteras pas dans la rue toute la nuit.

[23] Et Hedad l'amena chez lui, et il retira le manteau de l'âne avec la corde, et les apporta chez lui, et il donna à l'âne de la paille et du fourrage tandis que le voyageur mangeait et buvait dans la maison de Hedad, et il y passa la nuit.

[24] Et le matin, le voyageur se leva de bonne heure pour continuer son voyage, quand Hedad lui dit : Attends, réconforte ton cœur avec un morceau de pain et puis va, et l'homme fit ainsi ; et il resta avec lui, et ils mangèrent et burent ensemble pendant la journée, quand l'homme se leva pour partir.

[25] Et Hedad lui dit : "Vois, le jour décline, tu ferais mieux de rester toute la nuit pour que ton cœur soit réconforté." Et il le pressa tant qu'il resta là toute la nuit, et le deuxième jour, il se leva de bonne heure pour partir, quand Hedad le pressa, disant : "Réconforte ton cœur avec un morceau de pain puis va," et il resta et mangea avec lui également le deuxième jour, puis l'homme se leva pour continuer son voyage.

[26] Et Hedad lui dit : "Vois, le jour décline, reste avec moi pour réconforter ton cœur et demain, lève-toi de bonne heure et va ton chemin."

[27] Et l'homme ne voulut pas rester, mais se leva et sella son âne, et pendant qu'il sellait son âne, la femme de Hedad dit à son mari : "Vois, cet homme est resté chez nous pendant deux jours, mangeant et buvant, et il ne nous a rien donné, et maintenant, va-t-il partir de chez nous sans rien donner ?" Et Hedad lui dit : "Tais-toi."

[28] Et l'homme sella son âne pour partir, et demanda à Hedad de lui donner la corde et le manteau pour les attacher sur l'âne.

[29] Et Hedad lui dit : "Que dis-tu ?" Et il lui dit : "Que toi, mon seigneur, tu me donnes la corde et le manteau aux couleurs diverses que tu as cachés chez toi pour les garder."

[30] Et Hedad répondit à l'homme, disant : "Ceci est l'interprétation de ton rêve, la corde que tu as vue signifie que ta vie sera allongée comme une corde, et ayant vu le manteau coloré de toutes sortes de couleurs, cela signifie que tu auras une vigne dans laquelle tu planteras des arbres de toutes sortes de fruits."

[31] Et le voyageur répondit, disant : "Il n'en est pas ainsi, mon seigneur, car j'étais éveillé quand je t'ai donné la corde ainsi qu'un manteau tissé de différentes couleurs, que tu as pris sur l'âne pour les mettre de côté pour moi." Et Hedad répondit et dit : "Sûrement, je t'ai donné l'interprétation de ton rêve et c'est un bon rêve, voici son interprétation."

[32] Or, les fils des hommes me donnent quatre pièces d'argent, qui est mon tarif pour interpréter les rêves, et de toi, je ne demande que trois pièces d'argent.

[33] Et l'homme fut irrité par les paroles de Hedad, et il pleura amèrement, et il amena Hedad devant Serak, juge de Sodome.

[34] Et l'homme exposa son affaire devant Serak le juge, quand Hedad répondit, disant : "Il n'en est pas ainsi, mais voici comment les choses se sont passées." Et le juge dit au voyageur : "Cet homme Hedad te dit la vérité, car il est renommé dans les villes pour l'interprétation précise des rêves."

[35] Et l'homme pleura à la parole du juge, et il dit : "Il n'en est pas ainsi, mon Seigneur, car c'était en plein jour que je lui ai donné la corde et le manteau qui étaient sur l'âne, pour qu'il les mette de côté dans sa maison." Et ils se disputèrent tous les deux devant le juge, l'un disant : "Ainsi les choses se sont passées," et l'autre déclarant le contraire.

[36] Et Hedad dit à l'homme : "Donne-moi quatre pièces d'argent que je demande pour mes interprétations de rêves ; je ne ferai aucune ristourne ; et donne-moi aussi le coût des quatre repas que tu as mangés dans ma maison."

[37] Et l'homme dit à Hedad : "Vraiment, je te paierai pour ce que j'ai mangé dans ta maison, donne-moi seulement la corde et le manteau que tu as cachés dans ta maison."

[38] Et Hedad répondit devant le juge et dit à l'homme : "Ne t'ai-je pas donné l'interprétation de ton rêve ? La corde signifie que tes jours seront prolongés comme une corde, et le manteau, que tu auras une vigne dans laquelle tu planteras toutes sortes d'arbres fruitiers."

[39] "Ceci est l'interprétation correcte de ton rêve, maintenant donne-moi les quatre pièces d'argent que je demande comme compensation, car je ne te ferai aucune ristourne."

[40] Et l'homme pleura aux paroles de Hedad et ils se querellèrent tous les deux devant le juge, et le juge ordonna à ses serviteurs de les chasser brusquement de la maison.

[41] Et ils s'éloignèrent en se querellant du juge, quand les habitants de Sodome les entendirent, et ils se rassemblèrent autour d'eux et s'exclamèrent contre l'étranger, et le chassèrent brusquement de la ville.

[42] Et l'homme poursuivit son voyage sur son âne avec amertume dans l'âme, se lamentant et pleurant.

[43] Et pendant qu'il avançait, il pleurait sur ce qui lui était arrivé dans la ville corrompue de Sodome.

19 – Sodome Détruite

(Genèse 19)

[1] Les villes de Sodome avaient quatre juges pour quatre villes, et voici leurs noms : Serak dans la ville de Sodome, Sharkad à Gomorrhe, Zabnac à Admah, et Menon à Tseboïm.

[2] Eliezer, le serviteur d'Abraham, leur donna différents noms, et il changea Serak en Shakra, Sharkad en Shakrura, Zebnac en Kezobim, et Menon en Matzlodin.

[3] Sous l'influence de leurs quatre juges, les habitants de Sodome et Gomorrhe avaient érigé des lits dans les rues des villes, et si un homme arrivait dans ces lieux, ils le saisissaient et l'amenaient sur l'un de leurs lits, et de force, le faisaient coucher dedans.

[4] Pendant qu'il était allongé, trois hommes se tenaient à sa tête et trois à ses pieds, et le mesuraient selon la longueur du lit. Si l'homme était plus petit que le lit, ces six hommes l'étiraient de chaque extrémité, et lorsqu'il criait vers eux, ils ne lui répondaient pas.

[5] Et s'il était plus long que le lit, ils rapprochaient les deux côtés du lit à chaque extrémité, jusqu'à ce que l'homme ait atteint les portes de la mort.

[6] Et s'il continuait à crier vers eux, ils lui répondaient, disant : "Ainsi sera fait à un homme qui vient dans notre pays."

[7] Et quand les hommes entendaient toutes ces choses que le peuple des villes de Sodome faisait, ils évitaient de venir là.

[8] Et quand un pauvre venait dans leur pays, ils lui donnaient de l'argent et de l'or, et faisaient une proclamation dans toute la ville pour ne lui donner aucun morceau de pain à manger. Si l'étranger restait là quelques jours et mourait de faim, sans avoir pu obtenir un morceau de pain, alors à sa mort, tout le peuple de la ville venait et reprenait son argent et son or qu'ils lui avaient donné.

[9] Et ceux qui pouvaient reconnaître l'argent ou l'or qu'ils lui avaient donné le reprenaient, et à sa mort, ils le dépouillaient également de ses vêtements, et ils se battaient pour eux. Celui qui l'emportait sur son voisin les prenait.

[10] Après cela, ils l'emmenaient et l'enterraient sous certains des arbustes du désert ; ils faisaient ainsi tous les jours à quiconque venait chez eux et mourait dans leur pays.

[11] Avec le temps, Sarah envoya Eliezer à Sodome pour voir Lot et s'enquérir de son bien-être.

[12] Eliezer se rendit à Sodome et rencontra un homme de Sodome en train de se battre avec un étranger, et l'homme de Sodome déshabilla le pauvre homme de tous ses vêtements et s'en alla.

[13] Ce pauvre homme cria à Eliezer et implora sa faveur à cause de ce que l'homme de Sodome lui avait fait.

[14] Il lui dit : "Pourquoi agis-tu ainsi envers le pauvre homme qui est venu dans ton pays ?"

[15] L'homme de Sodome répondit à Eliezer, disant : "Cet homme est-il ton frère, ou les gens de Sodome t'ont-ils fait juge aujourd'hui, pour que tu parles de cet homme ?"

[16] Eliezer se disputa avec l'homme de Sodome à cause du pauvre homme, et lorsqu'Eliezer s'approcha pour récupérer les vêtements du pauvre homme de l'homme de Sodome, il se hâta et frappa Eliezer au front avec une pierre.

[17] Le sang coula abondamment du front d'Eliezer, et quand l'homme vit le sang, il saisit Eliezer, disant : "Donne-moi mon salaire pour t'avoir débarrassé de ce mauvais sang qui était sur ton front, car c'est la coutume et la loi dans notre pays."

[18] Eliezer lui dit : "Tu m'as blessé et tu exiges de moi que je te paie ton salaire ;" et Eliezer n'écouta pas les paroles de l'homme de Sodome.

[19] L'homme saisit Eliezer et l'amena devant Shakra, le juge de Sodome, pour être jugé.

[20] L'homme dit au juge : "Je t'en prie, mon seigneur, cet homme a agi ainsi, car je l'ai frappé d'une pierre et le sang a coulé de son front, et il refuse de me donner mon salaire."

[21] Le juge dit à Eliezer : "Cet homme te dit la vérité, donne-lui son salaire, car c'est la coutume dans notre pays ;" et Eliezer, entendant les paroles du juge, souleva une pierre et frappa le juge. La pierre atteignit son front et le sang coula abondamment du front du juge. Eliezer dit : "Si telle est la coutume dans votre pays, donne donc à cet homme ce que j'aurais dû lui donner, car c'est ta décision, tu l'as décrétée."

[22] Eliezer laissa l'homme de Sodome avec le juge et s'en alla.

[23] Lorsque les rois d'Élam firent la guerre aux rois de Sodome, les rois d'Élam s'emparèrent de tous les biens de Sodome et prirent Lot captif, avec ses biens. Lorsque cela fut rapporté à Abraham, il partit faire la guerre aux rois d'Élam et récupéra entre leurs mains tous les biens de Lot ainsi que les biens de Sodome.

[24] À cette époque, la femme de Lot lui donna une fille, qu'il nomma Paltith, disant : "Car Dieu l'avait délivré, lui et toute sa maison, des rois d'Élam ;" et Paltith, fille de Lot, grandit, et un des hommes de Sodome la prit pour femme.

[25] Un pauvre homme vint dans la ville pour chercher de quoi vivre et y resta quelques jours. Tous les habitants de Sodome firent proclamer leur coutume de ne pas donner à cet homme un morceau de pain à manger, jusqu'à ce qu'il tombe mort sur la terre, et ils agirent ainsi.

[26] Paltith, la fille de Lot, vit cet homme gisant dans les rues, affamé, et personne ne lui donnait quoi que ce soit pour le maintenir en vie, alors qu'il était sur le point de mourir.

[27] Son âme fut remplie de pitié pour l'homme, et elle le nourrit secrètement de pain pendant de nombreux jours, et l'âme de cet homme fut ravivée.

[28] Lorsqu'elle sortait pour puiser de l'eau, elle mettait le pain dans la cruche à eau, et lorsqu'elle arrivait à l'endroit où se trouvait le pauvre homme, elle prenait le pain de la cruche et le lui donnait à manger ; elle fit ainsi pendant de nombreux jours.

[29] Tous les habitants de Sodome et Gomorrhe s'étonnèrent comment cet homme pouvait supporter la faim pendant tant de jours.

[30] Ils se dirent les uns aux autres : "Cela ne peut être que parce qu'il mange et boit, car aucun homme ne peut supporter la faim pendant tant de jours ou vivre comme cet homme l'a fait, sans

même que son apparence ne change ;" et trois hommes se cachèrent dans un endroit où le pauvre homme était stationné, pour savoir qui lui apportait du pain à manger.

[31] Paltith, fille de Lot, sortit ce jour-là pour puiser de l'eau, et elle mit du pain dans sa cruche à eau, et elle alla puiser de l'eau à l'endroit où se trouvait le pauvre homme, et elle sortit le pain de la cruche et le lui donna à manger. Il le mangea.

[32] Et les trois hommes virent ce que Paltith avait fait pour le pauvre homme, et ils lui dirent : "C'est donc toi qui l'as soutenu, et c'est pour cela qu'il n'a pas péri de faim, ni changé d'apparence, ni mouru comme les autres."

[33] Les trois hommes sortirent de l'endroit où ils étaient cachés, saisirent Paltith et le pain qui était dans la main du pauvre homme.

[34] Ils emmenèrent Paltith devant leurs juges et leur dirent : "Voilà ce qu'elle a fait, c'est elle qui a fourni du pain au pauvre homme, donc il n'est pas mort tout ce temps ; maintenant, déclarez-nous la punition due à cette femme pour avoir transgressé notre loi."

[35] Les habitants de Sodome et Gomorrhe se rassemblèrent, allumèrent un feu dans la rue de la ville, prirent la femme et la jetèrent dans le feu, et elle fut brûlée jusqu'à devenir cendres.

[36] Dans la ville d'Admah, ils firent la même chose à une autre femme.

[37] Un voyageur arriva dans la ville d'Admah pour y passer la nuit, avec l'intention de rentrer chez lui le matin. Il s'assit en face de la porte de la maison du père de la jeune femme, pour y rester, car le soleil s'était couché quand il était arrivé à cet endroit ; et la jeune femme le vit assis à la porte de la maison.

[38] Il lui demanda de l'eau à boire et elle lui dit : "Qui es-tu ?" et il lui répondit : "Je voyageais sur la route aujourd'hui, et je suis arrivé ici au coucher du soleil, donc je resterai ici toute la nuit, et demain matin je me lèverai tôt pour continuer mon voyage."

[39] La jeune femme entra dans la maison et apporta à l'homme du pain et de l'eau à manger et à boire.

[40] Cet acte fut connu des habitants d'Admah, qui se rassemblèrent et amenèrent la jeune femme devant les juges, pour qu'ils la jugent pour cet acte.

[41] Le juge dit : "Le jugement de mort doit être prononcé contre cette femme parce qu'elle a transgressé notre loi, et c'est donc la décision à son égard."

[42] Les habitants de ces villes se rassemblèrent et emmenèrent la jeune femme, l'oignirent de miel de la tête aux pieds, comme le juge l'avait décrété, et la placèrent devant un essaim d'abeilles qui étaient alors dans leurs ruches. Les abeilles se jetèrent sur elle et la piquèrent jusqu'à ce que tout son corps soit enflé.

[43] La jeune femme criait à cause des abeilles, mais personne ne la remarquait ni ne la plaignait, et ses cris montaient au ciel.

[44] Le Seigneur fut irrité par cela et par toutes les œuvres des villes de Sodome, car elles avaient abondance de nourriture, et vivaient en tranquillité parmi elles, et pourtant ne soutenaient pas

les pauvres et les nécessiteux, et en ces jours-là, leurs méfaits et péchés étaient grands devant le Seigneur.

[45] Le Seigneur envoya deux des anges qui étaient venus dans la maison d'Abraham, pour détruire Sodome et ses villes.

[46] Les anges se levèrent de la porte de la tente d'Abraham, après avoir mangé et bu, et atteignirent Sodome dans la soirée, et Lot était alors assis à la porte de Sodome. Quand il les vit, il se leva pour les rencontrer et se prosterna jusqu'à terre.

[47] Il les pressa fortement et les amena dans sa maison, et il leur donna des vivres qu'ils mangèrent, et ils passèrent toute la nuit dans sa maison.

[48] Les anges dirent à Lot : "Lève-toi, sors de cet endroit, toi et tout ce qui t'appartient, de peur que tu ne sois consumé dans l'iniquité de cette ville, car le Seigneur va détruire cet endroit."

[49] Et les anges saisirent la main de Lot, celle de sa femme, celles de ses enfants, et tout ce qui lui appartenait, et les firent sortir pour les mettre hors des villes.

[50] Ils dirent à Lot : "Fuis pour sauver ta vie !" Et il s'enfuit, lui et tout ce qui lui appartenait.

[51] Alors, le Seigneur fit pleuvoir sur Sodome et sur Gomorrhe, et sur toutes ces villes, du soufre et du feu venant du Seigneur depuis les cieux.

[52] Il renversa ces villes, toute la plaine, tous les habitants des villes, et ce qui poussait sur le sol ; et Ado, la femme de Lot, regarda en arrière pour voir la destruction des villes, car elle fut émue de compassion pour ses filles qui étaient restées à Sodome, car elles ne l'avaient pas accompagnée.

[53] Et lorsqu'elle regarda en arrière, elle devint une colonne de sel, et elle est encore à cet endroit jusqu'à ce jour.

[54] Et les bœufs qui se tenaient à cet endroit léchaient quotidiennement le sel jusqu'aux extrémités de leurs pattes, et le matin, il ressurgissait de nouveau, et ils le léchaient à nouveau jusqu'à ce jour.

[55] Lot et ses deux filles qui étaient restées avec lui s'enfuirent et s'échappèrent vers la caverne d'Adullam, et ils y restèrent pendant quelque temps.

[56] Abraham se leva tôt le matin pour voir ce qui avait été fait aux villes de Sodome ; et il regarda et vit la fumée des villes s'élever comme la fumée d'une fournaise.

[57] Lot et ses deux filles restèrent dans la caverne, et elles firent boire du vin à leur père, et couchèrent avec lui, car elles dirent qu'il n'y avait aucun homme sur la terre pour leur donner une descendance, car elles pensaient que toute la terre était détruite.

[58] Elles couchèrent toutes les deux avec leur père, et elles conçurent et enfantèrent des fils. L'aînée nomma son fils Moab, disant : "C'est de mon père que je l'ai conçu" ; il est l'ancêtre des Moabites jusqu'à ce jour.

[59] La cadette appela aussi son fils Benami ; il est l'ancêtre des enfants d'Ammon jusqu'à ce jour.

[60] Après cela, Lot et ses deux filles quittèrent cet endroit et s'établirent de l'autre côté du Jourdain avec ses deux filles et leurs fils. Les fils de Lot grandirent, prirent des épouses du pays de Canaan, engendrèrent des enfants et furent féconds et se multiplièrent.

20 - Abraham et Les Philistins

(Genèse 20)

[1] Et en ce temps-là, Abraham partit de la plaine de Mamré, et il alla dans le pays des Philistins, et il habita à Guérar ; c'était la vingt-cinquième année depuis qu'Abraham était dans le pays de Canaan, et la centième année de la vie d'Abraham, lorsqu'il arriva à Guérar dans le pays des Philistins.

[2] Et lorsqu'ils entrèrent dans le pays, il dit à Sara, sa femme, « Dis que tu es ma sœur, à quiconque te le demandera, afin que nous puissions échapper au mal des habitants de ce pays. »

[3] Et comme Abraham habitait dans le pays des Philistins, les serviteurs d'Abimélec, roi des Philistins, virent que Sara était extrêmement belle, et ils demandèrent à Abraham à son sujet, et il dit, « Elle est ma sœur. »

[4] Et les serviteurs d'Abimélec allèrent vers Abimélec, disant, « Un homme du pays de Canaan est venu pour habiter dans le pays, et il a une sœur qui est d'une grande beauté. »

[5] Et Abimélec entendit les paroles de ses serviteurs qui lui louaient Sara, et Abimélec envoya ses officiers, et ils amenèrent Sara au roi.

[6] Et Sara vint à la maison d'Abimélec, et le roi vit que Sara était belle, et elle lui plut extrêmement.

[7] Et il s'approcha d'elle et lui dit, « Quel est cet homme avec qui tu es venue dans notre pays ? » et Sara répondit et dit « Il est mon frère, et nous sommes venus du pays de Canaan pour habiter où nous pourrions trouver un lieu. »

[8] Et Abimélec dit à Sara, « Voici, mon pays est devant toi, place ton frère dans n'importe quelle partie de ce pays qui te plaise, et il sera de notre devoir de l'exalter et de l'élever au-dessus de tous les habitants du pays puisqu'il est ton frère. »

[9] Et Abimélec fit appeler Abraham, et Abraham vint à Abimélec.

[10] Et Abimélec dit à Abraham, « Voici, j'ai donné des ordres pour que tu sois honoré comme tu le désires à cause de ta sœur Sara. »

[11] Et Abraham sortit de chez le roi, et les présents du roi le suivirent.

[12] Comme au temps du soir, avant que les hommes ne se couchent pour se reposer, le roi était assis sur son trône, et un profond sommeil tomba sur lui, et il s'allongea sur le trône et dormit jusqu'au matin.

[13] Et il rêva qu'un ange du Seigneur venait à lui avec une épée tirée dans sa main, et l'ange se tenait au-dessus d'Abimélec, et voulait le tuer avec l'épée, et le roi fut terrifié dans son rêve, et dit à l'ange, « En quoi ai-je péché contre toi pour que tu viennes me tuer avec ton épée ? »

[14] Et l'ange répondit et dit à Abimélec, « Voici, tu meurs à cause de la femme que tu as amenée hier soir dans ta maison, car elle est une femme mariée, l'épouse d'Abraham qui est venu dans ta maison ; maintenant donc, rends cette femme à son mari, car elle est sa femme ; et si tu ne la rends pas, sache que tu mourras sûrement, toi et tout ce qui t'appartient. »

[15] Et cette nuit-là, il y eut un grand cri dans le pays des Philistins, et les habitants du pays virent la figure d'un homme debout avec une épée tirée dans sa main, et il frappa les habitants du pays avec l'épée, oui, il continua à les frapper.

[16] Et l'ange du Seigneur frappa tout le pays des Philistins cette nuit-là, et il y eut une grande confusion cette nuit-là et le matin suivant.

[17] Et chaque matrice fut fermée, ainsi que tous leurs issues, et la main du Seigneur était sur eux à cause de Sara, femme d'Abraham, que Abimélec avait prise.

[18] Et le matin, Abimélec se leva avec terreur et confusion et avec une grande crainte, et il envoya appeler ses serviteurs, et leur raconta son rêve, et le peuple fut grandement effrayé.

[19] Et un homme se tenant parmi les serviteurs du roi répondit au roi, disant, Ô roi souverain, rends cette femme à son mari, car il est son mari, car il est arrivé la même chose au roi d'Égypte lorsque cet homme est venu en Égypte.

[20] Et il dit concernant sa femme, Elle est ma sœur, car tel est sa manière de faire lorsqu'il vient habiter dans le pays où il est étranger.

[21] Et Pharaon envoya et prit cette femme pour épouse et le Seigneur lui infligea de terribles plaies jusqu'à ce qu'il rende la femme à son mari.

[22] Maintenant donc, Ô roi souverain, sache ce qui est arrivé hier soir à tout le pays, car il y a eu une très grande consternation et grande douleur et lamentation, et nous savons que c'était à cause de la femme que tu as prise.

[23] Maintenant donc, rends cette femme à son mari, de peur qu'il ne nous arrive comme il est arrivé au roi d'Égypte et à ses sujets, et que nous ne mourions pas ; et Abimélec se hâta et fit appeler Sara, et elle vint devant lui, et il fit appeler Abraham, et il vint devant lui.

[24] Et Abimélec leur dit, Quelle est cette action que vous avez faite en disant que vous êtes frère et sœur, et j'ai pris cette femme pour épouse ?

[25] Et Abraham dit, Parce que je pensais que je souffrirais la mort à cause de ma femme ; et Abimélec prit des troupeaux et des hardes, et des serviteurs et des servantes, et mille pièces d'argent, et les donna à Abraham, et il lui rendit Sara.

[26] Et Abimélec dit à Abraham, Vois, tout le pays est devant toi, habite où tu le choisiras.

[27] Et Abraham et Sara, sa femme, sortirent de la présence du roi avec honneur et respect, et ils habitèrent dans le pays, même à Guérar.

[28] Et tous les habitants du pays des Philistins et les serviteurs du roi souffraient encore de la peste que l'ange avait infligée pendant toute la nuit à cause de Sara.

[29] Et Abimélec fit appeler Abraham, disant, Prie maintenant pour tes serviteurs au Seigneur ton Dieu, afin qu'il éloigne cette mortalité de parmi nous.

[30] Et Abraham pria à cause d'Abimélec et de ses sujets, et le Seigneur entendit la prière d'Abraham, et il guérit Abimélec et tous ses sujets.

21 - Isaac est Né

(Genèse 21:1-7)

[1] Et il arriva à ce moment-là, à la fin d'une année et quatre mois de la résidence d'Abraham dans le pays des Philistins à Gérar, que Dieu visita Sarah, et le Seigneur se souvint d'elle, et elle conçut et enfanta un fils à Abraham.

[2] Et Abraham appela le nom du fils qui lui était né, que Sarah lui avait enfanté, Isaac.

[3] Et Abraham circoncit son fils Isaac à huit jours, comme Dieu l'avait commandé à Abraham de faire pour sa postérité après lui; et Abraham avait cent ans, et Sarah quatre-vingt-dix ans, quand Isaac leur fut né.

[4] Et l'enfant grandit et il fut sevré, et Abraham fit une grande fête le jour où Isaac fut sevré.

[5] Et Sem et Eber et tous les grands hommes du pays, et Abimélec roi des Philistins, et ses serviteurs, et Phicol, le chef de son armée, vinrent manger et boire et se réjouir à la fête qu'Abraham fit le jour du sevrage de son fils Isaac.

[6] Aussi Térah, le père d'Abraham, et Nahor son frère, vinrent de Haran, eux et tout ce qui leur appartenait, car ils se réjouirent grandement d'entendre qu'un fils était né à Sarah.

[7] Et ils vinrent chez Abraham, et ils mangèrent et burent à la fête qu'Abraham fit le jour du sevrage d'Isaac.

[8] Et Térah et Nahor se réjouirent avec Abraham, et ils restèrent avec lui de nombreux jours dans le pays des Philistins.

[9] À cette époque, Serug le fils de Reu mourut, la première année de la naissance d'Isaac fils d'Abraham.

[10] Et tous les jours de Serug furent de deux cent trente-neuf ans, et il mourut.

[11] Et Ismaël le fils d'Abraham était grandi en ces jours-là; il avait quatorze ans quand Sarah enfanta Isaac à Abraham.

[12] Et Dieu était avec Ismaël le fils d'Abraham, et il grandit, et il apprit à utiliser l'arc et devint un archer.

[13] Et quand Isaac eut cinq ans, il était assis avec Ismaël à l'entrée de la tente.

[14] Et Ismaël vint vers Isaac et s'assit en face de lui, et il prit l'arc et le banda et mit la flèche dedans, et voulut tuer Isaac.

[15] Et Sarah vit l'acte qu'Ismaël désirait faire à son fils Isaac, et cela la chagrina extrêmement à cause de son fils, et elle envoya chercher Abraham, et lui dit : Chasse cette servante et son fils, car le fils de cette femme ne sera pas héritier avec mon fils, car ainsi il a cherché à lui faire ce jour-là.

[16] Et Abraham écouta la voix de Sarah, et il se leva de bon matin, et il prit douze pains et une outre d'eau qu'il donna à Agar, et l'envoya avec son fils, et Agar partit avec son fils vers le désert, et ils habitèrent dans le désert de Paran avec les habitants du désert, et Ismaël fut un archer, et il habita longtemps dans le désert.

[17] Et lui et sa mère allèrent ensuite dans le pays d'Égypte, et ils y habitèrent, et Agar prit une épouse pour son fils d'Égypte, et son nom était Méribah.

[18] Et l'épouse d'Ismaël conçut et enfanta quatre fils et deux filles, et Ismaël et sa mère et sa femme et ses enfants allèrent ensuite et retournèrent au désert.

[19] Et ils se firent des tentes dans le désert, où ils habitèrent, et ils continuèrent à voyager puis à se reposer mensuellement et annuellement.

[20] Et Dieu donna à Ismaël des troupeaux et des hardes et des tentes à cause d'Abraham son père, et l'homme s'accrut en bétail.

[21] Et Ismaël habita dans les déserts et sous les tentes, voyageant et se reposant longtemps, et il ne vit pas le visage de son père.

[22] Et quelque temps après, Abraham dit à Sarah sa femme, je vais aller voir mon fils Ismaël, car je désire le voir, car cela fait longtemps que je ne l'ai pas vu.

[23] Et Abraham monta sur l'un de ses chameaux pour aller dans le désert chercher son fils Ismaël, car il avait entendu dire qu'il habitait sous une tente dans le désert avec tout ce qui lui appartenait.

[24] Et Abraham alla dans le désert, et il atteignit la tente d'Ismaël vers midi, et il demanda après Ismaël, et il trouva la femme d'Ismaël assise dans la tente avec ses enfants, et Ismaël son mari et sa mère n'étaient pas avec eux.

[25] Et Abraham demanda à la femme d'Ismaël, disant : Où est allé Ismaël ? et elle dit : Il est allé au champ chasser, et Abraham était encore monté sur le chameau, car il ne voulait pas descendre à terre comme il l'avait juré à sa femme Sarah qu'il ne descendrait pas du chameau.

[26] Et Abraham dit à la femme d'Ismaël : Ma fille, donne-moi un peu d'eau à boire, car je suis fatigué du voyage.

[27] Et la femme d'Ismaël répondit et dit à Abraham : Nous n'avons ni eau ni pain, et elle continua à s'asseoir dans la tente et ne remarqua pas Abraham, ni ne lui demanda qui il était.

[28] Mais elle battait ses enfants dans la tente, et elle les maudissait, et elle maudissait aussi son mari Ismaël et le réprimandait, et Abraham entendit les paroles de la femme d'Ismaël à ses enfants, et il fut très en colère et mécontent.

[29] Et Abraham appela la femme à sortir vers lui de la tente, et la femme vint et se tint face à Abraham, car Abraham était encore monté sur le chameau.

[30] Et Abraham dit à la femme d'Ismaël : Quand ton mari Ismaël rentrera à la maison, dis-lui ces mots,

[31] Un très vieil homme du pays des Philistins est venu ici pour te chercher, et telle était son apparence et sa figure; je ne lui ai pas demandé qui il était, et voyant que tu n'étais pas là il m'a parlé et a dit, quand Ismaël ton mari rentrera, dis-lui ainsi a dit cet homme, quand tu rentreras à la maison enlève ce clou de la tente que tu as placé ici, et place un autre clou à sa place.

[32] Et Abraham termina ses instructions à la femme, et il se tourna et partit sur le chameau vers sa maison.

[33] Et après cela Ismaël revint de la chasse lui et sa mère, et retourna à la tente, et sa femme lui parla ces mots,

[34] Un très vieil homme du pays des Philistins est venu pour te chercher, et telle était son apparence et sa figure; je ne lui ai pas demandé qui il était, et voyant que tu n'étais pas à la maison il m'a dit, quand ton mari rentrera à la maison dis-lui, ainsi dit le vieil homme, enlève le clou de la tente que tu as placé ici et place un autre clou à sa place.

[35] Et Ismaël entendit les paroles de sa femme, et il sut que c'était son père, et que sa femme ne l'avait pas honoré.

[36] Et Ismaël comprit les paroles de son père qu'il avait dites à sa femme, et Ismaël écouta la voix de son père, et Ismaël renvoya cette femme et elle s'en alla.

[37] Et Ismaël alla ensuite au pays de Canaan, et il prit une autre femme et l'amena à sa tente à l'endroit où il habitait alors.

[38] Et au bout de trois ans Abraham dit, je vais encore aller voir Ismaël mon fils, car cela fait longtemps que je ne l'ai pas vu.

[39] Et il monta sur son chameau et alla dans le désert, et il atteignit la tente d'Ismaël vers midi.

[40] Et il demanda après Ismaël, et sa femme sortit de la tente et elle dit : Il n'est pas ici mon seigneur, car il est parti chasser dans les champs, et nourrir les chameaux, et la femme dit à Abraham : Entre, mon seigneur, dans la tente, et mange un morceau de pain, car ton âme doit être fatiguée à cause du voyage.

[41] Et Abraham lui dit : Je ne m'arrêterai pas car je suis pressé de continuer mon voyage, mais donne-moi un peu d'eau à boire, car j'ai soif ; et la femme se hâta et courut dans la tente et elle apporta de l'eau et du pain à Abraham, qu'elle plaça devant lui et elle le pressa de manger, et il mangea et but et son cœur fut réconforté et il bénit son fils Ismaël.

[42] Et il termina son repas et il bénit le Seigneur, et il dit à la femme d'Ismaël : Quand Ismaël rentrera à la maison, dis-lui ces mots,

[43] Un très vieux homme du pays des Philistins est venu ici et a demandé après toi, et tu n'étais pas ici ; et je lui ai apporté du pain et de l'eau et il a mangé et bu et son cœur fut réconforté.

[44] Et il m'a dit ces mots : Quand Ismaël ton mari rentrera à la maison, dis-lui, Le clou de la tente que tu as est très bon, ne le retire pas de la tente.

[45] Et Abraham acheva de commander à la femme, et il s'en alla à sa maison au pays des Philistins ; et quand Ismaël revint à sa tente, sa femme sortit à sa rencontre avec joie et un cœur joyeux.

[46] Et elle lui dit : Un vieil homme est venu ici du pays des Philistins et telle était son apparence, et il a demandé après toi et tu n'étais pas ici, alors j'ai apporté du pain et de l'eau, et il a mangé et bu et son cœur fut réconforté.

[47] Et il m'a dit ces mots : Quand Ismaël ton mari rentrera à la maison, dis-lui, Le clou de la tente que tu as est très bon, ne le retire pas de la tente.

[48] Et Ismaël sut que c'était son père, et que sa femme l'avait honoré, et le Seigneur bénit Ismaël.

22 - Le Puits d'Abraham et la Mort de Térach

(Genèse 21:22-24; 22:20-24; 11:32)

[1] Et Ismaël se leva alors, prit sa femme, ses enfants, son bétail et tout ce qui lui appartenait, et il partit de là pour aller vers son père au pays des Philistins.

[2] Et Abraham raconta à Ismaël son fils l'histoire avec la première femme qu'Ismaël avait prise, selon ce qu'elle avait fait.

[3] Et Ismaël et ses enfants habitèrent avec Abraham de nombreux jours dans ce pays, et Abraham demeura longtemps dans le pays des Philistins.

[4] Et les jours s'accumulèrent et atteignirent vingt-six ans, et après cela Abraham, avec ses serviteurs et tout ce qui lui appartenait, partit du pays des Philistins et s'éloigna grandement, et ils s'approchèrent de Hébron, et ils y restèrent, et les serviteurs d'Abraham creusèrent des puits d'eau, et Abraham et tout ce qui lui appartenait habitèrent près de l'eau, et les serviteurs d'Abimélec, roi des Philistins, entendirent dire que les serviteurs d'Abraham avaient creusé des puits d'eau aux frontières du pays.

[5] Et ils vinrent et se disputèrent avec les serviteurs d'Abraham, et ils leur volèrent le grand puits qu'ils avaient creusé.

[6] Et Abimélec, roi des Philistins, entendit parler de cette affaire, et il vint avec Phicol, le chef de son armée, et vingt de ses hommes, vers Abraham, et Abimélec parla à Abraham au sujet de ses serviteurs, et Abraham réprimanda Abimélec au sujet du puits don't ses serviteurs l'avaient volé.

[7] Et Abimélec dit à Abraham : Par le Seigneur vivant, qui a créé toute la terre, je n'ai pas entendu parler de l'acte que mes serviteurs ont fait à tes serviteurs jusqu'à ce jour.

[8] Et Abraham prit sept agnelles et les donna à Abimélec, en disant : Prends-les, je te prie, de mes mains, afin que cela me serve de témoignage que j'ai creusé ce puits.

[9] Et Abimélec prit les sept agnelles qu'Abraham lui avait données, car il lui avait aussi donné du bétail et des troupeaux en abondance, et Abimélec jura à Abraham au sujet du puits, c'est pourquoi il appela ce puits Beer-Schéba, car là, ils jurèrent tous les deux à son sujet.

[10] Et ils firent tous deux une alliance à Beer-Schéba, et Abimélec se leva avec Phicol, le chef de son armée, et tous ses hommes, et ils retournèrent au pays des Philistins, et Abraham et tout ce qui lui appartenait habitèrent à Beer-Schéba, et il fut longtemps dans ce pays.

[11] Et Abraham planta un grand bosquet à Beer-Schéba, et il y fit quatre portes face aux quatre côtés de la terre, et il y planta une vigne, de sorte que si un voyageur venait chez Abraham, il entrait par n'importe quelle porte qui était sur son chemin, et y restait, et mangeait et buvait et se satisfaisait, puis repartait.

[12] Car la maison d'Abraham était toujours ouverte aux fils des hommes qui passaient et repassaient, qui venaient quotidiennement manger et boire dans la maison d'Abraham.

[13] Et tout homme qui avait faim et venait à la maison d'Abraham, Abraham lui donnait du pain pour qu'il mange et boive et se satisfasse, et tout celui qui venait nu à sa maison, il le vêtait de

vêtements comme il le choisissait, et lui donnait de l'argent et de l'or et lui faisait connaître le Seigneur qui l'avait créé sur la terre ; cela, Abraham le fit toute sa vie.

[14] Et Abraham et ses enfants et tout ce qui lui appartenait habitèrent à Beer-Schéba, et il dressa sa tente jusqu'à Hébron.

[15] Et le frère d'Abraham, Nahor, et son père et tout ce qui leur appartenait habitaient à Haran, car ils n'étaient pas venus avec Abraham au pays de Canaan.

[16] Des enfants naquirent à Nahor que Milca, fille de Haran et sœur de Sarah, femme d'Abraham, lui donna.

[17] Voici les noms de ceux qui lui naquirent : Uz, Buz, Kemuel, Kesed, Chazo, Pildash, Tidlaf et Bethuel, soit huit fils. Ce sont là les enfants de Milca qu'elle donna à Nahor, frère d'Abraham.

[18] Nahor avait aussi une concubine nommée Reumah, qui lui donna également Zebach, Gachash, Tachash et Maacha, soit quatre fils.

[19] Les enfants qui naquirent à Nahor furent donc douze fils, sans compter ses filles, et ils eurent aussi des enfants à Haran.

[20] Les enfants d'Uz, le premier-né de Nahor, furent Abi, Cheref, Gadin, Melus et leur sœur Déborah.

[21] Les fils de Buz furent Berachel, Naamath, Sheva et Madonu.

[22] Les fils de Kemuel furent Aram et Rechob.

[23] Les fils de Kesed furent Anamlech, Meshai, Benon et Yifi ; et les fils de Chazo furent Pildash, Mechi et Opher.

[24] Les fils de Pildash furent Arud, Chamum, Mered et Moloch.

[25] Les fils de Tidlaf furent Mushan, Cuschan et Mutzi.

[26] Les enfants de Bethuel furent Sechar, Laban et leur sœur Rebecca.

[27] Ce sont là les familles des enfants de Nahor, qui leur naquirent à Haran ; et Aram, fils de Kemuel, et Rechob son frère partirent de Haran, et ils trouvèrent une vallée dans le pays près du fleuve Euphrate.

[28] Ils y construisirent une ville, et ils nommèrent cette ville du nom de Pethor, fils d'Aram, c'est-à-dire Aram Naharayim, jusqu'à ce jour.

[29] Les enfants de Kesed partirent aussi pour habiter où ils pourraient trouver un lieu, et ils allèrent et trouvèrent une vallée face au pays de Shinar, et ils s'y établirent.

[30] Ils y construisirent eux-mêmes une ville, et ils nommèrent cette ville Kesed, du nom de leur père, c'est le pays des Kasdim jusqu'à ce jour, et les Kasdim habitèrent dans ce pays et y furent féconds et se multiplièrent grandement.

[31] Et Térah, père de Nahor et d'Abraham, prit une autre femme dans sa vieillesse, et son nom était Pétilah, et elle conçut et lui donna un fils et il appela son nom Zoba.

[32] Et Térah vécut vingt-cinq ans après avoir engendré Zoba.

[33] Et Térah mourut cette année-là, c'est-à-dire la trente-cinquième année de la naissance d'Isaac, fils d'Abraham.

[34] Et les jours de Térah furent de deux cent cinq ans, et il fut enterré à Haran.

[35] Et Zoba, fils de Térah, vécut trente ans et il engendra Aram, Achlis et Merik.

[36] Aram, fils de Zoba, fils de Térah, eut trois femmes et il engendra douze fils et trois filles ; et le Seigneur donna à Aram, fils de Zoba, richesses et possessions, et abondance de bétail, de troupeaux et de hardes, et l'homme s'accrut grandement.

[37] Aram, fils de Zoba, et son frère et toute sa maison quittèrent Haran, et ils allèrent habiter où ils pourraient trouver un lieu, car leur propriété était trop grande pour rester à Haran ; car ils ne pouvaient rester à Haran avec leurs frères, les enfants de Nahor.

[38] Et Aram, fils de Zoba, partit avec ses frères, et ils trouvèrent une vallée éloignée vers le pays de l'est et s'y installèrent.

[39] Ils construisirent également une ville là-bas, et ils appelèrent cette ville Aram, du nom de leur frère aîné ; c'est Aram Zoba jusqu'à ce jour.

[40] Isaac, le fils d'Abraham, grandissait en ces jours-là, et Abraham son père lui enseignait la voie du Seigneur pour connaître le Seigneur, et le Seigneur était avec lui.

[41] Lorsque Isaac eut trente-sept ans, Ismaël, son frère, se promenait avec lui dans la tente.

[42] Ismaël se vantait à Isaac, disant : J'avais treize ans lorsque le Seigneur a parlé à mon père pour nous circoncire, et j'ai fait selon la parole du Seigneur qu'il a dite à mon père, et j'ai donné mon âme au Seigneur, et je n'ai pas transgressé sa parole qu'il a commandée à mon père.

[43] Isaac répondit à Ismaël, en disant : Pourquoi te vantes-tu auprès de moi à propos de ceci, à propos d'un petit bout de ta chair que tu as pris de ton corps, concernant lequel le Seigneur t'a commandé ?

[44] Aussi vrai que le Seigneur vit, le Dieu de mon père Abraham, si le Seigneur devait dire à mon père : Prends maintenant ton fils Isaac et offre-le en sacrifice devant moi, je ne m'y opposerais pas, mais je l'accepterais joyeusement.

[45] Et le Seigneur entendit la parole qu'Isaac dit à Ismaël, et cela parut bon aux yeux du Seigneur, et il pensa éprouver Abraham en cette matière.

[46] Et le jour arriva où les fils de Dieu vinrent se présenter devant le Seigneur, et Satan vint également avec les fils de Dieu devant le Seigneur.

[47] Et le Seigneur dit à Satan : D'où viens-tu ? et Satan répondit au Seigneur et dit : De parcourir la terre et de me promener de long en large sur elle.

[48] Et le Seigneur dit à Satan : Quelle est ta parole à moi concernant tous les enfants de la terre ? et Satan répondit au Seigneur et dit : J'ai vu tous les enfants de la terre qui te servent et se souviennent de toi lorsqu'ils ont besoin de quelque chose de toi.

[49] Et quand tu leur donnes ce qu'ils demandent de toi, ils s'assoient à leur aise, et t'abandonnent et ne se souviennent plus de toi.

[50] As-tu vu Abraham, fils de Térah, qui au début n'avait pas d'enfants, et il t'a servi et a érigé des autels en ton honneur partout où il allait, et il a offert des sacrifices sur eux, et il a proclamé ton nom continuellement à tous les enfants de la terre.

[51] Et maintenant que son fils Isaac lui est né, il t'a abandonné, il a fait une grande fête pour tous les habitants du pays, et le Seigneur, il l'a oublié.

[52] Car parmi tout ce qu'il a fait, il ne t'a apporté aucune offrande ; ni holocauste ni offrande de paix, ni bœuf, agneau ni chèvre de tout ce qu'il a tué le jour où son fils a été sevré.

[53] Même depuis la naissance de son fils jusqu'à maintenant, étant âgé de trente-sept ans, il n'a construit aucun autel devant toi, ni apporté aucune offrande à toi, car il a vu que tu lui donnais ce qu'il demandait devant toi, et il t'a donc abandonné.

[54] Et l'Éternel dit à Satan : As-tu ainsi considéré mon serviteur Abraham ? Car il n'y a personne comme lui sur la terre, un homme parfait et intègre devant moi, qui craint Dieu et se détourne du mal ; aussi vrai que je vis, si je lui disais : Présente-moi Isaac, ton fils, il ne me le refuserait pas, et encore moins si je lui demandais d'offrir en holocauste devant moi une bête de son troupeau ou de ses troupeaux.

[55] Et Satan répondit à l'Éternel et dit : Parle donc maintenant à Abraham comme tu l'as dit, et tu verras s'il ne transgresse pas aujourd'hui et ne rejette pas tes paroles.

23 - Abraham Offre Isaac

(Genèse 22)

[1] À ce moment-là, la parole du Seigneur vint à Abraham, et il lui dit : Abraham ! Et il répondit : Me voici.

[2] Dieu lui dit : Prends maintenant ton fils, ton unique fils que tu aimes, Isaac, et va-t'en au pays de Moriah, et offre-le là en holocauste sur l'une des montagnes que je t'indiquerai, car là tu verras un nuage et la gloire du Seigneur.

[3] Abraham pensa en lui-même : Comment pourrais-je séparer mon fils Isaac de Sarah sa mère, pour l'offrir en holocauste devant le Seigneur ?

[4] Abraham entra dans la tente, s'assit devant Sarah sa femme, et lui parla ainsi,

[5] Mon fils Isaac a grandi et il n'a pas étudié depuis quelque temps le service de son Dieu, demain j'irai le conduire à Shem, et à Eber son fils, là il apprendra les voies du Seigneur, car ils lui enseigneront à connaître le Seigneur ainsi qu'à savoir que lorsqu'il prie continuellement devant le Seigneur, Il lui répondra, là il apprendra la manière de servir le Seigneur son Dieu.

[6] Sarah dit : Tu as bien parlé, va, mon seigneur, et fais-lui comme tu as dit, mais ne l'éloigne pas trop de moi, et qu'il ne reste pas là trop longtemps, car mon âme est liée à la sienne.

[7] Abraham dit à Sarah : Ma fille, prions le Seigneur notre Dieu qu'il nous fasse du bien.

[8] Sarah prit son fils Isaac et il resta toute cette nuit avec elle, elle l'embrassa et le serra dans ses bras, et lui donna des instructions jusqu'au matin.

[9] Elle lui dit : Ô mon fils, comment mon âme pourrait-elle se séparer de toi ? Et elle continua de l'embrasser et de le serrer dans ses bras, et donna à Abraham des instructions à son sujet.

[10] Sarah dit à Abraham : Ô mon seigneur, je t'en prie, prends soin de ton fils, et veille sur lui, car je n'ai pas d'autre fils ni fille que lui.

[11] Ne l'abandonne pas. S'il a faim, donne-lui du pain, et s'il a soif, donne-lui de l'eau à boire ; ne le laisse pas marcher à pied, ni s'asseoir au soleil.

[12] Ne le laisse pas aller seul sur la route, ni le forcer à faire quoi que ce soit contre son gré, mais fais pour lui comme il te le demandera.

[13] Sarah pleura amèrement toute la nuit à cause d'Isaac, et lui donna des instructions jusqu'au matin.

[14] Le matin, Sarah choisit un vêtement très fin et beau parmi ceux qu'elle avait dans la maison, que Abimelech lui avait donnés.

[15] Elle habilla Isaac, son fils, avec ce vêtement, et mit un turban sur sa tête, et inséra une pierre précieuse au sommet du turban, et leur donna des provisions pour la route, et ils partirent, Isaac allant avec son père Abraham, et certains de leurs serviteurs les accompagnèrent pour les voir partir.

[16] Sarah sortit avec eux, et les accompagna sur la route pour les voir partir, et ils lui dirent : Retourne à la tente.

[17] Quand Sarah entendit les paroles de son fils Isaac, elle pleura amèrement, Abraham son mari pleura avec elle, et leur fils pleura avec eux en pleurant beaucoup ; également ceux qui étaient avec eux pleuraient beaucoup.

[18] Sarah saisit son fils Isaac, le tint dans ses bras, l'embrassa et continua de pleurer avec lui, et Sarah dit : Qui sait si après ce jour je te reverrai jamais ?

[19] Et ils continuèrent tous de pleurer ensemble, Abraham, Sarah et Isaac, et tous ceux qui les accompagnaient sur la route pleuraient avec eux, et Sarah se sépara ensuite de son fils en pleurant amèrement, et tous ses serviteurs hommes et femmes retournèrent avec elle à la tente.

[20] Abraham partit avec Isaac, son fils, pour l'offrir en sacrifice devant le Seigneur, comme Il le lui avait commandé.

[21] Et Abraham prit deux de ses jeunes hommes avec lui, Ismaël le fils d'Agar et Éliézer son serviteur, et ils allèrent ensemble avec eux, et pendant qu'ils marchaient sur la route, les jeunes hommes se dirent ces mots à eux-mêmes,

[22] Et Ismaël dit à Éliézer, Maintenant mon père Abraham va avec Isaac pour l'offrir en holocauste au Seigneur, comme Il le lui a commandé.

[23] Maintenant, quand il reviendra, il me donnera tout ce qu'il possède, pour hériter après lui, car je suis son premier-né.

[24] Et Éliézer répondit à Ismaël et dit, Certainement Abraham t'a éloigné avec ta mère, et a juré que tu n'hériteras de rien de tout ce qu'il possède, et à qui donnera-t-il tout ce qu'il a, avec tous ses trésors, sinon à moi son serviteur, qui a été fidèle dans sa maison, qui l'a servi nuit et jour, et a fait tout ce qu'il désirait ? À moi, il léguera à sa mort tout ce qu'il possède.

[25] Et tandis qu'Abraham avançait avec son fils Isaac sur la route, Satan vint et apparut à Abraham sous la forme d'un homme très âgé, humble et d'esprit contrit, et il s'approcha d'Abraham et lui dit, Es-tu sot ou brutal, pour aller faire cette chose ce jour à ton fils unique ?

[26] Car Dieu t'a donné un fils dans tes derniers jours, dans ta vieillesse, et iras-tu le massacrer ce jour parce qu'il n'a commis aucune violence, et feras-tu périr l'âme de ton fils unique de la terre ?

[27] Ne sais-tu pas et ne comprends-tu pas que cette chose ne peut venir du Seigneur ? car le Seigneur ne peut faire une telle malveillance à l'homme sur terre pour lui dire, Va massacrer ton enfant.

[28] Et Abraham entendit cela et sut que c'était la parole de Satan qui tentait de l'écarter du chemin du Seigneur, mais Abraham ne voulut pas écouter la voix de Satan, et Abraham le réprimanda de sorte qu'il s'éloigna.

[29] Et Satan revint et vint à Isaac ; et il lui apparut sous la forme d'un jeune homme beau et bien favorisé.

[30] Et il s'approcha d'Isaac et lui dit, Ne sais-tu pas et ne comprends-tu pas que ton vieux père sot t'amène aujourd'hui à l'abattoir pour rien ?

[31] Maintenant donc, mon fils, n'écoute pas et ne prête pas attention à lui, car c'est un vieux sot, et ne laisse pas ton âme précieuse et ta belle figure se perdre de la terre.

[32] Et Isaac entendit cela, et dit à Abraham, As-tu entendu, mon père, ce que cet homme a dit ? il a parlé ainsi.

[33] Et Abraham répondit à son fils Isaac et lui dit, Prends garde à lui et n'écoute pas ses paroles, ni ne prête attention à lui, car c'est Satan, tentant de nous écarter ce jour des commandements de Dieu.

[34] Et Abraham réprimanda encore Satan, et Satan les quitta, et voyant qu'il ne pouvait prévaloir sur eux, il se cacha d'eux, et il alla et passa devant eux sur la route ; et il se transforma en un grand ruisseau d'eau sur la route, et Abraham et Isaac et ses deux jeunes hommes atteignirent cet endroit, et ils virent un ruisseau grand et puissant comme les eaux puissantes.

[35] Et ils entrèrent dans le ruisseau et le traversèrent, et les eaux atteignirent d'abord leurs jambes.

[36] Et ils s'enfoncèrent davantage dans le ruisseau et les eaux atteignirent jusqu'à leur cou, et ils furent tous terrifiés à cause de l'eau ; et pendant qu'ils traversaient le ruisseau Abraham reconnut cet endroit, et il sut qu'il n'y avait pas d'eau là auparavant.

[37] Et Abraham dit à son fils Isaac, Je connais cet endroit où il n'y avait ni ruisseau ni eau, maintenant donc c'est ce Satan qui nous fait tout cela, pour nous détourner aujourd'hui des commandements de Dieu.

[38] Et Abraham le réprimanda et lui dit : Que le Seigneur te réprimande, ô Satan, éloigne-toi de nous car nous suivons les commandements de Dieu.

[39] Et Satan fut terrifié par la voix d'Abraham, et il s'éloigna d'eux, et le lieu redevint sec comme il l'était au début.

[40] Et Abraham partit avec Isaac vers le lieu que Dieu lui avait indiqué.

[41] Et au troisième jour, Abraham leva les yeux et vit le lieu au loin que Dieu lui avait annoncé.

[42] Et une colonne de feu lui apparut, s'étendant de la terre au ciel, et une nuée de gloire sur la montagne, et la gloire du Seigneur fut vue dans la nuée.

[43] Et Abraham dit à Isaac : Mon fils, vois-tu sur cette montagne, que nous apercevons au loin, ce que je vois dessus ?

[44] Et Isaac répondit à son père : Je vois, et voici une colonne de feu et une nuée, et la gloire du Seigneur est vue sur la nuée.

[45] Et Abraham sut que son fils Isaac était accepté devant le Seigneur pour un holocauste.

[46] Et Abraham dit à Éliézer et à Ismaël son fils : Voyez-vous aussi ce que nous voyons sur la montagne qui est au loin ?

[47] Et ils répondirent et dirent : Nous ne voyons rien de plus que les autres montagnes de la terre. Et Abraham sut qu'ils n'étaient pas acceptés devant le Seigneur pour aller avec eux, et Abraham leur dit : Restez ici avec l'âne pendant que moi et Isaac mon fils irons à cette montagne là-bas et adorerons là devant le Seigneur, puis nous reviendrons vers vous.

[48] Et Éliézer et Ismaël restèrent à cet endroit, comme Abraham l'avait ordonné.

[49] Et Abraham prit du bois pour l'holocauste et le plaça sur son fils Isaac, et il prit le feu et le couteau, et ils partirent tous les deux vers ce lieu.

[50] Et tandis qu'ils marchaient, Isaac dit à son père : Voici, je vois ici le feu et le bois, mais où est l'agneau qui doit être l'holocauste devant le Seigneur ?

[51] Et Abraham répondit à son fils Isaac, en disant : Le Seigneur a choisi toi, mon fils, pour être un holocauste parfait à la place de l'agneau.

[52] Et Isaac dit à son père : Je ferai tout ce que le Seigneur t'a dit avec joie et allégresse de cœur.

[53] Et Abraham dit de nouveau à Isaac son fils : Y a-t-il dans ton cœur une pensée ou un conseil concernant cela, qui n'est pas approprié ? Dis-moi, mon fils, je t'en prie, ô mon fils, ne le cache pas de moi.

[54] Et Isaac répondit à son père Abraham et lui dit : Ô mon père, aussi vrai que le Seigneur vit et que ton âme vit, il n'y a rien dans mon cœur qui me fasse dévier ni à droite ni à gauche de la parole qu'il t'a dite.

[55] Ni membre ni muscle n'a bougé ou remué à cela, ni n'y a-t-il dans mon cœur aucune pensée ou conseil maléfique concernant cela.

[56] Mais je suis d'un cœur joyeux et allègre dans cette affaire, et je dis : Béni soit le Seigneur qui m'a choisi ce jour pour être un holocauste devant Lui.

[57] Et Abraham se réjouit grandement des paroles d'Isaac, et ils continuèrent et arrivèrent ensemble à ce lieu que le Seigneur avait dit.

[58] Et Abraham s'approcha pour construire l'autel à cet endroit, et Abraham pleurait, et Isaac prit des pierres et du mortier jusqu'à ce qu'ils aient fini de construire l'autel.

[59] Et Abraham prit le bois et le disposa en ordre sur l'autel qu'il avait construit.

[60] Et il prit son fils Isaac et l'attacha afin de le placer sur le bois qui était sur l'autel, pour le tuer en holocauste devant le Seigneur.

[61] Et Isaac dit à son père, Attache-moi solidement puis place-moi sur l'autel de peur que je bouge et m'échappe sous la force du couteau sur ma chair et profane ainsi l'holocauste ; et Abraham fit ainsi.

[62] Et Isaac dit encore à son père, Ô mon père, lorsque tu m'auras tué et brûlé en offrande, prends avec toi ce qui restera de mes cendres pour les apporter à Sarah ma mère, et dis-lui, C'est l'arôme agréable d'Isaac ; mais ne lui dis pas cela si elle devait s'asseoir près d'un puits ou sur un lieu élevé, de peur qu'elle ne jette son âme après moi et ne meure.

[63] Et Abraham entendit les paroles d'Isaac, et il éleva sa voix et pleura quand Isaac parla ces mots ; et les larmes d'Abraham coulèrent sur Isaac son fils, et Isaac pleura amèrement, et il dit à son père, Hâte-toi, ô mon père, et fais avec moi la volonté du Seigneur notre Dieu comme Il te l'a commandé.

[64] Et les cœurs d'Abraham et d'Isaac se réjouirent de ce que le Seigneur leur avait commandé ; mais l'œil pleura amèrement tandis que le cœur se réjouissait.

[65] Et Abraham lia son fils Isaac, et le plaça sur l'autel sur le bois, et Isaac étendit son cou sur l'autel devant son père, et Abraham étendit sa main pour prendre le couteau pour tuer son fils en holocauste devant le Seigneur.

[66] À ce moment-là, les anges de miséricorde se présentèrent devant le Seigneur et lui parlèrent concernant Isaac, en disant,

[67] Ô Seigneur, tu es un roi miséricordieux et compatissant sur tout ce que tu as créé dans le ciel et sur la terre, et tu les soutiens tous ; donne donc une rançon et une rédemption à la place de ton serviteur Isaac, et aie pitié et compassion d'Abraham et d'Isaac son fils, qui accomplissent aujourd'hui tes commandements.

[68] As-tu vu, Ô Seigneur, comment Isaac, le fils d'Abraham ton serviteur, est lié pour l'abattage comme un animal ? maintenant donc, que ta pitié soit éveillée pour eux, Ô Seigneur.

[69] À ce moment-là, le Seigneur apparut à Abraham, et l'appela, depuis les cieux, et lui dit, Ne porte pas ta main sur le garçon, et ne lui fais rien, car maintenant je sais que tu crains Dieu en accomplissant cet acte, et en ne retenant pas ton fils, ton fils unique, de moi.

[70] Et Abraham leva les yeux et vit, et voilà, un bélier était pris dans un buisson par ses cornes ; c'était le bélier que le Seigneur Dieu avait créé sur la terre au jour où il fit la terre et le ciel.

[71] Car le Seigneur avait préparé ce bélier depuis ce jour, pour être un holocauste à la place d'Isaac.

[72] Et ce bélier avançait vers Abraham lorsque Satan s'empara de lui et emmêla ses cornes dans le buisson, pour qu'il ne puisse avancer vers Abraham, afin qu'Abraham puisse tuer son fils.

[73] Et Abraham, voyant le bélier avancer vers lui et Satan le retenant, le récupéra et l'amena devant l'autel, et il détacha Isaac de ses liens, et le mit à la place du bélier, et Abraham tua le bélier sur l'autel, et l'offrit en offrande à la place de son fils Isaac.

[74] Et Abraham aspergea du sang du bélier sur l'autel, et s'exclama et dit, Cela est à la place de mon fils, et que cela soit considéré aujourd'hui comme le sang de mon fils devant le Seigneur.

[75] Et tout ce qu'Abraham fit en cette occasion par l'autel, il s'exclama et dit, Cela est à la place de mon fils, et que cela soit considéré aujourd'hui devant le Seigneur à la place de mon fils ; et Abraham acheva tout le service par l'autel, et le service fut accepté devant le Seigneur, et fut compté comme s'il avait été Isaac ; et le Seigneur bénit Abraham et sa descendance ce jour-là.

[76] Et Satan alla vers Sarah, et il lui apparut sous la forme d'un vieil homme très humble et doux, et Abraham était encore engagé dans l'holocauste devant le Seigneur.

[77] Et il lui dit, Ne sais-tu pas tout le travail qu'Abraham a fait avec ton fils unique aujourd'hui ? Car il a pris Isaac et a construit un autel, et l'a tué, et l'a élevé en sacrifice sur l'autel, et Isaac a crié et pleuré devant son père, mais il ne l'a pas regardé, ni n'a eu de compassion pour lui.

[78] Et Satan répéta ces mots, et s'éloigna d'elle, et Sarah entendit tous les mots de Satan, et elle l'imagina être un vieil homme parmi les fils des hommes qui avait été avec son fils, et qui était venu et lui avait dit ces choses.

[79] Et Sarah éleva sa voix et pleura et cria amèrement à cause de son fils ; et elle se jeta au sol et jeta de la poussière sur sa tête, et elle dit, Ô mon fils, Isaac mon fils, si seulement j'étais morte à ta place aujourd'hui. Et elle continua de pleurer et dit, Cela me peine pour toi, Ô mon fils, mon fils Isaac, si seulement j'étais morte à ta place aujourd'hui.

[80] Et elle continua de pleurer, et dit, Cela me peine pour toi après que je t'ai élevé et t'ai apporté ; maintenant ma joie s'est transformée en deuil pour toi, moi qui te désirais tant, et ai crié et prié Dieu jusqu'à ce que je t'ai donné naissance à quatre-vingt-dix ans ; et maintenant tu as servi aujourd'hui pour le couteau et le feu, pour être fait une offrande.

[81] Mais je me console avec toi, mon fils, en ce que c'était la parole du Seigneur, car tu as accompli le commandement de ton Dieu ; car qui peut transgresser la parole de notre Dieu, dans les mains de qui est l'âme de toute créature vivante ?

[82] Tu es juste, Ô Seigneur notre Dieu, car toutes tes œuvres sont bonnes et justes ; car je me réjouis également de ta parole que tu as commandée, et tandis que mon œil pleure amèrement mon cœur se réjouit.

[83] Et Sarah posa sa tête sur le sein de l'une de ses servantes, et elle devint immobile comme une pierre.

[84] Elle se leva ensuite et se mit à faire des recherches jusqu'à ce qu'elle arrive à Hébron, et elle demanda à tous ceux qu'elle rencontra sur la route, et personne ne put lui dire ce qui était arrivé à son fils.

[85] Et elle vint avec ses servantes et serviteurs à Kirjath-Arba, qui est Hébron, et elle demanda après son Fils, et elle resta là tandis qu'elle envoyait certains de ses serviteurs chercher où Abraham était allé avec Isaac ; ils allèrent le chercher dans la maison de Shem et Eber, et ne purent le trouver, et ils cherchèrent dans tout le pays et il n'était pas là.

[86] Et voici, Satan vint à Sarah sous la forme d'un vieil homme, et il vint et se tint devant elle, et lui dit, Je t'ai parlé faussement, car Abraham n'a pas tué son fils et il n'est pas mort ; et quand elle entendit la parole, sa joie fut si violente à cause de son fils, que son âme sortit de joie ; elle mourut et fut rassemblée à son peuple.

[87] Et quand Abraham eut fini son service, il retourna avec son fils Isaac vers ses jeunes hommes, et ils se levèrent et allèrent ensemble à Beer-Sheva, et ils rentrèrent chez eux.

[88] Et Abraham chercha Sarah, et ne put la trouver, et il fit des recherches à son sujet, et on lui dit qu'elle était allée jusqu'à Hébron pour vous chercher, toi et Isaac, car ainsi avait-elle été informée.

[89] Et Abraham et Isaac allèrent à Hébron, et lorsqu'ils trouvèrent qu'elle était morte, ils élevèrent leur voix et pleurèrent amèrement sur elle ; et Isaac tomba sur le visage de sa mère et pleura sur elle, et il dit, Ô ma mère, ma mère, comment m'as-tu laissé, et où es-tu allée ? Ô comment, comment m'as-tu laissé !

[90] Et Abraham et Isaac pleurèrent grandement et tous leurs serviteurs pleurèrent avec eux à cause de Sarah, et ils la pleurèrent avec une grande et lourde lamentation.

24 - Isaac et Rebecca

(Genèse 23, 24)

[1] Et la vie de Sarah fut de cent vingt-sept ans, et Sarah mourut ; et Abraham se leva de devant sa morte pour chercher un lieu d'enterrement pour enterrer sa femme Sarah ; et il alla et parla aux enfants de Heth, les habitants de la terre, disant,

[2] Je suis un étranger et un passant parmi vous dans votre terre ; donnez-moi la possession d'un lieu d'enterrement dans votre terre, pour que je puisse enterrer ma morte loin de moi.

[3] Et les enfants de Heth dirent à Abraham, voici la terre est devant toi, choisis parmi nos sépulcres pour enterrer ta morte, car nul ne te retiendra d'enterrer ta morte.

[4] Et Abraham leur dit, Si vous y consentez, allez plaider pour moi auprès d'Éphron, le fils de Zohar, pour qu'il me cède la caverne de Macpéla, qui est à l'extrémité de son champ, et je l'achèterai de lui au prix qu'il en désirera.

[5] Et Éphron habitait parmi les enfants de Heth, et ils allèrent et l'appelèrent, et il vint devant Abraham, et Éphron dit à Abraham, Voici tout ce que tu demandes, ton serviteur le fera ; et Abraham dit, Non, mais j'achèterai la caverne et le champ que tu as pour leur valeur, afin qu'ils soient pour moi une possession de lieu d'enterrement pour toujours.

[6] Et Éphron répondit et dit, Voici le champ et la caverne sont devant toi, donne ce que tu désires ; et Abraham dit, Seulement à pleine valeur je l'achèterai de ta main, et de la main de ceux qui entrent par la porte de ta ville, et de la main de ta descendance pour toujours.

[7] Et Éphron et tous ses frères entendirent cela, et Abraham pesa à Éphron quatre cents sicles d'argent entre les mains d'Éphron et entre les mains de tous ses frères ; et Abraham inscrivit cette transaction, et il l'écrivit et la fit témoigner par quatre témoins.

[8] Et voici les noms des témoins, Amigal fils d'Abishna le Hittite, Adichorom fils d'Ashunach le Hivite, Abdon fils d'Achiram le Gomerite, Bakdil le fils d'Abudish le Sidonien.

[9] Et Abraham prit le livre de l'achat, et le plaça dans ses trésors, et voici les mots qu'Abraham écrivit dans le livre, à savoir :

[10] Que la caverne et le champ qu'Abraham a achetés d'Éphron le Hittite, et de sa descendance, et de ceux qui sortent de sa ville, et de leur descendance pour toujours, soient une acquisition pour Abraham et pour sa descendance et pour ceux qui sortent de ses reins, comme possession de lieu d'enterrement pour toujours ; et il y apposa un sceau et le fit témoigner par des témoins.

[11] Et le champ et la caverne qui y était et tout ce lieu furent assurés à Abraham et à sa descendance après lui, par les enfants de Heth ; voici c'est devant Mamré à Hébron, qui est dans le pays de Canaan.

[12] Et après cela Abraham enterra sa femme Sarah là, et ce lieu et toute sa limite devinrent à Abraham et à sa descendance comme possession de lieu d'enterrement.

[13] Et Abraham enterra Sarah avec pompe comme cela est observé lors de l'enterrement des rois, et elle fut enterrée dans des vêtements très fins et magnifiques.

[14] Et à son convoi funèbre étaient Shem, ses fils Eber et Abimélec, avec Anar, Ashcol et Mamré, et tous les grands de la terre suivirent son convoi funèbre.

[15] Et les jours de Sarah furent de cent vingt-sept ans et elle mourut, et Abraham fit un grand et lourd deuil, et il accomplit les rites de deuil pendant sept jours.

[16] Et tous les habitants de la terre réconfortèrent Abraham et Isaac son fils à cause de Sarah.

[17] Et lorsque les jours de leur deuil furent passés, Abraham envoya son fils Isaac, et il alla à la maison de Shem et Eber, pour apprendre les voies du Seigneur et ses instructions, et Abraham y resta trois ans.

[18] À cette époque, Abraham se leva avec tous ses serviteurs, et ils partirent et retournèrent chez eux à Beer-Sheva, et Abraham et tous ses serviteurs demeurèrent à Beer-Sheva.

[19] Et à la révolution de l'année, Abimélec, roi des Philistins, mourut cette année-là ; il avait cent quatre-vingt-treize ans à sa mort ; et Abraham alla avec ses gens au pays des Philistins, et ils consolèrent toute la maisonnée et tous ses serviteurs, puis il s'en retourna chez lui.

[20] Et après la mort d'Abimélec, le peuple de Gérar prit Benmalich, son fils, qui n'avait que douze ans, et ils le firent roi à la place de son père.

[21] Et ils appelèrent son nom Abimélec après le nom de son père, car c'était leur coutume à Gérar, et Abimélec régna à la place d'Abimélec, son père, et s'assit sur son trône.

[22] Et Lot, le fils de Haran, mourut également en ces jours, dans la trente-neuvième année de la vie d'Isaac, et tous les jours que Lot vécut furent de cent quarante ans et il mourut.

[23] Et voici les enfants de Lot, qui lui sont nés de ses filles, le nom du premier-né était Moab, et le nom du second était Benami.

[24] Et les deux fils de Lot allèrent prendre pour épouses des femmes du pays de Canaan, et elles leur donnèrent des enfants, et les enfants de Moab étaient Ed, Mayon, Tarsus et Kanvil, quatre fils, ce sont les pères des enfants de Moab jusqu'à ce jour.

[25] Et toutes les familles des enfants de Lot allèrent habiter où elles trouvèrent place, car elles étaient fécondes et augmentèrent abondamment.

[26] Et ils allèrent et se construisirent des villes dans le pays où ils habitaient, et ils appelèrent les noms des villes qu'ils bâtirent d'après leurs propres noms.

[27] Et Nahor, le fils de Térah, frère d'Abraham, mourut en ces jours, dans la quarantième année de la vie d'Isaac, et tous les jours de Nahor furent de cent soixante-douze ans et il mourut et fut enterré à Haran.

[28] Et quand Abraham apprit que son frère était mort, il fut profondément attristé, et il pleura sur son frère de nombreux jours.

[29] Et Abraham appela Éliézer, son serviteur en chef, pour lui donner des ordres concernant sa maison, et il vint et se tint devant lui.

[30] Et Abraham lui dit, Voici, je suis vieux, je ne connais pas le jour de ma mort ; car je suis avancé en âge ; maintenant donc, lève-toi, va, et ne prends pas une épouse pour mon fils de cet endroit et de cette terre, parmi les filles des Cananéens parmi lesquels nous habitons.

[31] Mais va dans mon pays et à mon lieu de naissance, et prends de là une épouse pour mon fils, et le Seigneur Dieu du ciel et de la terre qui m'a pris de la maison de mon père et qui m'a amené dans ce lieu, et qui m'a dit, À ta descendance je donnerai cette terre en héritage pour toujours, il enverra son ange devant toi et prospérera ta voie, afin que tu puisses obtenir une épouse pour mon fils de ma famille et de la maison de mon père.

[32] Et le serviteur répondit à son maître Abraham et dit, Voici, je vais dans ton lieu de naissance et dans la maison de ton père, et je prendrai une épouse pour ton fils de là ; mais si la femme n'est pas disposée à me suivre dans cette terre, dois-je ramener ton fils dans la terre de ta naissance ?

[33] Et Abraham lui dit, Prends garde de ne pas ramener mon fils là-bas, car l'Éternel, devant qui j'ai marché, enverra son ange devant toi et fera réussir ta mission pour que tu puisses prendre une épouse pour mon fils de ma famille et de la maison de mon père.

[34] Éliézer fit comme Abraham lui avait ordonné, et Éliézer jura à Abraham, son maître, concernant cette affaire ; puis Éliézer se leva, prit dix chameaux parmi les chameaux de son maître, ainsi que dix hommes parmi les serviteurs de son maître avec lui, et ils se mirent en route vers Haran, la ville d'Abraham et de Nahor, afin de trouver une épouse pour Isaac, le fils d'Abraham. Pendant qu'ils étaient en route, Abraham envoya chercher son fils Isaac à la maison de Shem et Éber.

[35] Isaac revint à la maison de son père à Beer-Sheva, tandis qu'Éliézer et ses hommes arrivaient à Haran ; ils s'arrêtèrent dans la ville près du point d'eau, et il fit s'agenouiller ses chameaux près de l'eau, et ils restèrent là.

[36] Éliézer, le serviteur d'Abraham, pria et dit : Ô Dieu d'Abraham, mon maître, accorde-moi, je t'en prie, un succès aujourd'hui et montre ta bonté envers mon maître Abraham, afin que tu désignes aujourd'hui une épouse pour le fils de mon maître, issue de sa famille.

[37] L'Éternel écouta la voix d'Éliézer pour l'amour de son serviteur Abraham, et il fit en sorte qu'Éliézer rencontre Rébecca, fille de Bethuel, fils de Milcah, épouse de Nahor, frère d'Abraham. Éliézer arriva chez elle.

[38] Éliézer raconta toute son histoire, en précisant qu'il était le serviteur d'Abraham, et ils accueillirent avec grande joie.

[39] Ils bénirent tous l'Éternel qui avait permis cela, et ils donnèrent à Éliézer Rébecca, fille de Bethuel, comme épouse pour Isaac.

[40] La jeune femme était très belle, vierge, et Rébecca avait dix ans à cette époque.

[41] Bethuel, Laban et ses enfants firent une fête ce soir-là, et Éliézer et ses hommes vinrent manger, boire et se réjouir.

[42] Le lendemain matin, Éliézer et les hommes qui étaient avec lui se levèrent et dirent à toute la maisonnée de Bethuel : Laissez-moi partir, pour que je retourne chez mon maître. Ils se levèrent et envoyèrent Rébecca et sa nourrice Deborah, la fille d'Uz, leur donnant de l'argent et de l'or, des serviteurs et des servantes, et ils la bénirent.

[43] Ils laissèrent partir Éliézer et ses hommes. Les serviteurs prirent Rébecca, et il retourna chez son maître au pays de Canaan.

[44] Isaac prit Rébecca, et elle devint sa femme, et il l'emmena dans sa tente.

[45] Isaac avait quarante ans lorsqu'il épousa Rébecca, fille de son oncle Bethuel.

25 – Les Fils de Ketura

(Genèse 25:1-18)

[1] Et ce fut à cette époque qu'Abraham prit de nouveau une femme dans sa vieillesse, et son nom était Ketourah, du pays de Canaan.

[2] Et elle lui donna Zimran, Yokshan, Medan, Midian, Ishbak et Shuach, soit six fils. Et les enfants de Zimran étaient Abihen, Molich et Narim.

[3] Et les fils de Yokshan étaient Sheba et Dedan, et les fils de Medan étaient Amida, Joab, Gochi, Elisha et Nothach ; et les fils de Midian étaient Ephah, Epher, Hanok, Abida et Eldaah.

[4] Et les fils d'Ishbak étaient Makiro, Beyodua et Tator.

[5] Et les fils de Shuach étaient Bildad, Mamdad, Munan et Meban ; tous ceux-ci sont les familles des enfants de Ketourah la femme cananéenne qu'elle donna à Abraham l'Hébreu.

[6] Et Abraham envoya tous ceux-ci loin, et il leur donna des présents, et ils partirent loin de son fils Isaac pour habiter là où ils trouveraient un lieu.

[7] Et tous ceux-ci allèrent à la montagne à l'est, et ils s'y bâtirent six villes dans lesquelles ils habitèrent jusqu'à ce jour.

[8] Mais les enfants de Sheba et Dedan, enfants de Yokshan, avec leurs enfants, n'habitaient pas avec leurs frères dans leurs villes, et ils voyagèrent et campèrent dans les pays et les déserts jusqu'à ce jour.

[9] Et les enfants de Midian, fils d'Abraham, allèrent à l'est du pays de Cusch, et ils y trouvèrent une grande vallée dans le pays de l'est, et ils y restèrent et bâtirent une ville, et ils y habitèrent, c'est le pays de Midian jusqu'à ce jour.

[10] Et Midian habita dans la ville qu'il avait bâtie, lui et ses cinq fils et tout ce qui lui appartenait.

[11] Et voici les noms des fils de Midian selon leurs noms dans leurs villes, Ephah, Epher, Hanok, Abida et Eldaah.

[12] Et les fils d'Ephah étaient Methach, Meshar, Avi et Tzanua, et les fils d'Epher étaient Ephron, Zur, Alirun et Medin, et les fils de Hanok étaient Reuel, Rekem, Azi, Alyoshub et Alad.

[13] Et les fils d'Abida étaient Chur, Melud, Kerury, Molchi ; et les fils d'Eldaah étaient Miker, et Reba, et Malchiyah et Gabol ; ce sont les noms des Midianites selon leurs familles ; et par la suite, les familles de Midian se répandirent à travers le pays de Midian.

[14] Et ce sont les générations d'Ismaël le fils d'Abraham, que Hagar, la servante de Sarah, donna à Abraham.

[15] Et Ismaël prit une femme du pays d'Égypte, et son nom était Ribah, la même est Meribah.

[16] Et Ribah donna à Ismaël Nebayoth, Kedar, Adbeel, Mibsam et leur sœur Bosmath.

[17] Et Ismaël répudia sa femme Ribah, et elle s'éloigna de lui et retourna en Égypte à la maison de son père, et elle y habita, car elle avait été très mauvaise aux yeux d'Ismaël, et aux yeux de son père Abraham.

[18] Et Ismaël prit par la suite une femme du pays de Canaan, et son nom était Malchuth, et elle lui donna Nishma, Dumah, Masa, Hadad, Tema, Yetur, Naphish et Kedma.

[19] Ce sont les fils d'Ismaël, et voici leurs noms, étant douze princes selon leurs nations ; et les familles d'Ismaël se répandirent ensuite, et Ismaël prit ses enfants et toute la propriété qu'il avait acquise, avec les âmes de sa maison et tout ce qui lui appartenait, et ils allèrent habiter là où ils trouveraient un lieu.

[20] Et ils allè èrent et habitèrent près du désert de Paran, et leur habitation s'étendait de Havila jusqu'à Shur, c'est devant l'Égypte comme tu viens vers l'Assyrie.

[21] Et Ismaël et ses fils habitèrent dans le pays, et ils eurent des enfants qui leur naquirent, et ils furent féconds et se multiplièrent abondamment.

[22] Et voici les noms des fils de Nebayoth, le premier-né d'Ismaël ; Mend, Send, Mayon ; et les fils de Kedar étaient Alyon, Kezem, Chamad et Eli.

[23] Et les fils d'Adbeel étaient Chamad et Jabin ; et les fils de Mibsam étaient Obadia, Ebed-Mélec et Yeush ; ce sont les familles des enfants de Ribah, la femme d'Ismaël.

[24] Et les fils de Mishma, fils d'Ismaël, étaient Shamua, Zecaryon et Obed ; et les fils de Dumah étaient Kezed, Eli, Machmad et Amed.

[25] Et les fils de Masa étaient Melon, Mula et Ebidadon ; et les fils de Chadad étaient Azur, Minzar et Ebed-Mélec ; et les fils de Tema étaient Seir, Sadon et Yakol.

[26] Et les fils de Yetur étaient Merith, Yaish, Alyo et Pachoth ; et les fils de Naphish étaient Ebed-Tamed, Abiyasaph et Mir ; et les fils de Kedma étaient Calip, Tachti et Omir ; ce sont les enfants de Malchuth, la femme d'Ismaël, selon leurs familles.

[27] Tous ceux-ci sont les familles d'Ismaël selon leurs générations, et ils habitèrent dans ces terres où ils s'étaient bâtis des villes jusqu'à ce jour.

[28] Et Rebecca, fille de Bethuel, épouse d'Isaac, fils d'Abraham, était stérile en ces jours-là, elle n'avait pas d'enfants ; et Isaac habitait avec son père au pays de Canaan ; et l'Éternel était avec Isaac ; et Arpacschad, fils de Sem, fils de Noé, mourut en ces jours-là, la quarante-huitième année de la vie d'Isaac, et tous les jours qu'Arpacschad vécut furent de quatre cent trente-huit ans, et il mourut.

26 – La Mort d'Abraham

(Genèse 25:1-18)

[1] Et dans la cinquante-neuvième année de la vie d'Isaac, fils d'Abraham, Rebecca, sa femme, était encore stérile en ces jours.

[2] Et Rebecca dit à Isaac, Vraiment, j'ai entendu, mon seigneur, que ta mère Sarah était stérile en ses jours jusqu'à ce que mon Seigneur Abraham, ton père, ait prié pour elle et qu'elle ait conçu de lui.

[3] Maintenant donc, lève-toi, prie toi aussi Dieu et il entendra ta prière et se souviendra de nous par ses miséricordes.

[4] Et Isaac répondit à sa femme Rebecca, en disant, Abraham a déjà prié pour moi à Dieu de multiplier sa semence, maintenant donc cette stérilité doit nous venir de toi.

[5] Et Rebecca lui dit, Mais lève-toi maintenant toi aussi et prie, pour que le Seigneur entende ta prière et me donne des enfants, et Isaac écouta les paroles de sa femme, et Isaac et sa femme se levèrent et allèrent au pays de Moriah pour y prier et chercher le Seigneur, et lorsqu'ils atteignirent cet endroit, Isaac se leva et pria le Seigneur à cause de sa femme parce qu'elle était stérile.

[6] Et Isaac dit, Ô Seigneur Dieu du ciel et de la terre, don't la bonté et les miséricordes remplissent la terre, toi qui as pris mon père de la maison de son père et de son lieu de naissance, et l'as amené à ce pays, et lui as dit, À ta semence je donnerai le pays, et tu lui as promis et déclaré, Je multiplierai ta semence comme les étoiles du ciel et comme le sable de la mer, maintenant que tes paroles soient vérifiées que tu as parlé à mon père.

[7] Car tu es le Seigneur notre Dieu, nos yeux sont vers toi pour nous donner une semence d'hommes, comme tu nous l'as promis, car tu es le Seigneur notre Dieu et nos yeux sont dirigés vers toi seulement.

[8] Et le Seigneur entendit la prière d'Isaac, fils d'Abraham, et le Seigneur se laissa fléchir par lui et Rebecca, sa femme, conçut.

[9] Et environ sept mois après, les enfants luttèrent ensemble dans son sein, et cela la fatigua grandement qu'elle fut lasse à cause d'eux, et elle dit à toutes les femmes qui étaient alors dans le pays, Une telle chose vous est-elle arrivée comme à moi ? et elles lui dirent, Non.

[10] Et elle leur dit, Pourquoi suis-je seule en ceci parmi toutes les femmes qui sont sur la terre ? et elle alla au pays de Moriah pour chercher le Seigneur à cause de cela ; et elle alla chez Sem et Eber son fils pour s'enquérir d'eux dans cette affaire, et pour qu'ils cherchent le Seigneur dans cette chose la concernant.

[11] Et elle demanda aussi à Abraham de chercher et de s'enquérir du Seigneur au sujet de tout ce qui lui était arrivé.

[12] Et ils s'enquirent tous du Seigneur concernant cette affaire, et ils lui rapportèrent la parole du Seigneur et lui dirent, Deux enfants sont dans ton ventre, et deux nations s'élèveront d'eux ; et une nation sera plus forte que l'autre, et le plus grand servira le plus jeune.

[13] Et lorsque ses jours d'être accouchée furent accomplis, elle s'agenouilla, et voici, il y avait des jumeaux dans son ventre, comme le Seigneur lui avait parlé.

[14] Et le premier sortit tout rouge, comme un vêtement de poil, et tout le peuple du pays appela son nom Ésaü, en disant, Celui-ci a été achevé dès le ventre.

[15] Et après cela sortit son frère, et sa main tenait le talon d'Ésaü, c'est pourquoi ils appelèrent son nom Jacob.

[16] Et Isaac, fils d'Abraham, avait soixante ans quand il les engendra.

[17] Et les garçons grandirent jusqu'à leur quinzième année, et ils vinrent parmi la société des hommes. Ésaü était un homme rusé et trompeur, et un chasseur expert dans les champs, et Jacob était un homme parfait et sage, demeurant dans les tentes, nourrissant des troupeaux et apprenant les instructions du Seigneur ainsi que les commandements de son père et de sa mère.

[18] Et Isaac et les enfants de sa maison habitaient avec son père Abraham dans le pays de Canaan, comme Dieu leur avait commandé.

[19] Et Ismaël, fils d'Abraham, partit avec ses enfants et tout ce qui leur appartenait, et ils retournèrent là à la terre de Havila, et ils y habitaient.

[20] Et tous les enfants des concubines d'Abraham allèrent habiter dans le pays de l'est, car Abraham les avait envoyés loin de son fils, et leur avait donné des présents, et ils s'en allèrent.

[21] Et Abraham donna tout ce qu'il avait à son fils Isaac, et il lui donna également tous ses trésors.

[22] Et il lui commanda en disant, Ne sais-tu pas et ne comprends-tu pas que le Seigneur est Dieu dans le ciel et sur la terre, et qu'il n'y en a point d'autre à part lui ?

[23] Et c'est lui qui m'a pris de la maison de mon père, et de mon lieu de naissance, et qui m'a donné toutes les délices sur terre ; qui m'a délivré du conseil des méchants, car en lui ai-je confiance.

[24] Et il m'a amené à cet endroit, et il m'a délivré d'Ur des Chaldéens ; et il m'a dit, À ta semence je donnerai toutes ces terres, et ils les hériteront lorsqu'ils garderont mes commandements, mes statuts et mes jugements que je t'ai commandés, et que je leur commanderai.

[25] Maintenant donc mon fils, écoute ma voix, et garde les commandements du Seigneur ton Dieu, que je t'ai commandés, ne te détourne pas du droit chemin ni à droite ni à gauche, afin qu'il te soit bien ainsi qu'à tes enfants après toi pour toujours.

[26] Et souviens-toi des œuvres merveilleuses du Seigneur, et de sa bonté qu'il a montrée envers nous, en nous ayant délivrés des mains de nos ennemis, et le Seigneur notre Dieu les a fait tomber entre nos mains ; et maintenant donc garde tout ce que je t'ai commandé, et ne t'écarte pas des commandements de ton Dieu, et ne sers aucun autre à part lui, afin qu'il te soit bien ainsi qu'à ta postérité après toi.

[27] Et enseigne à tes enfants et à ta postérité les instructions du Seigneur et ses commandements, et enseigne-leur le droit chemin dans lequel ils doivent aller, afin qu'il leur soit bien pour toujours.

[28] Et Isaac répondit à son père et lui dit, Ce que mon Seigneur a commandé, je le ferai, et je ne m'écarterai pas des commandements du Seigneur mon Dieu, je garderai tout ce qu'il m'a commandé ; et Abraham bénit son fils Isaac, et également ses enfants ; et Abraham enseigna à Jacob l'instruction du Seigneur et ses voies.

[29] Et ce fut en ce temps-là qu'Abraham mourut, dans la quinzième année de la vie de Jacob et d'Ésaü, les fils d'Isaac, et tous les jours d'Abraham furent de cent soixante-quinze ans, et il mourut et fut recueilli auprès de ses peuples en bonne vieillesse, vieux et rassasié de jours, et Isaac et Ismaël, ses fils, l'enterrèrent.

[30] Et quand les habitants de Canaan entendirent qu'Abraham était mort, ils vinrent tous avec leurs rois et princes et tous leurs hommes pour enterrer Abraham.

[31] Et tous les habitants du pays de Haran, et toutes les familles de la maison d'Abraham, et tous les princes et grands, et les fils d'Abraham par les concubines, tous vinrent lorsqu'ils entendirent la mort d'Abraham, et ils rendirent à Abraham sa bonté, et confortèrent Isaac, son fils, et ils enterrèrent Abraham dans la caverne qu'il avait achetée à Éphron l'Hittite et à ses enfants, pour la possession d'un lieu d'enterrement.

[32] Et tous les habitants de Canaan, et tous ceux qui avaient connu Abraham, pleurèrent Abraham pendant toute une année, et hommes et femmes le pleurèrent.

[33] Et tous les petits enfants, et tous les habitants du pays pleurèrent à cause d'Abraham, car Abraham avait été bon envers eux tous, et parce qu'il avait été droit envers Dieu et les hommes.

[34] Et il ne s'éleva pas un homme qui craignait Dieu comme Abraham, car il avait craint son Dieu dès sa jeunesse, et avait servi le Seigneur, et avait marché dans toutes ses voies durant sa vie, depuis son enfance jusqu'au jour de sa mort.

[35] Et le Seigneur était avec lui et l'a délivré du conseil de Nimrod et de son peuple, et quand il fit la guerre aux quatre rois d'Élam, il les vainquit.

[36] Et il amena tous les enfants de la terre au service de Dieu, et il leur enseigna les voies du Seigneur, et les fit connaître le Seigneur.

[37] Et il forma un bosquet et y planta une vigne, et il avait toujours préparé dans sa tente de la viande et de la boisson pour ceux qui passaient par le pays, afin qu'ils puissent se satisfaire dans sa maison.

[38] Et le Seigneur Dieu délivra toute la terre à cause d'Abraham.

[39] Et ce fut après la mort d'Abraham que Dieu bénit son fils Isaac et ses enfants, et le Seigneur fut avec Isaac comme il avait été avec son père Abraham, car Isaac garda tous les commandements du Seigneur comme Abraham, son père, lui avait commandé ; il ne se détourna ni à droite ni à gauche du droit chemin que son père lui avait commandé.

27 - La Mort de Nimrod

(Genèse 25:27-34)

[1] Et en ce temps-là, après la mort d'Abraham, Ésaü allait fréquemment dans les champs pour chasser.

[2] Et Nimrod, roi de Babel, qui était aussi Amraphel, allait aussi fréquemment avec ses puissants hommes chasser dans les champs, et se promener avec ses hommes à la fraîcheur du jour.

[3] Et Nimrod observait Ésaü tous les jours, car une jalousie s'était formée dans le cœur de Nimrod contre Ésaü tous les jours.

[4] Et un certain jour, Ésaü alla dans les champs pour chasser, et il trouva Nimrod se promenant dans le désert avec ses deux hommes.

[5] Et tous ses puissants hommes et son peuple étaient avec lui dans le désert, mais ils s'étaient éloignés de lui, et ils s'étaient dispersés dans différentes directions pour chasser, et Ésaü se cacha pour Nimrod, et il se tapit pour lui dans le désert.

[6] Et Nimrod et ses hommes qui étaient avec lui ne le reconnurent pas, et Nimrod et ses hommes se promenaient fréquemment dans les champs à la fraîcheur du jour, et pour savoir où ses hommes chassaient dans les champs.

[7] Et Nimrod et deux de ses hommes qui étaient avec lui arrivèrent à l'endroit où ils étaient, quand Ésaü surgit soudainement de sa cachette, tira son épée, et se hâta et courut vers Nimrod et lui coupa la tête.

[8] Et Ésaü se battit désespérément avec les deux hommes qui étaient avec Nimrod, et quand ils crièrent vers lui, Ésaü se tourna vers eux et les frappa à mort avec son épée.

[9] Et tous les puissants hommes de Nimrod, qui l'avaient quitté pour aller dans le désert, entendirent le cri au loin, et ils reconnurent les voix de ces deux hommes, et ils coururent pour connaître la cause de cela, quand ils trouvèrent leur roi et les deux hommes qui étaient avec lui morts dans le désert.

[10] Et quand Ésaü vit les puissants hommes de Nimrod venir au loin, il s'enfuit, et ainsi échappa ; et Ésaü prit les précieux vêtements de Nimrod, que le père de Nimrod avait légués à Nimrod, et avec lesquels Nimrod avait dominé sur toute la terre, et il courut et les cacha dans sa maison.

[11] Et Ésaü prit ces vêtements et courut dans la ville à cause des hommes de Nimrod, et il arriva à la maison de son père fatigué et épuisé du combat, et il était prêt à mourir de chagrin quand il s'approcha de son frère Jacob et s'assit devant lui.

[12] Et il dit à son frère Jacob : Voici, je mourrai ce jour-ci, et pourquoi donc voudrais-je l'aînesse ? Et Jacob agit sagement avec Ésaü dans cette affaire, et Ésaü vendit son droit d'aînesse à Jacob, car cela fut ainsi amené par le Seigneur.

[13] Et la part d'Ésaü dans la caverne du champ de Macpéla, qu'Abraham avait achetée aux enfants de Heth pour la possession d'un lieu d'enterrement, Ésaü la vendit aussi à Jacob, et Jacob acheta tout cela à son frère Ésaü pour une valeur donnée.

[14] Et Jacob écrivit tout cela dans un livre, et il attesta la même chose avec des témoins, et il le scella, et le livre resta entre les mains de Jacob.

[15] Et quand Nimrod, fils de Cusch, mourut, ses hommes le soulevèrent et l'emmenèrent dans la consternation, et l'enterrèrent dans sa ville, et tous les jours que Nimrod vécut furent de deux cent quinze ans et il mourut.

[16] Et les jours pendant lesquels Nimrod régna sur les peuples de la terre furent de cent quatre-vingt-cinq ans ; et Nimrod mourut par l'épée d'Ésaü dans la honte et le mépris, et la descendance d'Abraham causa sa mort comme il L'avait vu dans son rêve.

[17] Et à la mort de Nimrod, son royaume se divisa en de nombreuses divisions, et toutes les parties sur lesquelles Nimrod régnait furent restituées aux rois respectifs de la terre, qui les récupérèrent après la mort de Nimrod, et tout le peuple de la maison de Nimrod fut longtemps asservi à tous les autres rois de la terre.

28 - Isaac et les Philistins

(Genèse 26)

[1] Et en ces jours-là, après la mort d'Abraham, cette année-là, le Seigneur amena une grande famine sur le pays, et tandis que la famine faisait rage dans le pays de Canaan, Isaac se leva pour descendre en Égypte à cause de la famine, comme son père Abraham l'avait fait.

[2] Et le Seigneur apparut cette nuit-là à Isaac et lui dit : Ne descends pas en Égypte, mais lève-toi et va à Guérar, chez Abimélec, roi des Philistins, et reste là jusqu'à ce que la famine cesse.

[3] Et Isaac se leva et alla à Guérar, comme le Seigneur lui avait commandé, et il y resta une année entière.

[4] Et quand Isaac arriva à Guérar, les gens du pays virent que Rebecca, sa femme, était d'une belle apparence, et les gens de Guérar demandèrent à Isaac au sujet de sa femme, et il dit : C'est ma sœur, car il avait peur de dire qu'elle était sa femme de peur que les gens du pays ne le tuent à cause d'elle.

[5] Et les princes d'Abimélec allèrent louer la femme auprès du roi, mais il ne leur répondit pas, ni ne prêta attention à leurs paroles.

[6] Mais il les entendit dire qu'Isaac la déclarait être sa sœur, alors le roi garda cela en lui-même.

[7] Et après qu'Isaac eut séjourné trois mois dans le pays, Abimélec regarda par la fenêtre, et il vit, et voici Isaac se jouait avec Rebecca, sa femme, car Isaac demeurait dans la maison extérieure appartenant au roi, de sorte que la maison d'Isaac était en face de la maison du roi.

[8] Et le roi dit à Isaac : Qu'as-tu fait là en disant de ta femme, C'est ma sœur ? combien facilement l'un des grands hommes du peuple aurait pu coucher avec elle, et tu nous aurais alors apporté la culpabilité.

[9] Et Isaac dit à Abimélec : Parce que j'avais peur de mourir à cause de ma femme, c'est pourquoi j'ai dit, C'est ma sœur.

[10] À ce moment-là, Abimélec donna des ordres à tous ses princes et grands hommes, et ils prirent Isaac et Rebecca, sa femme, et les amenèrent devant le roi.

[11] Et le roi ordonna qu'on les habille de vêtements princiers, et qu'on les fasse monter à cheval à travers les rues de la ville, et proclamer devant eux dans tout le pays, en disant : Voici l'homme et voici sa femme ; quiconque touche cet homme ou sa femme mourra sûrement. Et Isaac retourna avec sa femme à la maison du roi, et le Seigneur était avec Isaac et il continua de grandir et ne manquait de rien.

[12] Et le Seigneur fit trouver grâce à Isaac aux yeux d'Abimélec, et aux yeux de tous ses sujets, et Abimélec se comporta bien avec Isaac, car Abimélec se souvenait du serment et de l'alliance qui existaient entre son père et Abraham.

[13] Et Abimélec dit à Isaac : Voici, toute la terre est devant toi ; demeure où cela te semble bon à tes yeux jusqu'à ce que tu retournes à ta terre ; et Abimélec donna à Isaac des champs et des

vignobles et la meilleure partie de la terre de Guérar, pour semer et moissonner et manger les fruits de la terre jusqu'à ce que les jours de la famine soient passés.

[14] Et Isaac sema dans cette terre, et reçut au centuple la même année, et le Seigneur le bénit.

[15] Et l'homme devint grand, et il eut possession de troupeaux et possession de troupeaux et grande quantité de serviteurs.

[16] Et lorsque les jours de la famine furent passés, le Seigneur apparut à Isaac et lui dit : Lève-toi, sors de cet endroit et retourne à ta terre, au pays de Canaan ; et Isaac se leva et retourna à Hébron qui est au pays de Canaan, lui et tout ce qui lui appartenait, comme le Seigneur lui avait commandé.

[17] Et après cela, Shelach, fils d'Arpacschad, mourut cette année-là, qui est la dix-huitième année de la vie de Jacob et d'Ésaü ; et tous les jours que Shelach vécut furent de quatre cent trente-trois ans, et il mourut.

[18] À cette époque, Isaac envoya son fils cadet Jacob à la maison de Shem et d'Éber, et il y apprit les instructions du Seigneur, et Jacob resta dans la maison de Shem et d'Éber pendant trente-deux ans, et Ésaü, son frère, n'y alla pas, car il n'était pas disposé à y aller, et il resta dans la maison de son père dans le pays de Canaan.

[19] Et Ésaü chassait continuellement dans les champs pour rapporter ce qu'il pouvait, ainsi fit Ésaü tous les jours.

[20] Et Ésaü était un homme rusé et trompeur, un qui chassait après les cœurs des hommes et les séduisait, et Ésaü était un homme vaillant dans le champ, et avec le temps, il partit comme d'habitude pour chasser ; et il arriva jusqu'au champ de Séir, le même est Édom.

[21] Et il resta dans le pays de Séir à chasser dans le champ pendant un an et quatre mois.

[22] Et Ésaü y vit dans le pays de Séir la fille d'un homme de Canaan, et son nom était Judith, fille de Beéri, fils d'Épher, des familles de Heth, fils de Canaan.

[23] Et Ésaü la prit pour femme, et il alla vers elle ; Ésaü avait quarante ans lorsqu'il la prit, et il l'amena à Hébron, au pays du lieu d'habitation de son père, et il y demeura.

[24] Et il arriva en ces jours, dans la cent-dixième année de la vie d'Isaac, c'est-à-dire dans la cinquantième année de la vie de Jacob, en cette année-là mourut Shem, fils de Noé ; Shem avait six cents ans à sa mort.

[25] Et lorsque Shem mourut, Jacob retourna auprès de son père à Hébron qui est dans le pays de Canaan.

[26] Et dans la cinquante-sixième année de la vie de Jacob, des gens vinrent de Haran, et Rebecca fut informée concernant son frère Laban, fils de Bethuel.

[27] Car la femme de Laban était stérile en ces jours-là, et ne donnait pas d'enfants, et également toutes ses servantes n'en donnaient pas à lui.

[28] Et le Seigneur se souvint ensuite d'Adinah, la femme de Laban, et elle conçut et donna naissance à des jumelles, et Laban nomma ses filles, le nom de l'aînée Léa, et le nom de la cadette Rachel.

[29] Et ces gens vinrent et racontèrent ces choses à Rebecca, et Rebecca se réjouit grandement que le Seigneur ait visité son frère et qu'il ait eu des enfants.

29 – Jacob Béni en Place d'Ésaü Son Frère

(Genèse 27,28:1-8)

[1] Isaac, le fils d'Abraham, devint vieux et avancé en âge, et ses yeux s'alourdirent à cause de l'âge ; ils étaient troubles et ne pouvaient plus voir.

[2] À cette époque, Isaac appela Ésaü, son fils, en disant : Prends, je t'en prie, tes armes, ton carquois et ton arc, lève-toi et va dans les champs chasser du gibier pour moi.

[3] Et Ésaü fit ainsi ; il prit son arme et partit dans les champs chasser du gibier, comme d'habitude, pour l'apporter à son père comme il le lui avait ordonné, afin qu'il puisse le bénir.

[4] Rebecca entendit toutes les paroles qu'Isaac avait dites à Ésaü, et elle se hâta et appela son fils Jacob, en disant : Voici ce que ton père a dit à ton frère Ésaü, et voici ce que j'ai entendu. Maintenant donc, hâte-toi et fais ce que je vais te dire.

[5] Lève-toi, je t'en prie, va au troupeau et apporte-moi deux bons chevreaux, et je préparerai des mets savoureux pour ton père, et tu les apporteras à ton père pour qu'il mange, avant que ton frère ne revienne de la chasse, afin que ton père te bénisse.

[6] Jacob se hâta et fit comme sa mère lui avait commandé, et il prépara les mets savoureux et les apporta à son père avant qu'Ésaü ne revienne de sa chasse.

[7] Isaac dit à Jacob : Qui es-tu, mon fils ? Et il dit : Je suis ton premier-né, Ésaü, j'ai fait comme tu m'as ordonné. Lève-toi, je t'en prie, et mange de ma chasse, afin que ton âme me bénisse comme tu me l'as dit.

[8] Isaac se leva, mangea et but, et son cœur fut réconforté, et il bénit Jacob. Jacob s'éloigna de son père ; et dès qu'Isaac eut béni Jacob et qu'il se fut éloigné de lui, voici, Ésaü revint de sa chasse.

[9] Isaac dit à Ésaü : Et qui est celui qui a chassé du gibier et me l'a apporté avant que tu ne viennes, et que j'ai béni ? Et Ésaü comprit que c'était son frère Jacob qui avait fait cela, et la colère d'Ésaü s'enflamma contre son frère Jacob pour avoir agi ainsi envers lui.

[10] Ésaü dit : N'est-il pas justement appelé Jacob ? Car il m'a supplanté deux fois : il a pris mon droit d'aînesse, et maintenant il a pris ma bénédiction. Ésaü pleura amèrement ; et quand Isaac entendit la voix de son fils Ésaü pleurer, Isaac dit à Ésaü : Que puis-je faire, mon fils, ton frère est venu avec ruse et a pris ta bénédiction ; et Ésaü haïssait son frère Jacob à cause de la bénédiction que son père lui avait donnée, et sa colère était fortement excitée contre lui.

[11] Jacob eut très peur de son frère Ésaü, et il se leva et s'enfuit à la maison d'Éber, fils de Shem, et il se cacha là à cause de son frère. Jacob avait soixante-trois ans lorsqu'il sortit du pays de Canaan depuis Hébron, et Jacob resta caché dans la maison d'Éber quatorze ans à cause de son frère Ésaü, et il continua là à apprendre les voies du Seigneur et ses commandements.

[12] Quand Ésaü vit que Jacob s'était enfui et lui avait échappé, et que Jacob avait habilement obtenu la bénédiction, alors Ésaü fut extrêmement affligé, et il était aussi vexé contre son père et sa mère ; et il se leva aussi, prit sa femme et s'éloigna de son père et de sa mère vers le pays de Séir, et il y habita ; et Ésaü vit là une femme parmi les filles de Heth don't le nom était Bosmath,

fille d'Elon l'Hittite, et il la prit pour femme en plus de sa première femme, et Ésaü lui donna le nom d'Adah, en disant que la bénédiction lui avait à ce moment-là échappé.

[13] Et Ésaü habita dans le pays de Séir pendant six mois sans voir son père et sa mère, et après, Ésaü prit ses femmes, se leva et retourna au pays de Canaan, et il plaça ses deux femmes dans la maison de son père à Hébron.

[14] Et les femmes d'Ésaü vexèrent et provoquèrent Isaac et Rebecca par leurs actes, car elles ne suivaient pas les voies du Seigneur, mais servaient les dieux de bois et de pierre de leur père comme leur père les avait enseignées, et elles étaient plus méchantes que leur père.

[15] Et elles agissaient selon les désirs mauvais de leur cœur, et elles sacrifiaient et brûlaient de l'encens aux Baalim, et Isaac et Rebecca en étaient fatigués.

[16] Et Rebecca dit : Je suis lasse de ma vie à cause des filles de Heth ; si Jacob prend une femme parmi les filles de Heth, telles que celles-ci qui sont des filles du pays, à quoi me sert alors la vie ?

[17] Et en ces jours-là, Adah, la femme d'Ésaü, conçut et lui enfanta un fils, et Ésaü appela le nom du fils qui lui était né Eliphaz, et Ésaü avait soixante-cinq ans lorsqu'elle l'enfanta.

[18] Et Ismaël, le fils d'Abraham, mourut en ces jours, dans la soixante-quatrième année de la vie de Jacob, et tous les jours qu'Ismaël vécut furent de cent trente-sept ans et il mourut.

[19] Et quand Isaac apprit qu'Ismaël était mort, il le pleura et Isaac le lamenta de nombreux jours.

[20] Et à la fin des quatorze ans de résidence de Jacob dans la maison d'Éber, Jacob désira voir son père et sa mère, et Jacob vint à la maison de son père et de sa mère à Hébron, et Ésaü avait en ces jours oublié ce que Jacob lui avait fait en lui prenant la bénédiction en ces jours.

[21] Et quand Ésaü vit Jacob venir chez son père et sa mère, il se souvint de ce que Jacob lui avait fait, et il fut grandement irrité contre lui et chercha à le tuer.

[22] Isaac, le fils d'Abraham, était vieux et avancé en âge, et Ésaü dit : Le temps de la mort de mon père est proche, et quand il sera mort, je tuerai mon frère Jacob.

[23] Cela fut rapporté à Rebecca, et elle se hâta et envoya appeler son fils Jacob, et elle lui dit : Lève-toi, va et fuis à Haran chez mon frère Laban, et reste là quelque temps, jusqu'à ce que la colère de ton frère se détourne de toi, et alors tu pourras revenir.

[24] Isaac appela Jacob et lui dit : Ne prends pas une femme parmi les filles de Canaan, car ainsi notre père Abraham nous l'a commandé, selon la parole du Seigneur qui lui avait été commandée, en disant : À ta postérité je donnerai ce pays ; si tes enfants gardent mon alliance que j'ai faite avec toi, alors je ferai aussi à tes enfants ce que j'ai dit à toi et je ne les abandonnerai pas.

[25] Maintenant donc, mon fils, écoute ma voix, à tout ce que je te commanderai, et abstiens-toi de prendre une femme parmi les filles de Canaan ; lève-toi, va à Haran à la maison de Bethuel, le père de ta mère, et prends-toi là une femme parmi les filles de Laban, le frère de ta mère.

[26] Prends donc garde de ne pas oublier le Seigneur ton Dieu et toutes ses voies dans le pays où tu vas, et de ne pas te lier avec les gens du pays et poursuivre la vanité et abandonner le Seigneur ton Dieu.

[27] Mais quand tu arriveras dans le pays, sers-y le Seigneur, ne te détourne ni à droite ni à gauche du chemin que je t'ai commandé et que tu as appris.

[28] Que le Dieu Tout-Puissant te fasse trouver grâce aux yeux des peuples de la terre, pour que tu puisses prendre là une femme selon ton choix ; une qui soit bonne et droite dans les voies du Seigneur.

[29] Et que Dieu donne à toi et à ta descendance la bénédiction de ton père Abraham, et te rende fécond et te multiplie, pour que tu deviennes une multitude de peuples dans le pays où tu vas, et que Dieu te fasse revenir dans ce pays, le pays de la demeure de ton père, avec des enfants et de grandes richesses, avec joie et avec plaisir.

[30] Isaac finit de commander à Jacob et de le bénir, et il lui donna de nombreux cadeaux, ainsi que de l'argent et de l'or, et il le laissa partir ; et Jacob obéit à son père et à sa mère ; il les embrassa et se leva et partit à Paddan-Aram ; et Jacob avait soixante-dix-sept ans lorsqu'il sortit du pays de Canaan depuis Beer-Sheba.

[31] Et quand Jacob s'en alla pour aller à Haran, Ésaü appela son fils Éliphaz, et lui parla secrètement, en disant : Maintenant hâte-toi, prends ton épée dans ta main et poursuis Jacob et passe devant lui sur la route, et guette-le, et tue-le avec ton épée dans l'une des montagnes, et prends tout ce qui lui appartient et reviens.

[32] Éliphaz, le fils d'Ésaü, était un homme actif et expert à l'arc comme son père lui avait enseigné, et il était un chasseur renommé dans le champ et un homme vaillant.

[33] Éliphaz fit comme son père lui avait commandé, et Éliphaz avait alors treize ans, et Éliphaz se leva, prit dix des frères de sa mère avec lui et poursuivit Jacob.

[34] Il suivit de près Jacob et le guetta à la frontière du pays de Canaan en face de la ville de Sichem.

[35] Jacob vit Éliphaz et ses hommes le poursuivre, et Jacob s'arrêta à l'endroit où il se trouvait, pour savoir de quoi il s'agissait, car il ne connaissait pas la chose ; et Éliphaz tira son épée et continua d'avancer, lui et ses hommes, vers Jacob ; et Jacob leur dit : Qu'y a-t-il pour vous à venir ici, et pourquoi me poursuivez-vous avec vos épées ?

[36] Éliphaz s'approcha de Jacob et lui répondit, en disant : Ainsi mon père m'a-t-il commandé, et maintenant donc je ne m'écarterai pas des ordres que mon père m'a donnés ; et quand Jacob vit qu'Ésaü avait parlé à Éliphaz d'employer la force, Jacob s'approcha alors et supplia Éliphaz et ses hommes, en disant,

[37] Voici tout ce que j'ai et que mon père et ma mère m'ont donné, prends-le pour toi et éloigne-toi de moi, et ne me tue pas, et que cela te soit compté comme une justice.

[38] Et le Seigneur fit trouver grâce à Jacob aux yeux d'Éliphaz, le fils d'Ésaü, et de ses hommes, et ils écoutèrent la voix de Jacob, et ne le mirent pas à mort, et Éliphaz et ses hommes prirent tout ce qui appartenait à Jacob avec l'argent et l'or qu'il avait apporté de Beer-Sheba ; ils ne lui laissèrent rien.

[39] Éliphaz et ses hommes s'éloignèrent de lui et retournèrent auprès d'Ésaü à Beer-Sheba, et ils lui racontèrent tout ce qui leur était arrivé avec Jacob, et ils lui donnèrent tout ce qu'ils avaient pris de Jacob.

[40] Ésaü fut indigné contre Éliphaz, son fils, et contre ses hommes qui étaient avec lui, parce qu'ils n'avaient pas tué Jacob.

[41] Ils répondirent et dirent à Ésaü : Parce que Jacob nous a suppliés à ce sujet de ne pas le tuer, notre pitié a été éveillée envers lui, et nous avons pris tout ce qui lui appartenait et nous te l'avons apporté ; et Ésaü prit tout l'argent et l'or que Éliphaz avait pris de Jacob et les mit de côté dans sa maison.

[42] À cette époque, quand Ésaü vit qu'Isaac avait béni Jacob et lui avait ordonné, en disant : Tu ne prendras pas une femme parmi les filles de Canaan, et que les filles de Canaan étaient mauvaises aux yeux d'Isaac et de Rebecca,

[43] Il alla alors à la maison d'Ismaël, son oncle, et en plus de ses épouses plus âgées, il prit Machlath, la fille d'Ismaël, sœur de Nebayoth, pour femme.

30 – Jacob et Rachel

(Genèse 28:10-22; 29:1-14)

[1] Jacob continua son chemin vers Haran, et il arriva jusqu'au mont Moriah, et il y séjourna toute la nuit près de la ville de Luz ; et le Seigneur lui apparut cette nuit-là, et lui dit : Je suis le Seigneur Dieu d'Abraham et le Dieu d'Isaac ton père ; la terre sur laquelle tu es couché, je la donnerai à toi et à ta descendance.

[2] Voici, je suis avec toi, je te garderai partout où tu iras, et je multiplierai ta descendance comme les étoiles du ciel, et je ferai tomber tous tes ennemis devant toi ; et quand ils te feront la guerre, ils ne prévaudront pas sur toi, et je te ramènerai dans cette terre avec joie, avec des enfants et de grandes richesses.

[3] Jacob s'éveilla de son sommeil et se réjouit grandement de la vision qu'il avait vue ; et il nomma cet endroit Bethel.

[4] Jacob se leva de cet endroit tout réjoui, et quand il marchait, ses pieds lui semblaient légers de joie, et il partit de là vers le pays des enfants de l'Est, et il revint à Haran et s'assit près du puits des bergers.

[5] Là, il trouva des hommes venant de Haran pour nourrir leurs troupeaux, et Jacob s'enquit d'eux, et ils dirent : Nous sommes de Haran.

[6] Il leur dit : Connaissez-vous Laban, le fils de Nahor ? Ils répondirent : Nous le connaissons, et voici, sa fille Rachel vient pour nourrir le troupeau de son père.

[7] Pendant qu'il parlait encore avec eux, Rachel, la fille de Laban, vint pour nourrir les moutons de son père, car elle était bergère.

[8] Quand Jacob vit Rachel, la fille de Laban, le frère de sa mère, il courut vers elle, l'embrassa, éleva sa voix et pleura.

[9] Jacob informa Rachel qu'il était le fils de Rebecca, la sœur de son père, et Rachel courut le dire à son père, et Jacob continua de pleurer parce qu'il n'avait rien avec lui à apporter à la maison de Laban.

[10] Quand Laban apprit que le fils de sa sœur, Jacob, était venu, il courut à sa rencontre, l'embrassa, le serra dans ses bras, le fit entrer dans la maison et lui donna du pain, et il mangea.

[11] Jacob raconta à Laban ce que son frère Ésaü lui avait fait, et ce que son fils Éliphaz lui avait fait sur la route.

[12] Jacob demeura dans la maison de Laban pendant un mois, mangeant et buvant, et par la suite, Laban dit à Jacob : Dis-moi quel sera ton salaire, car comment pourrais-tu me servir pour rien ?

[13] Laban n'avait pas de fils, seulement des filles, et ses autres femmes et servantes étaient encore stériles à cette époque ; voici les noms des filles de Laban que sa femme Adinah lui avait données : l'aînée s'appelait Léa et la cadette Rachel ; Léa avait les yeux doux, mais Rachel était belle de forme et d'apparence, et Jacob l'aimait.

[14] Jacob dit à Laban : Je te servirai sept ans pour Rachel, ta fille cadette ; Laban accepta, et Jacob servit Laban sept ans pour sa fille Rachel.

[15] La deuxième année de la résidence de Jacob à Haran, c'est-à-dire la soixante-dix-neuvième année de la vie de Jacob, en cette année-là, Éber, fils de Sem, mourut ; il avait quatre cent soixante-quatre ans à sa mort.

[16] Quand Jacob apprit la mort d'Éber, il fut extrêmement affligé, et il le pleura et le lamenta de nombreux jours.

[17] La troisième année de la résidence de Jacob à Haran, Bosmath, fille d'Ismaël, femme d'Ésaü, lui donna un fils, et Ésaü appela son nom Reuel.

[18] La quatrième année de la résidence de Jacob chez Laban, le Seigneur visita Laban et se souvint de lui à cause de Jacob, et des fils lui furent nés, et son premier-né fut Beor, son deuxième fut Alib, et le troisième Chorash.

[19] Et le Seigneur donna à Laban richesses et honneur, fils et filles, et l'homme s'accrut grandement à cause de Jacob.

[20] Et en ces jours, Jacob servit Laban dans tout type de travail, dans la maison et dans les champs, et la bénédiction du Seigneur était dans tout ce qui appartenait à Laban, dans la maison et dans les champs.

[21] Et la cinquième année, Jehudith, fille de Beeri, femme d'Ésaü, mourut dans le pays de Canaan, et elle n'avait pas eu de fils, seulement des filles.

[22] Et voici les noms de ses filles qu'elle avait données à Ésaü, le nom de l'aînée était Marzith, et le nom de la cadette était Puith.

[23] Et lorsque Jehudith mourut, Ésaü se leva et alla à Séir pour chasser dans les champs, comme d'habitude, et Ésaü demeura longtemps dans le pays de Séir.

[24] Et la sixième année, Ésaü prit pour femme, en plus de ses autres femmes, Ahlibamah, fille de Zibeon l'Hévite, et Ésaü l'amena au pays de Canaan.

[25] Et Ahlibamah conçut et enfanta à Ésaü trois fils, Yeush, Yaalan et Korah.

[26] En ces jours-là, dans le pays de Canaan, il y eut une querelle entre les bergers d'Ésaü et les bergers des habitants du pays de Canaan, car les troupeaux et les biens d'Ésaü étaient trop nombreux pour lui pour rester dans le pays de Canaan, dans la maison de son père, et le pays de Canaan ne pouvait pas le supporter à cause de ses troupeaux.

[27] Et quand Ésaü vit que ses querelles augmentaient avec les habitants du pays de Canaan, il se leva, prit ses femmes, ses fils et ses filles, et tout ce qui lui appartenait, et les troupeaux qu'il possédait, et tous ses biens qu'il avait acquis dans le pays de Canaan, et il s'éloigna des habitants du pays pour aller au pays de Séir, et Ésaü et tout ce qui lui appartenait habitèrent dans le pays de Séir.

[28] Mais de temps en temps, Ésaü allait voir son père et sa mère dans le pays de Canaan, et Ésaü se maria avec les Horites, et il donna ses filles aux fils de Séir, le Horite.

[29] Et il donna sa fille aînée Marzith à Anah, fils de Zibeon, le frère de sa femme, et Puith, il la donna à Azar, fils de Bilhan le Horite ; et Ésaü demeura dans la montagne, lui et ses enfants, et ils furent féconds et se multiplièrent.

31 - Les Mariages de Jacob

(Genèse 29:15-35; 30:1-24)

[1] Et la septième année, le service que Jacob avait rendu à Laban fut accompli, et Jacob dit à Laban : Donne-moi ma femme, car les jours de mon service sont accomplis ; et Laban fit ainsi, et Laban et Jacob rassemblèrent tous les gens de ce lieu et firent un festin.

[2] Et le soir venu, Laban entra dans la maison, et ensuite Jacob y entra avec les gens du festin, et Laban éteignit toutes les lumières qui étaient dans la maison.

[3] Et Jacob dit à Laban : Pourquoi agis-tu ainsi envers nous ? Et Laban répondit : C'est notre coutume d'agir ainsi dans ce pays.

[4] Et ensuite, Laban prit sa fille Léa, et l'amena à Jacob, et il s'unit à elle, et Jacob ne sut pas que c'était Léa.

[5] Et Laban donna à sa fille Léa sa servante Zilpa pour servante.

[6] Et tous les gens du festin savaient ce que Laban avait fait à Jacob, mais ils ne dirent rien à Jacob.

[7] Et tous les voisins vinrent cette nuit-là chez Jacob, et ils mangèrent et burent et se réjouirent, et jouèrent devant Léa avec des tambourins et des danses, et ils répondaient devant Jacob : Héléa, Héléa.

[8] Et Jacob entendit leurs paroles mais ne comprit pas leur signification, mais il pensa que cela pourrait être leur coutume dans ce pays.

[9] Et les voisins prononcèrent ces mots devant Jacob pendant la nuit, et toutes les lumières qui étaient dans la maison avaient été éteintes par Laban cette nuit-là.

[10] Et au matin, à l'apparition de la lumière du jour, Jacob se tourna vers sa femme et vit, et voici c'était Léa qui avait été couchée dans son sein, et Jacob dit : Voilà maintenant je sais ce que disaient les voisins la nuit dernière, Héléa, ils disaient, et je ne le savais pas.

[11] Et Jacob appela Laban, et lui dit : Qu'as-tu fait là ? J'ai certes servi pour Rachel, pourquoi m'as-tu trompé en me donnant Léa ?

[12] Et Laban répondit à Jacob, en disant : Ce n'est pas la coutume chez nous de donner la plus jeune avant l'aînée. Maintenant donc, si tu désires prendre également sa sœur, prends-la pour le service que tu me rendras encore pendant sept autres années.

[13] Et Jacob fit ainsi, et prit également Rachel pour femme, et il servit Laban sept autres années, et Jacob s'unit aussi à Rachel, qu'il aimait plus que Léa, et Laban lui donna sa servante Bilha pour servante.

[14] Et quand le Seigneur vit que Léa était haïe, le Seigneur ouvrit son sein, et elle conçut et enfanta à Jacob quatre fils en ces jours.

[15] Et voici leurs noms, Ruben, Siméon, Lévi et Juda, et ensuite elle cessa d'enfanter.

[16] Et à cette époque, Rachel était stérile, et n'avait pas d'enfants, et Rachel envia sa sœur Léa, et quand Rachel vit qu'elle n'enfantait pas pour Jacob, elle donna sa servante Bilha, qui enfanta deux fils à Jacob, Dan et Nephtali.

[17] Et quand Léa vit qu'elle avait cessé d'enfanter, elle prit également sa servante Zilpa, et la donna à Jacob pour femme, et Jacob s'unit aussi à Zilpa, qui lui enfanta également deux fils, Gad et Asher.

[18] Et Léa conçut de nouveau et enfanta à Jacob en ces jours deux fils et une fille, et voici leurs noms, Issachar, Zabulon, et leur sœur Dina.

[19] Et Rachel était encore stérile en ces jours, et Rachel pria le Seigneur à ce moment-là, et dit : Ô Seigneur Dieu, souviens-toi de moi et visite-moi, je t'en supplie, car maintenant mon mari va me rejeter, car je ne lui ai pas enfanté d'enfants.

[20] Maintenant, Ô Seigneur Dieu, écoute ma supplication devant toi, et vois mon affliction, et donne-moi des enfants comme à l'une des servantes, pour que je ne porte plus mon opprobre.

[21] Et Dieu l'entendit et ouvrit son sein, et Rachel conçut et enfanta un fils, et elle dit : Le Seigneur a ôté mon opprobre, et elle appela son nom Joseph, en disant : Que le Seigneur m'ajoute un autre fils ; et Jacob avait quatre-vingt-onze ans quand elle l'enfanta.

[22] À cette époque, la mère de Jacob, Rebecca, envoya sa nourrice Débora, fille d'Uz, et deux des serviteurs d'Isaac à Jacob.

[23] Et ils vinrent à Jacob à Haran et lui dirent : Rebecca nous a envoyés vers toi pour que tu retournes à la maison de ton père au pays de Canaan ; et Jacob les écouta selon ce que sa mère avait dit.

[24] À cette époque, les sept autres années que Jacob avait servies Laban pour Rachel étaient achevées, et à la fin des quatorze années qu'il avait habitées à Haran, Jacob dit à Laban : Donne-moi mes femmes et envoie-moi, pour que je puisse aller dans mon pays, car voici ma mère m'a envoyé du pays de Canaan pour que je retourne à la maison de mon père.

[25] Et Laban lui dit : Non, je t'en prie ; si j'ai trouvé grâce à tes yeux, ne me quitte pas ; fixe-moi ton salaire et je te le donnerai, et reste avec moi.

[26] Et Jacob lui dit : Voici ce que tu me donneras pour salaire, je passerai aujourd'hui dans tout ton troupeau et j'ôterai de ton troupeau tout agneau tacheté et marqueté et tout ce qui est brun parmi les moutons, et parmi les chèvres, et si tu fais cela pour moi, je reviendrai et garderai ton troupeau et le tiendrai comme auparavant.

[27] Et Laban fit ainsi, et Laban retira de son troupeau tout ce que Jacob avait dit et les donna à Jacob.

[28] Et Jacob plaça tout ce qu'il avait retiré du troupeau de Laban entre les mains de ses fils, et Jacob gardait le reste du troupeau de Laban.

[29] Et lorsque les serviteurs d'Isaac, qu'il avait envoyés à Jacob, virent que Jacob ne retournerait pas avec eux au pays de Canaan auprès de son père, ils partirent de chez lui et retournèrent chez eux au pays de Canaan.

[30] Et Débora resta avec Jacob à Haran, et elle ne retourna pas avec les serviteurs d'Isaac au pays de Canaan, et Débora résida avec les femmes et les enfants de Jacob à Haran.

[31] Et Jacob servit Laban six années de plus, et lorsque les brebis mirent bas, Jacob retira d'elles ce qui était tacheté et marqueté, comme il l'avait convenu avec Laban, et Jacob fit cela pendant six ans, et l'homme s'enrichit abondamment et il eut du bétail et des servantes et des serviteurs, des chameaux et des ânes.

[32] Et Jacob avait deux cents troupeaux de gros bétail, et son bétail était de grande taille et d'apparence belle et très productif, et toutes les familles des fils des hommes désiraient obtenir du bétail de Jacob, car ils étaient extrêmement prospères.

[33] Et beaucoup de fils des hommes vinrent pour acquérir une partie du troupeau de Jacob, et Jacob leur donnait un mouton pour un serviteur ou une servante ou pour un âne ou un chameau, ou tout ce que Jacob désirait d'eux, ils le lui donnaient.

[34] Et Jacob acquit des richesses et de l'honneur et des possessions grâce à ces transactions avec les fils des hommes, et les enfants de Laban l'envièrent de cet honneur.

[35] Et au fil du temps, il entendit les paroles des fils de Laban, disant : Jacob a pris tout ce qui appartenait à notre père, et de ce qui appartenait à notre père, il a acquis toute cette gloire.

[36] Et Jacob vit le visage de Laban et de ses fils, et voici, il n'était pas envers lui comme auparavant.

[37] Et le Seigneur apparut à Jacob à l'expiration des six années et lui dit : Lève-toi, sors de ce pays et retourne au pays de ta naissance, et je serai avec toi.

[38] Et Jacob se leva à ce moment-là et monta ses enfants et ses femmes sur des chameaux, et partit pour aller au pays de Canaan, chez son père Isaac.

[39] Et Laban ne savait pas que Jacob s'était enfui, car Laban était occupé ce jour-là à tondre ses moutons.

[40] Et Rachel vola les idoles de son père, et les prit et les cacha sur le chameau sur lequel elle était assise, et s'en alla.

[41] Voici la manière des images: en prenant un homme premier-né, en le tuant, en retirant les cheveux de sa tête, en prenant du sel pour saler la tête, en la badigeonnant d'huile, puis en prenant une petite tablette de cuivre ou une tablette d'or et en écrivant le nom dessus, et en plaçant la tablette sous sa langue, en prenant la tête avec la tablette sous la langue et en la mettant dans la maison, en allumant des lumières devant elle et en se prosternant devant elle.

[42] Et au moment où ils se prosternent devant elle, elle leur parle de toutes les affaires qu'ils lui demandent, grâce à la puissance du nom qui y est écrit.

[43] Et certains les fabriquent sous forme d'hommes en or et en argent, et s'adressent à eux à des moments connus d'eux, et les figures reçoivent l'influence des étoiles et leur disent des choses futures, et de cette manière étaient faites les idoles que Rachel avait volées à son père.

[44] Et Rachel vola ces idoles qui appartenaient à son père, afin que Laban ne puisse pas savoir par elles où Jacob était allé.

[45] Et Laban rentra chez lui et demanda après Jacob et sa maisonnée, et on ne le trouva pas, et Laban chercha ses idoles pour savoir où Jacob était allé, et ne put les trouver, et il se tourna vers

d'autres idoles, et les consulta, et elles lui dirent que Jacob s'était enfui de lui vers son père, au pays de Canaan.

[46] Et Laban se leva alors, prit ses frères et tous ses serviteurs, et partit à la poursuite de Jacob, et il le rattrapa dans la montagne de Galaad.

[47] Et Laban dit à Jacob : Qu'as-tu fait ? Tu m'as fui et trompé, et as emmené mes filles et leurs enfants comme des captifs pris par l'épée ?

[48] Tu ne m'as pas laissé embrasser mes fils et mes filles et les envoyer avec joie, et tu as volé mes dieux et t'es enfui.

[49] Et Jacob répondit à Laban, en disant : Parce que j'avais peur que tu ne prennes tes filles de force avec moi ; et maintenant, celui chez qui tu trouveras tes dieux mourra.

[50] Et Laban chercha les idoles et fouilla dans toutes les tentes et les affaires de Jacob, mais il ne put les trouver.

[51] Et Laban dit à Jacob : Faisons une alliance ensemble, et cela sera un témoignage entre moi et toi ; si tu maltraites mes filles, ou si tu prends d'autres femmes en plus de mes filles, même Dieu sera témoin entre moi et toi dans cette affaire.

[52] Et ils prirent des pierres et firent un tas, et Laban dit : Ce tas est un témoin entre moi et toi, c'est pourquoi il appela ce lieu Galaad.

[53] Et Jacob et Laban offrirent un sacrifice sur la montagne, et ils mangèrent là près du tas, et ils passèrent la nuit sur la montagne. Laban se leva tôt le matin, pleura avec ses filles, les embrassa et retourna à sa place.

[54] Il se hâta et envoya son fils Beor, âgé de dix-sept ans, avec Abichorof, fils d'Uz, fils de Nahor, et avec eux dix hommes.

[55] Ils se hâtèrent, avancèrent sur la route devant Jacob, et arrivèrent par un autre chemin au pays de Séir.

[56] Ils vinrent chez Ésaü et lui dirent : Ainsi dit ton frère et parent, le frère de ta mère Laban, fils de Bethuel :

[57] As-tu entendu ce que Jacob, ton frère, m'a fait ? Il est d'abord venu vers moi nu et dépourvu, et je l'ai accueilli, l'ai amené dans ma maison avec honneur, et l'ai rendu grand. Je lui ai donné mes deux filles pour épouses, et aussi deux de mes servantes.

[58] Dieu l'a béni à cause de moi, et il s'est abondamment accru, ayant des fils, des filles et des servantes.

[59] Il a également un immense troupeau de moutons et de bovins, des chameaux et des ânes, ainsi que de l'argent et de l'or en abondance; et voyant sa richesse augmenter, il m'a quitté alors que j'allais tondre mes moutons, s'est levé et s'est enfui en secret.

[60] Il a chargé ses femmes et ses enfants sur des chameaux, a emmené tout son bétail et ses biens qu'il avait acquis dans mon pays, et a levé son visage pour aller chez son père Isaac, au pays de Canaan.

[61] Il ne m'a pas permis d'embrasser mes filles et leurs enfants, et il a emmené mes filles comme des captives prises par l'épée, et a également volé mes dieux et s'est enfui.

[62] Et maintenant, je l'ai laissé sur la montagne du ruisseau de Jabbok, lui et tout ce qui lui appartient; il ne manque de rien.

[63] Si tu souhaites aller le voir, va, et là tu le trouveras, et tu pourras agir envers lui selon les désirs de ton âme. Les messagers de Laban vinrent dire tout cela à Ésaü.

[64] Et Ésaü entendit toutes les paroles des messagers de Laban, et sa colère s'enflamma fortement contre Jacob, et il se souvint de sa haine, et sa colère brûla en lui.

[65] Et Ésaü se hâta, prit ses enfants et ses serviteurs, et les âmes de sa maison, au nombre de soixante hommes, et rassembla tous les enfants de Séir l'Hévite et leur peuple, au nombre de trois cent quarante hommes, prenant avec lui ce total de quatre cents hommes armés d'épées, et partit vers Jacob pour le frapper.

[66] Et Ésaü divisa ce nombre en plusieurs groupes, confiant les soixante hommes de ses enfants et serviteurs, et les âmes de sa maison, à Éliphaz, son fils aîné.

[67] Et il confia les autres groupes à la garde des six fils de Séir l'Hévite, plaçant chaque homme à la tête de sa génération et de ses enfants.

[68] Tout ce camp avança tel quel, et Ésaü était parmi eux en route vers Jacob, les conduisant rapidement.

[69] Les messagers de Laban partirent d'Ésaü et se rendirent au pays de Canaan, à la maison de Rebecca, la mère de Jacob et d'Ésaü.

[70] Et ils lui dirent : Voici, ton fils Ésaü s'avance contre son frère Jacob avec quatre cents hommes, car il a entendu qu'il venait, et il va le combattre, le frapper et prendre tout ce qu'il possède.

[71] Et Rebecca se hâta et envoya soixante-douze hommes parmi les serviteurs d'Isaac pour rencontrer Jacob sur la route; car elle se disait : Peut-être qu'Ésaü fera la guerre sur la route lorsqu'il le rencontrera.

[72] Et ces messagers allèrent sur la route à la rencontre de Jacob, et le rencontrèrent sur la route du ruisseau, en face du ruisseau Jabbok, et Jacob dit, en les voyant : Ce camp m'est destiné de la part de Dieu, et Jacob nomma ce lieu Mahanaïm.

[73] Et Jacob reconnut toute la famille de son père, les embrassa et les accueillit, et il s'enquit de son père et de sa mère, et ils lui dirent qu'ils étaient en bonne santé.

[74] Ces messagers dirent aussi à Jacob : Rebecca, ta mère, nous a envoyés vers toi, disant : J'ai entendu, mon fils, que ton frère Ésaü s'avance contre toi avec des hommes des enfants de Séir l'Hévite.

[75] Et donc, mon fils, écoute ma voix et réfléchis bien à ce que tu vas faire. Quand il viendra à ta rencontre, implore-le et ne lui parle pas avec rudesse, et offre-lui un présent de ce que tu possèdes et que Dieu t'a favorisé.

[76] Et quand il te demandera de tes nouvelles, ne lui cache rien, peut-être se détournera-t-il de sa colère contre toi, et tu sauveras ainsi ta vie, toi et tout ce qui t'appartient, car il est de ton devoir de l'honorer, car il est ton frère aîné.

[77] Lorsque Jacob entendit les paroles de sa mère que les messagers lui avaient dites, Jacob éleva sa voix et pleura amèrement, et fit comme sa mère lui avait alors commandé.

32 - Jacob Se Réconcilie avec Ésaü

(Genèse 32, 33)

[1] En ce temps-là, Jacob envoya des messagers à son frère Ésaü vers le pays de Séir, et leur parla avec supplication.

[2] Et il leur ordonna, disant : Ainsi vous direz à mon seigneur, à Ésaü : Ainsi dit ton serviteur Jacob, que mon seigneur n'imagine pas que la bénédiction de mon père, avec laquelle il m'a béni, m'a été bénéfique.

[3] Car j'ai passé ces vingt années chez Laban, qui m'a trompé et a changé mes salaires dix fois, comme cela a déjà été rapporté à mon seigneur.

[4] Et j'ai servi dans sa maison avec beaucoup de peine, et Dieu a ensuite vu mon affliction, mon labeur et le travail de mes mains, et il m'a fait trouver grâce et faveur à ses yeux.

[5] Et par la suite, grâce à la grande miséricorde et bonté de Dieu, j'ai acquis des bœufs, des ânes et du bétail, ainsi que des serviteurs et des servantes.

[6] Et maintenant je viens vers ma terre et ma maison, vers mon père et ma mère, qui sont au pays de Canaan ; et je t'ai envoyé pour informer mon seigneur de tout cela, afin de trouver grâce à tes yeux, pour que tu ne penses pas que j'ai acquis des richesses par moi-même, ou que la bénédiction avec laquelle mon père m'a béni m'a été bénéfique.

[7] Et ces messagers allèrent vers Ésaü, et le trouvèrent aux frontières du pays d'Édom allant vers Jacob, et quatre cents hommes des enfants de Séir l'Hévite se tenaient là avec des épées dégainées.

[8] Et les messagers de Jacob racontèrent à Ésaü toutes les paroles que Jacob leur avait dites à son sujet.

[9] Et Ésaü leur répondit avec orgueil et mépris, en disant : J'ai certainement entendu et on m'a véritablement rapporté ce que Jacob a fait à Laban, qui l'a élevé dans sa maison et lui a donné ses filles pour épouses, et il a engendré des fils et des filles, et a abondamment augmenté en richesse et en biens dans la maison de Laban grâce à lui.

[10] Et quand il a vu que sa richesse était abondante et ses biens grands, il a fui avec tout ce qui lui appartenait, de la maison de Laban, et a emmené les filles de Laban loin du visage de leur père, comme des captives prises par l'épée sans l'en informer.

[11] Et non seulement Jacob a agi ainsi envers Laban, mais aussi envers moi il a agi de la sorte et m'a supplanté deux fois, et devrais-je me taire ?

[12] Maintenant donc, je suis venu ce jour avec mes camps pour le rencontrer, et je lui ferai selon le désir de mon cœur.

[13] Et les messagers retournèrent et vinrent à Jacob et lui dirent : Nous sommes allés vers ton frère, vers Ésaü, et nous lui avons dit toutes tes paroles, et voici ce qu'il nous a répondu, et voici, il vient à ta rencontre avec quatre cents hommes.

[14] Maintenant donc, sache et vois ce que tu vas faire, et prie devant Dieu pour qu'il te délivre de lui.

[15] Et quand Jacob entendit les paroles de son frère qu'il avait dites aux messagers de Jacob, Jacob eut très peur et fut angoissé.

[16] Et Jacob pria le Seigneur son Dieu, et dit : Ô Seigneur Dieu de mes pères, Abraham et Isaac, tu m'as dit quand je quittais la maison de mon père :

[17] Je suis le Seigneur Dieu de ton père Abraham et le Dieu d'Isaac, à toi je donne cette terre et à ta descendance après toi, et je rendrai ta descendance comme les étoiles du ciel, et tu t'étendras aux quatre coins du ciel, et en toi et en ta descendance toutes les familles de la terre seront bénies.

[18] Et tu as établi tes paroles, et tu m'as donné des richesses, des enfants et du bétail, comme les vœux les plus chers de mon cœur, tu as donné à ton serviteur ; tu m'as donné tout ce que je t'ai demandé, de sorte que je n'ai manqué de rien.

[19] Et tu m'as ensuite dit : Retourne chez tes parents et à ton lieu de naissance, et je continuerai à te traiter favorablement.

[20] Et maintenant que je suis venu, et que tu m'as délivré de Laban, je tomberai entre les mains d'Ésaü qui me tuera, moi ainsi que les mères de mes enfants.

[21] Maintenant donc, ô Seigneur Dieu, délivre-moi, je t'en supplie, également des mains de mon frère Ésaü, car j'ai très peur de lui.

[22] Et s'il n'y a pas de justice en moi, fais-le pour Abraham et pour mon père Isaac.

[23] Car je sais que c'est grâce à ta bonté et à ta miséricorde que j'ai acquis cette richesse ; maintenant donc, je t'en supplie, délivre-moi aujourd'hui par ta bonté et réponds-moi.

[24] Et Jacob cessa de prier le Seigneur, et il divisa les personnes qui étaient avec lui ainsi que les troupeaux et le bétail en deux camps, et il confia la moitié à la garde de Damesek, fils d'Eliezer, serviteur d'Abraham, pour un camp, avec ses enfants, et l'autre moitié il la confia à la garde de son frère Élianus, fils d'Eliezer, pour être un camp avec ses enfants.

[25] Et il leur ordonna, en disant : Gardez vos distances avec vos camps, et ne vous approchez pas trop les uns des autres, et si Ésaü vient à un camp et le détruit, l'autre camp, à distance, lui échappera.

[26] Et Jacob s'arrêta là cette nuit-là, et pendant toute la nuit, il donna des instructions à ses serviteurs concernant les forces et ses enfants.

[27] Et le Seigneur entendit la prière de Jacob ce jour-là, et le Seigneur délivra Jacob des mains de son frère Ésaü.

[28] Et le Seigneur envoya trois anges des anges du ciel, et ils allèrent devant Ésaü et vinrent à lui.

[29] Et ces anges apparurent à Ésaü et à ses hommes comme deux mille hommes, montés sur des chevaux équipés de toutes sortes d'instruments de guerre, et ils apparurent aux yeux d'Ésaü et de tous ses hommes comme divisés en quatre camps, avec quatre chefs pour eux.

[30] Et un camp s'avança et ils trouvèrent Ésaü venant avec quatre cents hommes vers son frère Jacob, et ce camp courut vers Ésaü et ses hommes et les terrifia, et Ésaü tomba de son cheval de peur, et tous ses hommes se séparèrent de lui à cet endroit, car ils avaient très peur.

[31] Et tout le camp cria après eux lorsqu'ils s'enfuirent d'Ésaü, et tous les hommes de guerre répondirent, en disant :

[32] Assurément, nous sommes les serviteurs de Jacob, qui est le serviteur de Dieu, et qui donc peut se dresser contre nous ? Et Ésaü leur dit : Oh, alors, mon seigneur et frère Jacob est votre seigneur, que je n'ai pas vu depuis vingt ans, et maintenant que je suis venu le voir aujourd'hui, vous me traitez de cette manière ?

[33] Et les anges lui répondirent, en disant : Aussi vrai que le Seigneur vit, si Jacob, don't tu parles, n'était pas ton frère, nous n'aurions laissé personne en vie parmi toi et tes hommes, mais seulement à cause de Jacob, nous ne te ferons rien, ni à tes hommes.

[34] Et ce camp passa d'Ésaü et de ses hommes et s'éloigna, et Ésaü et ses hommes s'étaient éloignés d'eux d'environ une lieue lorsque le deuxième camp vint à lui avec toutes sortes d'armes, et ils firent à Ésaü et à ses hommes comme le premier camp leur avait fait.

[35] Et après leur départ, voici, le troisième camp vint à lui et eux aussi furent terrifiés, et Ésaü tomba de son cheval, et tout le camp cria, disant : Assurément, nous sommes les serviteurs de Jacob, qui est le serviteur de Dieu, et qui peut se dresser contre nous ?

[36] Et Ésaü répondit de nouveau en disant : Oh, alors, Jacob mon seigneur et votre seigneur est mon frère, et depuis vingt ans je n'ai pas vu son visage, et maintenant que j'entends qu'il vient, je suis venu à sa rencontre aujourd'hui, et vous me traitez de cette manière ?

[37] Et ils lui répondirent et dirent : Aussi vrai que le Seigneur vit, si Jacob, don't tu parles, n'était pas ton frère, nous n'aurions laissé aucun survivant parmi toi et tes hommes, mais à cause de Jacob, don't tu parles étant ton frère, nous ne te toucherons pas, ni à tes hommes.

[38] Et le troisième camp passa également devant eux, et il continua sa route avec ses hommes vers Jacob, quand le quatrième camp vint à lui, et ils firent à lui et à ses hommes comme les autres l'avaient fait.

[39] Et quand Ésaü vit le mal que les quatre anges avaient fait à lui et à ses hommes, il eut très peur de son frère Jacob et alla à sa rencontre en paix.

[40] Et Ésaü dissimula sa haine contre Jacob, car il avait peur pour sa vie à cause de son frère Jacob, et parce qu'il imaginait que les quatre camps qu'il avait rencontrés étaient les serviteurs de Jacob.

[41] Et Jacob passa cette nuit-là avec ses serviteurs dans leurs camps, et décida avec ses serviteurs de donner à Ésaü un présent de tout ce qu'il avait avec lui, et de tout son bien ; et Jacob se leva le matin, lui et ses hommes, et ils choisirent parmi le bétail un présent pour Ésaü.

[42] Et voici la quantité du présent que Jacob choisit parmi son troupeau pour donner à son frère Ésaü : il sélectionna deux cent quarante têtes parmi les troupeaux, et parmi les chameaux et les ânes trente de chaque, et parmi les troupeaux il choisit cinquante vaches.

[43] Et il mit tout cela en dix troupeaux, et il plaça chaque sorte à part, et il les confia à dix de ses serviteurs, chaque troupeau à part.

[44] Et il leur commanda, en disant : Gardez-vous à distance les uns des autres, et mettez un espace entre les troupeaux, et quand Ésaü et ceux qui sont avec lui vous rencontreront et vous

demanderont, en disant : À qui êtes-vous, où allez-vous, et à qui appartient tout cela devant vous, vous leur direz : Nous sommes les serviteurs de Jacob, et nous venons à la rencontre d'Ésaü en paix, et voici, Jacob vient derrière nous.

[45] Et ce qui est devant nous est un présent envoyé de Jacob à son frère Ésaü.

[46] Et s'ils vous disent : Pourquoi reste-t-il derrière vous, de ne pas venir à la rencontre de son frère et voir son visage, alors vous leur direz : Assurément, il vient joyeusement derrière nous à la rencontre de son frère, car il a dit : J'apaiserai son visage avec le présent qui va devant moi, et après cela je verrai son visage, peut-être m'acceptera-t-il.

[47] Ainsi, tout le présent passa entre les mains de ses serviteurs, et alla devant lui ce jour-là, et il passa la nuit avec ses camps à la limite du ruisseau de Jabbok, et il se leva au milieu de la nuit, et prit ses femmes et ses servantes, et tout ce qui lui appartenait, et cette nuit-là, il les fit passer le gué de Jabbok.

[48] Et après avoir fait passer tout ce qui lui appartenait de l'autre côté du ruisseau, Jacob resta seul, et un homme le rencontra et lutta avec lui cette nuit-là jusqu'à l'aube, et l'articulation de la cuisse de Jacob se déboîta pendant la lut te avec lui.

[49] Et à l'aube, l'homme laissa Jacob là, le bénit et s'en alla, et Jacob traversa le ruisseau à l'aube, et il boitait de la cuisse.

[50] Le soleil se leva sur lui lorsqu'il eut passé le ruisseau, et il arriva à l'endroit où se trouvaient son bétail et ses enfants.

[51] Ils continuèrent leur route jusqu'à midi, et pendant qu'ils avançaient, le présent passait devant eux.

[52] Et Jacob leva les yeux et vit, et voici, Ésaü était au loin, venant avec de nombreux hommes, environ quatre cents, et Jacob eut très peur de son frère.

[53] Et Jacob se hâta de diviser ses enfants entre ses femmes et ses servantes, et il mit sa fille Dina dans un coffre, et la confia à la garde de ses serviteurs.

[54] Et il passa devant ses enfants et ses femmes pour rencontrer son frère, et il se prosterna à terre, oui, il se prosterna sept fois jusqu'à ce qu'il approche de son frère, et Dieu fit en sorte que Jacob trouve grâce et faveur aux yeux d'Ésaü et de ses hommes, car Dieu avait entendu la prière de Jacob.

[55] Et la peur de Jacob et son effroi tombèrent sur son frère Ésaü, car Ésaü eut très peur de Jacob à cause de ce que les anges de Dieu avaient fait à Ésaü, et la colère d'Ésaü contre Jacob se transforma en bienveillance.

[56] Et quand Ésaü vit Jacob courir vers lui, il courut également vers lui et l'étreignit, et tomba sur son cou, et ils s'embrassèrent et pleurèrent.

[57] Et Dieu mit dans le cœur des hommes qui accompagnaient Ésaü de la peur et de la bienveillance envers Jacob, et eux aussi embrassèrent et étreignirent Jacob.

[58] Et aussi Éliphaz, le fils d'Ésaü, avec ses quatre frères, fils d'Ésaü, pleurèrent avec Jacob, et l'embrassèrent et l'étreignirent, car la peur de Jacob était tombée sur eux tous.

[59] Et Ésaü leva les yeux et vit les femmes et leur progéniture, les enfants de Jacob, marchant derrière Jacob et se prosternant sur la route devant Ésaü.

[60] Et Ésaü dit à Jacob : Qui sont ceux qui sont avec toi, mon frère ? Sont-ils tes enfants ou tes serviteurs ? Et Jacob répondit à Ésaü en disant : Ce sont mes enfants que Dieu a gracieusement donnés à ton serviteur.

[61] Et tandis que Jacob parlait à Ésaü et à ses hommes, Ésaü vit tout le camp et dit à Jacob : D'où as-tu eu tout le camp que j'ai rencontré hier soir ? Et Jacob dit : Pour trouver grâce aux yeux de mon seigneur, c'est ce que Dieu a gracieusement donné à ton serviteur.

[62] Et le présent arriva devant Ésaü, et Jacob insista auprès d'Ésaü, en disant : Prends, je t'en prie, le présent que j'ai apporté à mon seigneur, et Ésaü dit : Pourquoi cela ? Garde ce que tu as pour toi-même.

[63] Et Jacob dit : Il est de mon devoir de donner tout cela, puisque j'ai vu ton visage, que tu vis encore en paix.

[64] Et Ésaü refusa de prendre le présent, et Jacob lui dit : Je t'en supplie, mon seigneur, si maintenant j'ai trouvé grâce à tes yeux, accepte donc mon présent de ma main, car c'est pour cela que j'ai vu ton visage, comme si j'avais vu le visage d'un dieu, car tu as été satisfait de moi.

[65] Et Ésaü accepta le présent, et Jacob donna également à Ésaü de l'argent, de l'or et de la bdellium, car il insista tant qu'il les prit.

[66] Et Ésaü partagea le bétail qui était dans le camp, et en donna la moitié aux hommes qui étaient venus avec lui, car ils étaient venus à gages, et l'autre moitié il la remit entre les mains de ses enfants.

[67] Et l'argent, l'or et le bdellium, il les remit entre les mains d'Eliphaz, son fils aîné, et Ésaü dit à Jacob : « Restons avec toi, et nous avancerons lentement avec toi jusqu'à ce que tu viennes à mon endroit avec moi, afin que nous puissions habiter ensemble. »

[68] Et Jacob répondit à son frère et dit : « Je ferai comme mon seigneur me le dit, mais mon seigneur sait que les enfants sont jeunes et que les troupeaux et les bêtes avec leurs petits, qui sont avec moi, avancent lentement ; si nous allions rapidement, ils mourraient tous, car tu connais leurs charges et leur fatigue. »

[69] Que mon seigneur passe donc devant son serviteur, et je suivrai lentement à cause des enfants et des troupeaux, jusqu'à ce que j'arrive chez mon seigneur à Séir.

[70] Et Ésaü dit à Jacob : Je vais laisser avec toi quelques-uns des gens qui sont avec moi pour prendre soin de toi sur le chemin et porter ta fatigue et ton fardeau. » Et Jacob dit : « Quel besoin y a-t-il de cela, mon seigneur, si je trouve grâce à tes yeux ?

[71] « Voici, je viendrai à toi à Séir pour habiter ensemble comme tu l'as dit. Pars donc avec tes gens, car je te suivrai.

[72] Et Jacob dit cela à Ésaü afin d'éloigner Ésaü et ses hommes de lui, pour que Jacob puisse ensuite aller à la maison de son père dans le pays de Canaan.

[73] Et Ésaü écouta la voix de Jacob, et Ésaü retourna avec les quatre cents hommes qui étaient avec lui sur leur chemin vers Séir, et Jacob et tout ce qui lui appartenait allèrent ce jour-là jusqu'à l'extrémité du pays de Canaan à ses frontières, et il y demeura quelque temps.

33 - Sichem et Dina

(Genèse 34:1-24)

[1] Et quelque temps après, Jacob quitta les frontières du pays et arriva dans le pays de Shalem, qui est la ville de Sichem, dans le pays de Canaan, et il se reposa devant la ville.

[2] Et il acheta une parcelle de champ qui se trouvait là, aux enfants de Hamor, les habitants du pays, pour cinq sicles.

[3] Et Jacob y construisit une maison pour lui-même, il y dressa sa tente, et il fit des abris pour son bétail, c'est pourquoi il nomma cet endroit Succoth.

[4] Et Jacob resta à Succoth un an et six mois.

[5] À cette époque, certaines des femmes habitant le pays allèrent à la ville de Sichem pour danser et se réjouir avec les filles des habitants de la ville, et lorsqu'elles sortirent, Rachel et Léa, les épouses de Jacob avec leurs familles, allèrent aussi voir la joie des filles de la ville.

[6] Et Dina, la fille de Jacob, les accompagna également et vit les filles de la ville, et elles restèrent là devant ces filles tandis que tous les habitants de la ville étaient là pour voir leurs réjouissances, et tous les grands de la ville étaient là.

[7] Et Sichem, le fils de Hamor, le prince du pays, était également là pour les voir.

[8] Et Sichem vit Dina, la fille de Jacob, assise avec sa mère devant les filles de la ville, et la jeune fille lui plut beaucoup, et il demanda à ses amis et à son peuple, disant : Qui est cette fille assise parmi les femmes, que je ne connais pas dans cette ville ?

[9] Et ils lui dirent : C'est sûrement la fille de Jacob, le fils d'Isaac, l'Hébreu, qui habite dans cette ville depuis quelque temps, et quand il a été rapporté que les filles du pays sortaient pour se réjouir, elle est allée avec sa mère et ses servantes s'asseoir parmi elles comme tu le vois.

[10] Et Sichem vit Dina, la fille de Jacob, et quand il la regarda, son âme s'attacha à Dina.

[11] Et il envoya la faire saisir par la force, et Dina vint à la maison de Sichem et il la saisit de force, coucha avec elle et l'humilia, et il l'aima excessivement et la plaça dans sa maison.

[12] Et ils vinrent raconter la chose à Jacob, et quand Jacob entendit que Sichem avait déshonoré sa fille Dina, Jacob envoya douze de ses serviteurs chercher Dina de la maison de Sichem, et ils y allèrent et vinrent à la maison de Sichem pour emmener Dina de là.

[13] Et quand ils arrivèrent, Sichem sortit à leur rencontre avec ses hommes et les chassa de sa maison, et il ne leur permit pas de s'approcher de Dina, mais Sichem était assis avec Dina, l'embrassant et la serrant dans ses bras devant leurs yeux.

[14] Et les serviteurs de Jacob revinrent et lui dirent, disant : Quand nous sommes arrivés, lui et ses hommes nous ont chassés, et ainsi fit Sichem à Dina devant nos yeux.

[15] Et Jacob sut de plus que Sichem avait déshonoré sa fille, mais il ne dit rien, et ses fils étaient en train de paître son bétail dans le champ, et Jacob resta silencieux jusqu'à leur retour.

[16] Et avant le retour de ses fils, Jacob envoya deux jeunes filles parmi les filles de ses serviteurs pour prendre soin de Dina dans la maison de Sichem, et pour rester avec elle, et Sichem envoya

trois de ses amis à son père Hamor, le fils de Chiddekem, le fils de Pered, disant : Obtenez-moi cette jeune fille pour femme.

[17] Et Hamor, le fils de Chiddekem, l'Hivite, vint à la maison de Sichem, son fils, et s'assit devant lui, et Hamor dit à son fils, Sichem : N'y a-t-il donc pas de femme parmi les filles de ton peuple que tu veuilles prendre une femme hébraïque qui n'est pas de ton peuple ?

[18] Et Sichem lui répondit : C'est elle que tu dois me procurer, car elle est agréable à mes yeux ; et Hamor fit selon la parole de son fils, car il l'aimait beaucoup.

[19] Et Hamor sortit vers Jacob pour parler avec lui de cette affaire, et lorsqu'il quitta la maison de son fils Sichem, avant d'arriver à Jacob pour lui parler, voici que les fils de Jacob étaient revenus des champs, dès qu'ils entendirent l'affaire que Sichem, le fils de Hamor, avait faite.

[20] Et les hommes furent très affligés pour leur sœur, et ils rentrèrent tous à la maison, enflammés de colère, avant le temps de rassembler leur bétail.

[21] Et ils vinrent s'asseoir devant leur père et lui parlèrent, enflammés de colère, disant : La mort est sûrement due à cet homme et à sa maison, car le Seigneur Dieu de toute la terre a commandé à Noé et à ses enfants qu'un homme ne doit jamais voler, ni commettre d'adultère ; et voici, Sichem a à la fois violé et commis la fornication avec notre sœur, et aucun des habitants de la ville ne lui a dit un mot.

[22] Tu sais sûrement et comprends que le jugement de mort est dû à Sichem, et à son père, et à toute la ville à cause de ce qu'il a fait.

[23] Et pendant qu'ils parlaient à leur père de cette affaire, voici que Hamor, le père de Sichem, vint parler à Jacob des paroles de son fils concernant Dina, et il s'assit devant Jacob et devant ses fils.

[24] Et Hamor leur dit : L'âme de mon fils Sichem languit pour votre fille ; je vous prie de la lui donner pour femme et de vous marier avec nous ; donnez-nous vos filles et nous vous donnerons nos filles, et vous habiterez avec nous dans notre terre et nous serons un seul peuple dans la terre.

[25] Car notre terre est très étendue ; habitez-y donc, et commercez-y, et acquérez-y des possessions, et faites-y selon vos désirs, et personne ne vous empêchera en vous disant un mot.

[26] Et Hamor cessa de parler à Jacob et à ses fils, et voici Sichem, son fils, était venu après lui, et il s'assit devant eux.

[27] Et Sichem parla devant Jacob et ses fils, disant : Puisse-je trouver grâce à vos yeux pour que vous me donniez votre fille, et tout ce que vous me direz, je le ferai pour elle.

[28] Demandez-moi une grande dot et un cadeau, et je donnerai, et tout ce que vous me direz, je le ferai, et quiconque se rebelle contre vos ordres, il mourra ; donnez-moi seulement la jeune fille pour femme.

[29] Et Siméon et Lévi répondirent à Hamor et à Sichem, son fils, avec tromperie, disant : Tout ce que vous nous avez dit, nous le ferons pour vous.

[30] Et voici, notre sœur est dans votre maison, mais éloignez-vous d'elle jusqu'à ce que nous envoyions à notre père Isaac à ce sujet, car nous ne pouvons rien faire sans son consentement.

[31] Car il connaît les voies de notre père Abraham, et tout ce qu'il nous dira, nous vous le dirons, nous ne vous cacherons rien.

[32] Et Siméon et Lévi dirent cela à Sichem et à son père afin de trouver un prétexte et de chercher conseil sur ce qui devait être fait à Sichem et à sa ville dans cette affaire.

[33] Et quand Sichem et son père entendirent les paroles de Siméon et Lévi, cela leur sembla bon, et Sichem et son père sortirent pour rentrer chez eux.

[34] Et quand ils furent partis, les fils de Jacob dirent à leur père, disant : Voici, nous savons que la mort est due à ces méchants et à leur ville, parce qu'ils ont transgressé ce que Dieu avait commandé à Noé et à ses enfants et à sa postérité après eux.

[35] Et aussi parce que Sichem a fait cela à notre sœur Dina en la déshonorant, car une telle vilenie ne doit jamais être commise parmi nous.

[36] Maintenant donc, vois et décide ce que tu vas faire, et cherche conseil et un prétexte pour agir contre eux, afin de tuer tous les habitants de cette ville.

[37] Et Siméon leur dit : Voici un conseil approprié pour vous : dites-leur de circoncire chaque mâle parmi eux comme nous sommes circoncis. S'ils ne veulent pas faire cela, nous prendrons notre fille chez eux et partirons.

[38] Et s'ils consentent à faire cela et le font, alors, lorsqu'ils seront affaiblis par la douleur, nous les attaquerons avec nos épées, comme sur quelqu'un de calme et paisible, et nous tuerons chaque homme parmi eux.

[39] Et le conseil de Siméon leur plut, et Siméon et Lévi décidèrent de leur faire comme il avait été proposé.

[40] Et le lendemain matin, Sichem et Hamor, son père, vinrent encore à Jacob et à ses fils, pour parler concernant Dina, et pour entendre quelle réponse les fils de Jacob donneraient à leurs paroles.

[41] Et les fils de Jacob leur parlèrent avec tromperie, disant : Nous avons dit à notre père Isaac toutes vos paroles, et vos paroles lui ont plu.

[42] Mais il nous a dit, disant : Ainsi Abraham, son père, lui avait commandé de la part de Dieu, le Seigneur de toute la terre, que tout homme qui n'est pas de ses descendants et qui souhaiterait prendre une de ses filles, devra faire circoncire chaque mâle lui appartenant, comme nous sommes circoncis, et alors nous pourrions lui donner notre fille pour femme.

[43] Maintenant, nous vous avons fait connaître toutes nos voies que notre père nous a dites, car nous ne pouvons pas faire cela don't vous nous avez parlé, de donner notre fille à un homme incirconcis, car cela est un déshonneur pour nous.

[44] Mais voici comment nous consentirons à vous : de vous donner notre fille, et nous prendrons également pour nous-mêmes vos filles, et nous habiterons parmi vous et serons un seul peuple comme vous l'avez dit, si vous acceptez de nous écouter et consentez à être comme nous, à circoncire chaque mâle vous appartenant, comme nous sommes circoncis.

[45] Et si vous ne nous écoutez pas, pour faire circoncire chaque mâle comme nous sommes circoncis, comme nous l'avons ordonné, alors nous viendrons à vous, et prendrons notre fille de chez vous et partirons.

[46] Et Sichem et son père Hamor entendirent les paroles des fils de Jacob, et la chose leur plut extrêmement, et Sichem et son père Hamor se hâtèrent de faire le souhait des fils de Jacob, car Sichem était très épris de Dina, et son âme était attachée à elle.

[47] Et Sichem et son père Hamor se hâtèrent à la porte de la ville, et ils assemblèrent tous les hommes de leur ville et leur parlèrent des paroles des fils de Jacob, disant :

[48] Nous sommes venus à ces hommes, les fils de Jacob, et nous leur avons parlé concernant leur fille, et ces hommes consentiront à faire selon nos souhaits, et voici, notre terre est d'une grande étendue pour eux, et ils y habiteront, et y commerceront, et nous serons un seul peuple ; nous prendrons leurs filles, et nos filles nous donnerons à eux pour femmes.

[49] Mais seulement à cette condition ces hommes consentiront à faire cette chose, que chaque mâle parmi nous soit circoncis comme ils sont circoncis, comme leur Dieu leur a commandé, et lorsque nous aurons fait selon leurs instructions pour être circoncis, alors ils habiteront parmi nous, avec leur bétail et leurs possessions, et nous serons un seul peuple avec eux.

[50] Et quand tous les hommes de la ville entendirent les paroles de Sichem et de son père Hamor, alors tous les hommes de leur ville acceptèrent cette proposition, et ils consentirent à être circoncis, car Sichem et son père Hamor étaient grandement estimés par eux, étant les princes du pays.

[51] Et le jour suivant, Sichem et Hamor, son père, se levèrent de bon matin, et ils rassemblèrent tous les hommes de leur ville au milieu de la ville, et ils appelèrent les fils de Jacob, qui circoncirent chaque mâle leur appartenant ce jour-là et le lendemain.

[52] Et ils circoncirent Sichem et Hamor, son père, et les cinq frères de Sichem, et alors chacun se leva et rentra chez lui, car cette chose était de la part du Seigneur contre la ville de Sichem, et du Seigneur était le conseil de Siméon dans cette affaire, afin que le Seigneur puisse livrer la ville de Sichem entre les mains des deux fils de Jacob.

34 - Massacre de Sichem

(Genèse 34:25-31)

[1] Et le nombre de tous les mâles qui furent circoncis était de six cent quarante-cinq hommes et deux cent quarante-six enfants.

[2] Mais Chiddekem, fils de Pered, le père de Hamor, et ses six frères, ne voulurent pas écouter Sichem et son père Hamor, et ils ne voulurent pas être circoncis, car la proposition des fils de Jacob leur était odieuse, et leur colère fut grandement excitée à cela, que les gens de la ville ne les avaient pas écoutés.

[3] Et dans la soirée du deuxième jour, ils trouvèrent huit petits enfants qui n'avaient pas été circoncis, car leurs mères les avaient cachés à Sichem et à son père Hamor, et aux hommes de la ville.

[4] Et Sichem et son père Hamor envoyèrent les faire amener devant eux pour être circoncis, lorsque Chiddekem et ses six frères se jetèrent sur eux avec leurs épées, et cherchèrent à les tuer.

[5] Et ils cherchèrent aussi à tuer Sichem et son père Hamor et ils cherchèrent à tuer Dina avec eux à cause de cette affaire.

[6] Et ils leur dirent : Qu'est-ce que cette chose que vous avez faite ? n'y a-t-il pas de femmes parmi les filles de vos frères les Cananéens, que vous souhaitez prendre pour vous des filles des Hébreux, que vous ne connaissiez pas auparavant, et faire cet acte que vos pères ne vous ont jamais commandé ?

[7] Pensez-vous réussir par cet acte que vous avez fait ? et que répondrez-vous dans cette affaire à vos frères les Cananéens, qui viendront demain et vous demanderont à propos de cette chose ?

[8] Et si votre acte ne semble pas juste et bon à leurs yeux, que ferez-vous pour vos vies, et moi pour nos vies, en n'ayant pas écouté nos voix ?

[9] Et si les habitants du pays et tous vos frères les enfants de Cham, entendent parler de votre acte, disant,

[10] À cause d'une femme Hébreu, Sichem et Hamor son père, et tous les habitants de leur ville, ont fait cela avec lequel ils n'étaient pas familiers et que leurs ancêtres ne leur avaient jamais commandé, où alors fuirez-vous ou cacherez-vous votre honte, tous vos jours devant vos frères, les habitants du pays de Canaan ?

[11] Maintenant donc, nous ne pouvons pas supporter cette chose que vous avez faite, ni nous charger de ce joug sur nous, que nos ancêtres ne nous ont pas commandé.

[12] Voici, demain nous irons et assemblerons tous nos frères, les frères cananéens qui habitent dans le pays, et nous viendrons tous et vous frapperons, vous et tous ceux qui se fient à vous, de sorte qu'il ne reste pas un reste de vous ou d'eux.

[13] Et quand Hamor et son fils Sichem et tout le peuple de la ville entendirent les paroles de Chiddekem et de ses frères, ils eurent terriblement peur de leur vie à leurs paroles, et ils regrettèrent ce qu'ils avaient fait.

[14] Et Sichem et son père Hamor répondirent à leur père Chiddekem et à ses frères, et ils leur dirent : Toutes les paroles que vous nous avez dites sont vraies.

[15] Maintenant, ne dites pas, ni n'imaginez dans vos cœurs que par amour pour les Hébreux nous avons fait cette chose que nos ancêtres ne nous ont pas commandée.

[16] Mais parce que nous avons vu que ce n'était pas leur intention et leur désir d'accéder à nos souhaits concernant leur fille quant à notre prise d'elle, sauf à cette condition, nous avons donc écouté leurs voix et fait cet acte que vous avez vu, afin d'obtenir notre désir d'eux.

[17] Et quand nous aurons obtenu notre demande d'eux, nous leur retournerons alors et ferons à eux ce que vous nous dites.

[18] Nous vous prions donc d'attendre et de patienter jusqu'à ce que notre chair soit guérie et que nous redeviendrons forts, et nous irons alors ensemble contre eux, et nous leur ferons ce qui est dans vos cœurs et dans les nôtres.

[19] Et Dina, la fille de Jacob, entendit toutes ces paroles que Chiddekem et ses frères avaient dites, et ce que Hamor et son fils Sichem et les gens de leur ville leur avaient répondu.

[20] Et elle se hâta et envoya une de ses servantes, que son père avait envoyée pour prendre soin d'elle dans la maison de Sichem, à Jacob son père et à ses frères, disant :

[21] Ainsi Chiddekem et ses frères ont conseillé à votre sujet, et ainsi Hamor et Sichem et les gens de la ville leur ont répondu.

[22] Et quand Jacob entendit ces paroles, il fut rempli de colère, et il fut indigné contre eux, et sa colère s'enflamma contre eux.

[23] Et Siméon et Lévi jurèrent et dirent, Par le Seigneur vivant, le Dieu de toute la terre, à cette heure demain, il ne restera pas un survivant dans toute la ville.

[24] Et vingt jeunes hommes s'étaient cachés qui n'étaient pas circoncis, et ces jeunes hommes combattirent contre Siméon et Lévi, et Siméon et Lévi en tuèrent dix-huit, et deux s'enfuirent d'eux et s'échappèrent vers des fosses à chaux qui étaient dans la ville, et Siméon et Lévi les cherchèrent, mais ne les trouvèrent pas.

[25] Et Siméon et Lévi continuèrent à parcourir la ville, et ils tuèrent tous les gens de la ville au fil de l'épée, et ils n'en laissèrent aucun survivant.

[26] Et il y eut une grande consternation au milieu de la ville, et le cri des gens de la ville monta au ciel, et toutes les femmes et enfants crièrent à haute voix.

[27] Et Siméon et Lévi tuèrent toute la ville ; ils ne laissèrent pas un mâle survivant dans toute la ville.

[28] Et ils tuèrent Hamor et Sichem son fils au fil de l'épée, et ils emmenèrent Dina de la maison de Sichem et partirent de là.

[29] Et les fils de Jacob allèrent et revinrent, et tombèrent sur les tués, et pillèrent tout leur bien qui était dans la ville et dans les champs.

[30] Et pendant qu'ils prenaient le butin, trois cents hommes se levèrent et leur jetèrent de la poussière et les frappèrent avec des pierres, quand Siméon se tourna vers eux et les tua tous au fil de l'épée, et Siméon se tourna devant Lévi, et entra dans la ville.

[31] Et ils prirent leurs moutons, leurs bœufs et leurs bétails, et aussi le reste des femmes et des petits enfants, et ils emmenèrent tout cela, et ils ouvrirent une porte et sortirent et vinrent à leur père Jacob avec vigueur.

[32] Et quand Jacob vit tout ce qu'ils avaient fait à la ville, et vit le butin qu'ils avaient pris d'eux, Jacob fut très en colère contre eux, et Jacob leur dit : Qu'avez-vous fait là ? Voici, j'obtenais du repos parmi les habitants cananéens de la terre, et aucun d'eux ne se mêlait de moi.

[33] Et maintenant vous avez agi pour me rendre odieux aux habitants de la terre, parmi les Cananéens et les Perizzites, et je suis en petit nombre, et ils s'assembleront tous contre moi et me tueront quand ils entendront votre œuvre avec leurs frères, et moi et ma maison serons détruits.

[34] Et Siméon et Lévi et tous leurs frères avec eux répondirent à leur père Jacob et lui dirent : Voici, nous vivons dans le pays, et Sichem devrait-il faire cela à notre sœur ? pourquoi es-tu silencieux à tout ce que Sichem a fait ? et doit-il traiter notre sœur comme une prostituée dans les rues ?

[35] Et le nombre de femmes que Siméon et Lévi ont prises captives de la ville de Sichem, qu'ils n'ont pas tuées, était de quatre-vingt-cinq qui n'avaient pas connu d'homme.

[36] Et parmi elles se trouvait une jeune fille de belle apparence et bien favorisée, don't le nom était Bunah, et Siméon la prit pour femme, et le nombre des hommes qu'ils prirent captifs et qu'ils n'ont pas tués était de quarante-sept hommes, et le reste, ils les tuèrent.

[37] Et tous les jeunes hommes et femmes que Siméon et Lévi avaient pris captifs de la ville de Sichem, furent serviteurs pour les fils de Jacob et pour leurs enfants après eux, jusqu'au jour du départ des fils de Jacob du pays d'Égypte.

[38] Et quand Siméon et Lévi furent sortis de la ville, les deux jeunes hommes qui étaient restés, s'étant cachés dans la ville et n'étant pas morts parmi le peuple de la ville, se levèrent, et ces jeunes hommes entrèrent dans la ville et se promenèrent dedans, et trouvèrent la ville déserte sans homme, seulement des femmes pleurant, et ces jeunes hommes crièrent et dirent : Voici, c'est le mal que les fils de Jacob l'Hébreu ont fait à cette ville en la détruisant ce jour-là, l'une des villes cananéennes, et ils n'ont pas eu peur de leur vie de tout le pays de Canaan.

[39] Et ces hommes quittèrent la ville et allèrent à la ville de Tapnach, et ils arrivèrent là et racontèrent aux habitants de Tapnach tout ce qui leur était arrivé, et tout ce que les fils de Jacob avaient fait à la ville de Sichem.

[40] Et l'information atteignit Jashub, roi de Tapnach, et il envoya des hommes à la ville de Sichem pour voir ces jeunes hommes, car le roi ne les croyait pas dans ce récit, disant : Comment deux hommes pourraient-ils dévaster une grande ville comme Sichem ?

[41] Et les messagers de Jashub revinrent et lui dirent : Nous sommes allés à la ville, et elle est détruite, il n'y a pas un homme là ; seulement des femmes pleurant ; ni aucun troupeau ou bétail là, car tout ce qui était dans la ville, les fils de Jacob l'ont emporté.

[42] Et Jashub s'étonna de cela, disant : Comment deux hommes ont-ils pu faire cela, détruire une si grande ville, et aucun homme capable de se tenir contre eux ?

[43] Car cela n'a pas été depuis les jours de Nimrod, et même depuis le temps le plus reculé, cela ne s'est pas produit ; et Jashub, roi de Tapnach, dit à son peuple : Soyez courageux et nous irons combattre contre ces Hébreux, et leur faire comme ils ont fait à la ville, et nous vengerons la cause du peuple de la ville.

[44] Et Jashub, roi de Tapnach, consulta ses conseillers à ce sujet, et ses conseillers lui dirent : Seul, tu ne prévaudras pas sur les Hébreux, car ils doivent être puissants pour faire ce travail à toute la ville.

[45] Si deux d'entre eux ont dévasté toute la ville, et personne ne s'est tenu contre eux, sûrement si tu vas contre eux, ils se lèveront tous contre nous et nous détruiront également.

[46] Mais si tu envoies à tous les rois qui nous entourent, et les laisse venir ensemble, alors nous irons avec eux et combattrons contre les fils de Jacob ; alors tu prévaudras contre eux.

[47] Et Jashub écouta les paroles de ses conseillers, et leurs paroles lui plurent, ainsi qu'à son peuple, et il fit ainsi ; et Jashub, roi de Tapnach, envoya à tous les rois des Amorites qui entouraient Sichem et Tapnach, disant,

[48] Montez avec moi et aidez-moi, et nous frapperons Jacob l'Hébreu et tous ses fils, et les détruirons de la terre , car ainsi ils ont fait à la ville de Sichem, et ne le savez-vous pas ?

[49] Et tous les rois des Amorites entendirent le mal que les fils de Jacob avaient fait à la ville de Sichem, et ils furent grandement étonnés d'eux.

[50] Et les sept rois des Amorites s'assemblèrent avec toutes leurs armées, environ dix mille hommes avec des épées tirées, et ils vinrent combattre contre les fils de Jacob ; et Jacob entendit que les rois des Amorites s'étaient assemblés pour combattre contre ses fils, et Jacob fut grandement effrayé, et cela le troubla.

[51] Et Jacob s'exclama contre Siméon et Lévi, disant : Quel est cet acte que vous avez fait ? pourquoi m'avez-vous fait du tort, pour amener contre moi tous les enfants de Canaan pour me détruire, moi et ma maison ? car j'étais en paix, moi et ma maison, et vous avez fait cette chose contre moi, et avez provoqué les habitants de la terre contre moi par vos actions.

[52] Et Juda répondit à son père, disant : N'était-ce pas pour rien que mes frères Siméon et Lévi ont tué tous les habitants de Sichem ? Sûrement c'était parce que Sichem avait humilié notre sœur, et transgressé le commandement de notre Dieu à Noé et à ses enfants, car Sichem a emmené notre sœur de force et a commis l'adultère avec elle.

[53] Et Sichem a fait tout ce mal et pas un des habitants de sa ville ne l'a empêché, pour dire : Pourquoi vas-tu faire cela ? sûrement pour cela mes frères sont allés et ont frappé la ville, et le

Seigneur l'a livrée entre leurs mains, parce que ses habitants avaient transgressé les commandements de notre Dieu. Est-ce donc pour rien qu'ils ont fait tout cela ?

[54] Et maintenant pourquoi as-tu peur ou es-tu troublé, et pourquoi es-tu mécontent de mes frères, et pourquoi ta colère est-elle enflammée contre eux ?

[55] Sûrement notre Dieu qui a livré entre leurs mains la ville de Sichem et ses habitants, il livrera également entre nos mains tous les rois cananéens qui viennent contre nous, et nous leur ferons comme mes frères ont fait à Sichem.

[56] Maintenant sois tranquille à leur sujet et rejette tes craintes, mais confie-toi au Seigneur notre Dieu, et prie-le de nous aider et de nous délivrer, et de livrer nos ennemis entre nos mains.

[57] Et Juda appela l'un des serviteurs de son père, Va maintenant et vois où ces rois, qui viennent contre nous, sont situés avec leurs armées.

[58] Et le serviteur alla et regarda de loin, et monta en face du mont Sihon, et vit tous les camps des rois debout dans les champs, et il retourna vers Juda et dit : Voici, les rois sont situés dans le champ avec tous leurs camps, un peuple extrêmement nombreux, comme le sable sur le bord de la mer.

[59] Et Juda dit à Siméon et Lévi, et à tous ses frères : Renforcez-vous et soyez des fils de vaillance, car le Seigneur notre Dieu est avec nous, ne les craignez pas.

[60] Tenez-vous debout chacun, ceint de ses armes de guerre, son arc et son épée, et nous irons combattre contre ces hommes incirconcis ; le Seigneur est notre Dieu, Il nous sauvera.

[61] Et ils se levèrent, et chacun se ceignit de ses armes de guerre, grands et petits, les onze fils de Jacob, et tous les serviteurs de Jacob avec eux.

[62] Et tous les serviteurs d'Isaac qui étaient avec Isaac à Hébron, tous vinrent équipés de toutes sortes d'instruments de guerre, et les fils de Jacob et leurs serviteurs, étant cent douze hommes, allèrent vers ces rois, et Jacob alla aussi avec eux.

[63] Et les fils de Jacob envoyèrent à leur père Isaac, fils d'Abraham, à Hébron, la même est Kiriath-Arba, disant :

[64] Prie, nous t'en supplions, pour nous auprès du Seigneur notre Dieu, pour nous protéger des mains des Cananéens qui viennent contre nous, et pour les livrer entre nos mains.

[65] Et Isaac, fils d'Abraham, pria pour ses fils auprès du Seigneur, et il dit : Ô Seigneur Dieu, tu avais promis à mon père, disant : Je multiplierai ta descendance comme les étoiles du ciel, et tu m'as aussi promis et affirmé ta parole, maintenant que les rois de Canaan s'assemblent pour faire la guerre à mes enfants parce qu'ils n'ont commis aucune violence.

[66] Maintenant donc, Ô Seigneur Dieu, Dieu de toute la terre, inverse, je te prie, le conseil de ces rois afin qu'ils ne combattent pas contre mes fils.

[67] Et imprime la terreur de mes fils dans le cœur de ces rois et de leur peuple, abaisse leur orgueil, et qu'ils se détournent de mes fils.

[68] Et par ta main forte et ton bras étendu, délivre mes fils et leurs serviteurs d'entre leurs mains, car la puissance et la force sont dans tes mains pour faire tout cela.

[69] Et les fils de Jacob et leurs serviteurs se dirigèrent vers ces rois, et ils se confièrent dans le Seigneur leur Dieu, et tandis qu'ils allaient, Jacob, leur père, pria également le Seigneur et dit : Ô Seigneur Dieu, puissant et exalté Dieu, qui as régné dès les anciens jours, de là jusqu'à maintenant et pour toujours ;

[70] Tu es Celui qui suscite les guerres et les fait cesser, dans ta main sont la puissance et la force pour exalter et pour abaisser ; Ô que ma prière soit acceptable devant toi pour que tu te tournes vers moi avec tes miséricordes, pour imprimer la terreur de mes fils dans le cœur de ces rois et de leur peuple, et les terrifier ainsi que leurs camps, et par ta grande bonté, délivre tous ceux qui se confient en toi, car c'est toi qui peux soumettre les peuples sous nous et réduire les nations sous notre pouvoir.

35 - Réaction des Amorites

[1] Et tous les rois des Amorites vinrent et prirent position dans le champ pour consulter leurs conseillers sur ce qu'il fallait faire des fils de Jacob, car ils avaient encore peur d'eux, disant : Voici, deux d'entre eux ont tué toute la ville de Sichem.

[2] Et l'Éternel entendit les prières d'Isaac et de Jacob, et il remplit le cœur de tous les conseillers de ces rois d'une grande peur et terreur, de sorte qu'ils s'écrièrent à l'unanimité :

[3] Êtes-vous insensés aujourd'hui, ou n'y a-t-il pas d'entendement en vous, que vous combattrez avec les Hébreux, et pourquoi prendrez-vous plaisir à votre propre destruction aujourd'hui ?

[4] Voici, deux d'entre eux sont venus à la ville de Sichem sans peur ni terreur, et ils ont tué tous les habitants de la ville, de sorte que personne ne s'est levé contre eux, et comment pourrez-vous combattre contre eux tous ?

[5] Sûrement vous savez que leur Dieu les aime beaucoup, et a fait des choses puissantes pour eux, comme cela n'a pas été fait depuis les jours d'antan, et parmi tous les dieux des nations, il n'y en a aucun qui puisse faire comme ses actes puissants.

[6] Sûrement, il a délivré leur père Abraham, l'Hébreu, de la main de Nimrod, et de la main de tout son peuple qui avait cherché de nombreuses fois à le tuer.

[7] Il l'a également délivré du feu dans lequel le roi Nimrod l'avait jeté, et son Dieu l'a délivré de cela.

[8] Et qui d'autre peut faire de même ? Sûrement, c'était Abraham qui a tué les cinq rois d'Elam, lorsqu'ils avaient touché le fils de son frère qui habitait à cette époque à Sodome.

[9] Et il prit son serviteur fidèle dans sa maison et quelques-uns de ses hommes, et ils poursuivirent les rois d'Elam en une nuit et les tuèrent, et restaurèrent à son fils de frère toute sa propriété qu'ils avaient prise de lui.

[10] Et sûrement vous savez que le Dieu de ces Hébreux se réjouit beaucoup d'eux, et ils se réjouissent aussi de lui, car ils savent qu'il les a délivrés de tous leurs ennemis.

[11] Et voici, par son amour envers son Dieu, Abraham a pris son fils unique et précieux et a eu l'intention de l'offrir en holocauste à son Dieu, et si Dieu ne l'en avait pas empêché, il l'aurait fait par son amour pour son Dieu.

[12] Et Dieu a vu toutes ses œuvres, et lui a juré, et lui a promis qu'il délivrerait ses fils et toute sa descendance de tout malheur qui leur arriverait, parce qu'il avait fait cela, et par son amour pour son Dieu, il a étouffé sa compassion pour son enfant.

[13] Et n'avez-vous pas entendu ce que leur Dieu a fait à Pharaon, roi d'Égypte, et à Abimélec, roi de Guérar, en prenant la femme d'Abraham, qui disait d'elle, Elle est ma sœur, de peur qu'ils ne le tuent à cause d'elle, et pense à la prendre pour femme ? et Dieu leur a fait, ainsi qu'à leur peuple, tout ce que vous avez entendu.

[14] Et voici, nous avons vu de nos yeux qu'Ésaü, le frère de Jacob, est venu à lui avec quatre cents hommes, dans l'intention de le tuer, car il se souvenait qu'il lui avait pris la bénédiction de son père.

[15] Et il est allé à sa rencontre lorsqu'il revenait de Syrie, pour frapper la mère avec les enfants, et qui l'a délivré de sa main sinon son Dieu en qui il avait confiance ? il l'a délivré de la main de son frère et aussi des mains de ses ennemis, et sûrement il les protégera à nouveau.

[16] Qui ne sait pas que c'était leur Dieu qui leur a inspiré la force de faire à la ville de Sichem le mal don't vous avez entendu parler ?

[17] Pourraient-ils alors, par leur propre force, détruire une ville aussi grande que Sichem s'il n'y avait pas eu leur Dieu en qui ils avaient confiance ? Il a dit et a fait tout cela pour tuer les habitants de la ville dans leur ville.

[18] Et pouvez-vous alors prévaloir sur eux qui sont sortis ensemble de votre ville pour combattre contre eux tous, même si mille fois plus nombreux venaient à votre aide ?

[19] Sûrement, vous savez et comprenez que vous ne venez pas combattre contre eux, mais vous venez faire la guerre à leur Dieu qui les a choisis, et vous êtes donc tous venus ce jour pour être détruits.

[20] Maintenant donc, abstenez-vous de ce mal que vous cherchez à vous infliger, et il sera mieux pour vous de ne pas aller combattre contre eux, bien qu'ils soient peu nombreux, parce que leur Dieu est avec eux.

[21] Et lorsque les rois des Amorites entendirent toutes les paroles de leurs conseillers, leurs cœurs furent remplis de terreur, et ils eurent peur des fils de Jacob et ne voulurent pas combattre contre eux.

[22] Et ils inclinèrent leurs oreilles vers les paroles de leurs conseillers, et écoutèrent toutes leurs paroles, et les paroles des conseillers plurent beaucoup aux rois, et ils firent ainsi.

[23] Et les rois se retournèrent et s'abstinrent d'attaquer les fils de Jacob, car ils n'osèrent pas s'approcher d'eux pour faire la guerre contre eux, car ils avaient très peur d'eux, et leur cœur fondit en eux de leur peur d'eux.

[24] Car cela provenait de l'Éternel pour eux, car il avait entendu les prières de ses serviteurs Isaac et Jacob, car ils avaient confiance en lui ; et tous ces rois retournèrent avec leurs camps ce jour-là, chacun dans sa propre ville, et ils ne combattirent pas contre les fils de Jacob à ce moment-là.

[25] Et les fils de Jacob gardèrent leur position ce jour-là jusqu'au soir en face du mont Sihon, et voyant que ces rois ne venaient pas combattre contre eux, les fils de Jacob retournèrent chez eux.

36 – Les Édomites Gagnent en Puissance

(Genèse 35,36)

[1] À cette époque, l'Éternel apparut à Jacob en disant : Lève-toi, va à Béthel et demeure là, et fais-y un autel à l'Éternel qui t'apparaît, qui t'a délivré toi et tes fils de l'affliction.

[2] Et Jacob se leva avec ses fils et tout ce qui lui appartenait, et ils allèrent et arrivèrent à Béthel selon la parole de l'Éternel.

[3] Jacob avait quatre-vingt-dix-neuf ans lorsqu'il monta à Béthel, et Jacob et ses fils et tout le peuple qui était avec lui, restèrent à Béthel à Luz, et il y construisit un autel à l'Éternel qui lui était apparu, et Jacob et ses fils restèrent à Béthel six mois.

[4] À cette époque, mourut Déborah, fille d'Uz, la nourrice de Rébecca, qui avait été avec Jacob ; et Jacob l'enterra sous un chêne à Béthel.

[5] Rébecca, fille de Bethuel, mère de Jacob, mourut également à cette époque à Hébron, qui est Kirjath-Arba, et elle fut enterrée dans la caverne de Machpéla qu'Abraham avait achetée des enfants de Heth.

[6] La vie de Rébecca fut de cent trente-trois ans, et elle mourut et lorsque Jacob apprit que sa mère Rébecca était morte, il pleura amèrement pour sa mère, et fit un grand deuil pour elle, et pour Déborah sa nourrice sous le chêne, et il nomma ce lieu Allon-bacuth.

[7] Laban le Syrien mourut également à cette époque, car Dieu le frappa pour avoir transgressé l'alliance qui existait entre lui et Jacob.

[8] Jacob avait cent ans lorsque l'Éternel lui apparut, le bénit et appela son nom Israël, et Rachel, femme de Jacob, conçut à cette époque.

[9] À cette époque, Jacob et tout ce qui lui appartenait partirent de Béthel pour aller à la maison de son père, à Hébron.

[10] Et pendant qu'ils étaient en route, et qu'il restait encore un peu de chemin pour arriver à Éphrata, Rachel accoucha d'un fils et elle eut un travail difficile et elle mourut.

[11] Jacob l'enterra sur le chemin d'Éphrata, qui est Bethléhem, et il érigea une stèle sur sa tombe, qui est là jusqu'à ce jour ; et Rachel vécut quarante-cinq ans et elle mourut.

[12] Jacob appela son fils, qui lui était né, que Rachel lui avait enfanté, Benjamin, car il était né pour lui dans le pays à la main droite.

[13] Et après la mort de Rachel, Jacob dressa sa tente dans la tente de sa servante Bilha.

[14] Ruben était jaloux pour sa mère Léa à cause de cela, et il fut rempli de colère, et il se leva dans sa colère et entra dans la tente de Bilha et en retira le lit de son père.

[15] À cette époque, la part du droit d'aînesse, avec les fonctions royales et sacerdotales, fut retirée des fils de Ruben, car il avait profané le lit de son père, et le droit d'aînesse fut donné à Joseph, la fonction royale à Juda, et le sacerdoce à Lévi, parce que Ruben avait souillé le lit de son père.

[16] Et voici les générations de Jacob qui lui sont nées à Padan-Aram, et les fils de Jacob étaient douze.

[17] Les fils de Léa étaient Ruben le premier-né, et Siméon, Lévi, Juda, Issacar, Zabulon, et leur sœur Dina ; et les fils de Rachel étaient Joseph et Benjamin.

[18] Les fils de Zilpa, servante de Léa, étaient Gad et Aser, et les fils de Bilha, servante de Rachel, étaient Dan et Nephthali ; ce sont les fils de Jacob qui lui sont nés à Padan-Aram.

[19] Et Jacob et ses fils et tout ce qui lui appartenait voyagèrent et arrivèrent à Mamré, qui est Kirjath-Arba, c'est-à-dire Hébron, où Abraham et Isaac avaient séjourné, et Jacob avec ses fils et tout ce qui lui appartenait, habitèrent avec son père à Hébron.

[20] Et son frère Ésaü et ses fils, et tout ce qui lui appartenait, allèrent dans le pays de Séir et y habitèrent, et eurent des possessions dans le pays de Séir, et les enfants d'Ésaü furent fructueux et se multiplièrent extrêmement dans le pays de Séir.

[21] Et voici les générations d'Ésaü qui lui sont nées dans le pays de Canaan, et les fils d'Ésaü étaient cinq.

[22] Et Ada enfanta à Ésaü son premier-né Éliphaz, et elle lui enfanta aussi Réuel, et Aholibama enfanta à lui Jeusch, Yaalam et Koré.

[23] Ce sont les enfants d'Ésaü qui lui sont nés dans le pays de Canaan ; et les fils d'Éliphaz, fils d'Ésaü, étaient Téman, Omar, Tsepho, Gatam, Kenaz et Amalek, et les fils de Réuel étaient Nahath, Zérach, Shamma et Mizza.

[24] Et les fils de Jeusch étaient Timna, Alva, Jétheth ; et les fils de Yaalam étaient Ala, Pinon et Kenaz.

[25] Et les fils de Koré étaient Téman, Mibtsar, Magdiel et Iram ; ce sont les familles des fils d'Ésaü selon leurs duchés dans le pays de Séir.

[26] Et voici les noms des fils de Séir le Horite, habitants du pays de Séir, Lotan, Shobal, Tsibeon, Ana, Dishon, Etser et Dishan, étant sept fils.

[27] Et les enfants de Lotan étaient Hori, Heman et leur sœur Timna, c'est cette Timna qui vint à Jacob et à ses fils, et ils ne voulurent pas l'écouter, et elle alla et devint la concubine d'Éliphaz, fils d'Ésaü, et elle lui enfanta Amalek.

[28] Et les fils de Shobal étaient Alvan, Manahath, Ebal, Shepho et Onam, et les fils de Tsibeon étaient Ayya et Ana, c'est cet Ana qui trouva les sources chaudes dans le désert lorsqu'il faisait paître les ânes de Tsibeon son père.

[29] Et tandis qu'il faisait paître les ânes de son père, il les mena plusieurs fois dans le désert pour les faire paître.

[30] Et il y eut un jour où il les emmena dans l'un des déserts sur le rivage de la mer, face au désert du peuple, et tandis qu'il les faisait paître, voilà qu'une tempête très violente vint de l'autre côté de la mer et s'abattit sur les ânes qui étaient en train de paître là, et ils s'arrêtèrent tous.

[31] Et ensuite, environ cent vingt grands et terribles animaux sortirent du désert de l'autre côté de la mer, et ils vinrent tous à l'endroit où se trouvaient les ânes, et ils se mirent là.

[32] Et ces animaux, de leur milieu vers le bas, avaient la forme des enfants des hommes, et de leur milieu vers le haut, certains avaient la ressemblance d'ours, et certains la ressemblance de

képhas, avec des queues derrière eux, entre leurs épaules descendant jusqu'à la terre, comme les queues du ducheephath, et ces animaux vinrent et montèrent et chevauchèrent sur ces ânes, et les emmenèrent, et ils s'en allèrent jusqu'à ce jour.

[33] Et l'un de ces animaux s'approcha d'Ana et le frappa avec sa queue, puis s'enfuit de cet endroit.

[34] Et lorsqu'il vit cette œuvre, il eut extrêmement peur pour sa vie, et il s'enfuit et s'échappa vers la ville.

[35] Et il raconta à ses fils et à ses frères tout ce qui lui était arrivé, et beaucoup d'hommes allèrent chercher les ânes mais ne purent les trouver, et Ana et ses frères n'allèrent plus à cet endroit à partir de ce jour, car ils avaient grandement peur pour leur vie.

[36] Et les enfants d'Ana, fils de Séir, étaient Dishon et sa sœur Aholibama, et les enfants de Dishon étaient Hemdan, Eshban, Ithran et Keran, et les enfants d'Ezer étaient Bilhan, Zaavan et Akan, et les enfants de Dishan étaient Uz et Aran.

[37] Ce sont les familles des enfants de Séir le Horite, selon leurs duchés dans le pays de Séir.

[38] Et Ésaü et ses enfants habitèrent dans le pays de Séir le Horite, l'habitant du pays, et ils y possédèrent des biens et furent fructueux et se multiplièrent extrêmement, et Jacob et ses enfants et tout ce qui leur appartenait, habitèrent avec leur père Isaac dans le pays de Canaan, comme l'Éternel l'avait commandé à Abraham leur père.

37 - Début des Guerres Cananéennes

(Fait allusion à Genèse 48:22)

[1] Et la cent-cinquième année de la vie de Jacob, c'est-à-dire la neuvième année du séjour de Jacob avec ses enfants dans le pays de Canaan, il vint de Paddan-Aram.

[2] Et en ces jours-là, Jacob voyagea avec ses enfants depuis Hébron, et ils allèrent et retournèrent à la ville de Sichem, eux et tout ce qui leur appartenait, et ils y habitèrent, car les enfants de Jacob obtinrent de bons et gras pâturages pour leur bétail dans la ville de Sichem, la ville de Sichem ayant alors été reconstruite, et il y avait environ trois cents hommes et femmes.

[3] Et Jacob et ses enfants et tout ce qui lui appartenait, habitèrent dans la partie du champ que Jacob avait achetée d'Hamor, le père de Sichem, lorsqu'il vint de Paddan-Aram avant que Siméon et Lévi aient frappé la ville.

[4] Et tous ces rois des Cananéens et des Amorites qui entouraient la ville de Sichem, entendirent que les fils de Jacob étaient de nouveau venus à Sichem et y habitaient.

[5] Et ils dirent : Les fils de Jacob, l'Hébreu, vont-ils de nouveau venir dans la ville et y habiter, après avoir tué ses habitants et les avoir chassés ? Vont-ils maintenant revenir et chasser ceux qui habitent dans la ville ou les tuer ?

[6] Et tous les rois de Canaan s'assemblèrent de nouveau, et ils se réunirent pour faire la guerre à Jacob et à ses fils.

[7] Et Jashub, roi de Tapnach, envoya également à tous ses rois voisins, à Élan, roi de Gaash, et à Ihuri, roi de Shiloh, et à Parathon, roi de Chazar, et à Susi, roi de Sarton, et à Laban, roi de Bethchoran, et à Shabir, roi d'Othnay-mah, disant :

[8] Venez à moi et aidez-moi, et frappons Jacob l'Hébreu et ses fils, et tout ce qui lui appartient, car ils sont de nouveau venus à Sichem pour la posséder et pour tuer ses habitants comme auparavant.

[9] Et tous ces rois s'assemblèrent et vinrent avec tous leurs camps, un peuple extrêmement nombreux comme le sable sur le bord de la mer, et ils étaient tous opposés à Tapnach.

[10] Et Jashub, roi de Tapnach, sortit vers eux avec toute son armée, et il campa avec eux face à Tapnach, à l'extérieur de la ville, et tous ces rois se divisèrent en sept divisions, formant sept camps contre les fils de Jacob.

[11] Et ils envoyèrent une déclaration à Jacob et à son fils, disant : Venez tous à notre rencontre dans la plaine, pour que nous puissions nous entretenir ensemble, et venger la cause des hommes de Sichem que vous avez tués dans leur ville, et vous allez maintenant de nouveau retourner à la ville de Sichem et y habiter, et tuer ses habitants comme auparavant.

[12] Et les fils de Jacob entendirent cela et leur colère s'enflamma extrêmement à cause des paroles des rois de Canaan, et dix des fils de Jacob se hâtèrent et se levèrent, et chacun d'eux se ceignit de ses armes de guerre ; et ils étaient cent deux de leurs serviteurs équipés pour le combat.

[13] Et tous ces hommes, les fils de Jacob avec leurs serviteurs, allèrent vers ces rois, et Jacob leur père était avec eux, et ils se tinrent tous sur le tas de pierres de Sichem.

[14] Et Jacob pria l'Éternel pour ses fils, et il étendit ses mains vers l'Éternel, et il dit : Ô Dieu, tu es un Dieu Tout-Puissant, tu es notre père, tu nous as formés et nous sommes l'œuvre de tes mains ; je te prie de délivrer mes fils par ta miséricorde de la main de leurs ennemis, qui viennent aujourd'hui les combattre, et sauve-les de leur main, car dans ta main se trouve la puissance et la force pour sauver le peu du beaucoup.

[15] Et donne à mes fils, tes serviteurs, la force du cœur et la puissance pour combattre leurs ennemis, pour les soumettre, et faire tomber leurs ennemis devant eux, et que mes fils et leurs serviteurs ne meurent pas par les mains des enfants de Canaan.

[16] Mais si cela te semble bon à tes yeux de prendre la vie de mes fils et de leurs serviteurs, prends-les dans ta grande miséricorde par les mains de tes ministres, pour qu'ils ne périssent pas ce jour par les mains des rois des Amorites.

[17] Et lorsque Jacob eut cessé de prier l'Éternel, la terre trembla de sa place, et le soleil s'obscurcit, et tous ces rois furent terrifiés et une grande consternation s'empara d'eux.

[18] Et l'Éternel écouta la prière de Jacob, et l'Éternel imprégna les cœurs de tous les rois et de leurs armées de la terreur et de la crainte des fils de Jacob.

[19] Car l'Éternel leur fit entendre le bruit des chars, et le bruit de puissants chevaux venant des fils de Jacob, et le bruit d'une grande armée les accompagnant.

[20] Et ces rois furent saisis d'une grande terreur à l'égard des fils de Jacob, et tandis qu'ils étaient stationnés dans leurs quartiers, voici, les fils de Jacob avancèrent vers eux, avec cent douze hommes, avec un grand et puissant cri.

[21] Et lorsque les rois virent les fils de Jacob s'avancer vers eux, ils furent encore plus effrayés, et ils furent enclins à battre en retraite devant les fils de Jacob comme au début, et ne pas combattre contre eux.

[22] Mais ils ne battirent pas en retraite, disant : Ce serait une honte pour nous de battre en retraite ainsi deux fois devant les Hébreux.

[23] Et les fils de Jacob s'approchèrent et avancèrent contre tous ces rois et leurs armées, et ils virent, et voici, c'était un peuple très puissant, nombreux comme le sable de la mer.

[24] Et les fils de Jacob appelèrent l'Éternel et dirent : Aide-nous, ô Éternel, aide-nous et réponds-nous, car nous avons confiance en toi, et que nous ne mourions pas par les mains de ces hommes incirconcis, qui sont venus contre nous ce jour.

[25] Et les fils de Jacob se ceignirent de leurs armes de guerre, et prirent en main chacun son bouclier et sa javeline, et s'approchèrent pour combattre.

[26] Et Juda, le fils de Jacob, courut le premier devant ses frères, et dix de ses serviteurs avec lui, et il alla vers ces rois.

[27] Et Jashub, roi de Tapnach, sortit également le premier avec son armée devant Juda, et Juda vit Jashub et son armée s'avancer vers lui, et la colère de Juda s'enflamma, et son courroux brûla en lui, et il s'approcha pour combattre, dans lequel Juda risqua sa vie.

[28] Et Jashub et toute son armée avançaient vers Juda, et il était monté sur un cheval très fort et puissant, et Jashub était un homme très vaillant, couvert de fer et de bronze de la tête aux pieds.

[29] Et tandis qu'il était sur le cheval, il tirait des flèches des deux mains, devant et derrière, comme c'était sa manière dans toutes ses batailles, et il ne manquait jamais l'endroit où il visait ses flèches.

[30] Et lorsque Jashub vint combattre contre Juda, et lançait de nombreuses flèches contre Juda, l'Éternel immobilisa la main de Jashub, et toutes les flèches qu'il tirait rebondissaient sur ses propres hommes.

[31] Et malgré cela, Jashub continua d'avancer vers Juda, pour le défier avec les flèches, mais la distance entre eux était d'environ trente coudées, et quand Juda vit Jashub lancer ses flèches contre lui, il courut vers lui avec toute la force de sa colère excitée.

[32] Et Juda prit une grande pierre du sol, don't le poids était de soixante sicles, et courut vers Jashub, et avec la pierre le frappa sur son bouclier, si bien que Jashub fut étourdi par le coup, et tomba de son cheval à terre.

[33] Et le bouclier se brisa et sortit de la main de Jashub, et sous la force du coup fut projeté à une distance d'environ quinze coudées, et le bouclier tomba devant le second camp.

[34] Et les rois qui étaient venus avec Jashub virent de loin la force de Juda, le fils de Jacob, et ce qu'il avait fait à Jashub, et ils furent terriblement effrayés de Juda.

[35] Et ils se rassemblèrent près du camp de Jashub, voyant sa confusion, et Juda tira son épée et frappa quarante-deux hommes du camp de Jashub, et tout le camp de Jashub s'enfuit devant Juda, et aucun homme ne se tint contre lui, et ils laissèrent Jashub et s'enfuirent de lui, et Jashub était encore étendu par terre.

[36] Et Jashub, voyant que tous les hommes de son camp s'étaient enfuis de lui, se hâta et se leva avec terreur contre Juda, et se tint debout sur ses jambes face à Juda.

[37] Et Jashub eut un combat singulier avec Juda, plaçant bouclier contre bouclier, et les hommes de Jashub s'enfuirent tous, car ils avaient très peur de Juda.

[38] Et Jashub prit sa lance à la main pour frapper Juda sur la tête, mais Juda plaça rapidement son bouclier sur sa tête contre la lance de Jashub, de sorte que le bouclier de Juda reçut le coup de la lance de Jashub, et le bouclier fut fendu en deux.

[39] Et quand Juda vit que son bouclier était fendu, il tira rapidement son épée et frappa Jashub aux chevilles, et lui coupa les pieds, si bien que Jashub tomba au sol, et la lance tomba de sa main.

[40] Et Juda ramassa rapidement la lance de Jashub, avec laquelle il trancha sa tête et la jeta à côté de ses pieds.

[41] Et lorsque les fils de Jacob virent ce que Juda avait fait à Jashub, ils coururent tous dans les rangs des autres rois, et les fils de Jacob combattirent contre l'armée de Jashub, et contre les armées de tous les rois qui étaient là.

[42] Et les fils de Jacob firent tomber quinze mille de leurs hommes, et les frappèrent comme s'ils frappaient des courges, et le reste s'enfuit pour sauver leur vie.

[43] Et Juda se tenait encore près du corps de Jashub, et dépouilla Jashub de sa cotte de mailles.

[44] Et Juda prit également le fer et le bronze qui étaient sur Jashub, et voici, neuf hommes, capitaines de Jashub, vinrent combattre contre Juda.

[45] Et Juda se hâta et prit une pierre du sol, et avec elle frappa l'un d'eux sur la tête, et son crâne fut fracturé, et le corps tomba aussi du cheval à terre.

[46] Et les huit capitaines qui restaient, voyant la force de Juda, eurent très peur et s'enfuirent, et Juda avec ses dix hommes les poursuivit, et les rattrapa et les tua.

[47] Et les fils de Jacob continuaient à frapper les armées des rois, et ils en tuèrent beaucoup, mais ces rois tenaient courageusement leur position avec leurs capitaines, et ne reculaient pas de leurs places, et ils s'écrièrent contre ceux de leurs armées qui fuyaient devant les fils de Jacob, mais personne ne les écouta, car ils avaient peur pour leur vie de mourir.

[48] Et tous les fils de Jacob, après avoir frappé les armées des rois, revinrent et vin rent devant Juda, et Juda était encore en train de tuer les huit capitaines de Jashub, et de leur ôter leurs vêtements.

[49] Et Lévi vit Élon, roi de Gaash, s'avancer vers lui, avec ses quatorze capitaines pour le frapper, mais Lévi ne le sut pas avec certitude.

[50] Et Élon avec ses capitaines s'approcha plus près, et Lévi regarda en arrière et vit que la bataille lui était donnée sur le flanc, et Lévi courut avec douze de ses serviteurs, et ils allèrent et tuèrent Élon et ses capitaines par le tranchant de l'épée.

38 – Suite des Guerres Cananéennes

(Fait allusion à Genèse 48:22)

[1] Le roi Ihuri de Silo monta pour aider Elon, et s'approcha de Jacob, quand Jacob banda son arc qui était dans sa main et avec une flèche frappa Ihuri, ce qui causa sa mort.

[2] Et lorsque le roi Ihuri de Silo fut mort, les quatre rois restants s'enfuirent de leur position avec le reste des capitaines, et tentèrent de battre en retraite, disant : Nous n'avons plus de force contre les Hébreux après qu'ils aient tué les trois rois et leurs capitaines qui étaient plus puissants que nous.

[3] Et quand les fils de Jacob virent que les rois restants s'étaient éloignés de leur position, ils les poursuivirent, et Jacob sortit aussi du tas de pierres de Sichem, de l'endroit où il se tenait, et ils allèrent après les rois et les approchèrent avec leurs serviteurs.

[4] Les rois et les capitaines avec le reste de leurs armées, voyant que les fils de Jacob s'approchaient d'eux, eurent peur pour leur vie et s'enfuirent jusqu'à atteindre la ville de Chazar.

[5] Les fils de Jacob les poursuivirent jusqu'à la porte de la ville de Chazar, et y firent un grand massacre parmi les rois et leurs armées, environ quatre mille hommes, et pendant qu'ils frappaient l'armée des rois, Jacob était occupé avec son arc à viser spécifiquement les rois, et il les tua tous.

[6] Et il tua Parathon roi de Chazar à la porte de la ville de Chazar, et il tua ensuite Susi roi de Sarton, et Laban roi de Bethchorin, et Shabir roi de Machnaymah, et il les tua tous avec des flèches, une flèche pour chacun d'eux, et ils moururent.

[7] Les fils de Jacob, voyant que tous les rois étaient morts et qu'ils s'étaient dispersés en fuyant, continuèrent le combat avec les armées des rois devant la porte de Chazar, et ils tuèrent encore environ quatre cents de leurs hommes.

[8] Trois hommes parmi les serviteurs de Jacob tombèrent dans cette bataille, et quand Juda vit que trois de ses serviteurs étaient morts, cela le peina grandement, et sa colère brûla en lui contre les Amorites.

[9] Tous les hommes qui restaient des armées des rois eurent très peur pour leur vie, et ils coururent et brisèrent la porte des murs de la ville de Chazar, et ils entrèrent tous dans la ville pour se sauver.

[10] Et ils se cachèrent au milieu de la ville de Chazar, car la ville de Chazar était très grande et étendue, et quand toutes ces armées entrèrent dans la ville, les fils de Jacob les suivirent dans la ville.

[11] Quatre hommes puissants, expérimentés dans le combat, sortirent de la ville et se tinrent contre l'entrée de la ville, avec des épées et des lances tirées dans leurs mains, et ils se placèrent face aux fils de Jacob, et ne les laissèrent pas entrer dans la ville.

[12] Naphtali courut et vint entre eux et avec son épée frappa deux d'entre eux, et leur coupa la tête d'un seul coup.

[13] Et il se tourna vers les deux autres, et voilà qu'ils avaient fui, et il les poursuivit, les rattrapa, les frappa et les tua.

[14] Les fils de Jacob vinrent à la ville et virent, et voilà il y avait un autre mur à la ville, et ils cherchèrent la porte du mur et ne purent la trouver, et Juda sauta sur le sommet du mur, et Siméon et Lévi le suivirent, et ils descendirent tous trois du mur dans la ville.

[15] Et Siméon et Lévi tuèrent tous les hommes qui couraient pour se sauver dans la ville, ainsi que les habitants de la ville avec leurs femmes et leurs petits enfants, ils les tuèrent par le tranchant de l'épée, et les cris de la ville montèrent jusqu'au ciel.

[16] Dan et Naphth

Here is the translation of Jashar 38 into French:

[1] Le roi Ihuri de Silo monta pour aider Elon, et s'approcha de Jacob, quand Jacob banda son arc qui était dans sa main et avec une flèche frappa Ihuri, ce qui causa sa mort.

[2] Et lorsque le roi Ihuri de Silo fut mort, les quatre rois restants s'enfuirent de leur position avec le reste des capitaines, et tentèrent de battre en retraite, disant : Nous n'avons plus de force contre les Hébreux après qu'ils aient tué les trois rois et leurs capitaines qui étaient plus puissants que nous.

[3] Et quand les fils de Jacob virent que les rois restants s'étaient éloignés de leur position, ils les poursuivirent, et Jacob sortit aussi du tas de pierres de Sichem, de l'endroit où il se tenait, et ils allèrent après les rois et les approchèrent avec leurs serviteurs.

[4] Les rois et les capitaines avec le reste de leurs armées, voyant que les fils de Jacob s'approchaient d'eux, eurent peur pour leur vie et s'enfuirent jusqu'à atteindre la ville de Chazar.

[5] Les fils de Jacob les poursuivirent jusqu'à la porte de la ville de Chazar, et y firent un grand massacre parmi les rois et leurs armées, environ quatre mille hommes, et pendant qu'ils frappaient l'armée des rois, Jacob était occupé avec son arc à viser spécifiquement les rois, et il les tua tous.

[6] Et il tua Parathon roi de Chazar à la porte de la ville de Chazar, et il tua ensuite Susi roi de Sarton, et Laban roi de Bethchorin, et Shabir roi de Machnaymah, et il les tua tous avec des flèches, une flèche pour chacun d'eux, et ils moururent.

[7] Les fils de Jacob, voyant que tous les rois étaient morts et qu'ils s'étaient dispersés en fuyant, continuèrent le combat avec les armées des rois devant la porte de Chazar, et ils tuèrent encore environ quatre cents de leurs hommes.

[8] Trois hommes parmi les serviteurs de Jacob tombèrent dans cette bataille, et quand Juda vit que trois de ses serviteurs étaient morts, cela le peina grandement, et sa colère brûla en lui contre les Amorites.

[9] Tous les hommes qui restaient des armées des rois eurent très peur pour leur vie, et ils coururent et brisèrent la porte des murs de la ville de Chazar, et ils entrèrent tous dans la ville pour se sauver.

[10] Et ils se cachèrent au milieu de la ville de Chazar, car la ville de Chazar était très grande et étendue, et quand toutes ces armées entrèrent dans la ville, les fils de Jacob les suivirent dans la ville.

[11] Quatre hommes puissants, expérimentés dans le combat, sortirent de la ville et se tinrent contre l'entrée de la ville, avec des épées et des lances tirées dans leurs mains, et ils se placèrent face aux fils de Jacob, et ne les laissèrent pas entrer dans la ville.

[12] Naphtali courut et vint entre eux et avec son épée frappa deux d'entre eux, et leur coupa la tête d'un seul coup.

[13] Et il se tourna vers les deux autres, et voilà qu'ils avaient fui, et il les poursuivit, les rattrapa, les frappa et les tua.

[14] Les fils de Jacob vinrent à la ville et virent, et voilà il y avait un autre mur à la ville, et ils cherchèrent la porte du mur et ne purent la trouver, et Juda sauta sur le sommet du mur, et Siméon et Lévi le suivirent, et ils descendirent tous trois du mur dans la ville.

[15] Et Siméon et Lévi tuèrent tous les hommes qui couraient pour se sauver dans la ville, ainsi que les habitants de la ville avec leurs femmes et leurs petits enfants, ils les tuèrent par le tranchant de l'épée, et les cris de la ville montèrent jusqu'au ciel.

[16] Dan et Naphtali sautèrent sur le mur pour voir ce qui causait le bruit des lamentations, car les fils de Jacob s'inquiétaient pour leurs frères, et ils entendirent les habitants de la ville parler en pleurant et en suppliant, disant : Prenez tout ce que nous possédons dans la ville et partez, ne nous tuez seulement pas.

[17] Et lorsque Juda, Siméon et Lévi eurent cessé de frapper les habitants de la ville, ils montèrent sur le mur et appelèrent Dan et Naphtali, qui étaient sur le mur, et le reste de leurs frères, et Siméon et Lévi les informèrent de l'entrée dans la ville, et tous les fils de Jacob vinrent chercher le butin.

[18] Et les fils de Jacob prirent le butin de la ville de Chazar, les troupeaux et les bétails, et les biens, et ils prirent tout ce qui pouvait être capturé, et s'en allèrent ce jour-là de la ville.

[19] Et le lendemain, les fils de Jacob allèrent à Sarton, car ils avaient entendu que les hommes de Sarton qui étaient restés dans la ville s'assemblaient pour combattre avec eux pour avoir tué leur roi, et Sarton était une ville très haute et fortifiée, et elle avait une profonde douve entourant la ville.

[20] Et la hauteur de la douve était d'environ cinquante coudées et sa largeur de quarante coudées, et il n'y avait pas de place pour qu'un homme entre dans la ville à cause de la douve, et les fils de Jacob virent la douve de la ville, et ils cherchèrent une entrée mais ne purent la trouver.

[21] Car l'entrée de la ville était à l'arrière, et chaque homme qui souhaitait entrer dans la ville venait par cette route et faisait le tour de toute la ville, et il entrait ensuite dans la ville.

[22] Et les fils de Jacob voyant qu'ils ne pouvaient trouver le chemin pour entrer dans la ville, leur colère s'enflamma grandement, et les habitants de la ville voyant que les fils de Jacob venaient

vers eux eurent très peur d'eux, car ils avaient entendu parler de leur force et de ce qu'ils avaient fait à Chazar.

[23] Et les habitants de la ville de Sarton ne pouvaient pas sortir vers les fils de Jacob après s'être assemblés dans la ville pour combattre contre eux, de peur qu'ils ne puissent ainsi entrer dans la ville, mais quand ils virent qu'ils venaient vers eux, ils eurent très peur d'eux, car ils avaient entendu parler de leur force et de ce qu'ils avaient fait à Chazar.

[24] Alors les habitants de Sarton retirèrent rapidement le pont de la route de la ville, de sa place, avant que les fils de Jacob arrivent, et ils l'amenèrent dans la ville.

[25] Et les fils de Jacob vinrent et cherchèrent le chemin pour entrer dans la ville, et ne purent le trouver et les habitants de la ville montèrent au sommet du mur, et virent, et voilà que les fils de Jacob cherchaient une entrée dans la ville.

[26] Et les habitants de la ville reprochèrent aux fils de Jacob depuis le sommet du mur, et les maudirent, et les fils de Jacob entendirent les reproches, et ils furent grandement incensés, et leur colère brûla en eux.

[27] Et les fils de Jacob furent provoqués par eux, et ils se levèrent tous et sautèrent par-dessus la douve avec la force de leur puissance, et à travers leur vigueur franchirent les quarante coudées de largeur de la douve.

[28] Et une fois qu'ils eurent franchi la douve, ils se tinrent sous le mur de la ville, et ils trouvèrent toutes les portes de la ville fermées avec des portes en fer.

[29] Et les fils de Jacob s'approchèrent pour forcer l'ouverture des portes de la ville, et les habitants ne les laissèrent pas faire, car depuis le haut du mur ils lançaient des pierres et des flèches sur eux.

[30] Et le nombre des personnes qui étaient sur le haut du mur était d'environ quatre cents hommes, et quand les fils de Jacob virent que les hommes de la ville ne les laissaient pas ouvrir les portes de la ville, ils sautèrent et montèrent au sommet du mur, et Juda monta en premier à la partie est de la ville.

[31] Gad et Asher le suivirent jusqu'au coin ouest de la ville, et Siméon et Lévi au nord, et Dan et Ruben au sud.

[32] Les hommes qui étaient sur le haut du mur, les habitants de la ville, voyant que les fils de Jacob montaient vers eux, s'enfuirent tous du mur, descendirent dans la ville et s'y cachèrent.

[33] Issachar et Naphtali, qui étaient restés sous le mur, s'approchèrent et forcèrent les portes de la ville, et allumèrent un feu aux portes de la ville, de sorte que le fer fondit, et tous les fils de Jacob entrèrent dans la ville, eux et tous leurs hommes, et ils combattirent avec les habitants de la ville de Sarton, les frappant par le tranchant de l'épée, et aucun homme ne put se tenir devant eux.

[34] Environ deux cents hommes s'enfuirent de la ville et ils se cachèrent tous dans une certaine tour de la ville, et Juda les poursuivit jusqu'à la tour et démolit la tour, qui tomba sur les hommes, et ils moururent tous.

[35] Les fils de Jacob montèrent le chemin du toit de cette tour, et virent, et voilà qu'il y avait une autre tour forte et élevée au loin dans la ville, et le sommet en atteignait le ciel, et les fils de Jacob se hâtèrent et descendirent, et allèrent avec tous leurs hommes vers cette tour, et trouvèrent qu'elle était remplie d'environ trois cents hommes, femmes et petits enfants.

[36] Les fils de Jacob firent un grand massacre parmi ces hommes dans la tour et ils s'enfuirent et s'échappèrent d'eux.

[37] Siméon et Lévi les poursuivirent, lorsque douze hommes forts et vaillants sortirent à eux de l'endroit où ils s'étaient cachés.

[38] Ces douze hommes soutinrent un fort combat contre Siméon et Lévi, et Siméon et Lévi ne purent les vaincre, et ces hommes vaillants brisèrent les boucliers de Siméon et Lévi, et l'un d'eux frappa à la tête de Lévi avec son épée, lorsque Lévi plaça rapidement sa main sur sa tête, car il craignait l'épée, et l'épée frappa la main de Lévi, et il s'en fallut de peu que la main de Lévi fut coupée.

[39] Et Lévi saisit l'épée de l'homme vaillant dans sa main, et la prit de force à l'homme, et avec elle il frappa à la tête de l'homme puissant, et il lui coupa la tête.

[40] Onze hommes s'approchèrent pour combattre avec Lévi, car ils virent que l'un d'eux était tué, et les fils de Jacob combattirent, mais les fils de Jacob ne purent les vaincre, car ces hommes étaient très puissants.

[41] Et les fils de Jacob voyant qu'ils ne pouvaient les vaincre, Siméon poussa un cri puissant et terrifiant, et les onze hommes puissants furent étourdis par le cri de Siméon.

[42] Et Juda, à distance, reconnut la voix du cri de Siméon, et Naphtali et Juda coururent avec leurs boucliers vers Siméon et Lévi, et les trouvèrent combattant contre ces hommes puissants, incapables de les vaincre car leurs boucliers étaient brisés.

[43] Et Naphtali vit que les boucliers de Siméon et Lévi étaient brisés, et il prit deux boucliers de ses serviteurs et les apporta à Siméon et Lévi.

[44] Et Siméon, Lévi et Juda combattirent ce jour-là tous les trois contre les onze hommes puissants jusqu'au coucher du soleil, mais ils ne purent pas l'emporter sur eux.

[45] Et cela fut raconté à Jacob, et il fut profondément attristé, et il pria le Seigneur, et lui et Nephthali son fils allèrent contre ces hommes puissants.

[46] Et Jacob s'approcha et tendit son arc, et s'approcha des hommes puissants, et tua trois de leurs hommes avec l'arc, et les huit restants firent demi-tour, et voici, la guerre se déclara contre eux devant et derrière, et ils eurent très peur pour leur vie, et ne purent pas tenir devant les fils de Jacob, et ils s'enfuirent devant eux.

[47] Et dans leur fuite, ils rencontrèrent Dan et Aser qui venaient vers eux, et ils se jetèrent soudainement sur eux, et combattirent avec eux, et en tuèrent deux, et Juda et ses frères les poursuivirent, et frappèrent le reste d'entre eux, et les tuèrent.

[48] Et tous les fils de Jacob revinrent et parcoururent la ville, cherchant s'ils pouvaient trouver des hommes, et ils trouvèrent environ vingt jeunes hommes dans une grotte de la ville, et Gad et

Aser les frappèrent tous, et Dan et Nephthali tombèrent sur le reste des hommes qui avaient fui et échappé de la deuxième tour, et ils les frappèrent tous.

[49] Et les fils de Jacob frappèrent tous les habitants de la ville de Sarton, mais les femmes et les petits ils les laissèrent dans la ville et ne les tuèrent pas.

[50] Et tous les habitants de la ville de Sarton étaient des hommes puissants, l'un d'eux poursuivrait mille, et deux d'eux ne fuiraient pas devant dix mille du reste des hommes.

[51] Et les fils de Jacob frappèrent tous les habitants de la ville de Sarton avec le tranchant de l'épée, de sorte qu'aucun homme ne se dressa contre eux, et ils laissèrent les femmes dans la ville.

[52] Et les fils de Jacob prirent tout le butin de la ville, et capturèrent ce qu'ils désiraient, et ils prirent des troupeaux et des troupeaux et des biens de la ville, et les fils de Jacob firent à Sarton et à ses habitants ce qu'ils avaient fait à Chazar et à ses habitants, et ils partirent.

39 – Les Guerres Cananéennes Continuent

(Fait allusion à Genèse 48:22)

[1] Et lorsque les fils de Jacob quittèrent la ville de Sarton, ils avaient parcouru environ deux cents coudées lorsqu'ils rencontrèrent les habitants de Tapnach venant à leur rencontre, car ils étaient sortis pour combattre avec eux, parce qu'ils avaient frappé le roi de Tapnach et tous ses hommes.

[2] Ainsi, tout ce qui restait dans la ville de Tapnach sortit pour combattre avec les fils de Jacob, et ils pensèrent reprendre d'eux le butin et le pillage qu'ils avaient capturés de Chazar et Sarton.

[3] Et le reste des hommes de Tapnach combattit avec les fils de Jacob à cet endroit, et les fils de Jacob les frappèrent, et ils s'enfuirent devant eux, et ils les poursuivirent jusqu'à la ville d'Arbelan, et ils tombèrent tous devant les fils de Jacob.

[4] Et les fils de Jacob retournèrent et vinrent à Tapnach, pour prendre le butin de Tapnach, et lorsqu'ils arrivèrent à Tapnach, ils entendirent que les gens d'Arbelan étaient sortis à leur rencontre pour sauver le butin de leurs frères, et les fils de Jacob laissèrent dix de leurs hommes à Tapnach pour piller la ville, et ils sortirent vers le peuple d'Arbelan.

[5] Et les hommes d'Arbelan sortirent avec leurs femmes pour combattre avec les fils de Jacob, car leurs femmes étaient expérimentées dans la bataille, et ils sortirent, environ quatre cents hommes et femmes.

[6] Et tous les fils de Jacob crièrent à haute voix, et ils coururent tous vers les habitants d'Arbelan, et avec une voix grande et terrible.

[7] Et les habitants d'Arbelan entendirent le bruit des cris des fils de Jacob, et leur rugissement comme le bruit des lions et comme le rugissement de la mer et de ses vagues.

[8] Et la peur et la terreur possédèrent leurs cœurs à cause des fils de Jacob, et ils eurent terriblement peur d'eux, et ils se retirèrent et s'enfuirent devant eux dans la ville, et les fils de Jacob les poursuivirent jusqu'à la porte de la ville, et ils les atteignirent dans la ville.

[9] Et les fils de Jacob combattirent avec eux dans la ville, et toutes leurs femmes étaient engagées à lancer contre les fils de Jacob, et le combat fut très sévère parmi eux toute cette journée jusqu'au soir.

[10] Et les fils de Jacob ne purent pas prévaloir sur eux, et les fils de Jacob avaient presque péri dans cette bataille, et les fils de Jacob crièrent au Seigneur et gagnèrent grandement en force vers le soir, et les fils de Jacob frappèrent tous les habitants d'Arbelan par le tranchant de l'épée, hommes, femmes et petits enfants.

[11] Et aussi le reste du peuple qui avait fui de Sarton, les fils de Jacob les frappèrent à Arbelan, et les fils de Jacob firent à Arbelan et Tapnach comme ils avaient fait à Chazar et Sarton, et lorsque les femmes virent que tous les hommes étaient morts, elles montèrent sur les toits de la ville et frappèrent les fils de Jacob en leur jetant des pierres comme de la pluie.

[12] Et les fils de Jacob se hâtèrent et entrèrent dans la ville et saisirent toutes les femmes et les frappèrent par le tranchant de l'épée, et les fils de Jacob capturèrent tout le butin et le pillage, troupeaux et hardes et bétail.

[13] Et les fils de Jacob firent à Machnaymah comme ils avaient fait à Tapnach, à Chazar et à Silo, et ils tournèrent de là et s'en allèrent.

[14] Et le cinquième jour, les fils de Jacob entendirent que le peuple de Gaash s'était rassemblé contre eux pour la bataille, car ils avaient tué leur roi et leurs capitaines, car il y avait eu quatorze capitaines dans la ville de Gaash, et les fils de Jacob les avaient tous tués lors de la première bataille.

[15] Et ce jour-là, les fils de Jacob ceignirent leurs armes de guerre et marchèrent au combat contre les habitants de Gaash, et à Gaash il y avait un peuple fort et puissant des Amorites, et Gaash était la ville la plus forte et la mieux fortifiée de toutes les villes des Amorites, et elle avait trois murs.

[16] Et les fils de Jacob arrivèrent à Gaash et trouvèrent les portes de la ville verrouillées, et environ cinq cents hommes se tenant au sommet du mur extérieur, et un peuple aussi nombreux que le sable sur le bord de mer était en embuscade pour les fils de Jacob à l'extérieur de la ville, à l'arrière de celle-ci.

[17] Et les fils de Jacob s'approchèrent pour ouvrir les portes de la ville, et tandis qu'ils s'approchaient, voilà que ceux qui étaient en embuscade à l'arrière de la ville sortirent de leurs cachettes et encerclèrent les fils de Jacob.

[18] Et les fils de Jacob furent encerclés par le peuple de Gaash, le combat se déroulant à leur front et à leur arrière, et tous les hommes qui étaient sur le mur lançaient des flèches et des pierres sur eux depuis le mur.

[19] Et Judas, voyant que les hommes de Gaash leur devenaient trop lourds, poussa un cri perçant et terrifiant et tous les hommes de Gaash furent terrifiés par la voix du cri de Judas, et des hommes tombèrent du mur à son cri puissant, et tous ceux qui étaient à l'extérieur et à l'intérieur de la ville eurent grand peur pour leur vie.

[20] Et les fils de Jacob s'approchèrent encore pour briser les portes de la ville, quand les hommes de Gaash jetèrent des pierres et des flèches sur eux depuis le haut du mur, et les firent fuir de la porte.

[21] Et les fils de Jacob revinrent contre les hommes de Gaash qui étaient avec eux à l'extérieur de la ville, et les frappèrent terriblement, comme en frappant des calebasses, et ils ne purent tenir contre les fils de Jacob, car l'effroi et la terreur les avaient saisis au cri de Judas.

[22] Et les fils de Jacob tuèrent tous ces hommes qui étaient à l'extérieur de la ville, et les fils de Jacob s'approchèrent encore pour effectuer une entrée dans la ville, et pour combattre sous les murs de la ville, mais ils ne purent pas car tous les habitants de Gaash qui restaient dans la ville avaient encerclé les murs de Gaash dans toutes les directions, de sorte que les fils de Jacob ne purent approcher la ville pour combattre avec eux.

[23] Et les fils de Jacob s'approchèrent d'un coin pour combattre sous le mur, les habitants de Gaash jetèrent des flèches et des pierres sur eux comme des averses de pluie, et ils s'enfuirent de sous le mur.

[24] Et les gens de Gaash qui étaient sur le mur, voyant que les fils de Jacob ne pouvaient pas prévaloir sur eux depuis sous le mur, reprochèrent aux fils de Jacob en ces mots, disant,

[25] Quel est le problème avec vous dans la bataille que vous ne pouvez pas prévaloir ? Pouvez-vous alors faire à la puissante ville de Gaash et à ses habitants ce que vous avez fait aux villes des Amorites qui n'étaient pas si puissantes ? Sûrement à ces faibles parmi nous vous avez fait ces choses, et les avez tués à l'entrée de la ville, car ils n'avaient aucune force lorsqu'ils étaient terrifiés par le son de votre cri.

[26] Et pourrez-vous maintenant alors combattre en cet endroit ? Sûrement ici vous mourrez tous, et nous vengerons la cause de ces villes que vous avez dévastées.

[27] Et les habitants de Gaash reprochèrent grandement aux fils de Jacob et les injurièrent avec leurs dieux, et continuèrent à leur lancer des flèches et des pierres depuis le mur.

[28] Et Juda et ses frères entendirent les paroles des habitants de Gaash et leur colère s'enflamma grandement, et Juda était jaloux de son Dieu en cette affaire, et il s'écria et dit : Ô Seigneur, aide-nous, envoie-nous de l'aide, à nous et à nos frères.

[29] Et il courut à distance avec toute sa force, son épée tirée à la main, et il bondit de terre et, de par sa force, monta sur le mur, et son épée tomba de sa main.

[30] Et Juda cria sur le mur, et tous les hommes qui étaient sur le mur furent terrifiés, et certains d'entre eux tombèrent du mur dans la ville et moururent, et ceux qui étaient encore sur le mur, voyant la force de Juda, eurent très peur et s'enfuirent pour leur vie dans la ville pour se mettre en sécurité.

[31] Et certains furent enhardis à combattre Juda sur le mur, et s'approchèrent pour le tuer voyant qu'il n'avait pas d'épée dans sa main, et pensèrent à le jeter du mur à ses frères, et vingt hommes de la ville montèrent pour les assister, et ils encerclèrent Juda et crièrent tous sur lui, et s'approchèrent de lui avec des épées tirées, et terrifièrent Juda, et Juda cria à ses frères depuis le mur.

[32] Et Jacob et ses fils tirèrent à l'arc depuis sous le mur, et frappèrent trois des hommes qui étaient au sommet du mur, et Juda continua de crier et s'exclama : Ô Seigneur, aide-nous, Ô Seigneur, délivre-nous, et il cria à haute voix sur le mur, et le cri fut entendu de loin.

[33] Et après ce cri, il se remit à crier, et tous les hommes qui encerclaient Juda au sommet du mur furent terrifiés, et chacun jeta son épée de sa main au son du cri de Juda et de son tremblement, et s'enfuit.

[34] Et Juda prit les épées qui étaient tombées de leurs mains, et combattit avec elles et tua vingt de leurs hommes sur le mur.

[35] Et environ quatre-vingts hommes et femmes montèrent encore sur le mur depuis la ville et ils encerclèrent tous Juda, et le Seigneur imprima la peur de Juda dans leurs cœurs, de sorte qu'ils ne purent s'approcher de lui.

[36] Et Jacob et tous ceux qui étaient avec lui tirèrent à l'arc depuis sous le mur, et ils tuèrent dix hommes sur le mur, et ils tombèrent sous le mur, devant Jacob et ses fils.

[37] Et les gens sur le mur voyant que vingt de leurs hommes étaient tombés, coururent encore vers Juda avec des épées tirées, mais ils ne purent s'approcher de lui car ils étaient grandement terrifiés par la force de Juda.

[38] Et l'un de leurs hommes puissants don't le nom était Arud s'approcha pour frapper Juda à la tête avec son épée, quand Juda mit rapidement son bouclier à sa tête, et l'épée frappa le bouclier, et fut fendue en deux.

[39] Et cet homme puissant après avoir frappé Juda prit la fuite, effrayé par Juda, et ses pieds glissèrent sur le mur et il tomba parmi les fils de Jacob qui étaient en dessous du mur, et les fils de Jacob le frappèrent et le tuèrent.

[40] Et la tête de Juda le faisait souffrir à cause du coup de l'homme puissant, et Juda avait presque péri de cela.

[41] Et Juda cria sur le mur à cause de la douleur causée par le coup, quand Dan l'entendit, et sa colère s'enflamma en lui, et il se leva également et courut à distance et bondit de terre et monta sur le mur avec sa force excitée par la colère.

[42] Et quand Dan arriva sur le mur près de Juda, tous les hommes sur le mur s'enfuirent, ceux qui s'étaient tenus contre Juda, et ils montèrent au deuxième mur, et ils jetèrent des flèches et des pierres sur Dan et Juda depuis le deuxième mur, et tentèrent de les chasser du mur.

[43] Et les flèches et les pierres frappèrent Dan et Juda, et ils furent presque tués sur le mur, et partout où Dan et Juda s'enfuyaient du mur, ils étaient attaqués par des flèches et des pierres depuis le deuxième mur.

[44] Et Jacob et ses fils étaient encore à l'entrée de la ville sous le premier mur, et ils ne pouvaient pas tirer à l'arc contre les habitants de la ville, car ils ne pouvaient pas les voir, étant sur le deuxième mur.

[45] Et lorsque Dan et Juda ne pouvaient plus supporter les pierres et les flèches qui tombaient sur eux depuis le deuxième mur, ils sautèrent tous les deux sur le deuxième mur près des gens de la ville, et lorsque les gens de la ville qui étaient sur le deuxième mur virent que Dan et Juda étaient venus à eux sur le deuxième mur, ils crièrent tous et descendirent en dessous entre les murs.

[46] Et Jacob et ses fils entendirent le bruit des cris des gens de la ville, et ils étaient encore à l'entrée de la ville, et ils étaient inquiets pour Dan et Juda qu'ils ne voyaient pas, eux étant sur le deuxième mur.

[47] Et Naphtali monta avec sa force excitée par la colère et sauta sur le premier mur pour voir ce qui avait causé le bruit des cris qu'ils avaient entendu dans la ville, et Issacar et Zebulun

s'approchèrent pour briser les portes de la ville, et ils ouvrirent les portes de la ville et entrèrent dans la ville.

[48] Et Naphtali sauta du premier mur au deuxième, et vint aider ses frères, et les habitants de Gaash qui étaient sur le mur, voyant que Naphtali était le troisième à être monté pour aider ses frères, s'enfuirent tous et descendirent dans la ville, et Jacob et tous ses fils et tous leurs jeunes hommes entrèrent dans la ville vers eux.

[49] Et Juda, Dan et Naphtali descendirent du mur dans la ville et poursuivirent les habitants de la ville, et Siméon et Lévi étaient à l'extérieur de la ville et ne savaient pas que la porte était ouverte, et ils montèrent de là sur le mur et descendirent vers leurs frères dans la ville.

[50] Et tous les habitants de la ville étaient descendus dans la ville, et les fils de Jacob vinrent à eux de différentes directions, et la bataille se fit contre eux de l'avant et de l'arrière, et les fils de Jacob les frappèrent terriblement, et tuèrent environ vingt mille d'entre eux, hommes et femmes, aucun d'eux ne pouvant se tenir debout contre les fils de Jacob.

[51] Et le sang coula abondamment dans la ville, et c'était comme un ruisseau d'eau, et le sang coulait comme un ruisseau vers la partie extérieure de la ville, et atteignit le désert de Bethchorin.

[52] Et les gens de Bethchorin virent de loin le sang couler de la ville de Gaash, et environ soixante-dix hommes parmi eux coururent pour voir le sang, et ils vinrent à l'endroit où se trouvait le sang.

[53] Et ils suivirent la trace du sang et vinrent au mur de la ville de Gaash, et ils virent le sang sortir de la ville, et ils entendirent la voix des cris des habitants de Gaash, car elle montait jusqu'au ciel, et le sang continuait à couler abondamment comme un ruisseau d'eau.

[54] Et tous les fils de Jacob frappaient encore les habitants de Gaash, et étaient engagés à les tuer jusqu'au soir, environ vingt mille hommes et femmes, et les gens de Chorin dirent : Sûrement, c'est l'œuvre des Hébreux, car ils mènent encore la guerre dans toutes les villes des Amorites.

[55] Et ces gens se hâtèrent et coururent vers Bethchorin, et chacun prit ses armes de guerre, et ils crièrent à tous les habitants de Bethchorin, qui ceignirent également leurs armes de guerre pour aller combattre avec les fils de Jacob.

[56] Et lorsque les fils de Jacob eurent fini de frapper les habitants de Gaash, ils parcoururent la ville pour dépouiller tous les tués, et en entrant dans la partie la plus intérieure de la ville et plus loin, ils rencontrèrent trois hommes très puissants, et il n'y avait pas d'épée dans leur main.

[57] Et les fils de Jacob s'avancèrent vers l'endroit où ils étaient, et les hommes puissants s'enfuirent, et l'un d'eux avait pris Zebulun, qu'il vit jeune et de petite taille, et avec sa force, le projeta au sol.

[58] Et Jacob courut vers lui avec son épée et Jacob le frappa en dessous des reins avec l'épée, et le coupa en deux, et le corps tomba sur Zebulun.

[59] Et le deuxième s'approcha et saisit Jacob pour le faire tomber au sol, et Jacob se tourna vers lui et lui cria dessus, tandis que Siméon et Lévi coururent et le frappèrent aux hanches avec l'épée et le firent tomber au sol.

[60] Et l'homme puissant se leva du sol avec une force excitée par la colère, et Juda lui vint dessus avant qu'il ait repris son équilibre, et le frappa sur la tête avec l'épée, et sa tête fut fendue et il mourut.

[61] Et le troisième homme puissant, voyant que ses compagnons étaient tués, s'enfuit devant les fils de Jacob, et les fils de Jacob le poursuivirent dans la ville ; et tandis que l'homme puissant fuyait, il trouva l'une des épées des habitants de la ville, et la saisit et se tourna vers les fils de Jacob et les combattit avec cette épée.

[62] Et l'homme puissant courut vers Juda pour le frapper à la tête avec l'épée, et il n'y avait pas de bouclier dans la main de Juda ; et tandis qu'il visait à le frapper, Naphtali prit rapidement son bouclier et le mit à la tête de Juda, et l'épée de l'homme puissant frappa le bouclier de Naphtali et Juda échappa à l'épée.

[63] Et Siméon et Lévi coururent sur l'homme puissant avec leurs épées et le frappèrent de force avec leurs épées, et les deux épées entrèrent dans le corps de l'homme puissant et le divisèrent en deux, dans le sens de la longueur.

[64] Et les fils de Jacob frappèrent les trois hommes puissants à ce moment, ainsi que tous les habitants de Gaash, et le jour commençait à décliner.

[65] Et les fils de Jacob parcoururent Gaash et prirent tout le butin de la ville, même les petits et les femmes qu'ils ne laissèrent pas vivre, et les fils de Jacob firent à Gaash comme ils avaient fait à Sarton et à Silo.

40 – Les Cananéens Cherchent la Paix

[1] Et les fils de Jacob emportèrent tout le butin de Gaash, et sortirent de la ville de nuit.

[2] Ils s'en allaient en marche vers le château de Bethchorin, et les habitants de Bethchorin allaient au château à leur rencontre, et cette nuit-là, les fils de Jacob combattirent avec les habitants de Bethchorin, dans le château de Bethchorin.

[3] Et tous les habitants de Bethchorin étaient des hommes puissants, l'un d'eux ne fuirait pas devant mille hommes, et ils combattirent cette nuit-là sur le château, et leurs cris furent entendus cette nuit-là de loin, et la terre trembla à leurs cris.

[4] Et tous les fils de Jacob eurent peur de ces hommes, car ils n'avaient pas l'habitude de combattre dans l'obscurité, et ils furent grandement confus, et les fils de Jacob crièrent vers l'Éternel, disant : Donne-nous de l'aide, ô Seigneur, délivre-nous afin que nous ne mourions pas par la main de ces hommes incirconcis.

[5] Et l'Éternel écouta la voix des fils de Jacob, et l'Éternel fit saisir d'une grande terreur et confusion le peuple de Bethchorin, et ils se battirent entre eux, l'un avec l'autre dans l'obscurité de la nuit, et se frappèrent en grand nombre.

[6] Et les fils de Jacob, sachant que l'Éternel avait apporté un esprit de perversité parmi ces hommes, et qu'ils se battaient chacun avec son voisin, sortirent du milieu des bandes du peuple de Bethchorin et allèrent jusqu'à la descente du château de Bethchorin, et plus loin, et ils y séjournèrent en sécurité avec leurs jeunes hommes cette nuit-là.

[7] Et le peuple de Bethchorin combattit toute la nuit, un homme avec son frère, et l'autre avec son voisin, et ils crièrent dans toutes les directions sur le château, et leur cri fut entendu au loin, et toute la terre trembla à leur voix, car ils étaient puissants au-dessus de tout le peuple de la terre.

[8] Et tous les habitants des villes des Cananéens, des Hittites, des Amorites, des Héviens et tous les rois de Canaan, ainsi que ceux qui étaient de l'autre côté du Jourdain, entendirent le bruit des cris cette nuit-là.

[9] Et ils dirent : Ce sont sûrement les batailles des Hébreux qui combattent contre les sept villes, qui se sont approchées d'eux ; et qui peut tenir contre ces Hébreux ?

[10] Et tous les habitants des villes des Cananéens, et tous ceux qui étaient de l'autre côté du Jourdain, eurent une grande peur des fils de Jacob, car ils dirent : Voici, il en sera fait de nous comme il en a été fait de ces villes, car qui peut tenir contre leur force puissante ?

[11] Et les cris des Chorinites furent très grands cette nuit-là, et continuèrent à augmenter ; et ils se frappèrent entre eux jusqu'au matin, et un grand nombre d'entre eux furent tués.

[12] Et le matin apparut, et tous les fils de Jacob se levèrent à l'aube et montèrent au château, et ils frappèrent ceux qui restaient des Chorinites d'une manière terrible, et ils furent tous tués dans le château.

[13] Et le sixième jour apparut, et tous les habitants de Canaan virent de loin tout le peuple de Bethchorin gisant mort dans le château de Bethchorin, et éparpillés comme les carcasses d'agneaux et de chèvres.

[14] Et les fils de Jacob emmenèrent tout le butin qu'ils avaient capturé de Gaash et allèrent à Bethchorin, et ils trouvèrent la ville pleine de gens comme le sable de la mer, et ils combattirent avec eux, et les fils de Jacob les frappèrent là jusqu'au temps du soir.

[15] Et les fils de Jacob firent à Bethchorin comme ils avaient fait à Gaash et à Tapnach, ainsi qu'à Chazar, à Sarton et à Shiloh.

[16] Et les fils de Jacob prirent avec eux le butin de Bethchorin et tout le butin des villes, et ce jour-là ils rentrèrent chez eux à Sichem.

[17] Et les fils de Jacob rentrèrent dans la ville de Sichem, et ils restèrent hors de la ville, et là ils se reposèrent de la guerre, et y passèrent toute la nuit.

[18] Et tous leurs serviteurs, avec tout le butin qu'ils avaient pris des villes, ils le laissèrent hors de la ville, et ils n'entrèrent pas dans la ville, car ils disaient : Peut-être y aura-t-il encore des combats contre nous, et ils pourraient venir nous assiéger à Sichem.

[19] Et Jacob, ses fils et leurs serviteurs restèrent cette nuit-là et le jour suivant dans la portion du champ que Jacob avait achetée à Hamor pour cinq sicles, et tout ce qu'ils avaient capturé était avec eux.

[20] Et tout le butin que les fils de Jacob avaient capturé était dans la portion du champ, immense comme le sable sur le bord de la mer.

[21] Et les habitants du pays les observaient de loin, et tous les habitants du pays avaient peur des fils de Jacob qui avaient fait cela, car aucun roi des temps anciens n'avait jamais fait de telles choses.

[22] Et les sept rois des Cananéens décidèrent de faire la paix avec les fils de Jacob, car ils avaient une grande peur de leur vie, à cause des fils de Jacob.

[23] Et ce jour-là, étant le septième jour, Japhia, roi de Hébron, envoya secrètement au roi d'Aï, et au roi de Gabaon, et au roi de Salem, et au roi d'Adullam, et au roi de Lakis, et au roi de Chazar, et à tous les rois cananéens qui étaient sous leur sujétion, disant,

[24] Montez avec moi, et venez à moi pour que nous allions vers les fils de Jacob, et je ferai la paix avec eux, et formerai un traité avec eux, de peur que toutes vos terres ne soient détruites par les épées des fils de Jacob, comme ils l'ont fait à Sichem et aux villes alentour, comme vous avez entendu et vu.

[25] Et quand vous viendrez à moi, ne venez pas avec beaucoup d'hommes, mais que chaque roi amène ses trois capitaines en chef, et que chaque capitaine amène trois de ses officiers.

[26] Et venez tous à Hébron, et nous irons ensemble vers les fils de Jacob, et les supplierons de former un traité de paix avec nous.

[27] Et tous ces rois firent comme le roi de Hébron leur avait envoyé, car ils étaient tous sous ses conseils et son commandement, et tous les rois de Canaan s'assemblèrent pour aller vers les fils

de Jacob, pour faire la paix avec eux ; et les fils de Jacob retournèrent et allèrent à la portion du champ qui était à Sichem, car ils ne faisaient pas confiance aux rois du pays.

[28] Et les fils de Jacob retournèrent et restèrent dans la portion du champ dix jours, et personne ne vint leur faire la guerre.

[29] Et lorsque les fils de Jacob virent qu'il n'y avait aucune apparence de guerre, ils s'assemblèrent tous et allèrent à la ville de Sichem, et les fils de Jacob restèrent à Sichem.

[30] Et à l'expiration de quarante jours, tous les rois des Amorites s'assemblèrent de tous leurs lieux et vinrent à Hébron, auprès de Japhia, roi de Hébron.

[31] Et le nombre de rois qui vinrent à Hébron pour faire la paix avec les fils de Jacob était de vingt et un rois, et le nombre de capitaines qui vinrent avec eux était de soixante-neuf, et leurs hommes étaient cent quatre-vingt-neuf, et tous ces rois et leurs hommes se reposèrent près du mont Hébron.

[32] Et le roi de Hébron sortit avec ses trois capitaines et neuf hommes, et ces rois résolurent d'aller vers les fils de Jacob pour faire la paix.

[33] Et ils dirent au roi de Hébron : Va devant nous avec tes hommes, et parle pour nous aux fils de Jacob, et nous viendrons après toi et confirmerons tes paroles, et le roi de Hébron fit ainsi.

[34] Et les fils de Jacob apprirent que tous les rois de Canaan s'étaient rassemblés et reposaient à Hébron, et les fils de Jacob envoyèrent quatre de leurs serviteurs comme espions, disant : Allez espionner ces rois, et recherchez et examinez leurs hommes s'ils sont peu nombreux ou nombreux, et s'ils ne sont que peu nombreux, comptez-les tous et revenez.

[35] Et les serviteurs de Jacob allèrent secrètement vers ces rois, et firent comme les fils de Jacob leur avaient commandé, et ce jour-là, ils revinrent vers les fils de Jacob, et leur dirent : Nous sommes allés vers ces rois, et ils ne sont que peu nombreux, et nous les avons tous comptés, et voici, ils étaient deux cent quatre-vingt-huit, rois et hommes.

[36] Et les fils de Jacob dirent : Ils ne sont que peu nombreux, donc nous n'irons pas tous contre eux ; et le matin, les fils de Jacob se levèrent et choisirent soixante-deux de leurs hommes, et dix des fils de Jacob allèrent avec eux ; et ils ceignirent leurs armes de guerre, car ils disaient : Ils viennent pour nous faire la guerre, car ils ne savaient pas qu'ils venaient pour faire la paix avec eux.

[37] Et les fils de Jacob allèrent avec leurs serviteurs à la porte de Sichem, vers ces rois, et leur père Jacob était avec eux.

[38] Et lorsqu'ils sortirent, voici, le roi de Hébron et ses trois capitaines et neuf hommes avec lui venaient le long de la route contre les fils de Jacob, et les fils de Jacob levèrent les yeux, et virent de loin Japhia, roi de Hébron, avec ses capitaines, venant vers eux, et les fils de Jacob prirent leur position à l'endroit de la porte de Sichem, et ne progressèrent pas.

[39] Et le roi de Hébron continua d'avancer, lui et ses capitaines, jusqu'à ce qu'il s'approcha des fils de Jacob, et lui et ses capitaines s'inclinèrent devant eux jusqu'à terre, et le roi de Hébron s'assit avec ses capitaines devant Jacob et ses fils.

[40] Et les fils de Jacob lui dirent : Qu'est-ce qui t'est arrivé, ô roi de Hébron ? Pourquoi es-tu venu à nous aujourd'hui ? Que demandes-tu de nous ? Et le roi de Hébron dit à Jacob : Je t'en prie, mon seigneur, tous les rois des Cananéens sont venus ce jour-ci pour faire la paix avec vous.

[41] Et les fils de Jacob entendirent les paroles du roi de Hébron, et ils ne consentirent pas à ses propositions, car les fils de Jacob n'avaient pas confiance en lui, car ils imaginaient que le roi de Hébron leur avait parlé avec tromperie.

[42] Et le roi de Hébron sut, d'après les paroles des fils de Jacob, qu'ils ne croyaient pas ses paroles, et le roi de Hébron s'approcha davantage de Jacob, et lui dit : Je t'en prie, mon seigneur, sois assuré que tous ces rois sont venus vers toi dans des conditions pacifiques, car ils ne sont pas venus avec tous leurs hommes, ni n'ont-ils apporté leurs armes de guerre avec eux, car ils sont venus chercher la paix auprès de mon seigneur et de ses fils.

[43] Et les fils de Jacob répondirent au roi de Hébron, disant : Envoie donc vers tous ces rois, et si tu nous dis la vérité, qu'ils viennent chacun individuellement devant nous, et s'ils viennent vers nous sans armes, nous saurons alors qu'ils cherchent la paix auprès de nous.

[44] Et Japhia, roi de Hébron, envoya l'un de ses hommes vers les rois, et ils vinrent tous devant les fils de Jacob, et s'inclinèrent jusqu'à terre devant eux, et ces rois s'assirent devant Jacob et ses fils, et leur parlèrent, disant :

[45] Nous avons entendu tout ce que vous avez fait aux rois des Amorites avec votre épée et votre bras extrêmement puissant, si bien qu'aucun homme ne pouvait se tenir devant vous, et nous avons eu peur de vous pour notre vie, de peur qu'il ne nous arrive ce qui leur est arrivé.

[46] Ainsi, nous sommes venus à vous pour former un traité de paix entre nous, et maintenant donc, concluez avec nous une alliance de paix et de vérité, que vous ne vous mêlerez pas de nous, dans la mesure où nous ne nous sommes pas mêlés de vous.

[47] Et les fils de Jacob surent qu'ils étaient vraiment venus chercher la paix auprès d'eux, et les fils de Jacob les écoutèrent, et formèrent une alliance avec eux.

[48] Et les fils de Jacob leur jurèrent qu'ils ne se mêleraient pas d'eux, et tous les rois des Cananéens leur jurèrent également, et les fils de Jacob les rendirent tributaires à partir de ce jour.

[49] Et après cela, tous les capitaines de ces rois vinrent avec leurs hommes devant Jacob, avec des présents dans leurs mains pour Jacob et ses fils, et ils s'inclinèrent jusqu'à terre devant lui.

[50] Et ces rois pressèrent alors les fils de Jacob et les supplièrent de leur rendre tout le butin qu'ils avaient capturé des sept villes des Amorites, et les fils de Jacob firent ainsi, et ils rendirent tout ce qu'ils avaient capturé, les femmes, les petits, le bétail et tout le butin qu'ils avaient pris, et ils les renvoyèrent, et ils s'en allèrent chacun vers sa ville.

[51] Et tous ces rois s'inclinèrent de nouveau devant les fils de Jacob, et ils leur envoyèrent ou leur apportèrent de nombreux cadeaux en ces jours-là, et les fils de Jacob renvoyèrent ces rois et leurs hommes, et ils s'en allèrent paisiblement d'eux vers leurs villes, et les fils de Jacob retournèrent également chez eux, à Sichem.

[52] Et il y eut paix à partir de ce jour entre les fils de Jacob et les rois des Cananéens, jusqu'à ce que les enfants d'Israël viennent hériter du pays de Canaan.

41 - Le Rêve de Joseph

(Genèse 37)

[1] Et à la révolution de l'année, les fils de Jacob partirent de Sichem, et ils arrivèrent à Hébron, chez leur père Isaac, et ils y habitèrent, mais leurs troupeaux et leurs troupeaux, ils les faisaient paître chaque jour à Sichem, car il y avait là en ces jours de bons et gras pâturages, et Jacob et ses fils et toute leur maison habitaient dans la vallée d'Hébron.

[2] Et ce fut en ces jours-là, en cette année, étant la cent sixième année de la vie de Jacob, dans la dixième année de la venue de Jacob depuis Padan-Aram, que Léa, la femme de Jacob, mourut ; elle avait cinquante et un ans quand elle mourut à Hébron.

[3] Et Jacob et ses fils l'enterrèrent dans la caverne du champ de Macpéla, qui est à Hébron, que Abraham avait acheté aux enfants de Heth, pour la possession d'un lieu de sépulture.

[4] Et les fils de Jacob habitèrent avec leur père dans la vallée d'Hébron, et tous les habitants de la terre connaissaient leur force et leur renommée parcourait tout le pays.

[5] Et Joseph, le fils de Jacob, et son frère Benjamin, les fils de Rachel, la femme de Jacob, étaient encore jeunes en ces jours-là, et ne sortaient pas avec leurs frères pendant leurs batailles dans toutes les villes des Amorites.

[6] Et quand Joseph vit la force de ses frères, et leur grandeur, il les loua et les exalta, mais il se considérait plus grand qu'eux, et s'élevait au-dessus d'eux ; et Jacob, son père, l'aimait aussi plus que tous ses fils, car il était un fils de sa vieillesse, et par son amour pour lui, il lui fit un manteau de plusieurs couleurs.

[7] Et quand Joseph vit que son père l'aimait plus que ses frères, il continua de s'élever au-dessus de ses frères, et il apporta à son père de mauvais rapports les concernant.

[8] Et les fils de Jacob, voyant toute la conduite de Joseph envers eux, et que leur père l'aimait plus que n'importe lequel d'entre eux, le haïssaient et ne pouvaient pas lui parler paisiblement tous les jours.

[9] Et Joseph avait dix-sept ans, et il continuait de s'élever au-dessus de ses frères, et pensait à s'élever au-dessus d'eux.

[10] À cette époque, il rêva un rêve, et il vint vers ses frères et leur raconta son rêve, et il leur dit, J'ai rêvé un rêve, et voici, nous étions tous à lier des gerbes dans le champ, et ma gerbe se leva et se plaça sur le sol et vos gerbes l'entouraient et se prosternaient devant elle.

[11] Et ses frères lui répondirent et lui dirent, Que signifie ce rêve que tu as rêvé ? imagines-tu dans ton cœur régner ou dominer sur nous ?

[12] Et il vint encore, et raconta la chose à son père Jacob, et Jacob embrassa Joseph quand il entendit ces paroles de sa bouche, et Jacob bénit Joseph.

[13] Et quand les fils de Jacob virent que leur père avait béni Joseph et l'avait embrassé, et qu'il l'aimait excessivement, ils devinrent jaloux de lui et le haïrent encore plus.

[14] Et après cela, Joseph rêva un autre rêve et relata le rêve à son père en présence de ses frères, et Joseph dit à son père et à ses frères, Voici, j'ai encore rêvé un rêve, et voici, le soleil et la lune et les onze étoiles se prosternaient devant moi.

[15] Et son père entendit les paroles de Joseph et son rêve, et voyant que ses frères haïssaient Joseph à cause de cette affaire, Jacob réprimanda donc Joseph devant ses frères à cause de cette chose, disant : Que signifie ce rêve que tu as rêvé, et cette manière de te grandir devant tes frères qui sont plus âgés que toi ?

[16] Crois-tu dans ton cœur que moi, ta mère et tes onze frères, nous viendrons nous prosterner devant toi, pour que tu parles ainsi ?

[17] Et ses frères étaient jaloux de lui à cause de ses paroles et de ses rêves, et ils continuèrent de le haïr, et Jacob garda les rêves dans son cœur.

[18] Et les fils de Jacob allèrent un jour paître le troupeau de leur père à Sichem, car ils étaient encore bergers en ces jours-là ; et tandis que les fils de Jacob paissaient ce jour-là à Sichem, ils tardèrent, et le temps de rassembler le bétail était passé, et ils n'étaient pas arrivés.

[19] Et Jacob vit que ses fils tardaient à Sichem, et Jacob se dit en lui-même : Peut-être que les gens de Sichem se sont levés pour combattre contre eux, c'est pourquoi ils ont tardé à venir aujourd'hui.

[20] Et Jacob appela Joseph, son fils, et lui commanda, disant : Voici, tes frères paissent à Sichem aujourd'hui, et voici, ils ne sont pas encore revenus ; va donc maintenant voir où ils sont, et rapporte-moi des nouvelles concernant le bien-être de tes frères et le bien-être du troupeau.

[21] Et Jacob envoya son fils Joseph dans la vallée d'Hébron, et Joseph alla chercher ses frères à Sichem, et ne les trouva pas, et Joseph parcourut le champ qui était près de Sichem, pour voir où ses frères s'étaient tournés, et il manqua sa route dans le désert, et ne sut pas quel chemin prendre.

[22] Et un ange du Seigneur le trouva errant sur la route vers le champ, et Joseph dit à l'ange du Seigneur : Je cherche mes frères ; n'as-tu pas entendu où ils paissent ? et l'ange du Seigneur dit à Joseph : J'ai vu tes frères paissant ici, et je les ai entendus dire qu'ils iraient paître à Dothan.

[23] Et Joseph écouta la voix de l'ange du Seigneur, et il alla vers ses frères à Dothan et les trouva à Dothan, en train de paître le troupeau.

[24] Et Joseph s'avança vers ses frères, et avant qu'il ne se soit approché d'eux, ils avaient résolu de le tuer.

[25] Et Siméon dit à ses frères : Voici, l'homme des rêves vient à nous aujourd'hui, et maintenant donc, venez et tuons-le et jetons-le dans l'un des puits qui sont dans le désert, et quand son père le cherchera parmi nous, nous dirons qu'une bête féroce l'a dévoré.

[26] Et Ruben entendit les paroles de ses frères concernant Joseph, et leur dit : Vous ne devriez pas faire cette chose, car comment pourrions-nous regarder notre père Jacob ? Jetez-le dans ce puits pour qu'il y meure, mais ne tendez pas la main sur lui pour verser son sang ; et Ruben dit cela pour le délivrer de leur main, pour le ramener à son père.

[27] Et quand Joseph arriva auprès de ses frères, il se mit devant eux, et ils se levèrent sur lui, le saisirent et le frappèrent à terre, et lui ôtèrent le manteau de plusieurs couleurs qu'il avait sur lui.

[28] Et ils le prirent et le jetèrent dans un puits, et dans le puits il n'y avait pas d'eau, mais des serpents et des scorpions. Et Joseph avait peur des serpents et des scorpions qui étaient dans le puits. Et Joseph cria à haute voix, et le Seigneur cacha les serpents et les scorpions dans les côtés du puits, et ils ne lui firent aucun mal.

[29] Et Joseph cria depuis le puits à ses frères, et leur dit : Qu'ai-je fait contre vous, et en quoi ai-je péché ? pourquoi ne craignez-vous pas le Seigneur à mon égard ? ne suis-je pas de vos os et de votre chair, et n'est-ce pas Jacob votre père, mon père ? pourquoi me faites-vous cela aujourd'hui, et comment pourrez-vous lever les yeux vers notre père Jacob ?

[30] Et il continua de crier et d'appeler ses frères depuis le puits, et il dit : Ô Juda, Siméon et Lévi, mes frères, sortez-moi de ce lieu d'obscurité où vous m'avez placé, et venez aujourd'hui avoir pitié de moi, vous enfants du Seigneur, et fils de Jacob mon père. Et si j'ai péché contre vous, n'êtes-vous pas les fils d'Abraham, d'Isaac et de Jacob ? s'ils voyaient un orphelin, ils avaient pitié de lui, ou quelqu'un qui avait faim, ils lui donnaient du pain à manger, ou quelqu'un qui avait soif, ils lui donnaient de l'eau à boire, ou quelqu'un qui était nu, ils le couvraient de vêtements !

[31] Et comment alors retiendrez-vous votre pitié envers votre frère, car je suis de votre chair et de vos os, et si j'ai péché contre vous, sûrement vous ferez cela à cause de mon père !

[32] Et Joseph prononça ces paroles depuis le puits, et ses frères ne pouvaient l'écouter, ni prêter l'oreille aux paroles de Joseph, et Joseph pleurait et criait dans le puits.

[33] Et Joseph dit : Oh, si mon père savait, ce jour, l'acte que mes frères ont commis contre moi, et les paroles qu'ils ont prononcées contre moi aujourd'hui.

[34] Et tous ses frères entendirent ses cris et ses pleurs dans le puits, et ses frères s'éloignèrent du puits, de sorte qu'ils ne puissent entendre les cris de Joseph et ses pleurs dans le puits.

42 - Joseph Vendu en Esclavage

(Genèse 37:36; 39:1)

[1] Ils s'assirent du côté opposé, à environ la distance d'un tir à l'arc, et là, ils s'assirent pour manger du pain, et pendant qu'ils mangeaient, ils tinrent conseil ensemble sur ce qu'il fallait faire de lui, le tuer ou le ramener à son père.

[2] Ils tenaient conseil, lorsqu'ils levèrent les yeux et virent, et voici, une compagnie d'Ismaélites venait au loin par la route de Galaad, descendant en Égypte.

[3] Juda leur dit : Quel profit y aura-t-il pour nous si nous tuons notre frère ? Peut-être Dieu nous le demandera-t-il ; voici donc le conseil proposé à son sujet, ce que vous lui ferez : Voici cette compagnie d'Ismaélites descendant en Égypte,

[4] Maintenant donc, venons, vendons-le à eux, et que notre main ne soit pas sur lui, et ils l'emmèneront avec eux, et il sera perdu parmi les gens du pays, et nous ne le tuerons pas de nos propres mains. Et la proposition plut à ses frères et ils firent selon la parole de Juda.

[5] Et pendant qu'ils discutaient de cette affaire, et avant que la compagnie des Ismaélites ne leur soit arrivée, sept marchands de Madian passèrent par eux, et comme ils passaient, ils eurent soif, et ils levèrent leurs yeux et virent le puits dans lequel Joseph était emmuré, et ils regardèrent, et voici toutes espèces d'oiseaux étaient sur lui.

[6] Et ces Madianites coururent au puits pour boire de l'eau, car ils pensaient qu'il contenait de l'eau, et en arrivant devant le puits, ils entendirent la voix de Joseph criant et pleurant dans le puits, et ils regardèrent dans le puits, et ils virent et voici, il y avait un jeune homme d'apparence agréable et bien favorisé.

[7] Et ils l'appelèrent et lui dirent : Qui es-tu et qui t'a amené ici, et qui t'a placé dans ce puits, dans le désert ? et ils l'aidèrent tous à se lever, et le tirèrent hors du puits, et le prirent et s'en allèrent sur leur chemin et passèrent devant ses frères.

[8] Et ceux-ci leur dirent : Pourquoi faites-vous cela, de prendre notre serviteur chez nous et de vous en aller ? Sûrement nous avons placé ce jeune homme dans le puits parce qu'il s'est rebellé contre nous, et vous venez, le sortez et l'emportez ; maintenant donc, rendez-nous notre serviteur.

[9] Et les Madianites répondirent et dirent aux fils de Jacob : Est-ce votre serviteur, ou cet homme vous sert-il ? Peut-être êtes-vous tous ses serviteurs, car il est plus beau et bien favorisé que vous tous, et pourquoi nous parlez-vous faussement ?

[10] Maintenant donc, nous n'écouterons pas vos paroles, ni ne vous prêterons attention, car nous avons trouvé le jeune homme dans le puits dans le désert, et nous l'avons pris ; nous continuerons donc notre chemin.

[11] Et tous les fils de Jacob s'approchèrent d'eux, se levèrent contre eux et leur dirent : Rendez-nous notre serviteur, et pourquoi mourriez-vous tous par le tranchant de l'épée ? Et les

Madianites crièrent contre eux, et ils tirèrent leurs épées, et s'approchèrent pour combattre avec les fils de Jacob.

[12] Et voici Siméon se leva de son siège contre eux, et sauta sur le sol et tira son épée et s'approcha des Madianites et il poussa un cri terrible devant eux, de sorte que son cri fut entendu au loin, et la terre trembla au cri de Siméon.

[13] Et les Madianites furent terrifiés à cause de Siméon et du bruit de son cri, et ils tombèrent sur leurs visages, et furent excessivement alarmés.

[14] Et Siméon leur dit : En vérité, je suis Siméon, le fils de Jacob l'Hébreu, qui ai, avec mon frère seulement, détruit la ville de Sichem et les villes des Amorites ; que Dieu me fasse ainsi, plus encore, si tous vos frères, le peuple de Madian, et aussi les rois de Canaan, venaient avec vous, ils ne pourraient pas lutter contre moi.

[15] Maintenant donc, rendez-nous le jeune homme que vous avez pris, de peur que je ne donne votre chair aux oiseaux du ciel et aux bêtes de la terre.

[16] Et les Madianites eurent encore plus peur de Siméon, et ils s'approchèrent des fils de Jacob avec terreur et effroi, et avec des paroles pathétiques, disant,

[17] Sûrement vous avez dit que le jeune homme est votre serviteur, et qu'il s'est rebellé contre vous, et donc vous l'avez placé dans le puits ; que ferez-vous donc d'un serviteur qui se rebelle contre son maître ? Maintenant donc, vendez-le nous, et nous vous donnerons tout ce que vous demanderez pour lui ; et le Seigneur fut content de faire cela afin que les fils de Jacob ne tuent pas leur frère.

[18] Et les Madianites virent que Joseph était d'apparence agréable et bien favorisé ; ils le désirèrent dans leur cœur et furent pressés de l'acheter à ses frères.

[19] Et les fils de Jacob écoutèrent les Madianites et vendirent leur frère Joseph à eux pour vingt pièces d'argent, et Ruben leur frère n'était pas avec eux, et les Madianites prirent Joseph et continuèrent leur chemin vers Galaad.

[20] Ils allaient sur la route, et les Madianites regrettèrent ce qu'ils avaient fait, d'avoir acheté le jeune homme, et l'un dit à l'autre, Qu'avons-nous fait, en prenant ce jeune homme des Hébreux, qui est d'apparence agréable et bien favorisé.

[21] Peut-être ce jeune homme a-t-il été volé du pays des Hébreux, et pourquoi avons-nous donc fait cela ? et s'il devait être recherché et trouvé entre nos mains, nous mourrions à cause de lui.

[22] Sûrement des hommes robustes et puissants nous l'ont vendu, la force de l'un d'entre eux que vous avez vue aujourd'hui ; peut-être l'ont-ils volé de son pays par leur force et leur bras puissant, et l'ont donc vendu à nous pour la petite valeur que nous leur avons donnée.

[23] Et tandis qu'ils discutaient ainsi ensemble, ils regardèrent, et voici, la compagnie d'Ismaélites qui venait au début, et que les fils de Jacob avaient vue, avançait vers les Madianites, et les Madianites dirent entre eux, Venez, vendons ce jeune homme à la compagnie d'Ismaélites qui vient vers nous, et nous prendrons pour lui le peu que nous avons donné pour lui, et nous serons délivrés de son mal.

[24] Et ils firent ainsi, et ils atteignirent les Ismaélites, et les Madianites vendirent Joseph aux Ismaélites pour vingt pièces d'argent qu'ils avaient données pour lui à ses frères.

[25] Et les Madianites continuèrent leur route vers Galaad, et les Ismaélites prirent Joseph et le firent monter sur l'un des chameaux, et ils le menaient en Égypte.

[26] Et Joseph entendit que les Ismaélites se dirigeaient vers l'Égypte, et Joseph se lamenta et pleura sur cette chose qu'il devait être ainsi éloigné du pays de Canaan, de son père, et il pleura amèrement tandis qu'il était monté sur le chameau, et l'un de leurs hommes l'observa, et le fit descendre du chameau et marcher à pied, et malgré cela Joseph continua de crier et de pleurer, et il dit : Ô mon père, mon père.

[27] Et l'un des Ismaélites se leva et frappa Joseph sur la joue, et il continua de pleurer ; Joseph était fatigué sur la route, et incapable de continuer à cause de l'amertume de son âme, et ils le frappèrent tous et l'affligèrent sur la route, et l'effrayèrent afin qu'il cesse de pleurer.

[28] Le Seigneur vit l'ambition de Joseph et son trouble, et le Seigneur fit descendre sur ces hommes des ténèbres et une confusion, et la main de chacun qui l'avait frappé se dessécha.

[29] Ils se dirent les uns aux autres : Qu'est-ce que Dieu nous a fait sur la route ? et ils ne savaient pas que cela leur arrivait à cause de Joseph. Les hommes continuèrent sur la route, et ils passèrent le long de la route d'Éphrata où Rachel était enterrée.

[30] Joseph atteignit la tombe de sa mère, et Joseph se hâta et courut à la tombe de sa mère, et se jeta sur la tombe et pleura.

[31] Joseph cria fort sur la tombe de sa mère, et dit : Ô ma mère, ma mère, ô toi qui m'as donné naissance, réveille-toi maintenant, et lève-toi et vois ton fils, comment il a été vendu pour esclave, et personne pour le plaindre.

[32] Lève-toi et vois ton fils, pleure avec moi à cause de mes ennuis, et vois le cœur de mes frères.

[33] Réveille-toi ma mère, réveille-toi, sors de ton sommeil pour moi, et dirige tes combats contre mes frères. Ô comment m'ont-ils dépouillé de mon manteau, et vendu déjà deux fois comme esclave, et séparé de mon père, et il n'y a personne pour me plaindre.

[34] Réveille-toi et porte ta cause contre eux devant Dieu, et vois qui Dieu justifiera dans le jugement, et qui il condamnera.

[35] Lève-toi, ô ma mère, lève-toi, sors de ton sommeil et vois mon père comment son âme est avec moi ce jour, et réconforte-le et apaise son cœur.

[36] Joseph continua de parler ces mots, et Joseph cria fort et pleura amèrement sur la tombe de sa mère ; et il cessa de parler, et de l'amertume de son cœur, il devint immobile comme une pierre sur la tombe.

[37] Joseph entendit une voix lui parler du dessous du sol, qui lui répondit avec amertume de cœur, et avec une voix de pleurs et de prière dans ces mots :

[38] Mon fils, mon fils Joseph, j'ai entendu la voix de tes pleurs et la voix de ta lamentation ; j'ai vu tes larmes ; je connais tes ennuis, mon fils, et cela me peine pour toi, et un chagrin abondant s'ajoute à mon chagrin.

[39] Maintenant donc, mon fils, Joseph mon fils, espère au Seigneur, et attends-le et ne crains pas, car le Seigneur est avec toi, il te délivrera de tout trouble.

[40] Lève-toi mon fils, descends en Égypte avec tes maîtres, et ne crains pas, car le Seigneur est avec toi, mon fils. Et elle continua de parler de la sorte à Joseph, et elle se tut.

[41] Joseph entendit cela, et il s'étonna grandement de cela, et il continua de pleurer ; et après cela, l'un des Ismaélites l'observa pleurer et pleurer sur la tombe, et sa colère s'enflamma contre lui, et il le chassa de là, et le frappa et le maudit.

[42] Joseph dit aux hommes : Puissé-je trouver grâce à vos yeux pour me ramener à la maison de mon père, et il vous donnera abondance de richesses.

[43] Et ils lui répondirent, disant : N'es-tu pas un esclave, et où est ton père ? Et si tu avais un père, tu n'aurais pas déjà été vendu deux fois comme esclave pour si peu de valeur ; et leur colère s'enflamma encore contre lui, et ils continuèrent de le frapper et de le châtier, et Joseph pleura amèrement.

[44] Et le Seigneur vit l'affliction de Joseph, et le Seigneur frappa de nouveau ces hommes, et les châtia, et le Seigneur fit envelopper la terre de ténèbres, et les éclairs brillèrent et le tonnerre gronda, et la terre trembla au son du tonnerre et du vent puissant, et les hommes furent terrifiés et ne surent où aller.

[45] Et les bêtes et les chameaux s'arrêtèrent, et bien qu'ils les menaient, elles ne voulaient pas avancer, ils les frappèrent, et elles se couchèrent sur le sol ; et les hommes se dirent les uns aux autres : Qu'est-ce que Dieu nous a fait ? Quelles sont nos transgressions, et quels sont nos péchés pour que cela nous soit arrivé ?

[46] Et l'un d'eux répondit et leur dit : Peut-être à cause du péché d'avoir affligé cet esclave, cette chose nous est-elle arrivée aujourd'hui ; implorez-le donc fortement de nous pardonner, et alors nous saurons à cause de qui ce mal nous est arrivé, et si Dieu aura compassion de nous, alors nous saurons que tout cela nous est arrivé à cause du péché d'avoir affligé cet esclave.

[47] Et les hommes firent ainsi, et supplièrent Joseph et le pressèrent de leur pardonner ; et ils dirent : Nous avons péché envers le Seigneur et envers toi, implore donc ton Dieu qu'il éloigne cette mort de parmi nous, car nous avons péché contre lui.

[48] Et Joseph fit selon leurs paroles, et le Seigneur écouta Joseph, et le Seigneur éloigna la plaie qu'il avait infligée à ces hommes à cause de Joseph, et les bêtes se levèrent du sol et les menèrent, et ils continuèrent leur chemin, et la tempête furieuse se calma et la terre devint tranquille, et les hommes poursuivirent leur voyage pour descendre en Égypte, et les hommes surent que ce mal leur était arrivé à cause de Joseph.

[49] Et ils se dirent les uns aux autres : Voici, nous savons que c'est à cause de son affliction que ce mal nous est arrivé ; pourquoi donc apporterions-nous cette mort sur nos âmes ? Prenons conseil sur ce qu'il faut faire à cet esclave.

[50] Et l'un répondit et dit : Sûrement, il nous a dit de le ramener à son père ; venez donc, ramenons-le et nous irons à l'endroit qu'il nous indiquera, et nous prendrons de sa famille le prix que nous avons donné pour lui, et ensuite nous partirons.

[51] Et un autre répondit de nouveau et dit : Voici, ce conseil est très bon, mais nous ne pouvons pas faire cela car le chemin est très loin de nous, et nous ne pouvons pas sortir de notre route.

[52] Et encore un autre répondit et leur dit : Voici le conseil à adopter, nous n'en dévierons pas ; voici, nous allons aujourd'hui en Égypte, et quand nous serons arrivés en Égypte, nous le vendrons là-bas à un prix élevé, et nous serons délivrés de son mal.

[53] Et cette chose plut aux hommes et ils firent ainsi, et ils continuèrent leur voyage en Égypte avec Joseph.

43 - Les Frères de Joseph S'affligent

[1] Et lorsque les fils de Jacob eurent vendu leur frère Joseph aux Madianites, leur cœur fut frappé à cause de lui, et ils regrettèrent leurs actes, et le cherchèrent pour le ramener, mais ne purent le trouver.

[2] Et Ruben retourna à la fosse dans laquelle Joseph avait été mis, afin de le sortir et de le rendre à son père, et Ruben se tint près de la fosse, et n'entendit pas un mot, et appela Joseph! Joseph! Et personne ne répondit ni ne prononça un mot.

[3] Et Ruben dit, Joseph est mort de peur, ou quelque serpent a causé sa mort ; et Ruben descendit dans la fosse, et chercha Joseph et ne le trouva pas dans la fosse, et ressortit.

[4] Et Ruben déchira ses vêtements et dit, L'enfant n'est pas là, et comment vais-je réconcilier mon père à son sujet s'il est mort ? et il alla vers ses frères et les trouva en deuil à cause de Joseph, et en conseil ensemble sur la manière de réconcilier leur père à son sujet, et Ruben dit à ses frères, Je suis allé à la fosse et voilà, Joseph n'était pas là, que dirons-nous alors à notre père, car mon père ne demandera que le garçon de moi.

[5] Et ses frères lui répondirent en disant, Ainsi et ainsi nous avons fait, et nos cœurs par la suite nous ont frappés à cause de cet acte, et nous nous asseyons maintenant pour chercher un prétexte comment nous réconcilierons notre père à cela.

[6] Et Ruben leur dit, Qu'avez-vous fait pour faire descendre les cheveux gris de notre père dans le chagrin jusqu'à la tombe ? la chose n'est pas bonne, que vous avez faite.

[7] Et Ruben s'assit avec eux, et ils se levèrent tous et jurèrent les uns aux autres de ne pas dire cette chose à Jacob, et ils dirent tous, L'homme qui dira cela à notre père ou à sa maison, ou qui rapportera cela à l'un des enfants du pays, nous nous lèverons tous contre lui et le tuerons avec l'épée.

[8] Et les fils de Jacob se craignirent les uns les autres dans cette affaire, du plus jeune au plus âgé, et personne ne prononça un mot, et ils cachèrent la chose dans leurs cœurs.

[9] Et ils s'assirent par la suite pour déterminer et inventer quelque chose à dire à leur père Jacob concernant toutes ces choses.

[10] Et Issachar leur dit, Voici un conseil pour vous si cela vous semble bon de faire cette chose, prenez le manteau qui appartient à Joseph et déchirez-le, et tuez un chevreau des chèvres et trempez-le dans son sang.

[11] Et envoyez-le à notre père et quand il le verra il dira qu'une bête féroce l'a dévoré, donc déchirez son manteau et voilà, son sang sera sur son manteau, et en faisant cela nous serons libres des murmures de notre père.

[12] Et le conseil d'Issachar leur plut, et ils l'écoutèrent et firent selon la parole d'Issachar qu'il leur avait conseillée.

[13] Et ils se hâtèrent et prirent le manteau de Joseph et le déchirèrent, et ils tuèrent un chevreau des chèvres et trempèrent le manteau dans le sang du chevreau, et ensuite le piétinèrent dans la poussière, et ils envoyèrent le manteau à leur père Jacob par la main de Naphtali, et ils lui ordonnèrent de dire ces mots :

[14] Nous avions rassemblé le bétail et étions venus jusqu'à la route de Sichem et plus loin, quand nous avons trouvé ce manteau sur la route dans le désert trempé de sang et dans la poussière ; maintenant donc reconnais si c'est le manteau de ton fils ou non.

[15] Et Naphtali alla et il vint à son père et lui donna le manteau, et lui parla de toutes les paroles que ses frères lui avaient ordonnées.

[16] Et Jacob vit le manteau de Joseph, il le reconnut et tomba sur son visage à terre, et devint comme une pierre, puis il se leva et cria d'une voix forte et pleurante et dit, C'est le manteau de mon fils Joseph !

[17] Et Jacob se hâta et envoya un de ses serviteurs vers ses fils, qui alla vers eux et les trouva venant le long de la route avec le troupeau.

[18] Et les fils de Jacob vinrent à leur père vers le soir, et voici, leurs vêtements étaient déchirés et de la poussière était sur leurs têtes, et ils trouvèrent leur père criant et pleurant d'une voix forte.

[19] Et Jacob dit à ses fils, Dites-moi véritablement quel mal avez-vous soudainement apporté sur moi aujourd'hui ? et ils répondirent à leur père Jacob, disant, Nous venions le long de la route après que le troupeau ait été rassemblé, et nous sommes venus jusqu'à la ville de Sichem par la route dans le désert, et nous avons trouvé ce manteau rempli de sang sur le sol, et nous l'avons reconnu et nous t'avons envoyé voir si tu pouvais le reconnaître.

[20] Et Jacob entendit les paroles de ses fils et il cria d'une voix forte, et dit, C'est le manteau de mon fils, une bête maléfique l'a dévoré ; Joseph est mis en pièces, car je l'ai envoyé aujourd'hui pour voir si tout allait bien avec vous et bien avec les troupeaux et pour me rapporter de vos nouvelles, et il est allé comme je lui ai ordonné, et cela lui est arrivé aujourd'hui pendant que je pensais que mon fils était avec vous.

[21] Et les fils de Jacob répondirent et dirent, Il n'est pas venu à nous, ni ne l'avons-nous vu depuis que nous sommes sortis de chez toi jusqu'à maintenant.

[22] Et lorsque Jacob entendit leurs paroles il cria de nouveau à haute voix, et se leva et déchira ses vêtements, et mit un sac sur ses reins, et pleura amèrement et pleura et éleva sa voix en pleurant et s'exclama et dit ces mots,

[23] Joseph mon fils, ô mon fils Joseph, je t'ai envoyé aujourd'hui après le bien-être de tes frères, et voici tu as été mis en pièces ; par ma main cela est arrivé à mon fils.

[24] Cela me peine pour toi Joseph mon fils, cela me peine pour toi ; combien étais-tu doux pour moi pendant la vie, et maintenant combien est extrêmement amer ta mort pour moi.

[25] Oh que je sois mort à ta place Joseph mon fils, car cela me peine tristement pour toi mon fils, ô mon fils, mon fils. Joseph mon fils, où es-tu, et où as-tu été emmené ? lève-toi, lève-toi de ta place, et viens voir ma douleur pour toi, ô mon fils Joseph.

[26] Viens maintenant et compte les larmes jaillissant de mes yeux sur mes joues, et apporte-les devant le Seigneur, pour que sa colère se détourne de moi.

[27] Oh Joseph mon fils, comment es-tu tombé, par la main de celui par qui personne n'était tombé depuis le début du monde jusqu'à ce jour ; car tu as été mis à mort par la frappe d'un ennemi, infligée avec cruauté, mais sûrement je sais que cela t'est arrivé, à cause de la multitude de mes péchés.

[28] Lève-toi maintenant et vois combien est amère ma peine pour toi mon fils, bien que je ne t'aie pas élevé, ni façonné, ni donné respiration et âme, mais c'était Dieu qui t'a formé et a construit tes os et les a couverts de chair, et a soufflé dans tes narines le souffle de vie, et puis il t'a donné à moi.

[29] Maintenant véritablement Dieu qui t'a donné à moi, il t'a pris de moi, et c'est ainsi qu'il t'est arrivé.

[30] Et Jacob continua à parler de la sorte à propos de Joseph, et il pleura amèrement ; il tomba à terre et devint immobile.

[31] Et tous les fils de Jacob, voyant le trouble de leur père, regrettèrent ce qu'ils avaient fait, et ils pleurèrent également amèrement.

[32] Et Juda se leva et souleva la tête de son père du sol, et la posa sur ses genoux, et il essuya les larmes de son père de ses joues, et Juda pleura d'un très grand pleur, pendant que la tête de son père était appuyée sur ses genoux, immobile comme une pierre.

[33] Et les fils de Jacob virent le trouble de leur père, et ils élevèrent leur voix et continuèrent de pleurer, et Jacob était encore allongé au sol, immobile comme une pierre.

[34] Et tous ses fils et ses serviteurs et les enfants de ses serviteurs se levèrent et se tinrent autour de lui pour le réconforter, et il refusa d'être consolé.

[35] Et toute la maisonnée de Jacob se leva et pleura un grand deuil à cause de Joseph et du trouble de leur père, et la nouvelle parvint à Isaac, fils d'Abraham, le père de Jacob, et il pleura amèrement à cause de Joseph, lui et toute sa maisonnée, et il quitta le lieu où il habitait à Hébron, et ses hommes avec lui, et il consola Jacob son fils, et il refusa d'être consolé.

[36] Et après cela, Jacob se leva du sol, et ses larmes coulaient sur ses joues, et il dit à ses fils, Levez-vous et prenez vos épées et vos arcs, et allez dans les champs, et cherchez si vous pouvez trouver le corps de mon fils et l'apporter à moi pour que je puisse l'enterrer.

[37] Cherchez aussi, je vous prie, parmi les bêtes et chassez-les, et ce qui viendra le premier devant vous, saisissez-le et apportez-le à moi, peut-être que le Seigneur aura pitié de mon affliction aujourd'hui, et préparera devant vous ce qui a déchiré mon fils en morceaux, et l'apportez à moi, et je vengerai la cause de mon fils.

[38] Et ses fils firent comme leur père leur avait commandé, et ils se levèrent tôt le matin, et chacun prit son épée et son arc en main, et ils partirent dans les champs pour chasser les bêtes.

[39] Et Jacob criait encore à haute voix et pleurait et allait de long en large dans la maison, et frappait ses mains ensemble, disant, Joseph mon fils, Joseph mon fils.

[40] Et les fils de Jacob allèrent dans le désert pour saisir les bêtes, et voilà qu'un loup vint vers eux, et ils le saisirent, et l'apportèrent à leur père, et ils lui dirent, C'est le premier que nous avons trouvé, et nous l'avons apporté à toi comme tu nous l'avais commandé, et nous n'avons pas pu trouver le corps de ton fils.

[41] Et Jacob prit la bête des mains de ses fils, et il cria d'une voix forte et pleurante, tenant la bête dans sa main, et il parla avec un cœur amer à la bête, Pourquoi as-tu dévoré mon fils Joseph, et comment n'as-tu pas eu peur du Dieu de la terre, ou de mon trouble pour mon fils Joseph ?

[42] Et tu as dévoré mon fils pour rien, car il n'a commis aucune violence, et tu m'as ainsi rendu coupable à son égard, donc Dieu exigera celui qui est persécuté.

[43] Et le Seigneur ouvrit la bouche de la bête pour réconforter Jacob par ses paroles, et elle répondit à Jacob et lui parla ces mots,

[44] Aussi vrai que Dieu vit qui nous a créés sur la terre, et aussi vrai que ton âme vit, mon seigneur, je n'ai pas vu ton fils, ni ne l'ai déchiré en morceaux, mais d'une terre lointaine je suis également venu chercher mon fils qui m'a quitté ce jour, et je ne sais pas s'il est vivant ou mort.

[45] Et je suis venu ce jour dans le champ pour chercher mon fils, et tes fils m'ont trouvé, et m'ont saisi et ont augmenté ma peine, et m'ont amené devant toi ce jour, et j'ai maintenant dit toutes mes paroles à toi.

[46] Et maintenant donc, ô fils de l'homme, je suis entre tes mains, et fais-moi ce jour comme il te semblera bon à tes yeux, mais par la vie de Dieu qui m'a créé, je n'ai pas vu ton fils, ni ne l'ai déchiré en morceaux, ni la chair de l'homme n'est entrée dans ma bouche tous les jours de ma vie.

[47] Et lorsque Jacob entendit les paroles de la bête, il fut grandement étonné, et laissa partir la bête de sa main, et elle s'en alla.

[48] Et Jacob continua de crier à haute voix et de pleurer pour Joseph jour après jour, et il pleura son fils de nombreux jours.

44 - Joseph Vendu à Potiphar

(Genèse 37,39)

[1] Et les fils d'Ismaël qui avaient acheté Joseph aux Madianites, qui l'avaient acheté à ses frères, se rendirent en Égypte avec Joseph, et ils arrivèrent aux frontières de l'Égypte. Quand ils approchèrent de l'Égypte, ils rencontrèrent quatre hommes parmi les fils de Médan, fils d'Abraham, qui étaient sortis du pays d'Égypte pour leur voyage.

[2] Et les Ismaélites leur dirent : Désirez-vous acheter cet esclave de nous ? Ils répondirent : Livrez-le-nous, et ils livrèrent Joseph à eux. Ils le virent, c'était un jeune homme très beau, et ils l'achetèrent pour vingt sicles.

[3] Et les Ismaélites continuèrent leur voyage vers l'Égypte et les Médanites retournèrent aussi ce jour-là en Égypte. Les Médanites se dirent entre eux : Voici, nous avons entendu dire que Potiphar, officier de Pharaon, chef des gardes, cherche un bon serviteur qui se tiendra devant lui pour le servir, et pour le mettre intendant sur sa maison et tout ce qui lui appartient.

[4] Venez, vendons-le lui pour ce que nous désirerons, s'il peut nous donner ce que nous demanderons pour lui.

[5] Ces Médanites allèrent et arrivèrent à la maison de Potiphar, et lui dirent : Nous avons entendu dire que tu cherches un bon serviteur pour te servir, voici, nous avons un serviteur qui te plaira, si tu peux nous donner ce que nous désirons, et nous te le vendrons.

[6] Potiphar dit : Amenez-le-moi, et je le verrai, et s'il me plaît, je vous donnerai ce que vous demanderez pour lui.

[7] Les Médanites allèrent, amenèrent Joseph et le placèrent devant Potiphar. Il le vit, et il lui plut extrêmement. Potiphar leur dit : Dites-moi ce que vous demandez pour ce jeune homme ?

[8] Ils dirent : Nous désirons quatre cents pièces d'argent pour lui. Potiphar dit : Je vous les donnerai si vous m'apportez le registre de sa vente à vous, et que vous me racontiez son histoire, car peut-être a-t-il été volé, car ce jeune homme n'est ni un esclave, ni le fils d'un esclave, mais je vois en lui l'apparence d'une personne noble et belle.

[9] Les Médanites allèrent et amenèrent les Ismaélites qui le leur avaient vendu, et ils lui dirent : C'est un esclave, et nous l'avons vendu à eux.

[10] Potiphar entendit les paroles des Ismaélites lorsqu'il donnait l'argent aux Médanites, et les Médanites prirent l'argent et continuèrent leur voyage, et les Ismaélites retournèrent également chez eux.

[11] Potiphar prit Joseph et l'amena dans sa maison pour qu'il le serve. Joseph trouva grâce aux yeux de Potiphar, qui lui fit confiance et le mit intendant sur sa maison, et tout ce qui lui appartenait, il le remit entre ses mains.

[12] L'Éternel fut avec Joseph et il devint un homme prospère. L'Éternel bénit la maison de Potiphar à cause de Joseph.

[13] Potiphar laissa tout ce qu'il possédait entre les mains de Joseph, et Joseph était celui qui faisait entrer et sortir, et tout était réglé selon son désir dans la maison de Potiphar.

[14] Joseph avait dix-huit ans, un jeune homme aux beaux yeux et d'apparence agréable, et il n'y avait pas son égal dans toute la terre d'Égypte.

[15] À cette époque, pendant qu'il était dans la maison de son maître, entrant et sortant de la maison et servant son maître, Zélicha, la femme de son maître, leva les yeux vers Joseph et elle le regarda, et voici, il était un jeune homme beau et bien fait.

[16] Elle convoita sa beauté dans son cœur, et son âme s'attacha à Joseph. Elle le séduisit jour après jour, et Zélicha persuadait Joseph chaque jour, mais Joseph ne levait pas les yeux pour voir la femme de son maître.

[17] Zélicha lui dit : "Que tu es beau de forme et d'apparence, vraiment, j'ai regardé tous les esclaves, et je n'ai pas vu d'esclave aussi beau que toi." Joseph lui répondit : "Celui qui m'a créé dans le ventre de ma mère a créé toute l'humanité."

[18] Elle lui dit : "Que tes yeux sont beaux, avec lesquels tu as ébloui tous les habitants de l'Égypte, hommes et femmes." Il lui répondit : "Ils sont beaux tant que nous sommes en vie, mais si tu les voyais dans la tombe, tu t'en détournerais sûrement."

[19] Elle lui dit : "Que tes paroles sont belles et agréables ; prends maintenant, je t'en prie, la harpe qui est dans la maison, et joue avec tes mains pour que nous entendions tes paroles."

[20] Il lui dit : "Mes paroles sont belles et agréables quand je parle des louanges de mon Dieu et de sa gloire." Elle lui dit : "Que les cheveux de ta tête sont très beaux, regarde le peigne en or qui est dans la maison, prends-le je t'en prie, et boucle les cheveux de ta tête."

[21] Il lui dit : "Combien de temps parleras-tu ainsi ? Cesse de me dire ces paroles, et lève-toi et occupe-toi de tes affaires domestiques."

[22] Elle lui dit : "Il n'y a personne dans ma maison, et il n'y a rien à faire à part écouter tes paroles et suivre tes souhaits ; pourtant, malgré tout cela, elle ne pouvait amener Joseph à elle, et il ne posait pas son regard sur elle, mais dirigeait ses yeux vers le sol."

[23] Zélicha désirait Joseph dans son cœur, pour qu'il se couche avec elle, et au moment où Joseph était assis dans la maison à faire son travail, Zélicha vint et s'assit devant lui, et elle le séduisait quotidiennement par ses paroles pour qu'il se couche avec elle, ou même pour qu'il la regarde, mais Joseph ne voulait pas l'écouter.

[24] Elle lui dit : "Si tu ne fais pas selon mes paroles, je te punirai de la peine de mort, et je mettrai un joug de fer sur toi."

[25] Joseph lui dit : "Sûrement, Dieu qui a créé l'homme libère les prisonniers de leurs chaînes, et c'est lui qui me délivrera de ta prison et de ton jugement."

[26] Quand elle ne put prévaloir sur lui pour le persuader, et que son âme était toujours fixée sur lui, son désir la plongea dans une maladie grave.

[27] Toutes les femmes d'Égypte vinrent la visiter, et lui dirent : "Pourquoi es-tu dans cet état de déclin ? Toi qui ne manques de rien ; sûrement, ton mari est un grand et estimé prince aux yeux du roi, manquerais-tu de quelque chose que ton cœur désire ?"

[28] Zélicah leur répondit : "Ce jour vous sera révélé d'où provient ce trouble que vous voyez en moi," et elle ordonna à ses servantes de préparer de la nourriture pour toutes les femmes, et elle leur fit un banquet, et toutes les femmes mangèrent dans la maison de Zélicah.

[29] Elle leur donna des couteaux pour peler les citrons pour les manger, et elle ordonna qu'on habille Joseph de vêtements coûteux, et qu'il se présente devant elles. Joseph apparut devant leurs yeux et toutes les femmes regardèrent Joseph, et ne pouvaient détacher leurs yeux de lui, et elles se coupèrent toutes les mains avec les couteaux qu'elles avaient en main, et tous les citrons qu'elles avaient en main furent remplis de sang.

[30] Elles ne savaient pas ce qu'elles avaient fait mais continuaient à regarder la beauté de Joseph, sans détourner leurs paupières de lui.

[31] Zélicah vit ce qu'elles avaient fait, et leur dit : "Qu'avez-vous fait ? Voyez, je vous ai donné des citrons à manger, et vous vous êtes toutes coupé les mains."

[32] Toutes les femmes virent leurs mains, remplies de sang, et leur sang coulait sur leurs vêtements. Elles lui dirent : "Cet esclave dans ta maison nous a vaincues ; nous n'avons pu détourner nos paupières de lui à cause de sa beauté."

[33] Elle leur dit : "Cela vous est arrivé au moment où vous l'avez regardé, vous n'avez pu vous retenir ; comment puis-je me retenir, moi qui le vois constamment aller et venir dans ma maison ? Comment puis-je éviter de décliner, voire de périr à cause de cela ?"

[34] Elles lui dirent : "Les paroles sont vraies, car qui peut voir cette belle forme dans la maison et s'en abstenir, n'est-il pas ton esclave et serviteur dans ta maison, et pourquoi ne lui dis-tu pas ce qui est dans ton cœur, et laisses-tu ton âme périr pour cette affaire ?"

[35] Elle leur dit : "Je tente chaque jour de le persuader, mais il ne consent pas à mes souhaits ; je lui ai promis tout ce qui est bon, et pourtant je n'ai reçu aucun retour de sa part ; je suis donc dans un état de déclin, comme vous pouvez le voir."

[36] Zélicah devint très malade à cause de son désir pour Joseph, et elle était désespérément amoureuse de lui, et tous les gens de la maison de Zélicah et son mari ne savaient rien de cette affaire, que Zélicah était malade à cause de son amour pour Joseph.

[37] Tous les gens de sa maison lui demandèrent : "Pourquoi es-tu malade et en déclin, et ne manques-tu de rien ?" Elle leur répondit : "Je ne sais pas ce qui m'arrive chaque jour."

[38] Toutes les femmes et ses amies venaient la voir chaque jour, et lui parlaient, et elle leur disait : "Cela ne peut être qu'à cause de l'amour de Joseph." Elles lui dirent : "Séduis-le et capture-le secrètement, peut-être t'écoutera-t-il et te délivrera-t-il de cette mort."

[39] Zélicah devint pire à cause de son amour pour Joseph, et continua à décliner, jusqu'à n'avoir presque plus la force de se tenir debout.

[40] Un jour, alors que Joseph faisait le travail de son maître dans la maison, Zélicah vint secrètement et tomba soudainement sur lui. Joseph se leva contre elle, plus puissant qu'elle, et la fit tomber au sol.

[41] Zélicah pleura à cause du désir de son cœur pour lui, et le supplia en pleurant, ses larmes coulant sur ses joues. Elle lui parla d'une voix suppliante et avec amertume d'âme, disant :

[42] "As-tu jamais entendu, vu ou su qu'une femme aussi belle que moi, ou meilleure que moi, qui te parle chaque jour, décline par amour pour toi, te confère tout cet honneur, et pourtant tu n'écoutes pas ma voix ?"

[43] "Si c'est par peur de ton maître de peur qu'il te punisse, je jure par la vie du roi qu'aucun mal ne t'arrivera de la part de ton maître pour cette affaire ; écoute-moi donc, je t'en prie, et consens pour l'honneur que je t'ai conféré, et écarte cette mort de moi, et pourquoi devrais-je mourir pour toi ?" Elle cessa de parler.

[44] Joseph lui répondit : "Éloigne-toi de moi, et laisse cette affaire à mon maître ; voici, mon maître ne sait pas ce qui est avec moi dans la maison, car tout ce qui lui appartient, il l'a livré entre mes mains, et comment pourrais-je faire de telles choses dans la maison de mon maître ?

[45] Il m'a également grandement honoré dans sa maison, m'a nommé intendant de sa maison, m'a élevé, et il n'y a personne de plus grand que moi dans cette maison. Mon maître ne m'a rien refusé, sauf toi, qui es sa femme. Comment peux-tu donc me dire de telles choses, et comment pourrais-je commettre ce grand mal et pécher contre Dieu et contre ton mari ?

[46] Éloigne-toi donc de moi, et ne me parle plus de la sorte, car je n'écouterai pas tes paroles." Mais Zélicah n'écouta pas Joseph quand il lui parla ainsi, et elle continua chaque jour à le séduire pour qu'il l'écoute.

[47] Après cela, le fleuve d'Égypte déborda, et tous les habitants d'Égypte sortirent, ainsi que le roi et les princes, avec des tambourins et des danses, car c'était une grande réjouissance en Égypte, et un jour férié lors de l'inondation de la mer Sihor, et ils y allèrent pour se réjouir toute la journée.

[48] Lorsque les Égyptiens sortirent vers le fleuve pour se réjouir, comme c'était leur coutume, tous les gens de la maison de Potiphar les accompagnèrent, mais Zélicah ne voulut pas aller avec eux, car elle dit : "Je suis indisposée", et elle resta seule dans la maison, sans aucune autre personne avec elle dans la maison.

[49] Elle se leva et monta à son temple dans la maison, s'habilla de vêtements princiers, et plaça sur sa tête des pierres précieuses d'onyx incrustées d'argent et d'or, et elle embellit son visage et sa peau avec toutes sortes de liquides purifiants pour femmes, et parfuma le temple et la maison avec de la casse et de l'encens, et étala de la myrrhe et de l'aloès, puis s'assit à l'entrée du temple, dans le passage de la maison, par lequel Joseph passait pour faire son travail, et voici, Joseph vint des champs, et entra dans la maison pour faire le travail de son maître.

[50] Il arriva à l'endroit par lequel il devait passer, et vit tout le travail de Zélicah, et fit demi-tour.

[51] Zélicah vit Joseph se retourner loin d'elle, et elle lui cria : "Qu'as-tu Joseph ? Viens à ton travail, et voici, je ferai de la place pour toi jusqu'à ce que tu aies passé à ta place."

[52] Joseph revint et entra dans la maison, et passa de là à l'endroit de sa place, et s'assit pour faire le travail de son maître comme d'habitude, et voici, Zélicah vint à lui et se tint devant lui en vêtements princiers, et le parfum de ses vêtements se répandit au loin.

[53] Elle se hâta et saisit Joseph et ses vêtements, et lui dit : "Par la vie du roi, si tu ne satisfais pas ma demande, tu mourras aujourd'hui", et elle se hâta et étendit son autre main et tira une épée de sous ses vêtements, et la plaça sur le cou de Joseph, et lui dit : "Lève-toi et satisfais ma demande, sinon tu meurs aujourd'hui."

[54] Joseph eut peur d'elle en voyant cela, et se leva pour fuir loin d'elle, et elle saisit le devant de ses vêtements, et dans la terreur de sa fuite, le vêtement que Zélicah saisit se déchira, et Joseph laissa le vêtement dans la main de Zélicah, et s'enfuit et sortit, car il avait peur.

[55] Lorsque Zélicah vit que le vêtement de Joseph était déchiré, et qu'il l'avait laissé dans sa main, et s'était enfui, elle eut peur pour sa vie, de peur que le rapport ne se répande à son sujet, et elle se leva et agit avec ruse, et retira les vêtements dans lesquels elle était habillée, et elle mit ses autres vêtements.

[56] Et elle prit le vêtement de Joseph, et le posa à côté d'elle, et alla s'asseoir à l'endroit où elle avait été assise dans sa maladie, avant que les gens de sa maison ne soient sortis vers le fleuve, et elle appela un jeune garçon qui était alors dans la maison, et lui ordonna d'appeler les gens de la maison auprès d'elle.

[57] Et quand elle les vit, elle leur dit à haute voix et avec lamentation, Voyez ce qu'un Hébreu que votre maître a amené chez moi, car il est venu aujourd'hui pour coucher avec moi.

[58] Car lorsque vous étiez sortis, il est venu à la maison, et voyant qu'il n'y avait personne dans la maison, il est venu vers moi, et m'a saisie, dans l'intention de coucher avec moi.

[59] Et j'ai saisi ses vêtements et les ai déchirés et ai crié contre lui à haute voix, et lorsque j'ai élevé ma voix, il a eu peur pour sa vie et a laissé son vêtement devant moi, et s'est enfui.

[60] Et les gens de sa maison ne dirent rien, mais leur colère s'enflamma beaucoup contre Joseph, et ils allèrent vers son maître et lui rapportèrent les paroles de sa ruse.

[61] Et Potiphar rentra chez lui enragé, et sa femme cria vers lui, disant, Qu'est-ce que ceci que tu as fait contre moi en amenant un serviteur Hébreu dans ma maison, car il est venu vers moi aujourd'hui pour jouer avec moi ; ainsi a-t-il fait envers moi aujourd'hui.

[62] Et Potiphar entendit les paroles de sa femme, et il ordonna que Joseph soit puni de sévères coups, et ils le firent ainsi.

[63] Et pendant qu'ils frappaient Joseph, Joseph cria à haute voix, et leva les yeux vers le ciel, et dit, Ô Seigneur Dieu, tu sais que je suis innocent de toutes ces choses, et pourquoi mourrais-je aujourd'hui par fausseté, par la main de ces hommes impies non circoncis, que tu connais ?

[64] Et pendant que les hommes de Potiphar battaient Joseph, il continua à crier et à pleurer, et il y avait là un enfant de onze mois, et le Seigneur ouvrit la bouche de l'enfant, et il prononça ces mots devant les hommes de Potiphar qui frappaient Joseph, disant,

[65] Que voulez-vous de cet homme, et pourquoi lui faites-vous ce mal ? ma mère parle faussement et profère des mensonges ; ainsi s'est passée la transaction.

[66] Et l'enfant leur raconta avec précision tout ce qui s'était passé, et tous les mots de Zélicha à Joseph jour après jour, il les leur déclara.

[67] Et tous les hommes entendirent les paroles de l'enfant et s'étonnèrent grandement des paroles de l'enfant, et l'enfant cessa de parler et se tut.

[68] Et Potiphar eut très honte des paroles de son fils, et il commanda à ses hommes de ne plus battre Joseph, et les hommes cessèrent de battre Joseph.

[69] Et Potiphar prit Joseph et ordonna qu'il soit amené en justice devant les prêtres, qui étaient juges appartenant au roi, afin de le juger concernant cette affaire.

[70] Et Potiphar et Joseph vinrent devant les prêtres qui étaient les juges du roi, et il leur dit, Décidez je vous prie, quel jugement est dû à un serviteur, car ainsi a-t-il fait.

[71] Et les prêtres dirent à Joseph, Pourquoi as-tu fait cela à ton maître ? et Joseph leur répondit, disant, Non, mes seigneurs, ainsi était la situation ; et Potiphar dit à Joseph, Sûrement j'ai confié entre tes mains tout ce qui m'appartenait, et je ne t'ai rien caché sauf ma femme, et comment as-tu pu faire ce mal ?

[72] Et Joseph répondit en disant, Non, mon seigneur, aussi vrai que le Seigneur vit, et que ton âme vit, mon seigneur, le mot que tu as entendu de ta femme est faux, car ainsi s'est passée l'affaire aujourd'hui.

[73] Un an s'est écoulé depuis que je suis dans ta maison ; as-tu vu en moi une iniquité, ou quelque chose qui puisse te pousser à demander ma vie ?

[74] Et les prêtres dirent à Potiphar, Envoie, je t'en prie, et qu'ils apportent devant nous le vêtement déchiré de Joseph, et que nous voyions la déchirure dedans, et si c'est que la déchirure est à l'avant du vêtement, alors son visage devait être opposé à elle et elle a dû le saisir, pour venir à elle, et avec tromperie ta femme a fait tout ce qu'elle a dit.

[75] Et ils apportèrent le vêtement de Joseph devant les prêtres qui étaient juges, et ils virent et voici la déchirure était à l'avant de Joseph, et tous les prêtres juges surent qu'elle l'avait pressé, et ils dirent, Le jugement de mort n'est pas dû à cet esclave car il n'a rien fait, mais son jugement est, qu'il soit placé dans la maison de prison à cause du rapport, qui par lui est sorti contre ta femme.

[76] Et Potiphar entendit leurs paroles, et il le plaça dans la maison de prison, l'endroit où les prisonniers du roi sont confinés, et Joseph était dans la maison de confinement pendant douze ans.

[77] Et malgré cela, la femme de son maître ne se détourna pas de lui, et elle n'a cessé de lui parler jour après jour pour l'écouter, et à la fin de trois mois Zélicah continua d'aller vers Joseph à la

maison de confinement jour après jour, et elle l'incita à l'écouter, et Zélicah dit à Joseph, Combien de temps resteras-tu dans cette maison ? mais écoute maintenant ma voix, et je te sortirai de cette maison.

[78] Et Joseph lui répondit, disant, Il vaut mieux pour moi rester dans cette maison que d'écouter tes paroles, pour pécher contre Dieu ; et elle lui dit, Si tu ne réalises pas mon souhait, je t'arracherai les yeux, ajouterai des fers à tes pieds, et te livrerai entre les mains de ceux que tu ne connaissais pas auparavant.

[79] Et Joseph lui répondit et dit, Voici, le Dieu de toute la terre est capable de me délivrer de tout ce que tu peux faire contre moi, car il ouvre les yeux des aveugles, et libère ceux qui sont liés, et préserve tous les étrangers qui ne connaissent pas la terre.

[80] Et lorsque Zélicah ne put persuader Joseph de l'écouter, elle cessa d'aller l'inciter ; et Joseph était toujours confiné dans la maison de confinement. Et Jacob, le père de Joseph, et tous ses frères qui étaient au pays de Canaan pleurèrent et pleurèrent encore ces jours-là à cause de Joseph, car Jacob refusa d'être consolé pour son fils Joseph, et Jacob cria fort, et pleura et pleura tous ces jours.

45 - Les Familles des Fils de Jacob

(Genèse 38; 46:8-25)

[1] Et il arriva à cette époque-là, en cette année, qui est l'année de la descente de Joseph en Égypte après que ses frères l'avaient vendu, que Ruben, le fils de Jacob, alla à Timna et prit pour femme Éliuram, la fille d'Avi le Cananéen, et il vint vers elle.

[2] Et Éliuram, la femme de Ruben, conçut et lui donna Hanok, Palou, Hetzron et Carmi, quatre fils ; et Siméon, son frère, prit sa sœur Dina pour femme, et elle lui donna Memouel, Yamin, Ohad, Yakhin et Zohar, cinq fils.

[3] Et par la suite, il alla vers Bunah la Cananéenne, la même Bunah que Siméon avait capturée de la ville de Sichem, et Bunah était avant Dina et la servait, et Siméon vint à elle, et elle lui donna Saül.

[4] Et Juda, à cette époque, alla à Adullam, et il vint à un homme d'Adullam, don't le nom était Hira, et Juda y vit la fille d'un homme de Canaan, et son nom était Aliyath, la fille de Shoua, et il la prit, et vint vers elle, et Aliyath donna à Juda Er, Onan et Shéla ; trois fils.

[5] Et Lévi et Issachar allèrent au pays de l'est, et ils prirent pour épouses les filles de Jobab fils de Yoktan, fils d'Éber ; et Jobab fils de Yoktan avait deux filles ; le nom de l'aînée était Adina, et le nom de la cadette était Arida.

[6] Et Lévi prit Adina, et Issachar prit Arida, et ils vinrent au pays de Canaan, à la maison de leur père, et Adina donna à Lévi Guershon, Kehath et Merari ; trois fils.

[7] Et Arida donna à Issachar Tola, Pouva, Job et Shomron, quatre fils ; et Dan alla au pays de Moab et prit pour femme Aphlaleth, la fille de Chamoudan le Moabite, et il l'amena au pays de Canaan.

[8] Et Aphlaleth était stérile, elle n'avait pas d'enfants, et Dieu se souvint par la suite d'Aphlaleth, la femme de Dan, et elle conçut et donna naissance à un fils, et elle appela son nom Houchim.

[9] Et Gad et Naphtali allèrent à Haran et prirent de là les filles d'Amuram fils d'Ouz, fils de Nahor, pour épouses.

[10] Et voici les noms des filles d'Amuram ; le nom de l'aînée était Merimah, et le nom de la cadette Uzith ; et Naphtali prit Merimah, et Gad prit Uzith ; et ils les amenèrent au pays de Canaan, à la maison de leur père.

[11] Et Merimah donna à Naphtali Yachtzeel, Gouni, Yétser et Shillem, quatre fils ; et Uzith donna à Gad Tsephion, Haggi, Shouni, Etsbon, Éri, Arodi et Areli, sept fils.

[12] Et Acher sortit et prit Adon la fille d'Aphlal, fils de Hadad, fils d'Ismaël, pour femme, et il l'amena au pays de Canaan.

[13] Et Adon, la femme d'Acher, mourut en ces jours-là : elle n'avait pas d'enfants ; et c'était après la mort d'Adon qu'Acher alla de l'autre côté du fleuve et prit pour femme Hadourah, la fille d'Abimaël, fils d'Éber, fils de Sem.

[14] Et la jeune femme était d'une belle apparence et une femme de sens, et elle avait été la femme de Malkiel fils d'Élam, fils de Sem.

[15] Et Hadourah donna une fille à Malkiel, et il appela son nom Serah, et Malkiel mourut après cela, et Hadourah alla et resta dans la maison de son père.

[16] Et après la mort de la femme d'Asher, il alla prendre Hadurah pour femme, et l'amena au pays de Canaan, et Serah, sa fille, il l'amena aussi avec eux, et elle avait trois ans, et la jeune fille fut élevée dans la maison de Jacob.

[17] Et la jeune fille était d'une belle apparence, et elle suivit les voies sanctifiées des enfants de Jacob ; elle ne manquait de rien, et le Seigneur lui donna sagesse et intelligence.

[18] Et Hadurah, la femme d'Asher, conçut et lui donna Yimna, Yishva, Yishvi et Beria ; quatre fils.

[19] Et Zebulun alla en Madian, et prit pour femme Merisha, la fille de Molad, fils d'Abida, fils de Madian, et l'amena au pays de Canaan.

[20] Et Merusha donna à Zebulun Sered, Elon et Yachleel ; trois fils.

[21] Et Jacob envoya chercher à Aram, fils de Zoba, fils de Térah, et il prit pour son fils Benjamin Mechalia, la fille d'Aram, et elle vint au pays de Canaan, à la maison de Jacob ; et Benjamin avait dix ans lorsqu'il prit Mechalia, la fille d'Aram, pour femme.

[22] Et Mechalia conçut et donna à Benjamin Bela, Becher, Ashbel, Guéra et Naaman, cinq fils ; et Benjamin prit ensuite pour femme Aribath, la fille de Shomron, fils d'Abraham, en plus de sa première femme, et il avait dix-huit ans ; et Aribath donna à Benjamin Ahi, Vosh, Mupim, Hupim et Ard ; cinq fils.

[23] Et en ces jours-là, Juda alla à la maison de Shem et prit Tamar, la fille d'Elam, fils de Shem, pour femme pour son premier-né Er.

[24] Et Er vint vers sa femme Tamar, et elle devint sa femme, et lorsqu'il vint à elle, il détruisit sa semence extérieurement, et son acte était mauvais aux yeux du Seigneur, et le Seigneur le tua.

[25] Et après la mort d'Er, le premier-né de Juda, Juda dit à Onan, va vers la femme de ton frère et épouse-la comme prochain parent, et suscite une descendance à ton frère.

[26] Et Onan prit Tamar pour femme et il vint à elle, et Onan fit également comme l'acte de son frère, et son acte était mauvais aux yeux du Seigneur, et il le tua aussi.

[27] Et quand Onan mourut, Juda dit à Tamar, Reste dans la maison de ton père jusqu'à ce que mon fils Shiloh ait grandi, et Juda ne prit plus de plaisir en Tamar, pour la donner à Shiloh, car il dit, Peut-être mourra-t-il comme ses frères.

[28] Et Tamar se leva et alla et resta dans la maison de son père, et Tamar fut dans la maison de son père pendant quelque temps.

[29] Et à la révolution de l'année, Aliyath, la femme de Juda, mourut ; et Juda fut consolé pour sa femme, et après la mort d'Aliyath, Juda monta avec son ami Hira à Timna pour tondre leurs moutons.

[30] Et Tamar entendit que Juda était monté à Timna pour tondre les moutons, et que Shiloh avait grandi, et Juda ne prenait pas plaisir en elle.

[31] Et Tamar se leva et retira les vêtements de sa veuvage, et elle mit un voile sur elle, et se couvrit entièrement, et elle alla s'asseoir dans la voie publique, qui est sur la route de Timna.

[32] Et Juda passa et la vit et la prit et il vint à elle, et elle conçut de lui, et au moment d'accoucher, voici, il y avait des jumeaux dans son ventre, et il appela le nom du premier Pérets, et le nom du second Zérah.

46 - Joseph Interprète Deux Rêves
(Genèse 40)

[1] En ces jours-là, Joseph était toujours enfermé dans la prison au pays d'Égypte.

[2] À cette époque, les serviteurs de Pharaon se tenaient devant lui, le chef des échansons et le chef des boulangers qui appartenaient au roi d'Égypte.

[3] Et l'échanson prit du vin et le plaça devant le roi pour boire, et le boulanger plaça du pain devant le roi pour manger, et le roi but du vin et mangea du pain, lui et ses serviteurs et ministres qui mangeaient à la table du roi.

[4] Et pendant qu'ils mangeaient et buvaient, l'échanson et le boulanger restaient là, et les ministres de Pharaon trouvèrent de nombreuses mouches dans le vin, que l'échanson avait apporté, et des pierres de nitre furent trouvées dans le pain du boulanger.

[5] Et le capitaine de la garde plaça Joseph comme serviteur auprès des officiers de Pharaon, et les officiers de Pharaon furent en détention pendant un an.

[6] Et à la fin de l'année, ils rêvèrent tous deux des rêves en une nuit, dans le lieu de détention où ils étaient, et le matin Joseph vint vers eux pour les servir comme d'habitude, et il les vit, et voilà que leur visage était abattu et triste.

[7] Et Joseph leur demanda, Pourquoi vos visages sont-ils tristes et abattus aujourd'hui ? et ils lui dirent, Nous avons rêvé un rêve, et il n'y a personne pour l'interpréter ; et Joseph leur dit, Racontez-moi, je vous prie, votre rêve, et Dieu vous donnera une réponse de paix comme vous le désirez.

[8] Et l'échanson raconta son rêve à Joseph, et il dit, J'ai vu dans mon rêve, et voici une grande vigne était devant moi, et sur cette vigne je vis trois branches, et la vigne fleurit rapidement et atteignit une grande hauteur, et ses grappes mûrirent et devinrent des raisins.

[9] Et je pris les raisins et les pressai dans une coupe, et la plaçai dans la main de Pharaon et il but ; et Joseph lui dit, Les trois branches qui étaient sur la vigne sont trois jours.

[10] Encore trois jours, et le roi ordonnera que tu sois sorti et il te restaurera à ton office, et tu donneras au roi son vin à boire comme auparavant quand tu étais son échanson ; mais que je trouve grâce à tes yeux, pour que tu te souviennes de moi auprès de Pharaon quand il te sera bien fait, et fais-moi cette bonté de me faire sortir de cette prison, car j'ai été enlevé du pays de Canaan et vendu comme esclave en ce lieu.

[11] Et aussi ce qui t'a été dit concernant la femme de mon maître est faux, car ils m'ont mis dans cette geôle pour rien ; et l'échanson répondit à Joseph, disant, Si le roi me traite bien comme auparavant, comme tu l'as interprété pour moi, je ferai tout ce que tu désires, et te ferai sortir de cette geôle.

[12] Et le boulanger, voyant que Joseph avait interprété avec précision le rêve de l'échanson, s'approcha également, et raconta tout son rêve à Joseph.

[13] Et il lui dit, Dans mon rêve je vis et voici trois paniers blancs sur ma tête, et je regardai, et voici il y avait dans le panier le plus haut toutes sortes de viandes cuites pour Pharaon, et voici les oiseaux les mangeaient de sur ma tête.

[14] Et Joseph lui dit, Les trois paniers que tu as vus sont trois jours, encore trois jours et Pharaon ôtera ta tête, et te pendra à un arbre, et les oiseaux mangeront ta chair de sur toi, comme tu l'as vu dans ton rêve.

[15] En ces jours, la reine était sur le point d'accoucher, et ce jour-là elle donna naissance à un fils pour le roi d'Égypte, et ils proclamèrent que le roi avait eu son premier-né et tout le peuple d'Égypte ainsi que les officiers et les serviteurs de Pharaon se réjouirent grandement.

[16] Et au troisième jour de sa naissance, Pharaon fit une fête pour ses officiers et serviteurs, pour les armées du pays de Zoar et du pays d'Égypte.

[17] Et tout le peuple d'Égypte et les serviteurs de Pharaon vinrent manger et boire avec le roi à la fête de son fils, et pour se réjouir de la joie du roi.

[18] Et tous les officiers du roi et ses serviteurs se réjouirent à ce moment-là pendant huit jours lors de la fête, et ils firent la fête avec toutes sortes d'instruments de musique, avec des tambourins et des danses dans la maison du roi pendant huit jours.

[19] Et l'échanson, à qui Joseph avait interprété son rêve, oublia Joseph, et il ne le mentionna pas au roi comme il l'avait promis, car cette chose venait du Seigneur afin de punir Joseph parce qu'il avait fait confiance à l'homme.

[20] Et Joseph resta après cela dans la maison de prison deux années, jusqu'à ce qu'il ait complété douze ans.

47 - Jacob et Ésaü Font la Paix

(Genèse 35)

[1] Isaac, fils d'Abraham, vivait encore en ces jours dans le pays de Canaan ; il était très âgé, âgé de cent quatre-vingts ans, et Ésaü, son fils, le frère de Jacob, était au pays d'Édom, et lui et ses fils y possédaient des biens parmi les enfants de Séir.

[2] Ésaü entendit que le temps de son père approchait de sa fin et vint au pays de Canaan, à la maison de son père, avec ses fils et sa maison, et Jacob et ses fils quittèrent l'endroit où ils habitaient à Hébron, et ils vinrent tous vers leur père Isaac, et ils trouvèrent Ésaü et ses fils dans la tente.

[3] Jacob et ses fils s'assirent devant leur père Isaac, et Jacob pleurait encore son fils Joseph.

[4] Isaac dit à Jacob : Amène-moi tes fils et je les bénirai ; et Jacob amena ses onze enfants devant son père Isaac.

[5] Isaac posa ses mains sur tous les fils de Jacob, les prit, les embrassa et les baisa un par un, et Isaac les bénit ce jour-là, en disant : Que le Dieu de vos pères vous bénisse et multiplie votre descendance comme les étoiles du ciel en nombre.

[6] Isaac bénit également les fils d'Ésaü, en disant : Que Dieu fasse de vous une terreur et un effroi pour tous ceux qui vous verront, et pour tous vos ennemis.

[7] Isaac appela Jacob et ses fils, et ils vinrent tous s'asseoir devant lui, et Isaac dit à Jacob : Le Seigneur Dieu de toute la terre m'a dit : À ta descendance je donnerai ce pays en héritage si tes enfants gardent mes statuts et mes voies, et je leur accomplirai le serment que j'ai juré à ton père Abraham.

[8] Maintenant donc, mon fils, enseigne à tes enfants et aux enfants de tes enfants à craindre le Seigneur, et à suivre le bon chemin qui plaira au Seigneur ton Dieu, car si vous gardez les voies du Seigneur et ses statuts, le Seigneur maintiendra aussi envers vous son alliance avec Abraham, et il te fera du bien ainsi qu'à ta descendance tous les jours.

[9] Et quand Isaac eut fini de commander à Jacob et à ses enfants, il rendit l'esprit et mourut, et fut recueilli auprès de son peuple.

[10] Jacob et Ésaü se jetèrent sur le visage de leur père Isaac, pleurèrent, et Isaac avait cent quatre-vingts ans lorsqu'il mourut dans le pays de Canaan, à Hébron, et ses fils l'emmenèrent à la caverne de Machpéla, qu'Abraham avait achetée des enfants de Heth pour possession d'un lieu d'enterrement.

[11] Tous les rois du pays de Canaan accompagnèrent Jacob et Ésaü pour enterrer Isaac, et tous les rois de Canaan rendirent un grand honneur à Isaac à sa mort.

[12] Les fils de Jacob et les fils d'Ésaü marchèrent pieds nus autour, marchant et se lamentant jusqu'à ce qu'ils atteignent Kirjath-Arba.

[13] Jacob et Ésaü enterrèrent leur père Isaac dans la caverne de Machpéla, qui est à Kirjath-Arba à Hébron, et ils l'enterrèrent avec un très grand honneur, comme aux funérailles des rois.

[14] Jacob et ses fils, et Ésaü et ses fils, et tous les rois de Canaan firent un deuil grand et lourd, et ils l'enterrèrent et le pleurèrent pendant de nombreux jours.

[15] À la mort d'Isaac, il laissa son bétail et ses possessions et tout ce qui lui appartenait à ses fils ; et Ésaü dit à Jacob : Vois, je t'en prie, tout ce que notre père a laissé, nous le diviserons en deux parties, et j'aurai le choix, et Jacob dit : Nous le ferons ainsi.

[16] Et Jacob prit tout ce qu'Isaac avait laissé dans le pays de Canaan, le bétail et les biens, et il les plaça en deux parties devant Esaü et ses fils, et il dit à Esaü : Voici, tout ceci est devant toi, choisis pour toi la moitié que tu veux prendre.

[17] Et Jacob dit à Esaü : Écoute, je te prie, ce que je vais te dire, le Seigneur Dieu du ciel et de la terre a parlé à nos pères Abraham et Isaac, disant : À ta descendance je donnerai ce pays en héritage pour toujours.

[18] Maintenant donc, tout ce que notre père a laissé est devant toi, et voici, tout le pays est devant toi ; choisis parmi eux ce que tu désires.

[19] Si tu désires tout le pays, prends-le pour toi et tes enfants pour toujours, et je prendrai ces richesses, et si tu désires les richesses, prends-les pour toi, et je prendrai ce pays pour moi et pour mes enfants pour l'hériter pour toujours.

[20] Et Nebayoth, fils d'Ismaël, était alors dans le pays avec ses enfants, et Esaü partit ce jour-là et le consulta, disant.

[21] Ainsi Jacob m'a parlé, et ainsi il m'a répondu ; donne maintenant ton conseil et nous écouterons.

[22] Et Nebayoth dit : Qu'est-ce que Jacob t'a parlé ? Vois, tous les enfants de Canaan habitent en sécurité dans leur terre, et Jacob dit qu'il l'héritera avec sa descendance tous les jours.

[23] Va donc maintenant et prends toutes les richesses de ton père et laisse Jacob, ton frère, dans le pays, comme il l'a dit.

[24] Et Esaü se leva et retourna vers Jacob, et fit tout ce que Nebayoth, fils d'Ismaël, avait conseillé ; et Esaü prit toutes les richesses que Isaac avait laissées, les âmes, les bêtes, le bétail et les biens, et toutes les richesses ; il ne donna rien à son frère Jacob ; et Jacob prit tout le pays de Canaan, du torrent d'Égypte jusqu'au fleuve Euphrate, et il le prit pour possession éternelle, et pour ses enfants et pour sa descendance après lui pour toujours.

[25] Jacob prit aussi de son frère Esaü la caverne de Machpéla, qui est à Hébron, qu'Abraham avait achetée d'Éphron pour possession d'un lieu d'enterrement pour lui et sa descendance pour toujours.

[26] Et Jacob écrivit toutes ces choses dans le livre d'achat, et il le signa, et il attesta tout cela avec quatre témoins fidèles.

[27] Et voici les paroles que Jacob écrivit dans le livre : La terre de Canaan et toutes les villes des Hittites, des Héviens, des Jébusiens, des Amorites, des Perizzites, et des Gergasites, toutes les sept nations du torrent d'Égypte jusqu'au fleuve Euphrate.

[28] Et la ville d'Hébron Kiriath-Arba, et la caverne qui s'y trouve, le tout Jacob l'acheta de son frère Esaü pour valeur, pour possession et pour héritage pour sa descendance après lui pour toujours.

[29] Et Jacob prit le livre d'achat et la signature, le commandement et les statuts et le livre révélé, et il les plaça dans un vase en terre afin qu'ils restent longtemps, et il les livra entre les mains de ses enfants.

[30] Esaü prit tout ce que son père avait laissé après sa mort de son frère Jacob, et il prit tous les biens, de l'homme et de la bête, chameau et âne, bœuf et agneau, argent et or, pierres et bdellium, et toutes les richesses qui avaient appartenu à Isaac, fils d'Abraham ; il ne resta rien qu'Esaü ne prît pour lui, de tout ce qu'Isaac avait laissé après sa mort.

[31] Et Esaü prit tout cela, et lui et ses enfants s'en allèrent chez eux au pays de Séir le Horite, loin de son frère Jacob et de ses enfants.

[32] Et Esaü eut des possessions parmi les enfants de Séir, et Esaü ne retourna plus au pays de Canaan à partir de ce jour.

[33] Et toute la terre de Canaan devint un héritage pour les enfants d'Israël pour un héritage éternel, et Esaü avec tous ses enfants hérita de la montagne de Séir.

48 - Joseph Interprète le Rêve du Pharaon

(Genèse 41:1-40)

[1] En ces jours, après la mort d'Isaac, le Seigneur commanda et provoqua une famine sur toute la terre.

[2] À cette époque, Pharaon, roi d'Égypte, était assis sur son trône dans le pays d'Égypte, et il était couché dans son lit et rêvait de rêves, et Pharaon vit en rêve qu'il se tenait au bord du fleuve d'Égypte.

[3] Et pendant qu'il se tenait là, il vit et voici que sept vaches grasses de chair et de belle apparence sortirent du fleuve.

[4] Et sept autres vaches, maigres de chair et de mauvaise apparence, montèrent après elles, et les sept de mauvaise apparence engloutirent les bien portantes, et leur apparence était toujours aussi mauvaise qu'au début.

[5] Et il se réveilla, puis il se rendormit et rêva une seconde fois, et il vit et voici que sept épis de blé montèrent sur une même tige, beaux et bons, et sept épis minces, brûlés par le vent d'est, poussèrent après eux, et les épis minces engloutirent les épis pleins, et Pharaon se réveilla de son rêve.

[6] Et le matin, le roi se souvint de ses rêves, et son esprit était très troublé à cause de ses rêves, et le roi se hâta et envoya appeler tous les magiciens d'Égypte et les sages, et ils vinrent et se tinrent devant Pharaon.

[7] Et le roi leur dit : J'ai rêvé des rêves, et il n'y a personne pour les interpréter ; et ils dirent au roi : Raconte tes rêves à tes serviteurs et nous les écouterons.

[8] Et le roi raconta ses rêves à eux, et ils répondirent tous d'une seule voix au roi : Que le roi vive éternellement ; et voici l'interprétation de tes rêves.

[9] Les sept belles vaches que tu as vues signifient sept filles qui te naîtront dans les derniers jours, et les sept vaches que tu as vues monter après elles et les avaler, sont un signe que les filles qui te naîtront mourront toutes du vivant du roi.

[10] Et ce que tu as vu dans le second rêve des sept beaux épis de blé montant sur une même tige, c'est leur interprétation, que tu bâtiras pour toi dans les derniers jours sept villes à travers le pays d'Égypte ; et ce que tu as vu des sept épis flétris de blé poussant après eux et les avalant pendant que tu les regardais avec tes yeux, est un signe que les villes que tu bâtiras seront toutes détruites dans les derniers jours, du vivant du roi.

[11] Et quand ils eurent prononcé ces mots, le roi n'inclina pas son oreille vers leurs paroles, ni ne fixa son cœur sur elles, car le roi savait dans sa sagesse qu'ils n'avaient pas donné une interprétation correcte des rêves; et quand ils eurent fini de parler devant le roi, le roi leur répondit, disant : Quelle est cette chose que vous m'avez dite ? sûrement vous avez prononcé des mensonges et parlé des faussetés; donnez donc maintenant l'interprétation correcte de mes rêves, pour que vous ne mouriez pas.

[12] Et le roi commanda après cela, et il envoya appeler de nouveau d'autres sages, et ils vinrent et se tinrent devant le roi, et le roi raconta ses rêves à eux, et ils lui répondirent tous selon la première interprétation, et la colère du roi s'enflamma, et il fut très courroucé, et le roi leur dit : Sûrement vous parlez des mensonges et proférez des faussetés dans ce que vous avez dit.

[13] Et le roi commanda qu'une proclamation soit émise dans tout le pays d'Égypte, disant : Il est résolu par le roi et ses grands hommes, que tout homme sage qui connaît et comprend l'interprétation des rêves, et qui ne se présentera pas ce jour devant le roi, mourra.

[14] Et à l'homme qui déclarera au roi l'interprétation exacte de ses rêves, il sera donné tout ce qu'il demandera au roi. Et tous les sages du pays d'Égypte vinrent devant le roi, ainsi que tous les magiciens et sorciers qui étaient en Égypte et à Goshen, à Ramsès, à Tahpanhes, à Zoan, et dans tous les lieux aux frontières de l'Égypte, et ils se tinrent tous devant le roi.

[15] Et tous les nobles et les princes, et les serviteurs appartenant au roi, vinrent ensemble de toutes les villes d'Égypte, et ils s'assirent tous devant le roi, et le roi raconta ses rêves devant les sages, et les princes, et tous ceux qui étaient assis devant le roi furent étonnés de la vision.

[16] Et tous les sages qui étaient devant le roi étaient grandement divisés dans leur interprétation de ses rêves ; certains d'entre eux les interprétèrent au roi, disant, Les sept bonnes vaches sont sept rois, qui seront élevés sur l'Égypte issus du roi.

[17] Et les sept mauvaises vaches sont sept princes, qui se dresseront contre eux dans les derniers jours et les détruiront ; et les sept épis de blé sont les sept grands princes appartenant à l'Égypte, qui tomberont entre les mains des sept princes moins puissants de leurs ennemis, dans les guerres de notre seigneur le roi.

[18] Et certains d'entre eux interprétèrent au roi de cette manière, disant, Les sept bonnes vaches sont les fortes villes d'Égypte, et les sept mauvaises vaches sont les sept nations de la terre de Canaan, qui viendront contre les sept villes d'Égypte dans les derniers jours et les détruiront.

[19] Et ce que tu as vu dans le second rêve, de sept bons et mauvais épis de blé, est un signe que le gouvernement d'Égypte reviendra à ta descendance comme au début.

[20] Et pendant son règne, les habitants des villes d'Égypte se retourneront contre les sept villes de Canaan qui sont plus fortes qu'eux, et les détruiront, et le gouvernement d'Égypte reviendra à ta descendance.

[21] Et certains d'entre eux dirent au roi, Voici l'interprétation de tes rêves ; les sept bonnes vaches sont sept reines, que tu prendras pour épouses dans les derniers jours, et les sept mauvaises vaches indiquent que ces femmes mourront toutes du vivant du roi.

[22] Et les sept bons et mauvais épis de blé que tu as vus dans le second rêve sont quatorze enfants, et il arrivera dans les derniers jours qu'ils se lèveront et combattront entre eux, et sept d'entre eux frapperont les sept plus puissants.

[23] Et certains d'entre eux dirent ces mots au roi, disant, Les sept bonnes vaches indiquent que sept enfants naîtront pour toi, et ils tueront sept de tes petits-enfants dans les derniers jours ; et les sept bons épis de blé que tu as vus dans le second rêve, sont ces princes contre lesquels sept

autres princes moins puissants combattront et les détruiront dans les derniers jours, et vengeront la cause de tes enfants, et le gouvernement reviendra à nouveau à ta descendance.

[24] Et le roi entendit toutes les paroles des sages d'Égypte et leur interprétation de ses rêves, et aucune ne plut au roi.

[25] Et le roi sut dans sa sagesse qu'ils n'avaient pas entièrement parlé correctement dans toutes ces paroles, car cela venait du Seigneur pour contrecarrer les paroles des sages d'Égypte, afin que Joseph puisse sortir de la maison de détention, et qu'il puisse devenir grand en Égypte.

[26] Et le roi vit qu'aucun parmi tous les sages et les magiciens d'Égypte n'avait parlé correctement à lui, et la colère du roi s'enflamma, et sa colère brûla en lui.

[27] Et le roi ordonna que tous les sages et les magiciens sortent de devant lui, et ils sortirent tous de devant le roi avec honte et déshonneur.

[28] Et le roi ordonna qu'une proclamation soit envoyée dans tout l'Égypte pour tuer tous les magiciens qui étaient en Égypte, et qu'aucun d'eux ne soit épargné.

[29] Et les capitaines de la garde appartenant au roi se levèrent, et chaque homme tira son épée, et ils commencèrent à frapper les magiciens d'Égypte et les sages.

[30] Et après cela, Merod, chef échanson du roi, vint et s'inclina devant le roi et s'assit devant lui.

[31] Et l'échanson dit au roi : Que le roi vive éternellement, et que son gouvernement soit exalté dans le pays.

[32] Tu étais en colère contre ton serviteur en ces jours, il y a maintenant deux ans, et tu m'as placé dans la prison, et j'étais quelque temps dans la prison, moi et le chef des boulangers.

[33] Et il y avait avec nous un serviteur Hébreu appartenant au capitaine de la garde, son nom était Joseph, car son maître avait été en colère contre lui et l'avait placé dans la maison de détention, et il nous servait là.

[34] Et quelque temps après, alors que nous étions dans la prison, nous avons rêvé des rêves en une nuit, moi et le chef des boulangers ; nous avons rêvé, chacun selon l'interprétation de son rêve.

[35] Et nous sommes venus le matin et les avons racontés à ce serviteur, et il a interprété pour nous nos rêves, à chacun selon son rêve, il a correctement interprété.

[36] Et il arriva comme il nous avait interprété, ainsi fut l'événement ; aucune de ses paroles ne tomba à terre.

[37] Et maintenant donc, mon seigneur et roi, ne tue pas le peuple d'Égypte pour rien ; voici que cet esclave est encore confiné dans la maison par le capitaine de la garde son maître, dans la maison de détention.

[38] Si cela plaît au roi, qu'il l'envoie chercher pour qu'il vienne devant toi et qu'il te fasse connaître l'interprétation correcte du rêve que tu as rêvé.

[39] Et le roi entendit les paroles du chef échanson, et le roi ordonna que les sages d'Égypte ne soient pas tués.

[40] Et le roi ordonna à ses serviteurs d'amener Joseph devant lui, et le roi leur dit : Allez le chercher et ne l'effrayez pas, de peur qu'il soit confus et ne sache pas parler correctement.

[41] Et les serviteurs du roi allèrent chercher Joseph, et ils le sortirent hâtivement de la prison, et les serviteurs du roi le rasèrent, et il changea de vêtements de prison et il vint devant le roi.

[42] Et le roi était assis sur son trône royal dans un habit princier ceint d'un éphod d'or, et l'or fin qui était sur lui brillait, et le carbuncle et le rubis et l'émeraude, avec toutes les pierres précieuses qui étaient sur la tête du roi, éblouissaient les yeux, et Joseph s'émerveilla grandement devant le roi.

[43] Et le trône sur lequel le roi était assis était couvert d'or et d'argent, et de pierres d'onyx, et il avait soixante-dix marches.

[44] Et c'était leur coutume dans tout le pays d'Égypte, que chaque homme qui venait parler au roi, s'il était prince ou quelqu'un d'estimable aux yeux du roi, montait au trône du roi jusqu'à la trente-et-unième marche, et le roi descendait jusqu'à la trente-sixième marche, et parlait avec lui.

[45] S'il était l'un du peuple, il montait jusqu'à la troisième marche, et le roi descendait jusqu'à la quatrième et parlait avec lui, et leur coutume était, en outre, que tout homme qui savait parler toutes les soixante-dix langues, montait les soixante-dix marches, et montait et parlait jusqu'à ce qu'il atteigne le roi.

[46] Et tout homme qui ne pouvait pas compléter les soixante-dix, montait autant de marches que les langues qu'il savait parler.

[47] Et c'était la coutume en ces jours en Égypte que personne ne devait régner sur eux, mais celui qui savait parler les soixante-dix langues.

[48] Et lorsque Joseph vint devant le roi, il s'inclina jusqu'à terre devant le roi, et il monta jusqu'à la troisième marche, et le roi s'assit sur la quatrième marche et parla avec Joseph.

[49] Et le roi dit à Joseph : J'ai rêvé un rêve, et il n'y a pas d'interprète pour l'interpréter correctement, et j'ai ordonné ce jour que tous les magiciens d'Égypte et les sages d'entre eux viennent devant moi, et j'ai raconté mes rêves à eux, et personne ne les a correctement interprétés pour moi.

[50] Et après cela, j'ai entendu parler de toi aujourd'hui, que tu es un homme sage, et que tu peux correctement interpréter chaque rêve que tu entends.

[51] Et Joseph répondit à Pharaon, disant : Que Pharaon raconte ses rêves qu'il a rêvés ; sûrement les interprétations appartiennent à Dieu ; et Pharaon raconta ses rêves à Joseph, le rêve des vaches, et le rêve des épis de blé, et le roi cessa de parler.

[52] Et Joseph fut alors revêtu de l'esprit de Dieu devant le roi, et il sut toutes les choses qui arriveraient au roi à partir de ce jour, et il connut l'interprétation correcte du rêve du roi, et il parla devant le roi.

[53] Et Joseph trouva grâce aux yeux du roi, et le roi inclina ses oreilles et son cœur, et il entendit toutes les paroles de Joseph. Et Joseph dit au roi : Ne pense pas qu'il s'agit de deux rêves, car ce

n'est qu'un seul rêve, car ce que Dieu a choisi de faire dans tout le pays, il l'a montré au roi dans son rêve, et voici l'interprétation correcte de ton rêve :

[54] Les sept bonnes vaches et épis de blé sont sept années, et les sept mauvaises vaches et épis de blé sont aussi sept années ; c'est un seul rêve.

[55] Voici, les sept années qui viennent seront de grande abondance dans tout le pays, et après cela suivront sept années de famine, une famine très grave ; et toute l'abondance sera oubliée dans le pays, et la famine consumera les habitants du pays.

[56] Le roi a rêvé un seul rêve, et le rêve a donc été répété à Pharaon parce que la chose est établie par Dieu, et Dieu va bientôt la réaliser.

[57] Maintenant donc, je te donnerai un conseil et sauverai ton âme et les âmes des habitants du pays du mal de la famine, que tu cherches dans tout ton royaume un homme très discret et sage, qui connaît toutes les affaires du gouvernement, et le nommes pour superviser le pays d'Égypte.

[58] Et que l'homme que tu placeras sur l'Égypte nomme des officiers sous lui, pour qu'ils rassemblent toute la nourriture des bonnes années à venir, et qu'ils emmagasinent le blé et le déposent dans tes greniers désignés.

[59] Et qu'ils gardent cette nourriture pour les sept années de famine, afin qu'elle soit trouvée pour toi et ton peuple et toute ta terre, et que toi et ta terre ne soyez pas anéantis par la famine.

[60] Que tous les habitants du pays reçoivent également l'ordre de rassembler, chacun la production de son champ, de toutes sortes de nourriture, pendant les sept bonnes années, et qu'ils la placent dans leurs réserves, afin qu'elle soit trouvée pour eux dans les jours de la famine et qu'ils puissent vivre de celle-ci.

[61] Ceci est l'interprétation correcte de ton rêve, et ceci est le conseil donné pour sauver ton âme et les âmes de tous tes sujets.

[62] Et le roi répondit et dit à Joseph, Qui dit et qui sait que tes paroles sont correctes ? Et il dit au roi, Ceci sera un signe pour toi concernant toutes mes paroles, qu'elles sont vraies et que mon conseil est bon pour toi.

[63] Vois, ta femme est assise aujourd'hui sur le tabouret d'accouchement, et elle te donnera un fils et tu te réjouiras avec lui ; lorsque ton enfant sera sorti du ventre de sa mère, ton premier-né qui est né il y a deux ans mourra, et tu seras consolé par l'enfant qui te naîtra aujourd'hui.

[64] Et Joseph acheva de dire ces mots au roi, et il s'inclina devant le roi et sortit, et lorsque Joseph fut sorti de la présence du roi, ces signes don't Joseph avait parlé au roi se réalisèrent ce jour-là.

[65] Et la reine enfanta d'un fils ce jour-là et le roi entendit la bonne nouvelle concernant son fils, et il se réjouit, et lorsque le rapporteur fut sorti de la présence du roi, les serviteurs du roi trouvèrent le premier-né du roi tombé mort sur le sol.

[66] Et il y eut une grande lamentation et du bruit dans la maison du roi, et le roi l'entendit, et il dit, Quel est ce bruit et cette lamentation que j'ai entendus dans la maison ? et ils dirent au roi que son premier-né était mort ; alors le roi sut que toutes les paroles de Joseph qu'il avait prononcées

étaient correctes, et le roi fut consolé pour son fils par l'enfant qui lui était né ce jour-là, comme Joseph l'avait dit.

49 – Joseph Comme Vice-Régent

(Genèse 41:41-56)

[1] Après ces choses, le roi envoya assembler tous ses officiers et serviteurs, ainsi que tous les princes et nobles appartenant au roi, et ils se présentèrent tous devant le roi.

[2] Le roi leur dit : "Voici, vous avez vu et entendu toutes les paroles de cet homme Hébreu, et tous les signes qu'il a déclarés se produiraient, et aucune de ses paroles n'est tombée à terre.

[3] Vous savez qu'il a donné une interprétation correcte du rêve, et cela se produira sûrement. Prenez donc conseil et sachez ce que vous ferez et comment le pays sera délivré de la famine.

[4] Cherchez maintenant et voyez si l'on peut trouver quelqu'un don't le cœur possède sagesse et connaissance, et je le nommerai à la tête du pays.

[5] Car vous avez entendu ce que l'homme Hébreu a conseillé concernant cela pour sauver le pays de la famine, et je sais que le pays ne sera délivré de la famine qu'avec le conseil de l'homme Hébreu, celui qui m'a conseillé.

[6] Ils répondirent tous au roi : "Le conseil que l'Hébreu a donné à ce sujet est bon ; maintenant donc, notre seigneur et roi, voici que tout le pays est entre tes mains, fais ce qui te semble bon à tes yeux.

[7] Celui que tu choisis, et que tu sais dans ta sagesse être sage et capable de délivrer le pays avec sa sagesse, que le roi l'établisse sous lui à la tête du pays.

[8] Et le roi dit à tous les officiers : "J'ai pensé que puisque Dieu a fait connaître à l'homme Hébreu tout ce qu'il a dit, il n'y a personne d'aussi discret et sage dans tout le pays que lui ; si cela vous semble bon, je le placerai à la tête du pays, car il sauvera le pays avec sa sagesse.

[9] Et tous les officiers répondirent au roi : "Mais il est écrit dans les lois d'Égypte, et cela ne devrait pas être violé, qu'aucun homme ne régnera sur l'Égypte, ni ne sera le second du roi, sauf celui qui a connaissance de toutes les langues des fils des hommes.

[10] Maintenant donc, notre seigneur et roi, voici cet homme Hébreu ne peut parler que l'Hébreu, et comment alors peut-il être notre second sous le gouvernement, un homme qui ne connaît même pas notre langue ?

[11] Nous te prions maintenant de le faire venir, et qu'il se présente devant toi, et éprouve-le en toutes choses, et fais comme il te semblera bon.

[12] Et le roi dit : "Cela sera fait demain, et la chose que vous avez dite est bonne ; et tous les officiers vinrent ce jour-là devant le roi.

[13] Et pendant cette nuit, le Seigneur envoya l'un de ses anges ministres, et il vint dans le pays d'Égypte vers Joseph, et l'ange du Seigneur se tint au-dessus de Joseph, et voici Joseph était couché dans son lit la nuit dans la maison de son maître dans le cachot, car son maître l'avait remis dans le cachot à cause de sa femme.

[14] Et l'ange le réveilla de son sommeil, et Joseph se leva et se tint debout sur ses jambes, et voici l'ange du Seigneur se tenait en face de lui ; et l'ange du Seigneur parla avec Joseph, et il lui enseigna toutes les langues des hommes cette nuit-là, et il appela son nom Yehoseph.

[15] Et l'ange du Seigneur s'éloigna de lui, et Joseph retourna se coucher sur son lit, et Joseph était étonné de la vision qu'il avait vue.

[16] Et il arriva le matin que le roi envoya chercher tous ses officiers et serviteurs, et ils vinrent tous et s'assirent devant le roi, et le roi ordonna d'amener Joseph, et les serviteurs du roi allèrent et amenèrent Joseph devant Pharaon.

[17] Et le roi sortit et monta les marches du trône, et Joseph lui parla dans toutes les langues, et Joseph monta vers lui et lui parla jusqu'à ce qu'il arrive devant le roi à la soixante-dixième marche, et il s'assit devant le roi.

[18] Et le roi se réjouit grandement à cause de Joseph, et tous les officiers du roi se réjouirent grandement avec le roi lorsqu'ils entendirent toutes les paroles de Joseph.

[19] Et la chose sembla bonne aux yeux du roi et des officiers, de nommer Joseph second du roi sur toute la terre d'Égypte, et le roi parla à Joseph, disant,

[20] Maintenant, tu m'as conseillé de nommer un homme sage sur la terre d'Égypte, afin qu'avec sa sagesse il sauve la terre de la famine ; maintenant donc, puisque Dieu t'a fait connaître tout cela, et toutes les paroles que tu as prononcées, il n'y a dans tout le pays aucun homme discret et sage comme toi.

[21] Et ton nom ne sera plus appelé Joseph, mais Zaphnath Paaneah sera ton nom ; tu seras le second après moi, et selon ta parole seront toutes les affaires de mon gouvernement, et à ta parole mon peuple sortira et entrera.

[22] Aussi, sous ta main recevront mes serviteurs et officiers leur salaire qui leur est donné mensuellement, et devant toi se prosterneront tous les peuples de la terre ; seulement dans mon trône serai-je plus grand que toi.

[23] Et le roi ôta son anneau de sa main et le mit sur la main de Joseph, et le roi habilla Joseph d'un vêtement princier, et il mit une couronne d'or sur sa tête, et il lui passa une chaîne d'or au cou.

[24] Et le roi commanda à ses serviteurs, et ils firent monter Joseph dans le second chariot appartenant au roi, qui allait devant le chariot du roi, et il le fit monter sur un grand et puissant cheval des chevaux du roi, et le fit conduire dans les rues du pays d'Égypte.

[25] Et le roi commanda que tous ceux qui jouaient du tambourin, de la harpe et d'autres instruments de musique sortent avec Joseph ; mille tambourins, mille méchols et mille nébals le suivirent.

[26] Et cinq mille hommes, l'épée tirée brillante dans leurs mains, marchèrent et jouèrent devant Joseph, et vingt mille des grands hommes du roi ceints de ceintures de peau couvertes d'or marchèrent à la droite de Joseph, et vingt mille à sa gauche, et toutes les femmes et jeunes filles montèrent sur les toits ou se tinrent dans les rues jouant et se réjouissant à la vue de Joseph, et admirèrent l'apparence de Joseph et sa beauté.

[27] Et le peuple du roi alla devant lui et derrière lui, parfumant la route avec de l'encens et de la casse, et avec toutes sortes de parfums fins, et répandirent de la myrrhe et de l'aloès le long de la route, et vingt hommes proclamèrent ces paroles devant lui dans tout le pays à haute voix :

[28] Voyez-vous cet homme que le roi a choisi pour être son second ? toutes les affaires du gouvernement seront régulées par lui, et celui qui transgresse ses ordres, ou qui ne se prosterne pas devant lui à terre, mourra, car il se rebelle contre le roi et son second.

[29] Et quand les hérauts eurent cessé de proclamer, tout le peuple d'Égypte se prosterna à terre devant Joseph et dit : Que le roi vive, que vive aussi son second ; et tous les habitants d'Égypte se prosternèrent le long de la route, et quand les hérauts s'approchaient d'eux, ils se prosternaient, et se réjouissaient avec toutes sortes de tambourins, méchols et nébals devant Joseph.

[30] Et Joseph, sur son cheval, leva les yeux vers le ciel, et s'écria en disant : "Il relève le pauvre de la poussière, Il soulève le nécessiteux du fumier. Ô Seigneur des armées, heureux est l'homme qui se confie en toi.

[31] Et Joseph parcourut tout le pays d'Égypte avec les serviteurs et les officiers de Pharaon, et ils lui montrèrent tout le pays d'Égypte et tous les trésors du roi.

[32] Et Joseph revint et se présenta ce jour-là devant Pharaon, et le roi donna à Joseph une possession dans le pays d'Égypte, une possession de champs et de vignobles, et le roi donna à Joseph trois mille talents d'argent et mille talents d'or, ainsi que des pierres d'onyx et du bdellium et de nombreux cadeaux.

[33] Et le jour suivant, le roi commanda à tout le peuple d'Égypte d'apporter à Joseph des offrandes et des cadeaux, et celui qui violerait le commandement du roi devrait mourir ; et ils firent une haute place dans la rue de la ville, et ils étendirent des vêtements là, et quiconque apportait quelque chose à Joseph le mettait dans la haute place.

[34] Et tout le peuple d'Égypte jeta quelque chose dans la haute place, un homme une boucle d'oreille en or, et l'autre des anneaux et des boucles d'oreilles, et différentes pièces d'orfèvrerie en or et en argent, ainsi que des pierres d'onyx et du bdellium ; chacun donna quelque chose de ce qu'il possédait.

[35] Et Joseph prit tout cela et le plaça dans ses trésors, et tous les officiers et nobles appartenant au roi exaltèrent Joseph, et ils lui firent de nombreux cadeaux, voyant que le roi l'avait choisi pour être son second.

[36] Et le roi envoya chercher Potiphera, fils d'Ahiram prêtre d'On, et il prit sa jeune fille Osnath et la donna à Joseph pour épouse.

[37] Et la jeune fille était très belle, vierge, que l'homme n'avait pas connue, et Joseph la prit pour épouse ; et le roi dit à Joseph : "Je suis Pharaon, et à part toi, nul n'osera lever sa main ou son pied pour réguler mon peuple dans tout le pays d'Égypte.

[38] Et Joseph avait trente ans lorsqu'il se tint devant Pharaon, et Joseph sortit de devant le roi, et il devint le second du roi en Égypte.

[39] Et le roi donna à Joseph cent serviteurs pour l'assister dans sa maison, et Joseph envoya également acheter de nombreux serviteurs et ils restèrent dans la maison de Joseph.

[40] Joseph construisit alors pour lui-même une maison très magnifique, semblable aux maisons des rois, devant la cour du palais du roi, et il fit dans la maison un grand temple, très élégant en apparence et pratique pour sa résidence ; Joseph passa trois ans à ériger sa maison.

[41] Et Joseph se fit pour lui-même un trône très élégant, d'une abondance d'or et d'argent, et il le recouvrit de pierres d'onyx et de bdellium, et il y fit l'effigie de tout le pays d'Égypte, et l'effigie du fleuve d'Égypte qui arrose tout le pays d'Égypte ; et Joseph s'assit en sécurité sur son trône dans sa maison et le Seigneur accrut la sagesse de Joseph.

[42] Et tous les habitants d'Égypte et les serviteurs de Pharaon et ses princes aimèrent Joseph excessivement, car cela venait du Seigneur à Joseph.

[43] Et Joseph avait une armée qui faisait la guerre, sortant en armées et en troupes au nombre de quarante mille six cents hommes, capables de porter des armes pour aider le roi et Joseph contre l'ennemi, outre les officiers du roi et ses serviteurs et les habitants d'Égypte sans nombre.

[44] Et Joseph donna à ses hommes vaillants, et à toute son armée, des boucliers et des javelots, des casques et des cottes de mailles, ainsi que des pierres pour les frondes.

50 – Les Égyptiens se Préparent Pour la Famine

(Genèse 41:46-52)

[1] En ce temps-là, les enfants de Tarsis vinrent contre les fils d'Ismaël, leur firent la guerre, et les enfants de Tarsis pillèrent les Ismaélites pendant longtemps.

[2] Et les enfants d'Ismaël étaient peu nombreux en ces jours-là, et ils ne pouvaient pas prévaloir sur les enfants de Tarsis, et ils étaient durement opprimés.

[3] Et les anciens des Ismaélites envoyèrent un registre au roi d'Égypte, disant : Envoie, je t'en prie, à tes serviteurs des officiers et des armées pour nous aider à combattre contre les enfants de Tarsis, car nous avons été en train de dépérir pendant longtemps.

[4] Et Pharaon envoya Joseph avec les hommes puissants et l'armée qui étaient avec lui, et aussi ses hommes puissants de la maison du roi.

[5] Et ils allèrent au pays d'Havila vers les enfants d'Ismaël, pour les assister contre les enfants de Tarsis, et les enfants d'Ismaël combattirent avec les enfants de Tarsis, et Joseph frappa les Tarsites et il soumit tout leur pays, et les enfants d'Ismaël y habitent jusqu'à ce jour.

[6] Et lorsque le pays de Tarsis fut soumis, tous les Tarsites s'enfuirent, et vinrent à la frontière de leurs frères, les enfants de Javan, et Joseph avec tous ses hommes puissants et l'armée retourna en Égypte, pas un homme d'entre eux manquant.

[7] Et à la révolution de l'année, dans la seconde année du règne de Joseph sur l'Égypte, le Seigneur donna une grande abondance à travers le pays pendant sept ans comme Joseph avait parlé, car le Seigneur bénit toute la production de la terre en ces jours pendant sept ans, et ils mangèrent et furent grandement satisfaits.

[8] Et Joseph à cette époque avait des officiers sous lui, et ils collectèrent toute la nourriture des bonnes années, et accumulèrent du grain année après année, et ils le placèrent dans les trésoreries de Joseph.

[9] Et à chaque fois qu'ils rassemblaient la nourriture, Joseph ordonnait qu'ils apportent le grain dans les épis, et aussi qu'ils apportent avec cela un peu de la terre du champ, pour que cela ne se gâte pas.

[10] Et Joseph fit selon cela année après année, et il amoncela du grain comme le sable de la mer pour l'abondance, car ses réserves étaient immenses et ne pouvaient être comptées pour l'abondance.

[11] Et aussi tous les habitants de l'Égypte rassemblèrent toutes sortes de nourriture dans leurs réserves en grande abondance pendant les sept bonnes années, mais ils ne firent pas comme Joseph avait fait.

[12] Et toute la nourriture que Joseph et les Égyptiens avaient rassemblée pendant les sept années d'abondance, fut sécurisée pour le pays dans des réserves pour les sept années de famine, pour le soutien de tout le pays.

[13] Et les habitants de l'Égypte remplirent chacun son réservoir et son lieu caché de grain, pour être un soutien pendant la famine.

[14] Et Joseph plaça toute la nourriture qu'il avait rassemblée dans toutes les villes d'Égypte, et il ferma tous les réservoirs et plaça des sentinelles sur eux.

[15] Et la femme de Joseph, Osnath, fille de Potiphéra, lui donna deux fils, Manassé et Éphraïm, et Joseph avait trente-quatre ans lorsqu'il les engendra.

[16] Et les jeunes garçons grandirent et ils suivirent ses voies et ses instructions, ils ne dévièrent pas du chemin que leur père leur avait enseigné, ni à droite ni à gauche.

[17] Et le Seigneur était avec les jeunes gens, et ils grandirent et acquirent de la compréhension et des compétences dans toute sagesse et dans toutes les affaires du gouvernement, et tous les officiers du roi et ses grands hommes parmi les habitants de l'Égypte élevèrent les jeunes gens, et ils furent élevés parmi les enfants du roi.

[18] Et les sept années d'abondance qui étaient dans tout le pays prirent fin, et les sept années de famine vinrent après elles comme Joseph l'avait dit, et la famine était dans tout le pays.

[19] Et tout le peuple d'Égypte vit que la famine avait commencé dans le pays d'Égypte, et tout le peuple d'Égypte ouvrit ses réserves de blé car la famine prévalait sur eux.

[20] Et ils trouvèrent toute la nourriture qui était dans leurs réserves, pleine de vermine et impropre à la consommation, et la famine prévalait dans tout le pays, et tous les habitants d'Égypte vinrent et crièrent devant Pharaon, car la famine était lourde sur eux.

[21] Et ils dirent à Pharaon, Donne de la nourriture à tes serviteurs, et pourquoi devrions-nous mourir de faim devant tes yeux, nous et nos petits enfants ?

[22] Et Pharaon leur répondit, disant, Et pourquoi criez-vous vers moi ? Joseph n'a-t-il pas commandé que le blé soit conservé durant les sept années d'abondance pour les années de famine ? et pourquoi n'avez-vous pas écouté sa voix ?

[23] Et le peuple d'Égypte répondit au roi, disant, Par la vie de ton âme, notre seigneur, tes serviteurs ont fait tout ce que Joseph a ordonné, car tes serviteurs ont également rassemblé tous les produits de leurs champs pendant les sept années d'abondance et les ont mis dans les réserves jusqu'à ce jour.

[24] Et quand la famine a prévalu sur tes serviteurs, nous avons ouvert nos réserves, et voilà, tout notre produit était rempli de vermine et n'était pas propre à la consommation.

[25] Et quand le roi entendit tout ce qui était arrivé aux habitants d'Égypte, le roi eut très peur à cause de la famine, et il fut très terrifié ; et le roi répondit au peuple d'Égypte, disant, Puisque tout cela vous est arrivé, allez vers Joseph, faites tout ce qu'il vous dira, ne transgressez pas ses commandements.

[26] Et tout le peuple d'Égypte sortit et vint vers Joseph, et lui dit, Donne-nous de la nourriture, et pourquoi devrions-nous mourir devant toi de faim ? car nous avons rassemblé notre produit pendant les sept années comme tu l'as commandé, et nous l'avons mis en réserve, et voici ce qui nous est arrivé.

[27] Et quand Joseph entendit toutes les paroles du peuple d'Égypte et ce qui leur était arrivé, Joseph ouvrit toutes ses réserves de produit et le vendit au peuple d'Égypte.

[28] Et la famine prévalut dans tout le pays, et la famine était dans tous les pays, mais dans le pays d'Égypte, il y avait du produit à vendre.

[29] Et tous les habitants d'Égypte vinrent vers Joseph pour acheter du blé, car la famine prévalait sur eux, et tout leur blé était gâté, et Joseph le vendait quotidiennement à tout le peuple d'Égypte.

[30] Et tous les habitants du pays de Canaan et les Philistins, et ceux au-delà du Jourdain, et les enfants de l'est et toutes les villes des terres lointaines et proches entendirent qu'il y avait du blé en Égypte, et ils vinrent tous en Égypte pour acheter du blé, car la famine prévalait sur eux.

[31] Et Joseph ouvrit les réserves de blé et plaça des officiers sur elles, et ils se tenaient chaque jour et vendaient à tous ceux qui venaient.

[32] Et Joseph savait que ses frères viendraient également en Égypte pour acheter du blé, car la famine régnait sur toute la terre. Et Joseph ordonna à tout son peuple de faire proclamer dans tout le pays d'Égypte, disant,

[33] C'est le plaisir du roi, de son second et de leurs grands hommes, que toute personne souhaitant acheter du blé en Égypte ne doit pas envoyer ses serviteurs en Égypte pour acheter, mais ses fils, et aussi tout Égyptien ou Cananéen, qui viendrait de l'un des magasins après avoir acheté du blé en Égypte, et irait le vendre dans tout le pays, il mourra, car personne ne doit acheter que pour le soutien de son foyer.

[34] Et tout homme menant deux ou trois bêtes mourra, car un homme ne doit mener que sa propre bête.

[35] Et Joseph plaça des sentinelles aux portes de l'Égypte, et leur commanda, disant, Toute personne qui viendrait acheter du blé, ne la laissez pas entrer jusqu'à ce que son nom, le nom de son père, et le nom du père de son père soient inscrits, et tout ce qui est écrit de jour, envoyez leurs noms vers moi le soir afin que je puisse connaître leurs noms.

[36] Et Joseph plaça des officiers dans tout le pays d'Égypte, et leur ordonna de faire toutes ces choses.

[37] Et Joseph fit toutes ces choses, et établit ces statuts, afin qu'il puisse savoir quand ses frères viendraient en Égypte pour acheter du blé; et le peuple de Joseph fit proclamer cela tous les jours en Égypte selon ces mots et statuts que Joseph avait ordonnés.

[38] Et tous les habitants des pays de l'est et de l'ouest, et de toute la terre, entendirent parler des statuts et règlements que Joseph avait promulgués en Égypte, et les habitants des extrémités de la terre vinrent et achetèrent du blé en Égypte jour après jour, puis s'en allèrent.

[39] Et tous les officiers d'Égypte firent comme Joseph l'avait commandé, et tous ceux qui venaient en Égypte pour acheter du blé, les gardiens des portes écrivaient leurs noms, et les noms de leurs pères, et les apportaient chaque soir devant Joseph.

51 – Les Israélites Vont en Égypte Pour de la Nourriture
(Genèse 42)

[1] Jacob apprit par la suite qu'il y avait du blé en Égypte, et il appela ses fils pour aller en Égypte acheter du blé, car la famine sévissait également sur eux, et il dit à ses fils :

[2] Voici, j'entends dire qu'il y a du blé en Égypte, et tout le monde s'y rend pour acheter. Pourquoi donc vous montrer satisfaits devant toute la terre ? Allez également en Égypte et achetez-nous un peu de blé parmi ceux qui s'y rendent, afin que nous ne mourions pas.

[3] Les fils de Jacob écoutèrent la voix de leur père et se levèrent pour descendre en Égypte afin d'acheter du blé parmi les autres qui s'y rendaient.

[4] Jacob leur père leur ordonna, en disant : Lorsque vous entrerez dans la ville, n'entrez pas tous ensemble par une seule porte, à cause des habitants du pays.

[5] Les fils de Jacob partirent et se rendirent en Égypte, et les fils de Jacob firent tout comme leur père leur avait ordonné. Jacob n'envoya pas Benjamin, car il disait : De peur qu'un accident ne lui arrive en chemin, comme à son frère ; et dix des fils de Jacob partirent.

[6] Tandis que les fils de Jacob étaient en chemin, ils regrettèrent ce qu'ils avaient fait à Joseph, et se dirent les uns aux autres : Nous savons que notre frère Joseph est descendu en Égypte, et maintenant nous le chercherons où nous allons, et si nous le trouvons, nous le prendrons à son maître contre rançon, et sinon, par la force, et nous mourrons pour lui.

[7] Les fils de Jacob se mirent d'accord sur cette chose et se renforcèrent à cause de Joseph, pour le délivrer de la main de son maître. Les fils de Jacob se rendirent en Égypte ; et lorsqu'ils s'approchèrent de l'Égypte, ils se séparèrent les uns des autres, et ils entrèrent par dix portes d'Égypte. Les gardiens des portes écrivirent leurs noms ce jour-là et les amenèrent à Joseph le soir.

[8] Joseph lut les noms de la main des gardiens des portes de la ville et trouva que ses frères étaient entrés par les dix portes de la ville. Joseph ordonna alors qu'il soit proclamé dans tout le pays d'Égypte, en disant :

[9] Sortez, vous tous les gardiens des magasins, fermez tous les magasins de blé et laissez seulement un ouvert, afin que ceux qui viennent puissent acheter auprès de celui-ci.

[10] Et tous les officiers de Joseph firent ainsi à ce moment-là, et ils fermèrent tous les magasins et n'en laissèrent qu'un ouvert.

[11] Joseph donna les noms écrits de ses frères à celui qui était chargé du magasin ouvert, et lui dit : Quiconque viendra à toi pour acheter du blé, demande son nom, et quand des hommes portant ces noms se présenteront devant toi, saisis-les et envoie-les. Et ils firent ainsi.

[12] Lorsque les fils de Jacob entrèrent dans la ville, ils se regroupèrent dans la ville pour chercher Joseph avant d'acheter eux-mêmes du blé.

[13] Et ils allèrent aux murs des prostituées, et ils cherchèrent Joseph dans les murs des prostituées pendant trois jours, car ils pensaient que Joseph viendrait dans les murs des

prostituées, car Joseph était très beau et de bonne apparence. Les fils de Jacob cherchèrent Joseph pendant trois jours, et ils ne le trouvèrent pas.

[14] L'homme qui était chargé du magasin ouvert chercha ces noms que Joseph lui avait donnés, et il ne les trouva pas.

[15] Et il envoya dire à Joseph : Ces trois jours sont passés, et ces hommes don't tu m'as donné les noms ne sont pas venus ; et Joseph envoya des serviteurs chercher les hommes dans toute l'Égypte, et les amener devant Joseph.

[16] Les serviteurs de Joseph allèrent et entrèrent en Égypte et ne les trouvèrent pas, puis allèrent à Goshen et ils n'étaient pas là, puis allèrent à la ville de Ramsès et ne les trouvèrent pas.

[17] Joseph continua d'envoyer seize serviteurs chercher ses frères, et ils s'éparpillèrent dans les quatre coins de la ville, et quatre des serviteurs entrèrent dans la maison des prostituées, et ils y trouvèrent les dix hommes cherchant leur frère.

[18] Ces quatre hommes les prirent et les amenèrent devant lui, et ils se prosternèrent jusqu'au sol devant lui. Joseph était assis sur son trône dans son temple, vêtu de vêtements princiers, et une grande couronne d'or était sur sa tête, et tous les hommes puissants étaient assis autour de lui.

[19] Les fils de Jacob virent Joseph, et sa stature et sa beauté ainsi que la dignité de son visage leur semblèrent merveilleuses, et ils se prosternèrent de nouveau jusqu'au sol devant lui.

[20] Joseph vit ses frères, et les reconnut, mais eux ne le reconnurent pas, car Joseph était très grand à leurs yeux, donc ils ne le reconnurent pas.

[21] Joseph leur parla, disant : D'où venez-vous ? Et ils répondirent tous et dirent : Tes serviteurs viennent du pays de Canaan pour acheter du blé, car la famine prévaut sur toute la terre, et tes serviteurs ont entendu qu'il y avait du blé en Égypte, donc ils sont venus parmi les autres acheteurs pour acheter du blé pour leur subsistance.

[22] Joseph leur répondit, disant : Si vous êtes venus pour acheter comme vous le dites, pourquoi êtes-vous entrés par dix portes de la ville ? Cela ne peut signifier que vous êtes venus pour espionner le pays.

[23] Et ils répondirent tous ensemble à Joseph, et dirent : Pas du tout, mon seigneur, nous sommes honnêtes, tes serviteurs ne sont pas des espions, mais nous sommes venus pour acheter du blé, car tes serviteurs sont tous frères, fils d'un seul homme dans le pays de Canaan, et notre père nous a commandé, en disant : Lorsque vous arriverez à la ville, n'entrez pas tous ensemble par une seule porte à cause des habitants du pays.

[24] Et Joseph leur répondit de nouveau et dit : C'est ce que je vous ai dit, vous êtes venus pour espionner le pays, donc vous êtes tous entrés par dix portes de la ville ; vous êtes venus voir la nudité du pays.

[25] Assurément, chacun qui vient acheter du blé suit son chemin, et vous êtes déjà trois jours dans le pays, et que faites-vous dans les murs des prostituées où vous avez été pendant ces trois jours ? sûrement, des espions font de telles choses.

[26] Et ils dirent à Joseph : Loin de notre seigneur de parler ainsi, car nous sommes douze frères, fils de notre père Jacob, dans le pays de Canaan, fils d'Isaac, fils d'Abraham, l'Hébreu, et voici, le plus jeune est avec notre père aujourd'hui dans le pays de Canaan, et l'un n'est pas, car il a été perdu pour nous, et nous pensions qu'il pourrait être dans ce pays, donc nous le cherchons dans tout le pays, et sommes venus même dans les maisons des prostituées pour le chercher là.

[27] Et Joseph leur dit : Avez-vous alors cherché partout sur la terre, qu'il ne restait plus que l'Égypte pour le chercher ? Et que ferait aussi votre frère dans les maisons des prostituées, même s'il était en Égypte ? n'avez-vous pas dit que vous êtes des fils d'Isaac, fils d'Abraham, et que feront donc les fils de Jacob dans les maisons des prostituées ?

[28] Et ils lui dirent : Parce que nous avons entendu que des Ismaélites l'ont volé chez nous, et il nous a été dit qu'ils l'ont vendu en Égypte, et ton serviteur, notre frère, est très beau et bien favorisé, donc nous pensions qu'il serait sûrement dans les maisons de prostituées, c'est pourquoi tes serviteurs y sont allés pour le chercher et offrir une rançon pour lui.

[29] Et Joseph leur répondit encore, en disant : Assurément, vous parlez faussement et proférez des mensonges, en disant de vous-mêmes que vous êtes les fils d'Abraham ; aussi vrai que Pharaon vit, vous êtes des espions, c'est pourquoi vous êtes venus dans les maisons de prostituées pour ne pas être reconnus.

[30] Et Joseph leur dit : Et maintenant, si vous le trouvez, et que son maître exige de vous un grand prix, le donnerez-vous pour lui ? Et ils dirent : Il sera donné.

[31] Et il leur dit : Et si son maître ne consent pas à le laisser partir pour un grand prix, que lui ferez-vous ? Et ils répondirent, disant : S'il ne nous le donne pas, nous le tuerons et prendrons notre frère et partirons.

[32] Et Joseph leur dit : C'est cela que je vous ai dit ; vous êtes des espions, car vous êtes venus pour tuer les habitants du pays, car nous avons entendu dire que deux de vos frères ont tué tous les habitants de Sichem, dans le pays de Canaan, à cause de votre sœur, et vous venez maintenant faire de même en Égypte à cause de votre frère.

[33] Seulement par ceci saurai-je que vous êtes de vrais hommes ; si vous envoyez l'un d'entre vous chercher votre plus jeune frère chez votre père, et que vous l'ameniez ici à moi, en faisant cela, je saurai que vous êtes honnêtes.

[34] Et Joseph appela soixante-dix de ses hommes vaillants, et leur dit : Prenez ces hommes et mettez-les en prison.

[35] Et les hommes vaillants prirent les dix hommes, les saisirent et les mirent en prison, et ils furent en prison trois jours.

[36] Et le troisième jour, Joseph les fit sortir de prison, et leur dit : Faites ceci pour vous-mêmes, si vous êtes de vrais hommes, afin que vous viviez, l'un de vos frères sera retenu en prison pendant que vous irez et ramènerez le blé pour vos maisons au pays de Canaan, et chercherez votre plus jeune frère, et l'amènerez ici à moi, alors je saurai que vous êtes de vrais hommes lorsque vous ferez cela.

[37] Et Joseph sortit d'avec eux et entra dans la chambre, et pleura abondamment, car sa pitié fut excitée pour eux, et il se lava le visage, et revint à eux, et prit Siméon parmi eux et ordonna qu'il soit lié, mais Siméon ne voulait pas être ainsi traité, car il était un homme très puissant et ils ne purent le lier.

[38] Et Joseph appela ses hommes vaillants et soixante-dix hommes valeureux vinrent devant lui avec des épées tirées dans leurs mains, et les fils de Jacob furent terrifiés devant eux.

[39] Et Joseph leur dit : Saisissez cet homme et enfermez-le en prison jusqu'à ce que ses frères viennent à lui, et les hommes vaillants de Joseph se hâtèrent et saisirent tous Siméon pour le lier, et Siméon poussa un cri fort et terrible et le cri fut entendu au loin.

[40] Et tous les hommes vaillants de Joseph furent terrifiés au son du cri, qu'ils tombèrent sur leurs visages, et eurent très peur et s'enfuirent.

[41] Et tous les hommes qui étaient avec Joseph s'enfuirent, car ils eurent très peur pour leur vie, et seul Joseph et Manassé, son fils, restèrent là, et Manassé, le fils de Joseph, vit la force de Siméon, et il fut extrêmement courroucé.

[42] Et Manassé, fils de Joseph, se leva contre Siméon, et Manassé frappa Siméon d'un coup de poing puissant à l'arrière du cou, et Siméon se calma de sa colère.

[43] Manassé saisit Siméon, le maîtrisa violemment, le lia et l'emmena dans la maison de détention, et tous les fils de Jacob furent stupéfaits de l'acte du jeune homme.

[44] Et Siméon dit à ses frères : Que nul d'entre vous ne dise que c'est la frappe d'un Égyptien, mais c'est la frappe de la maison de mon père.

[45] Après cela, Joseph ordonna d'appeler celui qui était responsable de l'entrepôt, pour remplir leurs sacs de blé autant qu'ils pouvaient en porter, et pour remettre l'argent de chacun dans son sac, et leur donner des provisions pour le voyage, et il fit ainsi pour eux.

[46] Et Joseph leur commanda, en disant : Prenez garde de ne pas transgresser mes ordres pour amener votre frère comme je vous l'ai dit, et ce sera lorsque vous amènerez votre frère ici à moi, alors je saurai que vous êtes de vrais hommes, et vous pourrez commercer dans le pays, et je vous rendrai votre frère, et vous retournerez en paix auprès de votre père.

[47] Et ils répondirent tous et dirent : Selon que notre seigneur parle ainsi nous ferons, et ils se prosternèrent devant lui jusqu'à terre.

[48] Et chaque homme chargea son blé sur son âne, et ils partirent pour aller au pays de Canaan auprès de leur père ; et ils arrivèrent à l'auberge et Lévi ouvrit son sac pour donner du fourrage à son âne, quand il vit et voilà que son argent en poids complet était encore dans son sac.

[49] Et l'homme fut grandement effrayé, et il dit à ses frères : Mon argent est restitué, et voilà, il est même dans mon sac, et les hommes furent grandement effrayés, et ils dirent : Qu'est-ce que Dieu nous a fait ?

[50] Et ils dirent tous : Et où est la bonté du Seigneur envers nos pères, avec Abraham, Isaac et Jacob, que le Seigneur nous a livrés ce jour entre les mains du roi d'Égypte pour conspirer contre nous ?

[51] Et Juda leur dit : Assurément, nous sommes des pécheurs coupables devant le Seigneur notre Dieu d'avoir vendu notre frère, notre propre chair, et pourquoi dites-vous : Où est la bonté du Seigneur envers nos pères ?

[52] Et Ruben leur dit : Ne vous ai-je pas dit de ne pas pécher contre l'enfant, et vous n'avez pas écouté ? Maintenant, Dieu nous le réclame, et comment osez-vous dire : Où est la bonté du Seigneur envers nos pères, alors que vous avez péché contre le Seigneur ?

[53] Et ils passèrent la nuit à cet endroit, et ils se levèrent tôt le matin et chargèrent leurs ânes avec leur blé, et ils les conduisirent et partirent et arrivèrent à la maison de leur père au pays de Canaan.

[54] Et Jacob et sa maisonnée sortirent à la rencontre de ses fils, et Jacob vit et voilà que leur frère Siméon n'était pas avec eux, et Jacob dit à ses fils: Où est votre frère Siméon, que je ne vois pas ? et ses fils lui racontèrent tout ce qui leur était arrivé en Égypte.

52 – Les Israélites Retournent en Égypte

(Genèse 43)

[1] Et ils entrèrent dans leur maison, et chaque homme ouvrit son sac et ils virent, et voici, le paquet d'argent de chaque homme était là, ce qui les terrifia grandement, eux et leur père.

[2] Et Jacob leur dit : Qu'avez-vous fait de moi ? J'ai envoyé votre frère Joseph pour s'enquérir de votre bien-être et vous m'avez dit. Une bête sauvage l'a dévoré.

[3] Et Siméon est allé avec vous pour acheter de la nourriture et vous dites que le roi d'Égypte l'a enfermé en prison, et vous souhaitez prendre Benjamin pour causer également sa mort, et faire descendre mes cheveux gris avec tristesse dans la tombe à cause de Benjamin et de son frère Joseph.

[4] Maintenant donc, mon fils ne descendra pas avec vous, car son frère est mort et il est resté seul, et un malheur pourrait lui arriver en chemin comme il est arrivé à son frère.

[5] Et Ruben dit à son père : Tu tueras mes deux fils si je ne t'amène pas ton fils et ne le place pas devant toi ; et Jacob dit à ses fils : Restez ici et ne descendez pas en Égypte, car mon fils ne descendra pas avec vous en Égypte, ni mourra comme son frère.

[6] Et Juda leur dit : Éloignez-vous de lui jusqu'à ce que le blé soit fini, et il dira alors : Descendez votre frère, quand il trouvera sa propre vie et la vie de sa maison en danger à cause de la famine.

[7] Et en ces jours, la famine était sévère dans tout le pays, et tous les peuples de la terre allaient et venaient en Égypte pour acheter de la nourriture, car la famine prévalait grandement parmi eux, et les fils de Jacob restaient en Canaan un an et deux mois jusqu'à ce que leur blé soit fini.

[8] Et il arriva, après que leur blé fut fini, que toute la maison de Jacob fut serrée par la faim, et tous les enfants des fils de Jacob se rassemblèrent et s'approchèrent de Jacob, et ils l'entourèrent tous, et ils lui dirent : Donne-nous du pain, et pourquoi devrions-nous tous périr de faim en ta présence ?

[9] Jacob entendit les paroles des enfants de ses fils, et il pleura beaucoup, et sa pitié fut éveillée pour eux, et Jacob appela ses fils et ils vinrent tous et s'assirent devant lui.

[10] Et Jacob leur dit : N'avez-vous pas vu comment vos enfants ont pleuré sur moi aujourd'hui, disant : Donne-nous du pain, et il n'y en a pas ? maintenant donc, retournez et achetez-nous un peu de nourriture.

[11] Et Juda répondit et dit à son père : Si tu veux envoyer notre frère avec nous, nous descendrons et achèterons du blé pour toi, et si tu ne veux pas l'envoyer, alors nous ne descendrons pas, car sûrement le roi d'Égypte nous a particulièrement enjoint, disant : Vous ne verrez pas ma face à moins que votre frère soit avec vous, car le roi d'Égypte est un roi fort et puissant, et voici, si nous allons à lui sans notre frère, nous serons tous mis à mort.

[12] Ne sais-tu pas et n'as-tu pas entendu que ce roi est très puissant et sage, et qu'il n'y en a pas de semblable à lui sur toute la terre ? voici, nous avons vu tous les rois de la terre et nous n'en avons vu aucun comme ce roi, le roi d'Égypte ; sûrement parmi tous les rois de la terre, Il n'y en a

aucun plus grand qu'Abimélec, roi des Philistins, pourtant le roi d'Égypte est plus grand et plus puissant que lui, et Abimélec ne peut être comparé qu'à l'un de ses officiers.

[13] Père, tu n'as pas vu son palais et son trône, et tous ses serviteurs debout devant lui ; tu n'as pas vu ce roi sur son trône dans sa pompe et son apparence royale, vêtu de ses robes royales avec une grande couronne d'or sur sa tête ; tu n'as pas vu l'honneur et la gloire que Dieu lui a donnés, car il n'y en a pas de semblable à lui sur toute la terre.

[14] Père, tu n'as pas vu la sagesse, l'intelligence et la connaissance que Dieu a mises dans son cœur, ni entendu sa douce voix lorsqu'il nous parlait.

[15] Nous ne savons pas, père, qui l'a informé de nos noms et de tout ce qui nous est arrivé, pourtant il a aussi demandé de toi, disant : Votre père est-il encore vivant, et va-t-il bien ?

[16] Tu n'as pas vu les affaires du gouvernement d'Égypte régulées par lui, sans consulter Pharaon son seigneur ; tu n'as pas vu la crainte et la peur qu'il a imposées à tous les Égyptiens.

[17] Et aussi, quand nous sommes partis de chez lui, nous avons menacé de faire à l'Égypte comme aux autres villes des Amorites, et nous étions extrêmement courroucés contre toutes ses paroles qu'il a prononcées à notre sujet comme espions, et maintenant, quand nous nous présenterons de nouveau devant lui, sa terreur tombera sur nous tous, et aucun de nous ne pourra lui parler, que ce soit peu ou beaucoup.

[18] Maintenant donc, père, nous te prions d'envoyer le jeune homme avec nous, et nous descendrons et t'achèterons de la nourriture pour notre soutien, et ne mourrons pas de faim. Et Jacob dit : Pourquoi avez-vous agi si mal envers moi en disant au roi que vous aviez un frère ? Qu'est-ce que vous m'avez fait ?

[19] Et Juda dit à Jacob, son père : Confie le jeune homme à ma garde et nous nous lèverons et descendrons en Égypte pour acheter du blé, puis nous reviendrons, et il en sera ainsi quand nous reviendrons, si le jeune homme n'est pas avec nous, alors laisse-moi porter ta culpabilité pour toujours.

[20] As-tu vu tous nos enfants pleurer sur toi à cause de la faim et tu n'as aucun pouvoir pour les satisfaire ? que ta pitié soit donc éveillée pour eux et envoie notre frère avec nous et nous irons.

[21] Car comment la bonté du Seigneur envers nos ancêtres te sera-t-elle manifestée lorsque tu dis que le roi d'Égypte prendra ton fils ? aussi vrai que le Seigneur vit, je ne le laisserai pas jusqu'à ce que je l'amène et le place devant toi ; mais prie pour nous auprès du Seigneur, qu'il agisse gentiment avec nous, pour nous faire recevoir favorablement et gentiment devant le roi d'Égypte et ses hommes, car si nous n'avions pas tardé, sûrement maintenant nous serions revenus une deuxième fois avec ton fils.

[22] Et Jacob dit à ses fils : Je me confie au Seigneur Dieu qu'il puisse vous délivrer et vous accorder sa faveur aux yeux du roi d'Égypte, et aux yeux de tous ses hommes.

[23] Maintenant donc, levez-vous et allez vers cet homme, et prenez dans vos mains un présent de ce qui peut être obtenu dans le pays et présentez-le-lui, et que le Dieu Tout-Puissant vous accorde sa miséricorde devant lui afin qu'il envoie Benjamin et Siméon, vos frères, avec vous.

[24] Et tous les hommes se levèrent, et ils prirent leur frère Benjamin, et ils prirent dans leurs mains un grand présent des meilleures choses du pays, et ils prirent aussi une double portion d'argent.

[25] Et Jacob commanda strictement à ses fils concernant Benjamin, disant : Prenez garde à lui en chemin où vous allez, et ne vous séparez pas de lui sur la route, ni en Égypte.

[26] Et Jacob se leva de ses fils, étendit ses mains et pria le Seigneur pour ses fils, en disant : Ô Seigneur Dieu du ciel et de la terre, souviens-toi de ton alliance avec notre père Abraham, souviens-t'en avec mon père Isaac et traite mes fils avec bonté, ne les livre pas entre les mains du roi d'Égypte ; fais-le, je te prie, ô Dieu, pour l'amour de tes miséricordes, et rachète tous mes enfants et sauve-les du pouvoir égyptien, et envoie-leur leurs deux frères.

[27] Et toutes les femmes des fils de Jacob et leurs enfants levèrent les yeux vers le ciel et pleurèrent tous devant le Seigneur, et crièrent vers lui pour qu'il délivre leurs pères de la main du roi d'Égypte.

[28] Et Jacob écrivit un document pour le roi d'Égypte et le donna à Juda et aux mains de ses fils pour le roi d'Égypte, disant :

[29] De ton serviteur Jacob, fils d'Isaac, fils d'Abraham l'Hébreu, le prince de Dieu, au puissant et sage roi, le révélateur des secrets, roi d'Égypte, salutations.

[30] Qu'il soit connu de mon seigneur le roi d'Égypte, la famine était sévère sur nous dans le pays de Canaan, et j'ai envoyé mes fils à toi pour acheter chez toi un peu de nourriture pour notre soutien.

[31] Car mes fils m'ont entouré et moi, étant très vieux, je ne peux pas voir de mes yeux, car mes yeux sont devenus très lourds à cause de l'âge, ainsi qu'à cause des pleurs quotidiens pour mon fils, pour Joseph qui a été perdu devant moi, et j'ai ordonné à mes fils qu'ils n'entrent pas dans les portes de la ville lorsqu'ils sont venus en Égypte, à cause des habitants du pays.

[32] Et je leur ai aussi ordonné de parcourir l'Égypte pour chercher mon fils Joseph, peut-être pourraient-ils le trouver là, et ils l'ont fait, et tu les as considérés comme des espions du pays.

[33] N'avons-nous pas entendu parler de toi que tu as interprété le rêve de Pharaon et lui as parlé véritablement ? Comment alors ne sais-tu pas dans ta sagesse si mes fils sont des espions ou non ?

[34] Maintenant donc, mon seigneur et roi, voici que j'ai envoyé mon fils devant toi, comme tu l'as dit à mes fils ; je t'en prie, pose tes yeux sur lui jusqu'à ce qu'il me soit retourné en paix avec ses frères.

[35] Ne sais-tu pas, ou n'as-tu pas entendu ce que notre Dieu a fait à Pharaon lorsqu'il a pris ma mère Sarah, et ce qu'il a fait à Abimélec, roi des Philistins, à cause d'elle, et aussi ce que notre père Abraham a fait aux neuf rois d'Elam, comment il les a tous frappés avec quelques hommes qui étaient avec lui ?

[36] Et aussi ce que mes deux fils Siméon et Lévi ont fait aux huit villes des Amorites, comment ils les ont détruites à cause de leur sœur Dina ?

[37] Et aussi à cause de leur frère Benjamin, ils se sont consolés pour la perte de leur frère Joseph ; que feront-ils alors pour lui lorsqu'ils verront la main de n'importe quel peuple prévaloir sur eux, pour son bien ?

[38] Ne sais-tu pas, ô roi d'Égypte, que la puissance de Dieu est avec nous, et que Dieu écoute toujours nos prières et ne nous abandonne pas tous les jours ?

[39] Et quand mes fils m'ont parlé de tes traitements avec eux, je n'ai pas appelé le Seigneur à cause de toi, car alors tu aurais péri avec tes hommes avant que mon fils Benjamin vienne devant toi, mais j'ai pensé que comme Siméon, mon fils, était dans ta maison, peut-être traiterais-tu gentiment avec lui, donc je n'ai pas fait cela contre toi.

[40] Maintenant donc, voici que Benjamin, mon fils, vient à toi avec mes fils ; prends soin de lui et pose tes yeux sur lui, et alors Dieu mettra ses yeux sur toi et sur tout ton royaume.

[41] Je t'ai dit tout ce qui est dans mon cœur, et voici, mes fils viennent à toi avec leur frère ; examine le visage de toute la terre pour leur bien et renvoie-les en paix avec leurs frères.

[42] Et Jacob confia le document à ses fils, sous la garde de Juda, pour le remettre au roi d'Égypte.

53 – Benjamin en Égypte

(Genèse 43-44)

[1] Et les fils de Jacob se levèrent, prirent Benjamin et tous les présents, et ils partirent et arrivèrent en Égypte et se tinrent devant Joseph.

[2] Joseph vit son frère Benjamin avec eux et les salua, et ces hommes allèrent à la maison de Joseph.

[3] Joseph donna l'ordre au surintendant de sa maison de donner à manger à ses frères, et il le fit pour eux.

[4] À midi, Joseph fit venir les hommes devant lui avec Benjamin, et les hommes parlèrent au surintendant de la maison de Joseph du retour de l'argent dans leurs sacs, et il leur dit : Tout ira bien pour vous, ne craignez pas, et il leur ramena leur frère Siméon.

[5] Siméon dit à ses frères : Le seigneur des Égyptiens a agi très gentiment envers moi, il ne m'a pas gardé enchaîné, comme vous l'avez vu de vos yeux, car quand vous êtes sortis de la ville, il m'a libéré et a agi gentiment avec moi dans sa maison.

[6] Juda prit Benjamin par la main, et ils se présentèrent devant Joseph, et ils se prosternèrent devant lui jusqu'au sol.

[7] Les hommes donnèrent le présent à Joseph et ils s'assirent tous devant lui. Joseph leur demanda : Tout va bien pour vous, vos enfants, votre vieux père ? Ils répondirent : Tout va bien. Juda donna à Joseph le registre que Jacob avait envoyé.

[8] Joseph lut la lettre et reconnut l'écriture de son père. Il eut envie de pleurer, alla dans une pièce intérieure et pleura abondamment ; puis il sortit.

[9] Il leva les yeux, vit son frère Benjamin et dit : Est-ce là votre frère don't vous m'avez parlé ? Benjamin s'approcha de Joseph, qui posa sa main sur sa tête en disant : Que Dieu te soit favorable, mon fils.

[10] Quand Joseph vit son frère, le fils de sa mère, il eut de nouveau envie de pleurer, entra dans la chambre, pleura, se lava le visage, sortit et se retint de pleurer, puis dit : Préparez le repas.

[11] Joseph avait une coupe don't il buvait, en argent magnifiquement incrustée de pierres d'onyx et de bdellium. Il frappa la coupe devant ses frères alors qu'ils étaient assis pour manger avec lui.

[12] Joseph leur dit : Par cette coupe, je sais que Ruben, l'aîné, Siméon, Lévi, Juda, Issachar et Zebulun sont frères d'une même mère. Asseyez-vous pour manger selon votre ordre de naissance.

[13] Il plaça également les autres selon leur naissance et dit : Je sais que ce votre plus jeune frère n'a pas de frère, et moi, comme lui, je n'ai pas de frère. Il mangera donc avec moi.

[14] Benjamin s'approcha de Joseph et s'assit sur le trône. Les hommes observèrent les actions de Joseph et furent étonnés. Ils mangèrent et burent avec Joseph, qui leur donna ensuite des présents. Benjamin reçut cinq présents en tout.

[15] Joseph leur servit du vin, mais ils refusèrent de boire, disant : Depuis le jour où Joseph a disparu, nous n'avons pas bu de vin ni mangé de délicatesses.

[16] Joseph leur fit jurer et insista, et ils burent abondamment avec lui ce jour-là. Joseph se tourna ensuite vers son frère Benjamin pour lui parler, et Benjamin était toujours assis sur le trône devant Joseph.

[17] Joseph demanda à Benjamin s'il avait des enfants. Benjamin répondit qu'il en avait dix et donna leurs noms, ajoutant qu'il les avait nommés en l'honneur de son frère qu'il n'avait pas vu.

[18] Joseph demanda à Benjamin s'il connaissait la sagesse des Hébreux. Benjamin répondit qu'il connaissait toute la sagesse que son père lui avait enseignée.

[19] Benjamin répondit : Ton serviteur connaît aussi toute la sagesse que mon père m'a enseignée. Joseph lui dit alors : Regarde maintenant cet instrument et comprends où se trouve ton frère Joseph en Égypte, celui que tu dis être descendu en Égypte.

[20] Benjamin observa l'instrument avec la carte des étoiles du ciel, il était sage et chercha à savoir où se trouvait son frère. Il divisa toute la terre d'Égypte en quatre divisions et découvrit que celui qui était assis sur le trône devant lui était son frère Joseph. Benjamin fut grandement étonné, et quand Joseph vit que son frère Benjamin était si étonné, il lui dit : Que vois-tu, et pourquoi es-tu étonné ?

[21] Benjamin dit à Joseph : Je vois par ceci que Joseph, mon frère, est assis ici avec moi sur le trône. Joseph lui dit alors : Je suis Joseph, ton frère, ne révèle pas cette chose à tes frères ; voici, je t'enverrai avec eux quand ils partiront, et je leur ordonnerai d'être ramenés à nouveau dans la ville, et je te prendrai loin d'eux.

[22] S'ils risquent leur vie et combattent pour toi, alors je saurai qu'ils se sont repentis de ce qu'ils m'ont fait, et je me ferai connaître à eux. Mais s'ils t'abandonnent lorsque je te prendrai, alors tu resteras avec moi, et je me querellerai avec eux, et ils s'en iront, et je ne me ferai pas connaître à eux.

[23] À ce moment, Joseph ordonna à son officier de remplir leurs sacs de nourriture, de mettre l'argent de chacun dans son sac, et de mettre la coupe dans le sac de Benjamin, et de leur donner des provisions pour le chemin, ce qu'ils firent.

[24] Le lendemain, les hommes se levèrent tôt le matin, chargèrent leurs ânes de leur blé, et partirent avec Benjamin pour retourner au pays de Canaan avec leur frère Benjamin.

[25] Ils n'étaient pas loin de l'Égypte quand Joseph donna l'ordre à celui qui était préposé à sa maison de les poursuivre avant qu'ils ne s'éloignent trop d'Égypte, et de leur dire : Pourquoi avez-vous volé la coupe de mon maître ?

[26] L'officier de Joseph se leva, les atteignit et leur parla selon toutes les paroles de Joseph ; à l'entente de ces mots, ils furent extrêmement courroucés et dirent : Celui chez qui la coupe de ton maître sera trouvée mourra, et nous deviendrons esclaves.

[27] Ils se hâtèrent, chacun abaissa son sac de son âne, et après avoir cherché dans leurs sacs, la coupe fut trouvée dans le sac de Benjamin. Ils déchirèrent tous leurs vêtements, retournèrent à la ville et frappèrent Benjamin en chemin, le frappant continuellement jusqu'à ce qu'ils arrivent en ville, où ils se présentèrent devant Joseph.

[28] La colère de Juda s'enflamma, et il dit : Cet homme ne m'a ramené ici que pour détruire l'Égypte aujourd'hui.

[29] Les hommes arrivèrent à la maison de Joseph, où ils trouvèrent Joseph assis sur son trône, entouré de tous ses puissants hommes.

[30] Joseph leur dit : Quel est cet acte que vous avez commis, en emportant ma coupe d'argent et en partant ? Mais je sais que vous avez pris ma coupe pour savoir par là où se trouvait votre frère.

[31] Juda dit : Que dirons-nous à mon seigneur, que parlerons-nous et comment nous justifierons-nous ? Dieu a trouvé aujourd'hui l'iniquité de tous tes serviteurs, c'est pourquoi il nous a fait cela.

[32] Joseph se leva, saisit Benjamin et l'emmena loin de ses frères avec force. Il entra dans la maison, ferma la porte sur eux et ordonna à celui qui était préposé à sa maison de leur dire : Ainsi dit le roi, Allez en paix chez votre père, voici, j'ai pris l'homme dans la main duquel ma coupe a été trouvée.

54 - Joseph se Révèle
(Genèse 45)

[1] Lorsque Juda vit comment Joseph traitait ses frères, il s'approcha, brisa la porte, et entra avec ses frères devant Joseph.

[2] Juda dit à Joseph : Que cela ne te semble pas fâcheux, mon seigneur, puis-je, je t'en prie, dire un mot devant toi ? Joseph lui répondit : Parle.

[3] Juda s'adressa à Joseph, ses frères se tenant debout devant eux, et dit : Certainement, lors de notre première visite pour acheter de la nourriture, tu nous as pris pour des espions du pays. Nous avons amené Benjamin devant toi, et tu continues aujourd'hui à te moquer de nous.

[4] Laisse donc le roi écouter mes paroles et envoie, je t'en prie, notre frère avec nous à notre père, de peur que ton âme ne périsse aujourd'hui avec toutes celles des habitants d'Égypte.

[5] Ne sais-tu pas ce que mes deux frères, Siméon et Lévi, ont fait à la ville de Sichem et à sept villes des Amorites à cause de notre sœur Dina, et ce qu'ils feraient pour leur frère Benjamin ?

[6] Moi, avec ma force, qui suis plus grand et plus puissant qu'eux deux, je viendrais aujourd'hui sur toi et ton pays si tu refuses d'envoyer notre frère.

[7] N'as-tu pas entendu ce que notre Dieu, qui nous a choisis, a fait à Pharaon à cause de Sara, notre mère, qu'il avait prise à notre père, en le frappant, lui et sa maison, de grandes plaies, au point que jusqu'à aujourd'hui les Égyptiens se racontent cette merveille ? Ainsi fera notre Dieu à toi, à cause de Benjamin que tu as pris à son père aujourd'hui, et à cause des maux que tu accumules sur nous dans ton pays ; car notre Dieu se souviendra de son alliance avec notre père Abraham et t'apportera du mal, car tu as attristé l'âme de notre père aujourd'hui.

[8] Écoute donc les paroles que je t'ai dites aujourd'hui, et envoie notre frère pour qu'il puisse partir, de peur que toi et les habitants de ton pays ne mouriez par l'épée, car vous ne pouvez tous me vaincre.

[9] Joseph répondit à Juda en disant : Pourquoi ouvres-tu grand ta bouche et te vantes-tu sur nous, en disant : La force est avec toi ? Par la vie de Pharaon, si je commande à tous mes hommes vaillants de combattre contre vous, vous et vos frères, vous sombreriez dans la boue.

[10] Juda dit à Joseph : Il convient à toi et à ton peuple de me craindre ; par la vie du Seigneur, si je tire mon épée, je ne la remettrai pas dans son fourreau avant d'avoir tué aujourd'hui tout l'Égypte, et je commencerai par toi et finirai par Pharaon, ton maître.

[11] Joseph répondit et lui dit : La force n'appartient pas uniquement à toi ; je suis plus fort et plus puissant que toi, sûrement si tu tires ton épée, je la mettrai à ton cou et au cou de tous tes frères.

[12] Juda lui dit : Sûrement, si j'ouvre aujourd'hui ma bouche contre toi, je te dévorerais pour que tu sois détruit de la terre et périsse aujourd'hui de ton royaume. Joseph dit : Sûrement, si tu ouvres ta bouche, j'ai le pouvoir et la force de fermer ta bouche avec une pierre jusqu'à ce que tu ne puisses pas prononcer un mot ; vois combien de pierres sont devant nous, vraiment je peux prendre une pierre, et la forcer dans ta bouche et briser tes mâchoires.

[13] Juda dit : Dieu est témoin entre nous, que nous n'avons jusqu'ici pas désiré combattre contre toi, donne-nous seulement notre frère et nous partirons loin de toi ; Joseph répondit et dit : Par la vie de Pharaon, si tous les rois de Canaan se rassemblaient avec vous, vous ne le prendriez pas de ma main.

[14] Alors maintenant, va-t'en vers ton père, et ton frère sera pour moi un esclave, car il a volé dans la maison du roi. Et Juda dit : Qu'est-ce que cela pour toi ou pour la réputation du roi ? Le roi envoie de l'argent et de l'or de sa maison à travers le pays, soit en cadeaux soit en dépenses, et tu parles encore de ta coupe que tu as placée dans le sac de notre frère et tu dis qu'il l'a volée ?

[15] Dieu nous en préserve que notre frère Benjamin ou quelqu'un de la descendance d'Abraham fasse une telle chose, de voler, que ce soit à toi ou à quelqu'un d'autre, que ce soit le roi, un prince ou n'importe quel homme.

[16] Alors maintenant, arrête cette accusation pour que toute la terre n'entende pas tes paroles, disant : Pour un peu d'argent, le roi d'Égypte s'est querellé avec les hommes, et il les a accusés et a pris leur frère comme esclave.

[17] Et Joseph répondit en disant : Prenez cette coupe et partez de moi, et laissez votre frère comme esclave, car c'est le jugement d'un voleur d'être un esclave.

[18] Et Juda dit : N'as-tu pas honte de tes paroles, de laisser notre frère et de prendre ta coupe ? Sûrement, si tu nous donnes ta coupe, ou mille fois autant, nous ne laisserons pas notre frère pour l'argent trouvé dans la main de n'importe quel homme, pour que nous ne mourions pas sur lui.

[19] Et Joseph répondit : Et pourquoi avez-vous abandonné votre frère et l'avez-vous vendu pour vingt pièces d'argent jusqu'à ce jour, et pourquoi ne feriez-vous pas de même à ce frère-ci ?

[20] Et Juda dit : Le Seigneur est témoin entre moi et toi que nous ne désirons pas tes batailles ; maintenant donc donne-nous notre frère et nous partirons de chez toi sans querelle.

[21] Et Joseph répondit en disant : Si tous les rois de la terre se rassemblaient, ils ne pourraient pas prendre votre frère de ma main ; et Juda dit : Que dirons-nous à notre père, lorsqu'il verra que notre frère ne vient pas avec nous, et qu'il en sera affligé ?

[22] Et Joseph répondit en disant : C'est ce que vous direz à votre père : "La corde est allée après le seau".

[23] Et Juda dit : Sûrement tu es un roi, et pourquoi dis-tu ces choses, en rendant un faux jugement ? Malheur au roi qui est comme toi.

[24] Et Joseph répondit en disant : Il n'y a pas de faux jugement dans la parole que j'ai prononcée à cause de votre frère Joseph, car vous l'avez tous vendu aux Madianites pour vingt pièces d'argent, et vous l'avez tous nié à votre père en lui disant : Une bête féroce l'a dévoré, Joseph a été mis en pièces.

[25] Et Juda dit : Voici, le feu de Shem brûle dans mon cœur, maintenant je brûlerai toute ta terre par le feu ; et Joseph répondit en disant : Sûrement ta belle-sœur Tamar, qui a tué tes fils, a éteint le feu de Sichem.

[26] Et Juda dit : Si j'arrache un seul cheveu de ma chair, je remplirai toute l'Égypte de son sang.

[27] Et Joseph répondit en disant : Tel est votre coutume de faire comme vous l'avez fait à votre frère que vous avez vendu, et vous avez trempé son manteau dans le sang et l'avez apporté à votre père pour qu'il puisse dire une bête féroce l'a dévoré et voici son sang.

[28] Et quand Juda entendit cette chose, il fut extrêmement en colère et sa colère brûla en lui, et il y avait devant lui à cet endroit une pierre, don't le poids était d'environ quatre cents sicles, et la colère de Juda s'enflamma et il prit la pierre d'une main et la lança vers les cieux et la rattrapa de sa main gauche.

[29] Et il le plaça ensuite sous ses jambes, et il s'assit dessus avec toute sa force et la pierre fut réduite en poussière sous l'effet de la force de Juda.

[30] Joseph vit l'acte de Juda et eut très peur, mais il commanda à son fils Manassé de faire de même avec une autre pierre, à l'instar de l'acte de Juda, et Juda dit à ses frères : Que nul d'entre vous ne dise que cet homme est un Égyptien, mais par cet acte, il est de la famille de notre père.

[31] Et Joseph dit : La force n'est pas donnée qu'à vous seuls, car nous sommes également des hommes puissants, pourquoi vous vanter sur nous tous ? Et Juda dit à Joseph : Je t'en prie, envoie notre frère avec nous et ne ruine pas ton pays aujourd'hui.

[32] Joseph leur répondit : Allez et dites à votre père : "Une bête sauvage l'a dévoré", comme vous l'avez dit au sujet de votre frère Joseph.

[33] Juda parla à son frère Naphtali et lui dit : Dépêche-toi, va maintenant et compte toutes les rues d'Égypte et viens me le dire ; et Siméon lui dit : Ne te tracasse pas pour cela ; maintenant, je vais aller à la montagne et prendre une grande pierre de la montagne et l'abattre sur tous en Égypte, et les tuer tous.

[34] Joseph entendit toutes ces paroles que ses frères prononcèrent devant lui, et ils ne savaient pas que Joseph les comprenait, car ils pensaient qu'il ne savait pas parler Hébreu.

[35] Joseph eut très peur des paroles de ses frères de peur qu'ils ne détruisent l'Égypte, et il ordonna à son fils Manassé, disant : Va maintenant vite rassembler tous les habitants d'Égypte et tous les hommes vaillants ensemble, et qu'ils viennent à moi maintenant à cheval et à pied et avec toutes sortes d'instruments de musique, et Manassé alla et fit ainsi.

[36] Naphtali alla comme Juda lui avait commandé, car Naphtali était léger de pied comme l'un des cerfs rapides, et il pouvait marcher sur les épis de maïs sans les briser.

[37] Et il alla et compta toutes les rues d'Égypte, et il les trouva au nombre de douze, et il vint rapidement le dire à Juda, et Juda dit à ses frères : Hâtez-vous et que chacun de vous mette son épée sur ses reins et nous viendrons sur l'Égypte, et les frapperons tous, et ne laisserons aucun survivant.

[38] Et Juda dit : Voici, je détruirai trois des rues avec ma force, et vous détruirez chacun une rue ; et alors que Juda parlait ainsi, voici que les habitants d'Égypte et tous les hommes puissants vinrent vers eux avec toutes sortes d'instruments de musique et avec de grands cris.

[39] Leur nombre était de cinq cents cavaliers et dix mille fantassins, et quatre cents hommes qui pouvaient combattre sans épée ni lance, seulement avec leurs mains et leur force.

[40] Et tous les hommes puissants vinrent avec de grands tumultes et des cris, et ils entourèrent tous les fils de Jacob et les terrifièrent, et le sol trembla au son de leurs cris.

[41] Et lorsque les fils de Jacob virent ces troupes, ils eurent très peur pour leur vie, et Joseph fit cela pour terrifier les fils de Jacob afin qu'ils se tranquillisent.

[42] Et Juda, voyant certains de ses frères terrifiés, leur dit : Pourquoi avez-vous peur alors que la grâce de Dieu est avec nous ? Et lorsque Juda vit tout le peuple d'Égypte les entourant sur l'ordre de Joseph pour les terrifier, seul Joseph leur ordonna, disant : Ne touchez à aucun d'eux.

[43] Alors Juda se hâta et tira son épée, et poussa un cri fort et amer, et il frappa de son épée, et il bondit sur le sol et continua à crier contre tout le peuple.

[44] Et quand il fit cela, le Seigneur fit tomber la terreur de Juda et de ses frères sur les hommes vaillants et tout le peuple qui les entourait.

[45] Ils s'enfuirent tous au son du cri, terrifiés, ils tombèrent les uns sur les autres, et beaucoup moururent dans leur chute, et tous s'enfuirent devant Juda et ses frères, et devant Joseph.

[46] Pendant leur fuite, Juda et ses frères les poursuivirent jusqu'à la maison de Pharaon, et ils s'échappèrent tous, et Juda se rassit devant Joseph, rugissant comme un lion, et poussa un grand et terrible cri contre lui.

[47] Le cri fut entendu de loin, et tous les habitants de Succoth l'entendirent, et tout l'Égypte trembla au son du cri, et aussi les murs de l'Égypte et du pays de Goshen s'effondrèrent sous les secousses de la terre, et Pharaon aussi tomba de son trône à terre, et toutes les femmes enceintes d'Égypte et de Goshen avortèrent en entendant le bruit du tremblement, car elles étaient terriblement effrayées.

[48] Pharaon envoya dire : Qu'est-ce que c'est que cette chose qui est arrivée aujourd'hui dans le pays d'Égypte ? et ils vinrent lui raconter tout du début à la fin, et Pharaon fut alarmé, il s'étonna et eut très peur.

[49] Sa frayeur augmenta quand il entendit tout cela, et il envoya dire à Joseph : Tu m'as amené les Hébreux pour détruire toute l'Égypte ; que vas-tu faire de cet esclave voleur ? envoie-le partir et qu'il s'en aille avec ses frères, et que nous ne périssions pas à cause de leur mal, nous, toi et tout l'Égypte.

[50] Si tu ne veux pas faire cela, jette de toi toutes mes choses précieuses, et pars avec eux dans leur pays, si cela te plaît, car ils vont détruire aujourd'hui mon pays entier et tuer tout mon peuple ; même toutes les femmes d'Égypte ont avorté à cause de leurs cris ; vois ce qu'ils ont fait juste en criant et en parlant, d'ailleurs s'ils combattent avec l'épée, ils détruiront le pays ; maintenant donc choisis ce que tu désires, moi ou les Hébreux, l'Égypte ou le pays des Hébreux.

[51] Ils vinrent raconter à Joseph toutes les paroles de Pharaon qu'il avait dites à son sujet, et Joseph eut très peur des paroles de Pharaon, et Juda et ses frères étaient encore devant Joseph, indignés et en colère, et tous les fils de Jacob rugirent contre Joseph, comme le rugissement de la mer et de ses vagues.

[52] Joseph eut très peur de ses frères et à cause de Pharaon, et Joseph chercha un prétexte pour se faire connaître à ses frères, de peur qu'ils ne détruisent toute l'Égypte.

[53] Joseph commanda à son fils Manassé, et Manassé s'approcha de Juda et posa sa main sur son épaule, et la colère de Juda fut apaisée.

[54] Juda dit à ses frères : Que nul d'entre vous ne dise que c'est l'acte d'un jeune égyptien car c'est l'œuvre de la maison de mon père.

[55] Joseph, voyant et sachant que la colère de Juda était apaisée, s'approcha pour parler à Juda dans un langage doux.

[56] Joseph dit à Juda : Véritablement, tu parles vrai et tu as vérifié aujourd'hui tes dires concernant ta force, et que ton Dieu qui prend plaisir en toi, augmente ton bien-être ; mais dis-moi véritablement pourquoi, parmi tous tes frères, te disputes-tu avec moi à cause du garçon, alors qu'aucun d'eux ne m'a dit un mot à son sujet.

[57] Et Juda répondit à Joseph, disant : Tu dois sûrement savoir que je me suis porté garant pour le jeune homme auprès de son père, en disant : Si je ne le ramène pas vers lui, je porterai sa faute pour toujours.

[58] C'est pourquoi je me suis approché de toi parmi tous mes frères, car j'ai vu que tu étais réticent à le laisser partir ; maintenant, puissé-je trouver grâce à tes yeux pour que tu le laisses partir avec nous, et voici, je resterai à sa place pour te servir dans tout ce que tu désires, car où que tu m'envoies, j'irai te servir avec grande énergie.

[59] Envoie-moi maintenant vers un roi puissant qui s'est rebellé contre toi, et tu sauras ce que je ferai à lui et à son pays ; même s'il a de la cavalerie et de l'infanterie ou un peuple extrêmement puissant, je les tuerai tous et t'apporterai la tête du roi.

[60] Ne sais-tu pas ou n'as-tu pas entendu que notre père Abraham, avec son serviteur Éliézer, a frappé tous les rois d'Élam et leurs armées en une seule nuit, sans en laisser un seul ? Et depuis ce jour, la force de notre père nous a été transmise en héritage, pour nous et notre descendance pour toujours.

[61] Et Joseph répondit en disant : Tu parles la vérité, et il n'y a pas de mensonge dans ta bouche, car il nous a également été dit que les Hébreux ont du pouvoir et que le Seigneur leur Dieu les aime beaucoup, et qui donc peut leur résister ?

[62] Cependant, à cette condition, j'enverrai ton frère, si tu m'amènes son frère, le fils de sa mère, don't tu as dit qu'il était descendu chez toi en Égypte ; et il arrivera, lorsque tu m'auras amené son frère, que je le prendrai à sa place, car aucun d'entre vous n'était garant pour lui auprès de votre père, et quand il viendra à moi, j'enverrai alors avec vous son frère pour lequel tu as été garant.

[63] La colère de Juda s'enflamma contre Joseph lorsqu'il dit cela, et ses yeux se remplirent de sang de colère, et il dit à ses frères : Comment cet homme cherche-t-il aujourd'hui sa propre destruction et celle de toute l'Égypte ?

[64] Et Siméon répondit à Joseph, disant : Ne t'avons-nous pas dit au début que nous ne savions pas l'endroit précis où il était allé, et s'il était mort ou vivant, et pourquoi mon seigneur parle-t-il de ces choses ?

[65] Et Joseph, observant le visage de Juda, discerna que sa colère commençait à s'enflammer lorsqu'il lui dit : Apporte-moi ton autre frère à la place de celui-ci.

[66] Et Joseph dit à ses frères : Vous avez dit que votre frère était soit mort soit perdu, maintenant si je l'appelais aujourd'hui et qu'il vienne devant vous, le lui donneriez-vous à la place de son frère ?

[67] Et Joseph commença à parler et à appeler : Joseph, Joseph, viens aujourd'hui devant moi, et apparais à tes frères et assieds-toi devant eux.

[68] Et quand Joseph dit cela devant eux, ils regardèrent chacun de leur côté pour voir d'où Joseph viendrait devant eux.

[69] Et Joseph observa tous leurs agissements, et leur dit : Pourquoi regardez-vous ici et là ? Je suis Joseph que vous avez vendu en Égypte, maintenant donc, que cela ne vous chagrine pas de m'avoir vendu, car c'est comme un soutien pendant la famine que Dieu m'a envoyé devant vous.

[70] Ses frères furent terrifiés en entendant les paroles de Joseph, et Juda fut extrêmement terrifié devant lui.

[71] Et lorsque Benjamin entendit les paroles de Joseph, il était devant eux dans la partie intérieure de la maison, et Benjamin courut vers Joseph son frère, l'étreignit et tomba sur son cou, et ils pleurèrent.

[72] Et quand les frères de Joseph virent que Benjamin était tombé sur le cou de son frère et pleurait avec lui, ils tombèrent également sur Joseph et l'étreignirent, et ils pleurèrent une grande pleur avec Joseph.

[73] Et la voix fut entendue dans la maison de Joseph qu'ils étaient les frères de Joseph, et cela fit extrêmement plaisir à Pharaon, car il avait peur d'eux de peur qu'ils ne détruisent l'Égypte.

[74] Et Pharaon envoya ses serviteurs à Joseph pour le féliciter concernant ses frères qui étaient venus à lui, et tous les capitaines des armées et les troupes qui étaient en Égypte vinrent se réjouir avec Joseph, et tout l'Égypte se réjouit grandement pour les frères de Joseph.

[75] Et Pharaon envoya ses serviteurs à Joseph, disant : Dis à tes frères de rassembler tout ce qui leur appartient et de venir à moi, et je les placerai dans la meilleure partie du pays d'Égypte, et ils firent ainsi.

[76] Et Joseph commanda à celui qui était préposé à sa maison de sortir pour ses frères des cadeaux et des vêtements, et il leur sortit de nombreux vêtements, des robes de royauté et de nombreux cadeaux, et Joseph les distribua parmi ses frères.

[77] Et il donna à chacun de ses frères un changement de vêtements d'or et d'argent, et trois cents pièces d'argent, et Joseph leur ordonna à tous d'être habillés de ces vêtements, et d'être amenés devant Pharaon.

[78] Et Pharaon, voyant que tous les frères de Joseph étaient des hommes vaillants et d'apparence agréable, se réjouit grandement.

[79] Et ils sortirent ensuite de la présence de Pharaon pour aller au pays de Canaan, à leur père, et leur frère Benjamin était avec eux.

[80] Et Joseph se leva et leur donna onze chars de Pharaon, et Joseph leur donna son char, sur lequel il avait monté le jour où il fut couronné en Égypte, pour aller chercher son père en Égypte ; et Joseph envoya à tous les enfants de ses frères des vêtements selon leur nombre, et cent pièces d'argent à chacun d'eux, et il envoya également des vêtements aux épouses de ses frères parmi les vêtements des épouses du roi, et il les leur envoya.

[81] Et il donna à chacun de ses frères dix hommes pour aller avec eux au pays de Canaan pour les servir, pour servir leurs enfants et tout ce qui leur appartenait en venant en Égypte.

[82] Et Joseph envoya par la main de son frère Benjamin dix costumes de vêtements pour ses dix fils, une part au-dessus du reste des enfants des fils de Jacob.

[83] Et il envoya à chacun cinquante pièces d'argent, et dix chars au compte de Pharaon, et il envoya à son père dix ânes chargés de toutes les richesses d'Égypte, et dix ânesses chargées de céréales et de pain et de nourriture pour son père, et pour tous ceux qui étaient avec lui comme provisions pour la route.

[84] Et il envoya à sa sœur Dina des vêtements d'argent et d'or, et de l'encens et de la myrrhe, et de l'aloès et des ornements pour femmes en grande quantité, et il envoya la même chose des épouses de Pharaon aux épouses de Benjamin.

[85] Et il donna à tous ses frères, ainsi qu'à leurs épouses, toutes sortes de pierres d'onyx et de bdellium, et parmi toutes les choses précieuses parmi les grands peuples d'Égypte, rien de tout ce qui était coûteux n'a été laissé sauf ce que Joseph a envoyé à la maison de son père.

[86] Et il renvoya ses frères, et ils s'en allèrent, et il envoya son frère Benjamin avec eux.

[87] Et Joseph sortit avec eux pour les accompagner sur la route jusqu'aux frontières de l'Égypte, et il leur donna des instructions concernant son père et sa maison, pour qu'ils viennent en Égypte.

[88] Et il leur dit : Ne vous querellez pas en route, car cette chose vient du Seigneur pour empêcher un grand peuple de mourir de faim, car il y aura encore cinq années de famine dans le pays.

[89] Et il leur commanda, disant : Quand vous arriverez au pays de Canaan, ne vous présentez pas soudainement devant mon père dans cette affaire, mais agissez avec sagesse.

[90] Et Joseph cessa de leur donner des ordres, et il se retourna et retourna en Égypte, et les fils de Jacob allèrent au pays de Canaan avec joie et allégresse vers leur père Jacob.

[91] Et ils arrivèrent aux frontières du pays, et ils se dirent l'un à l'autre : Que ferons-nous dans cette affaire devant notre père, car s'il vient soudainement à lui et que nous lui racontons l'affaire, il sera grandement alarmé par nos paroles et ne nous croira pas.

[92] Et ils continuèrent jusqu'à ce qu'ils arrivent près de leurs maisons, et ils trouvèrent Serach, la fille d'Asher, sortant à leur rencontre, et la jeune fille était très bonne et subtile, et savait jouer de la harpe.

[93] Et ils l'appelèrent et elle vint devant eux, et elle les embrassa, et ils la prirent et lui donnèrent une harpe, disant : Va maintenant devant notre père, et assieds-toi devant lui, et frappe la harpe, et prononce ces paroles.

[94] Et ils lui commandèrent d'aller dans leur maison, et elle prit la harpe et se hâta devant eux, et elle vint et s'assit près de Jacob.

[95] Et elle jouait bien et chantait, et prononçait avec douceur ses paroles, Joseph mon oncle est vivant, et il règne dans tout le pays d'Égypte, et il n'est pas mort.

[96] Et elle continua de répéter et de prononcer ces paroles, et Jacob entendit ses paroles et elles lui furent agréables.

[97] Il écouta alors qu'elle les répétait deux ou trois fois, et la joie entra dans le cœur de Jacob à la douceur de ses paroles, et l'esprit de Dieu était sur lui, et il savait que toutes ses paroles étaient vraies.

[98] Et Jacob bénit Serach quand elle prononça ces paroles devant lui, et il lui dit : Ma fille, que la mort ne l'emporte jamais sur toi, car tu as ranimé mon esprit ; parle seulement encore devant moi comme tu l'as fait, car tu m'as réjoui avec toutes tes paroles.

[99] Et elle continua de chanter ces paroles, et Jacob écouta et cela lui plut, et il se réjouit, et l'esprit de Dieu était sur lui.

[100] Pendant qu'il était encore en train de parler avec elle, voici que ses fils vinrent à lui avec des chevaux et des chars et des vêtements royaux et des serviteurs courant devant eux.

[101] Et Jacob se leva pour les rencontrer, et vit ses fils vêtus de vêtements royaux et il vit tous les trésors que Joseph leur avait envoyés.

[102] Et ils lui dirent : Sache que notre frère Joseph est vivant, et c'est lui qui règne dans tout le pays d'Égypte, et c'est lui qui nous a parlé comme nous te l'avons dit.

[103] Et Jacob entendit toutes les paroles de ses fils, et son cœur palpita à leurs paroles, car il ne pouvait pas les croire jusqu'à ce qu'il voie tout ce que Joseph leur avait donné et ce qu'il lui avait envoyé, et tous les signes que Joseph leur avait donnés.

[104] Et ils lui montrèrent tout ce que Joseph leur avait envoyé, ils donnèrent à chacun ce que Joseph lui avait envoyé, et il sut qu'ils avaient dit la vérité, et il se réjouit beaucoup à cause de son fils.

[105] Et Jacob dit : Il me suffit que mon fils Joseph soit encore en vie, je vais aller le voir avant de mourir.

[106] Et ses fils lui racontèrent tout ce qui leur était arrivé, et Jacob dit : Je descendrai en Égypte pour voir mon fils et sa descendance.

[107] Et Jacob se leva et mit les vêtements que Joseph lui avait envoyés, et après s'être lavé et rasé les cheveux, il mit sur sa tête le turban que Joseph lui avait envoyé.

[108] Et tout le peuple de la maison de Jacob et leurs épouses mirent les vêtements que Joseph leur avait envoyés, et ils se réjouirent grandement de Joseph qui était encore en vie et qui régnait en Égypte,

[109] Et tous les habitants de Canaan entendirent parler de cette chose, et ils vinrent et se réjouirent beaucoup avec Jacob parce qu'il était encore en vie.

[110] Et Jacob fit un festin pour eux pendant trois jours, et tous les rois de Canaan et les nobles du pays mangèrent, burent et se réjouirent dans la maison de Jacob.

55 - Les Israélites S'établissent en Égypte

(Genèse 46)

[1] Et il arriva après cela que Jacob dit : J'irai voir mon fils en Égypte, puis je reviendrai au pays de Canaan, que Dieu a promis à Abraham, car je ne peux quitter la terre de ma naissance.

[2] Voici, la parole du Seigneur lui vint, disant : Descends en Égypte avec toute ta maison et y reste, ne crains pas de descendre en Égypte, car là, je ferai de toi une grande nation.

[3] Et Jacob se dit en lui-même : J'irai voir mon fils pour voir si la crainte de son Dieu est encore dans son cœur parmi tous les habitants d'Égypte.

[4] Et le Seigneur dit à Jacob : Ne crains rien pour Joseph, car Il conserve son intégrité pour me servir, comme cela te semble bon, et Jacob se réjouit beaucoup pour son fils.

[5] À ce moment-là, Jacob ordonna à ses fils et à sa maison de se rendre en Égypte selon la parole du Seigneur qui lui avait été donnée, et Jacob se leva avec ses fils et toute sa maison, et ils quittèrent le pays de Canaan depuis Beersheba, avec joie et allégresse de cœur, et ils allèrent vers le pays d'Égypte.

[6] Et il arriva lorsqu'ils approchèrent de l'Égypte, Jacob envoya Juda devant lui à Joseph pour qu'il lui montre une situation en Égypte, et Juda fit selon la parole de son père, il se hâta, courut et vint à Joseph, et ils leur assignèrent un lieu dans le pays de Goshen pour toute sa maison, et Juda retourna et revint sur la route vers son père.

[7] Et Joseph attela son char, rassembla tous ses hommes puissants, ses serviteurs et tous les officiers d'Égypte pour aller à la rencontre de son père Jacob, et l'ordre de Joseph fut proclamé en Égypte, disant : Tous ceux qui n'iront pas à la rencontre de Jacob mourront.

[8] Et le lendemain, Joseph sortit avec tout l'Égypte, une grande et puissante armée, tous habillés de vêtements de lin fin et de pourpre, avec des instruments d'argent et d'or et avec leurs instruments de guerre avec eux.

[9] Et ils allèrent tous à la rencontre de Jacob avec toutes sortes d'instruments de musique, avec des tambours et des timbales, semant de la myrrhe et de l'aloès tout le long de la route, et ils allèrent tous de cette manière, et la terre trembla à leur cri.

[10] Et toutes les femmes d'Égypte montèrent sur les toits d'Égypte et sur les murs pour rencontrer Jacob, et sur la tête de Joseph était la couronne royale de Pharaon, car Pharaon l'avait envoyée à lui pour la mettre au moment de sa rencontre avec son père.

[11] Et quand Joseph fut à cinquante coudées de son père, il descendit de son char et marcha vers son père, et quand tous les officiers d'Égypte et ses nobles virent que Joseph était allé à pied vers son père, ils descendirent également et marchèrent à pied vers Jacob.

[12] Et quand Jacob s'approcha du camp de Joseph, Jacob observa le camp qui venait vers lui avec Joseph, et cela lui fit plaisir et Jacob fut étonné.

[13] Et Jacob dit à Juda : Qui est cet homme que je vois dans le camp d'Égypte habillé de vêtements royaux avec un vêtement très rouge sur lui et une couronne royale sur sa tête, qui est descendu de

son char et vient vers nous ? et Juda répondit à son père, disant : C'est ton fils Joseph le roi ; et Jacob se réjouit de voir la gloire de son fils.

[14] Et Joseph s'approcha de son père et il s'inclina devant son père, et tous les hommes du camp s'inclinèrent à terre avec lui devant Jacob.

[15] Et voici, Jacob courut et se hâta vers son fils Joseph, tomba sur son cou et l'embrassa, et ils pleurèrent, et Joseph embrassa également son père et l'embrassa, et ils pleurèrent et tout le peuple d'Égypte pleura avec eux.

[16] Et Jacob dit à Joseph, maintenant je mourrai joyeusement après avoir vu ton visage, que tu es encore en vie et avec gloire.

[17] Et les fils de Jacob, leurs épouses, leurs enfants, leurs serviteurs, et toute la maison de Jacob pleurèrent abondamment avec Joseph, l'embrassèrent et pleurèrent grandement avec lui.

[18] Et Joseph et tout son peuple retournèrent ensuite chez eux en Égypte, et Jacob, ses fils, et tous les enfants de sa maison vinrent avec Joseph en Égypte, et Joseph les plaça dans la meilleure partie de l'Égypte, dans la terre de Goshen.

[19] Et Joseph dit à son père et à ses frères, je monterai et informerai Pharaon, en disant, Mes frères et la maison de mon père et tout ce qui leur appartient sont venus à moi, et voici, ils sont dans la terre de Goshen.

[20] Et Joseph fit ainsi et prit parmi ses frères Ruben, Issachar, Zebulun et son frère Benjamin, et les présenta devant Pharaon.

[21] Et Joseph parla à Pharaon, en disant, Mes frères et la maison de mon père et tout ce qui leur appartient, avec leurs troupeaux et leur bétail, sont venus à moi depuis le pays de Canaan pour séjourner en Égypte ; car la famine était sévère sur eux.

[22] Et Pharaon dit à Joseph, Place ton père et tes frères dans la meilleure partie du pays, ne leur retiens rien de bon, et fais-les manger de la graisse du pays.

[23] Et Joseph répondit, disant, Voici, je les ai installés dans la terre de Goshen, car ils sont bergers, qu'ils restent donc à Goshen pour nourrir leurs troupeaux loin des Égyptiens.

[24] Et Pharaon dit à Joseph, Fais avec tes frères tout ce qu'ils te diront ; et les fils de Jacob s'inclinèrent devant Pharaon, et ils sortirent de chez lui en paix, et Joseph amena ensuite son père devant Pharaon.

[25] Et Jacob vint et s'inclina devant Pharaon, et Jacob bénit Pharaon, puis il sortit ; et Jacob et tous ses fils, et toute sa maison habitèrent dans la terre de Goshen.

[26] Dans la deuxième année, c'est-à-dire dans la cent trentième année de la vie de Jacob, Joseph entretenait son père, ses frères, et toute la maison de son père, de pain selon leurs petits, tous les jours de la famine ; ils ne manquèrent de rien.

[27] Et Joseph leur donna la meilleure partie de toute la terre ; le meilleur d'Égypte était à eux tous les jours de Joseph ; et Joseph leur donna aussi, ainsi qu'à toute la maison de son père, des vêtements et des habits année après année ; et les fils de Jacob demeurèrent en sécurité en Égypte tous les jours de leur frère.

[28] Et Jacob mangeait toujours à la table de Joseph, Jacob et ses fils ne quittaient pas la table de Joseph, jour ou nuit, en plus de ce que les enfants de Jacob consommaient dans leurs maisons.

[29] Et tout l'Égypte mangeait du pain pendant les jours de la famine de la maison de Joseph, car tous les Égyptiens vendirent tout ce qui leur appartenait à cause de la famine.

[30] Joseph acheta toutes les terres et champs d'Égypte en échange de nourriture pour le compte de Pharaon, et fournit à toute l'Égypte du pain pendant toute la durée de la famine. Il collecta tout l'argent et l'or obtenus en échange du blé qu'ils achetaient dans tout le pays, accumulant ainsi une grande quantité d'or et d'argent, en plus d'une immense quantité de pierres d'onyx, de bdellium et de vêtements précieux apportés à Joseph de toutes les parties du pays lorsque leur argent était épuisé.

[31] Joseph rassembla tout l'argent et l'or qu'il reçut, environ soixante-douze talents d'or et d'argent, ainsi qu'une grande abondance de pierres d'onyx et de bdellium. Il alla cacher ces trésors en quatre endroits : une partie dans le désert près de la mer Rouge, une autre près du fleuve Perath, et les troisième et quatrième parties dans le désert en face de la steppe de Perse et de Médie.

[32] Il prit une partie de l'or et de l'argent restant et le donna à tous ses frères, à toute la maison de son père et à toutes les femmes de la maison de son père. Le reste, environ vingt talents d'or et d'argent, fut apporté à la maison de Pharaon.

[33] Joseph donna tout l'or et l'argent restant à Pharaon, qui le plaça dans le trésor. Après cela, les jours de famine prirent fin dans le pays ; ils semèrent et récoltèrent dans tout le pays, obtenant leur quantité habituelle année après année ; ils ne manquèrent de rien.

[34] Joseph vécut en sécurité en Égypte, et tout le pays était sous sa direction. Son père et tous ses frères vécurent dans la terre de Goshen et en prirent possession.

[35] Joseph était très âgé, avancé en âge, et ses deux fils, Éphraïm et Manassé, demeuraient constamment dans la maison de Jacob, avec les enfants des fils de Jacob, leurs frères, pour apprendre les voies du Seigneur et sa loi.

[36] Jacob et ses fils vécurent dans la terre d'Égypte, dans la terre de Goshen, ils en prirent possession, furent féconds et se multiplièrent.

56 - La Mort de Jacob

(Genèse 49:29-33; 50:1-14)

[1] Jacob vécut dans le pays d'Égypte dix-sept ans, et les jours de Jacob, les années de sa vie, furent de cent quarante-sept ans.

[2] À cette époque, Jacob fut atteint de la maladie don't il mourut et il envoya chercher son fils Joseph d'Égypte. Joseph, son fils, vint de l'Égypte et se rendit auprès de son père.

[3] Jacob dit à Joseph et à ses fils : "Voici, je meurs, mais le Dieu de vos ancêtres vous visitera et vous ramènera dans la terre qu'il a jurée de donner à vous et à vos descendants après vous. Maintenant donc, à ma mort, enterrez-moi dans la grotte qui est à Machpéla, à Hébron, dans le pays de Canaan, près de mes ancêtres."

[4] Jacob fit jurer à ses fils de l'enterrer à Machpéla, à Hébron, et ses fils lui jurèrent concernant cette chose.

[5] Il leur ordonna, disant : "Servez l'Éternel votre Dieu, car celui qui a délivré vos pères vous délivrera également de tout malheur."

[6] Jacob dit : "Appelez tous vos enfants auprès de moi." Tous les enfants des fils de Jacob vinrent et s'assirent devant lui. Jacob les bénit et leur dit : "Que le Seigneur, le Dieu de vos pères, vous multiplie mille fois et vous bénisse, et qu'il vous donne la bénédiction d'Abraham, votre père." Tous les enfants des fils de Jacob s'en allèrent ce jour-là après qu'il les eut bénis.

[7] Le lendemain, Jacob appela de nouveau ses fils, qui se rassemblèrent et vinrent auprès de lui et s'assirent devant lui. Ce jour-là, Jacob bénit ses fils avant sa mort, bénissant chacun selon sa bénédiction propre. Voilà ce qui est écrit dans le livre de la loi de l'Éternel concernant Israël.

[8] Jacob dit à Juda : "Je sais, mon fils, que tu es un homme puissant pour tes frères ; règne sur eux, et tes descendants régneront sur les leurs pour toujours. Enseigne seulement à tes fils l'art de l'arc et toutes les armes de guerre, afin qu'ils puissent mener les batailles de leur frère qui régnera sur ses ennemis."

[9] Jacob ordonna de nouveau à ses fils ce jour-là, disant : "Voici, je vais être rassemblé à mon peuple ; emportez-moi hors d'Égypte et enterrez-moi dans la grotte de Machpéla, comme je vous l'ai ordonné."

[10] Cependant, faites attention, je vous en prie, à ce que aucun de vos fils ne me porte, seulement vous-mêmes. Voici comment vous devez agir à mon égard : lorsque vous porterez mon corps pour l'emmener dans le pays de Canaan pour m'enterrer,

[11] Juda, Issacar et Zabulon porteront mon cercueil du côté est ; Ruben, Siméon et Gad du côté sud ; Éphraïm, Manassé et Benjamin à l'ouest ; Dan, Aser et Nephtali au nord.

[12] Que Lévi ne porte pas avec vous, car lui et ses fils porteront l'arche de l'alliance de l'Éternel avec les Israélites dans le camp. Que Joseph, mon fils, ne porte pas non plus, car comme un roi, telle sera sa gloire. Cependant, Éphraïm et Manassé seront à leur place.

[13] Ainsi vous agirez à mon égard lorsque vous m'emporterez. Ne négligez rien de tout ce que je vous commande. Et il arrivera, lorsque vous ferez cela pour moi, que l'Éternel se souviendra favorablement de vous et de vos enfants après vous pour toujours.

[14] Et vous, mes fils, honorez chacun son frère et son parent, et commandez à vos enfants et aux enfants de vos enfants après vous de servir l'Éternel, le Dieu de vos ancêtres, tous les jours,

[15] Et vous, mes fils, honorez chacun son frère et son parent, et commandez à vos enfants et aux enfants de vos enfants après vous de servir le Seigneur Dieu de vos ancêtres tous les jours.

[16] Afin que vous puissiez prolonger vos jours sur la terre, vous et vos enfants et les enfants de vos enfants pour toujours, lorsque vous faites ce qui est bon et droit aux yeux du Seigneur votre Dieu, pour marcher dans toutes ses voies.

[17] Et toi, Joseph mon fils, pardonne, je te prie, les fautes de tes frères et toutes leurs méfaits dans le tort qu'ils t'ont fait, car Dieu l'a destiné pour ton bien et celui de tes enfants.

[18] Et ô mon fils, ne laisse pas tes frères aux habitants de l'Égypte, ni ne blesse leurs sentiments, car voici, je les confie à la main de Dieu et dans ta main pour les garder des Égyptiens ; et les fils de Jacob répondirent à leur père disant, Ô, notre père, tout ce que tu nous as commandé, nous le ferons ; que Dieu seulement soit avec nous.

[19] Et Jacob dit à ses fils, Ainsi Dieu soit avec vous lorsque vous gardez toutes ses voies ; ne vous détournez de ses voies ni à droite ni à gauche en accomplissant ce qui est bon et droit à ses yeux.

[20] Car je sais que de nombreux et graves troubles vous arriveront dans les derniers jours dans le pays, oui vos enfants et les enfants de vos enfants, servez seulement le Seigneur et il vous sauvera de tout trouble.

[21] Et il arrivera, lorsque vous irez après Dieu pour le servir et enseignerez à vos enfants après vous, et à vos enfants après eux, à connaître le Seigneur, alors le Seigneur suscitera pour vous et vos enfants un serviteur parmi vos enfants, et le Seigneur vous délivrera par sa main de toute affliction, et vous sortira d'Égypte et vous ramènera à la terre de vos pères pour la posséder en sécurité.

[22] Et Jacob cessa de commander à ses fils, et il retira ses pieds dans le lit, il mourut et fut rassemblé à son peuple.

[23] Et Joseph se jeta sur son père et il cria et pleura sur lui et il l'embrassa, et il appela d'une voix amère, et il dit, Ô mon père, mon père.

[24] Et les femmes de ses fils et toute sa maison vinrent et se jetèrent sur Jacob, et elles pleurèrent sur lui, et crièrent d'une voix très forte à propos de Jacob.

[25] Et tous les fils de Jacob se levèrent ensemble, et ils déchirèrent leurs vêtements, et ils mirent tous du sac sur leurs reins, et ils tombèrent sur leurs visages, et ils jetèrent de la poussière sur leurs têtes vers les cieux.

[26] Et la chose fut dite à Asnath, la femme de Joseph, et elle se leva et mit un sac et elle avec toutes les femmes égyptiennes avec elle vinrent et pleurèrent et pleurèrent pour Jacob.

[27] Et aussi tout le peuple d'Égypte qui connaissait Jacob vint ce jour-là lorsqu'ils entendirent cette chose, et tout l'Égypte pleura pendant de nombreux jours.

[28] Et aussi du pays de Canaan vinrent les femmes en Égypte lorsqu'elles entendirent que Jacob était mort, et elles pleurèrent sur lui en Égypte pendant soixante-dix jours.

[29] Et il arriva après cela que Joseph commanda à ses serviteurs les médecins d'embaumer son père avec de la myrrhe et de l'encens et toute sorte d'encens et de parfum, et les médecins embaumèrent Jacob comme Joseph leur avait commandé.

[30] Et tout le peuple d'Égypte et les anciens et tous les habitants du pays de Goshen pleurèrent et pleurèrent sur Jacob, et tous ses fils et les enfants de sa maison se lamentèrent et pleurèrent sur leur père Jacob de nombreux jours.

[31] Et après les jours de son deuil passés, à la fin des soixante-dix jours, Joseph dit à Pharaon, Je monterai et enterrerai mon père au pays de Canaan comme il me l'a fait jurer, et ensuite je reviendrai.

[32] Et Pharaon envoya Joseph, disant, Monte et enterre ton père comme il l'a dit, et comme il te l'a fait jurer ; et Joseph se leva avec tous ses frères pour aller au pays de Canaan enterrer leur père Jacob comme il leur avait commandé.

[33] Et Pharaon ordonna qu'il soit proclamé dans toute l'Égypte, disant, Quiconque ne montera pas avec Joseph et ses frères au pays de Canaan pour enterrer Jacob, mourra.

[34] Et toute l'Égypte entendit la proclamation de Pharaon, et ils se levèrent tous ensemble, et tous les serviteurs de Pharaon, et les anciens de sa maison, et tous les anciens du pays d'Égypte montèrent avec Joseph, et tous les officiers et les nobles de Pharaon montèrent comme les serviteurs de Joseph, et ils allèrent enterrer Jacob au pays de Canaan.

[35] Et les fils de Jacob portèrent la bière sur laquelle il reposait ; selon tout ce que leur père leur avait commandé, ainsi firent ses fils envers lui.

[36] Et la bière était d'or pur, et elle était incrustée tout autour de pierres d'onyx et de bdellium ; et le couvercle de la bière était un travail en or tissé, joint avec des fils, et au-dessus d'eux se trouvaient des crochets de pierres d'onyx et de bdellium.

[37] Et Joseph plaça sur la tête de son père Jacob une grande couronne d'or, et il mit un sceptre d'or dans sa main, et ils entourèrent la bière comme c'était la coutume des rois pendant leur vie.

[38] Et toutes les troupes d'Égypte marchèrent devant lui dans cet ordre, d'abord tous les hommes puissants de Pharaon, et les hommes puissants de Joseph, et après eux le reste des habitants d'Égypte, et ils étaient tous ceints d'épées et équipés de cottes de mailles, et les parures de guerre étaient sur eux.

[39] Et tous les pleureurs et les endeuillés s'en allèrent à distance face à la bière, marchant et pleurant et se lamentant, et le reste du peuple suivait la bière.

[40] Et Joseph et sa maison allèrent ensemble près de la bière pieds nus et pleurant, et le reste des serviteurs de Joseph marchait autour de lui ; chaque homme avait ses ornements sur lui, et ils étaient tous armés de leurs armes de guerre.

[41] Et cinquante des serviteurs de Jacob marchèrent devant la bière, et ils répandirent le long de la route myrrhe et aloès, et toute sorte de parfum, et tous les fils de Jacob qui portaient la bière marchaient sur la parfumerie, et les serviteurs de Jacob marchaient devant eux répandant le parfum le long de la route.

[42] Et Joseph monta avec un camp lourd, et ils firent de cette manière chaque jour jusqu'à ce qu'ils atteignent le pays de Canaan, et ils arrivèrent à l'aire d'Atad, qui était de l'autre côté du Jourdain, et ils y menèrent un deuil très grand et lourd.

[43] Et tous les rois de Canaan entendirent cette chose et ils sortirent tous, chaque homme de sa maison, trente-et-un rois de Canaan, et ils vinrent tous avec leurs hommes pour pleurer et pleurer sur Jacob.

[44] Et tous ces rois virent la bière de Jacob, et voici la couronne de Joseph était dessus, et ils mirent aussi leurs couronnes sur la bière, et l'entourèrent de couronnes.

[45] Et tous ces rois firent en ce lieu un grand et lourd deuil avec les fils de Jacob et l'Égypte sur Jacob, car tous les rois de Canaan connaissaient la valeur de Jacob et de ses fils.

[46] Et le rapport parvint à Ésaü, disant, Jacob est mort en Égypte, et ses fils et toute l'Égypte le transportent au pays de Canaan pour l'enterrer.

[47] Et Ésaü entendit cette chose, et il demeurait dans le mont Séir, et il se leva avec ses fils et tout son peuple et toute sa maison, un peuple extrêmement grand, et ils vinrent pour pleurer et pleurer sur Jacob.

[48] Et il arriva, quand Ésaü vint qu'il pleura pour son frère Jacob, et toute l'Égypte et tout Canaan se levèrent de nouveau et firent un grand deuil avec Ésaü sur Jacob en ce lieu.

[49] Et Joseph et ses frères emmenèrent leur père Jacob de cet endroit, et ils allèrent à Hébron pour enterrer Jacob dans la grotte de ses pères.

[50] Et ils arrivèrent à Kirjath-Arba, à la grotte, et comme ils venaient, Ésaü se tint avec ses fils contre Joseph et ses frères comme un obstacle dans la grotte, disant, Jacob ne sera pas enterré ici, car cela nous appartient, à nous et à notre père.

[51] Et Joseph et ses frères entendirent les paroles des fils d'Ésaü, et ils furent extrêmement courroucés, et Joseph s'approcha d'Ésaü, disant, Quelle est cette chose qu'ils ont dite ? sûrement mon père Jacob l'a acheté de toi pour une grande richesse après la mort d'Isaac, il y a maintenant vingt-cinq ans, et aussi tout le pays de Canaan il l'a acheté de toi et de tes fils, et de ta postérité après toi.

[52] Et Jacob l'a acheté pour ses fils et sa postérité après lui comme un héritage pour toujours, et pourquoi parles-tu ces choses aujourd'hui ?

[53] Et Ésaü répondit, en disant, Tu parles faussement et tu profères des mensonges, car je n'ai rien vendu m'appartenant dans tout ce pays, comme tu le dis, ni mon frère Jacob n'a rien acheté m'appartenant dans ce pays.

[54] Et Ésaü dit ces choses pour tromper Joseph avec ses paroles, car Ésaü savait que Joseph n'était pas présent ces jours-là quand Ésaü a vendu tout ce qui lui appartenait dans le pays de Canaan à Jacob.

[55] Et Joseph dit à Ésaü, Sûrement mon père a inséré ces choses avec toi dans l'acte d'achat, et a attesté l'acte avec des témoins, et voici, il est avec nous en Égypte.

[56] Et Ésaü répondit, en lui disant, Apporte l'acte, tout ce que tu trouveras dans l'acte, ainsi nous ferons.

[57] Et Joseph appela Naphtali son frère, et il dit, Hâte-toi rapidement, ne t'arrête pas, et cours je te prie en Égypte et apporte tous les actes ; l'acte d'achat, l'acte scellé et l'acte ouvert, et aussi tous les premiers actes dans lesquels toutes les transactions du droit d'aînesse sont écrites, apporte-les.

[58] Et tu les apporteras à nous ici, pour que nous puissions connaître d'eux toutes les paroles d'Ésaü et de ses fils qu'ils ont dites ce jour.

[59] Et Naphtali écouta la voix de Joseph et il se hâta et courut descendre en Égypte, et Naphtali était plus léger à pied que n'importe quel cerf qui était sur la wilderness, car il allait sur des épis de maïs sans les écraser.

[60] Et quand Ésaü vit que Naphtali était parti chercher les actes, lui et ses fils augmentèrent leur résistance contre la grotte, et Ésaü et tout son peuple se levèrent contre Joseph et ses frères pour la bataille.

[61] Et tous les fils de Jacob et le peuple d'Égypte combattirent Ésaü et ses hommes, et les fils d'Ésaü et son peuple furent frappés devant les fils de Jacob, et les fils de Jacob tuèrent quarante hommes du peuple d'Ésaü.

[62] Et Chouchim, le fils de Dan, fils de Jacob, était à ce moment-là avec les fils de Jacob, mais il était à environ cent coudées de distance du lieu de bataille, car il restait avec les enfants des fils de Jacob auprès de la bière de Jacob pour la garder.

[63] Et Chouchim était sourd et muet, mais il comprenait la voix de consternation parmi les hommes.

[64] Et il demanda, disant : Pourquoi n'enterrez-vous pas le mort, et quelle est cette grande consternation ? et ils lui répondirent les paroles d'Ésaü et de ses fils ; et il courut vers Ésaü au milieu de la bataille, et il tua Ésaü avec une épée, et il lui coupa la tête, et elle jaillit au loin, et Ésaü tomba parmi le peuple de la bataille.

[65] Et lorsque Chouchim fit cela, les fils de Jacob prévalurent sur les fils d'Ésaü, et les fils de Jacob enterrèrent leur père Jacob de force dans la grotte, et les fils d'Ésaü le virent.

[66] Jacob fut enterré à Hébron, dans la grotte de Machpéla qu'Abraham avait achetée des fils de Heth pour la possession d'un lieu d'enterrement, et il fut enterré dans des vêtements très coûteux.

[67] Et aucun roi n'a eu un tel honneur rendu à lui comme Joseph rendit à son père à sa mort, car il l'enterra avec un grand honneur semblable à celui de l'enterrement des rois.

[68] Et Joseph et ses frères firent un deuil de sept jours pour leur père.

57 - Zepho Fait la Guerre

[1] Et après cela, les fils d'Ésaü firent la guerre aux fils de Jacob, et les fils d'Ésaü combattirent les fils de Jacob à Hébron, alors qu'Ésaü était encore mort, non enterré.

[2] La bataille fut acharnée entre eux, et les fils d'Ésaü furent battus par les fils de Jacob, qui tuèrent quatre-vingts hommes des fils d'Ésaü, et aucun des gens des fils de Jacob ne mourut; et la main de Joseph prévalut sur tout le peuple des fils d'Ésaü, et il prit Zepho, le fils d'Éliphaz, fils d'Ésaü, et cinquante de ses hommes captifs, les enchaîna avec des chaînes de fer, et les remit entre les mains de ses serviteurs pour les emmener en Égypte.

[3] Et il arriva, quand les fils de Jacob prirent Zepho et son peuple captifs, que tous ceux qui restaient eurent très peur pour leur vie de la part de la maison d'Ésaü, de peur qu'ils ne soient également pris captifs, et ils s'enfuirent tous avec Éliphaz le fils d'Ésaü et son peuple, avec le corps d'Ésaü, et ils prirent leur chemin vers le mont Séir.

[4] Ils arrivèrent au mont Séir et y enterrèrent Ésaü à Séir, mais ils n'avaient pas apporté sa tête avec eux à Séir, car elle fut enterrée là où la bataille avait eu lieu à Hébron.

[5] Et il arriva, lorsque les fils d'Ésaü s'enfuirent devant les fils de Jacob, que les fils de Jacob les poursuivirent jusqu'aux frontières de Séir, mais ils ne tuèrent pas un seul homme parmi eux lorsqu'ils les poursuivirent, car le corps d'Ésaü qu'ils portaient avec eux suscita leur confusion, alors ils s'enfuirent et les fils de Jacob firent demi-tour loin d'eux et montèrent à l'endroit où se trouvaient leurs frères à Hébron, et ils restèrent là ce jour-là, et le jour suivant jusqu'à ce qu'ils se reposent de la bataille.

[6] Et il arriva le troisième jour qu'ils assemblèrent tous les fils de Séir l'Horite, et ils rassemblèrent tous les enfants de l'est, une multitude de personnes comme le sable de la mer, et ils descendirent et vinrent en Égypte pour combattre avec Joseph et ses frères, afin de délivrer leurs frères.

[7] Et Joseph et tous les fils de Jacob entendirent que les fils d'Ésaü et les enfants de l'est étaient venus sur eux pour la bataille afin de délivrer leurs frères.

[8] Et Joseph, ses frères et les hommes forts d'Égypte sortirent et combattirent dans la ville de Ramsès, et Joseph et ses frères infligèrent un coup terrible parmi les fils d'Ésaü et les enfants de l'est.

[9] Et ils en tuèrent six cent mille hommes, et ils tuèrent parmi eux tous les hommes puissants des enfants de Séir l'Horite; il n'en resta que quelques-uns, et ils tuèrent aussi un grand nombre des enfants de l'est, et des enfants d'Ésaü; et Éliphaz le fils d'Ésaü, et les enfants de l'est s'enfuirent tous devant Joseph et ses frères.

[10] Et Joseph et ses frères les poursuivirent jusqu'à ce qu'ils viennent à Succoth, et là encore ils tuèrent trente hommes d'entre eux à Succoth, et les autres s'échappèrent et s'enfuirent chacun dans sa ville.

[11] Et Joseph, ses frères et les hommes forts d'Égypte retournèrent d'eux avec joie et allégresse de cœur, car ils avaient frappé tous leurs ennemis.

[12] Et Zepho le fils d'Eliphaz et ses hommes étaient encore esclaves en Égypte aux mains des fils de Jacob, et leurs souffrances augmentèrent.

[13] Et lorsque les fils d'Ésaü et les fils de Séir retournèrent dans leur pays, les fils de Séir virent qu'ils étaient tous tombés entre les mains des fils de Jacob et du peuple d'Égypte, à cause de la bataille des fils d'Ésaü.

[14] Et les fils de Séir dirent aux fils d'Ésaü : "Vous avez vu, et donc vous savez que ce camp était à cause de vous, et qu'il ne reste ni homme puissant ni adepte de la guerre.

[15] Maintenant donc, sortez de notre terre, allez-vous-en de chez nous vers le pays de Canaan, le pays de la demeure de vos pères ; pourquoi vos enfants hériteraient-ils des biens de nos enfants dans les jours à venir ?

[16] Et les enfants d'Ésaü n'écoutèrent pas les enfants de Séir, et les enfants de Séir envisagèrent de leur faire la guerre.

[17] Et les enfants d'Ésaü envoyèrent secrètement à Angeas, roi d'Afrique, le même est Dinhabah, en disant,

[18] Envoyez-nous quelques-uns de vos hommes pour qu'ils viennent à nous, et nous combattrons ensemble avec les enfants de Séir l'Horrite, car ils ont résolu de nous combattre pour nous chasser du pays.

[19] Et Angeas, roi de Dinhabah, fit ainsi, car il était en ces jours-là ami des enfants d'Ésaü, et Angeas envoya cinq cents hommes d'infanterie vaillants aux enfants d'Ésaü, et huit cents de cavalerie.

[20] Et les enfants de Séir envoyèrent aux enfants de l'est et aux enfants de Madian, en disant : "Vous avez vu ce que les enfants d'Ésaü nous ont fait, à cause de qui nous sommes presque tous détruits, dans leur bataille avec les fils de Jacob.

[21] Maintenant donc, venez à nous et aidez-nous, et nous les combattrons ensemble, et nous les chasserons du pays et nous vengerons la cause de nos frères qui sont morts pour leur cause dans leur bataille avec leurs frères les fils de Jacob.

[22] Et tous les enfants de l'est écoutèrent les enfants de Séir, et ils vinrent à eux, environ huit cents hommes avec des épées tirées, et les enfants d'Ésaü combattirent avec les enfants de Séir à cette époque dans le désert de Paran.

[23] Et les enfants de Séir prévalurent alors sur les fils d'Ésaü, et les enfants de Séir tuèrent ce jour-là des enfants d'Ésaü dans cette bataille environ deux cents hommes du peuple d'Angeas, roi de Dinhabah.

[24] Et le deuxième jour, les enfants d'Ésaü vinrent à nouveau combattre une seconde fois avec les enfants de Séir, et la bataille fut dure sur les enfants d'Ésaü cette seconde fois, et cela les troubla grandement à cause des enfants de Séir.

[25] Et lorsque les enfants d'Ésaü virent que les enfants de Séir étaient plus puissants qu'eux, certains hommes des enfants d'Ésaü se retournèrent et aidèrent les enfants de Séir, leurs ennemis.

[26] Et il tomba encore du peuple des enfants d'Ésaü dans la seconde bataille cinquante-huit hommes du peuple chez Angeas, roi de Dinhabah.

[27] Et le troisième jour, les enfants d'Ésaü apprirent que certains de leurs frères s'étaient détournés d'eux pour combattre contre eux dans la seconde bataille ; et les enfants d'Ésaü pleurèrent lorsqu'ils entendirent cette chose.

[28] Et ils dirent : "Que ferons-nous à nos frères qui se sont détournés de nous pour aider les enfants de Séir, nos ennemis ?" et les enfants d'Ésaü envoyèrent de nouveau à Angeas, roi de Dinhabah, en disant,

[29] Envoyez-nous de nouveau d'autres hommes pour que, avec eux, nous puissions combattre les enfants de Séir, car ils ont déjà été deux fois plus forts que nous.

[30] Et Angeas envoya de nouveau environ six cents hommes vaillants aux enfants d'Ésaü, et ils vinrent pour aider les enfants d'Ésaü.

[31] Et en dix jours, les enfants d'Ésaü firent de nouveau la guerre aux enfants de Séir dans le désert de Paran, et la bataille fut très sévère pour les enfants de Séir, et les enfants d'Ésaü prévalurent cette fois sur les enfants de Séir, et les enfants de Séir furent battus devant les enfants d'Ésaü, et les enfants d'Ésaü tuèrent environ deux mille hommes parmi eux.

[32] Et tous les hommes puissants des enfants de Séir moururent dans cette bataille, et il ne resta que leurs jeunes enfants qui étaient restés dans leurs villes.

[33] Et tout Midian et les enfants de l'est prirent la fuite loin de la bataille, et ils laissèrent les enfants de Séir et s'enfuirent quand ils virent que la bataille était sévère pour eux, et les enfants d'Ésaü poursuivirent tous les enfants de l'est jusqu'à ce qu'ils atteignent leur terre.

[34] Et les enfants d'Ésaü tuèrent encore environ deux cent cinquante hommes parmi eux, et du peuple des enfants d'Ésaü, environ trente hommes tombèrent dans cette bataille, mais ce malheur leur arriva parce que leurs frères s'étaient détournés d'eux pour aider les enfants de Séir l'Horite, et les enfants d'Ésaü entendirent de nouveau parler des méfaits de leurs frères, et ils pleurèrent de nouveau à cause de cela.

[35] Et il arriva, après la bataille, que les enfants d'Ésaü retournèrent et rentrèrent chez eux à Séir, et les enfants d'Ésaü tuèrent ceux qui étaient restés dans la terre des enfants de Séir ; ils tuèrent également leurs femmes et leurs petits, ils ne laissèrent pas une âme en vie excepté cinquante jeunes garçons et jeunes filles qu'ils laissèrent vivre, et les enfants d'Ésaü ne les mirent pas à mort, et les garçons devinrent leurs esclaves, et les filles, ils les prirent pour épouses.

[36] Et les enfants d'Ésaü habitèrent à Séir à la place des enfants de Séir, et ils héritèrent de leur terre et en prirent possession.

[37] Et les enfants d'Ésaü prirent tout ce qui appartenait dans la terre aux enfants de Séir, également leurs troupeaux, leurs bœufs et leurs biens, et tout ce qui appartenait aux enfants de

Séir, les enfants d'Ésaü le prirent, et les enfants d'Ésaü habitèrent à Séir à la place des enfants de Séir jusqu'à ce jour, et les enfants d'Ésaü divisèrent la terre en divisions pour les cinq fils d'Ésaü, selon leurs familles.

[38] Et il arriva en ces jours-là, que les enfants d'Ésaü décidèrent de couronner un roi sur eux dans la terre don't ils étaient devenus possesseurs. Et ils se dirent l'un à l'autre, Non ainsi, car il régnera sur nous dans notre terre, et nous serons sous son conseil et il combattra nos batailles, contre nos ennemis, et ils firent ainsi.

[39] Et tous les enfants d'Ésaü jurèrent, disant, Qu'aucun de leurs frères ne régnerait jamais sur eux, mais un homme étranger qui n'est pas de leurs frères, car les âmes de tous les enfants d'Ésaü étaient amères chacun contre son fils, son frère et son ami, à cause du mal qu'ils avaient subi de leurs frères quand ils combattirent avec les enfants de Séir.

[40] Par conséquent, les fils d'Ésaü jurèrent, disant, À partir de ce jour, ils ne choisiraient pas un roi parmi leurs frères, mais un d'une terre étrangère jusqu'à ce jour.

[41] Et là se trouvait un homme parmi le peuple d'Angeas, roi de Dinhabah ; son nom était Bela, fils de Beor, qui était un homme très vaillant, beau et gracieux, sage en toute sagesse, un homme de raison et de conseil ; et il n'y avait personne parmi le peuple d'Angeas semblable à lui.

[42] Et tous les enfants d'Ésaü le prirent, l'oignirent et le couronnèrent roi, ils se prosternèrent devant lui, et lui dirent : Que le roi vive, que le roi vive.

[43] Ils déployèrent le drap, et chacun lui apporta des boucles d'oreilles en or et en argent, ou des anneaux ou des bracelets, et ils le rendirent très riche en argent et en or, en pierres d'onyx et en bdellium. Ils lui firent un trône royal, placèrent une couronne régalienne sur sa tête, construisirent un palais pour lui où il habita, et il devint roi sur tous les enfants d'Ésaü.

[44] Et le peuple d'Angeas prit leur salaire pour la bataille de la part des enfants d'Ésaü, et ils s'en retournèrent à ce moment-là à leur maître à Dinhabah.

[45] Et Bela régna sur les enfants d'Ésaü pendant trente ans, et les enfants d'Ésaü habitèrent dans la terre à la place des enfants de Séir, et ils y vécurent en sécurité à leur place jusqu'à ce jour.

58 – La Guerre Édomite Continue

[1] Et il arriva, dans la trente-deuxième année de la descente des Israélites en Égypte, c'est-à-dire dans la soixante-et-onzième année de la vie de Joseph, cette année-là mourut Pharaon, roi d'Égypte, et Magron, son fils, régna à sa place.

[2] Et Pharaon ordonna à Joseph avant sa mort d'être un père pour son fils, Magron, et que Magron soit sous la garde de Joseph et sous son conseil.

[3] Et tout l'Égypte consentit à cette chose que Joseph soit roi sur eux, car tous les Égyptiens aimaient Joseph comme auparavant, seul Magron, le fils de Pharaon, s'assit sur le trône de son père, et il devint roi en ces jours-là à la place de son père.

[4] Magron avait quarante et un ans lorsqu'il commença à régner, et il régna quarante ans en Égypte, et tout l'Égypte appela son nom Pharaon après le nom de son père, comme c'était leur coutume de faire en Égypte pour chaque roi qui régnait sur eux.

[5] Et il arriva, lorsque Pharaon régna à la place de son père, qu'il plaça les lois de l'Égypte et toutes les affaires du gouvernement entre les mains de Joseph, comme son père lui avait ordonné.

[6] Et Joseph devint roi sur l'Égypte, car il supervisait toute l'Égypte, et toute l'Égypte était sous sa garde et sous son conseil, car tout l'Égypte s'inclinait vers Joseph après la mort de Pharaon, et ils l'aimaient excessivement pour régner sur eux.

[7] Mais il y avait certaines personnes parmi eux, qui ne l'aimaient pas, disant : Aucun étranger ne régnera sur nous ; néanmoins, tout le gouvernement de l'Égypte reposait en ces jours sur Joseph, après la mort de Pharaon, lui étant le régulateur, faisant comme il aimait à travers le pays sans que personne n'interfère.

[8] Et toute l'Égypte était sous la garde de Joseph, et Joseph fit la guerre à tous ses ennemis environnants, et il les soumit ; également tout le pays et tous les Philistins, jusqu'aux frontières de Canaan, furent soumis par Joseph, et ils étaient tous sous sa puissance et ils donnaient un tribut annuel à Joseph.

[9] Et Pharaon, roi d'Égypte, s'assit sur son trône à la place de son père, mais il était sous le contrôle et le conseil de Joseph, comme il l'était au début sous le contrôle de son père.

[10] Il ne régna que dans le pays d'Égypte seulement, sous le conseil de Joseph, mais Joseph régnait sur tout le pays à cette époque, de l'Égypte jusqu'au grand fleuve Perath.

[11] Et Joseph réussit dans toutes ses voies, et le Seigneur était avec lui, et le Seigneur donna à Joseph une sagesse supplémentaire, et de l'honneur, et de la gloire, et de l'amour envers lui dans le cœur des Égyptiens et à travers le pays, et Joseph régna sur tout le pays quarante ans.

[12] Et tous les pays des Philistins et de Canaan et de Sidon, et de l'autre côté du Jourdain, apportèrent des présents à Joseph tous ses jours, et tout le pays était entre les mains de Joseph, et ils lui apportaient un tribut annuel comme il était réglementé, car Joseph avait combattu contre tous ses ennemis environnants et les avait soumis, et tout le pays était entre les mains de Joseph, et Joseph s'assit en sécurité sur son trône en Égypte.

[13] Et aussi tous ses frères, les fils de Jacob, demeuraient en sécurité dans le pays, tous les jours de Joseph, et ils furent féconds et se multiplièrent extrêmement dans le pays, et ils servirent le Seigneur tous leurs jours, comme leur père Jacob leur avait commandé.

[14] Et il advint, après de nombreux jours et années, alors que les enfants d'Ésaü vivaient paisiblement dans leur terre avec Bela leur roi, que les enfants d'Ésaü furent féconds et se multiplièrent dans le pays, et ils décidèrent d'aller combattre les fils de Jacob et tout l'Égypte, et de délivrer leur frère Zepho, le fils d'Éliphaz, et ses hommes, car ils étaient encore à ces jours esclaves de Joseph.

[15] Et les enfants d'Ésaü envoyèrent vers tous les enfants de l'est, et ils firent la paix avec eux, et tous les enfants de l'est vinrent à eux pour aller avec les enfants d'Ésaü en Égypte pour la bataille.

[16] Et il vint aussi à eux des gens d'Angeas, roi de Dinhabah, et ils envoyèrent également aux enfants d'Ismaël et ils vinrent aussi à eux.

[17] Et tout ce peuple s'assembla et vint à Séir pour assister les enfants d'Ésaü dans leur bataille, et ce camp était très grand et lourd de personnes, nombreux comme le sable de la mer, environ huit cent mille hommes, infanterie et cavalerie, et toutes ces troupes descendirent en Égypte pour combattre avec les fils de Jacob, et ils campèrent près de Ramsès.

[18] Et Joseph sortit avec ses frères avec les hommes puissants d'Égypte, environ six cents hommes, et ils combattirent avec eux dans le pays de Ramsès ; et les fils de Jacob à cette époque combattirent à nouveau avec les enfants d'Ésaü, dans la cinquantième année de la descente des fils de Jacob en Égypte, c'est-à-dire la trentième année du règne de Bela sur les enfants d'Ésaü à Séir.

[19] Et le Seigneur donna tous les hommes puissants d'Ésaü et les enfants de l'est entre les mains de Joseph et ses frères, et le peuple des enfants d'Ésaü et les enfants de l'est furent frappés devant Joseph.

[20] Et du peuple d'Ésaü et des enfants de l'est qui furent tués, il tomba devant les fils de Jacob environ deux cent mille hommes, et leur roi Bela, le fils de Beor, tomba avec eux dans la bataille, et quand les enfants d'Ésaü virent que leur roi était tombé dans la bataille et était mort, leurs mains devinrent faibles dans le combat.

[21] Et Joseph et ses frères et tout l'Égypte continuaient à frapper le peuple de la maison d'Ésaü, et tout le peuple d'Ésaü avait peur des fils de Jacob et fuyait devant eux.

[22] Et Joseph et ses frères et tout l'Égypte les poursuivirent sur une journée de marche, et ils en tuèrent encore environ trois cents hommes, continuant à les frapper sur la route ; et ils se retournèrent ensuite d'eux.

[23] Et Joseph et tous ses frères retournèrent en Égypte, pas un homme ne manquait parmi eux, mais parmi les Égyptiens, douze hommes tombèrent.

[24] Et quand Joseph retourna en Égypte, il ordonna que Zepho et ses hommes soient davantage liés, et ils les lièrent dans des fers et augmentèrent leur peine.

[25] Et tout le peuple des enfants d'Ésaü, et les enfants de l'est, retournèrent honteux chacun dans sa ville, car tous les hommes puissants qui étaient avec eux étaient tombés dans la bataille.

[26] Et quand les enfants d'Ésaü virent que leur roi était mort dans la bataille, ils se hâtèrent et prirent un homme du peuple des enfants de l'est ; son nom était Jobab, le fils de Zarach, du pays de Botzrah, et ils le firent régner sur eux à la place de Bela leur roi.

[27] Et Jobab s'assit sur le trône de Bela comme roi à sa place, et Jobab régna en Édom sur tous les enfants d'Ésaü pendant dix ans, et les enfants d'Ésaü ne sont plus allés combattre les fils de Jacob à partir de ce jour, car les fils d'Ésaü connaissaient la valeur des fils de Jacob, et ils les craignaient grandement.

[28] Mais à partir de ce jour, les enfants d'Ésaü haïssaient les fils de Jacob, et la haine et l'animosité étaient très fortes entre eux tous les jours, jusqu'à ce jour.

[29] Et il arriva après cela, au bout de dix ans, que Jobab, le fils de Zarach, de Botzrah, mourut, et les enfants d'Ésaü prirent un homme don't le nom était Chusham, du pays de Téman, et ils le firent roi sur eux à la place de Jobab, et Chusham régna en Édom sur tous les enfants d'Ésaü pendant vingt ans.

[30] Et Joseph, roi d'Égypte, et ses frères, et tous les enfants d'Israël vivaient en sécurité en Égypte en ces jours-là, avec tous les enfants de Joseph et ses frères, sans aucun obstacle ni accident malheureux, et le pays d'Égypte était à cette époque en paix, sans guerre, pendant les jours de Joseph et de ses frères.

59 - La Mort de Joseph

(Genèse 50:22-26)

[1] Voici les noms des fils d'Israël qui habitaient en Égypte, ceux qui étaient venus avec Jacob. Tous les fils de Jacob vinrent en Égypte, chaque homme avec sa maison.

[2] Les enfants de Léa étaient Ruben, Siméon, Lévi, Juda, Issacar et Zabulon, et leur sœur Dina.

[3] Les fils de Rachel étaient Joseph et Benjamin.

[4] Les fils de Zilpa, la servante de Léa, étaient Gad et Aser.

[5] Les fils de Bilha, la servante de Rachel, étaient Dan et Nephtali.

[6] Et voici leur descendance qui leur est née dans le pays de Canaan, avant qu'ils ne viennent en Égypte avec leur père Jacob.

[7] Les fils de Ruben étaient Hanok, Pallu, Hetsron et Carmi.

[8] Les fils de Siméon étaient Jemuel, Jamin, Ohad, Jakin, Zohar et Saül, fils de la Cananéenne.

[9] Les enfants de Lévi étaient Guershon, Kehath et Merari, et leur sœur Yokébed, qui leur est née lors de leur descente en Égypte.

[10] Les fils de Juda étaient Er, Onan, Shéla, Pérets et Zérah.

[11] Er et Onan moururent dans le pays de Canaan; et les fils de Pérets étaient Hetsron et Hamul.

[12] Les fils d'Issacar étaient Tola, Puva, Iob et Shimron.

[13] Les fils de Zabulon étaient Sered, Elon et Yachleel, et le fils de Dan était Hushim.

[14] Les fils de Nephtali étaient Yachtseel, Gouni, Yetser et Shillem.

[15] Les fils de Gad étaient Tsiphion, Haggi, Shouni, Etsbon, Eri, Arodi et Areli.

[16] Les enfants d'Aser étaient Jimna, Jishva, Jishvi, Beria et leur sœur Serah; et les fils de Beria étaient Héber et Malkiel.

[17] Les fils de Benjamin étaient Béla, Béker, Ashbel, Guéra, Naaman, Ehi, Rosh, Muppim, Huppim et Ard.

[18] Les fils de Joseph, qui lui sont nés en Égypte, étaient Manassé et Éphraïm.

[19] Et toutes les âmes issues des reins de Jacob étaient soixante-dix âmes; ce sont eux qui vinrent avec Jacob leur père en Égypte pour y habiter: et Joseph et tous ses frères vécurent en sécurité en Égypte, et ils mangèrent des meilleures choses d'Égypte tous les jours de la vie de Joseph.

[20] Joseph vécut en terre d'Égypte quatre-vingt-treize ans, et Joseph régna sur toute l'Égypte quatre-vingts ans.

[21] Lorsque les jours de Joseph touchaient à leur fin et qu'il allait mourir, il fit appeler ses frères et toute la maison de son père, qui vinrent tous s'assembler et s'assirent devant lui.

[22] Joseph dit à ses frères et à toute la maison de son père: "Voici, je meurs, et Dieu vous visitera certainement et vous fera monter de ce pays vers la terre qu'il a juré de donner à vos pères.

[23] Et il arrivera, lorsque Dieu vous visitera pour vous faire monter d'ici vers la terre de vos pères, alors emportez mes os d'ici avec vous."

[24] Joseph fit jurer les fils d'Israël pour leur postérité, en disant: "Dieu vous visitera certainement, et vous emporterez mes os d'ici avec vous."

[25] Et il arriva après cela que Joseph mourut cette année-là, la soixante et onzième année depuis que les Israélites étaient descendus en Égypte.

[26] Joseph avait cent dix ans lorsqu'il mourut en terre d'Égypte, et tous ses frères et tous ses serviteurs se levèrent et l'embaumèrent, selon leur coutume, et ses frères et tout l'Égypte le pleurèrent pendant soixante-dix jours.

[27] Ils mirent Joseph dans un cercueil rempli d'épices et de toutes sortes de parfums, et ils l'enterrèrent au bord du fleuve, c'est-à-dire le Sihor, et ses fils, tous ses frères, et toute la maison de son père firent pour lui un deuil de sept jours.

[28] Et il arriva, après la mort de Joseph, que tous les Égyptiens commencèrent à dominer sur les enfants d'Israël en ces jours-là, et Pharaon, roi d'Égypte, qui régnait à la place de son père, prit toutes les lois d'Égypte et dirigea tout le gouvernement de l'Égypte selon son conseil, et il régna en toute sécurité sur son peuple.

60 - La Guerre Agnéas-Turnus

[1] Et lorsque l'année revint, étant la soixante-douzième année depuis la descente des Israélites en Égypte, après la mort de Joseph, Zepho, fils d'Eliphaz, fils d'Ésaü, s'enfuit d'Égypte, lui et ses hommes, et ils partirent.

[2] Et il arriva en Afrique, qui est Dinhabah, auprès d'Angeas roi d'Afrique, et Angeas les reçut avec de grands honneurs, et il fit de Zepho le capitaine de son armée.

[3] Et Zepho trouva grâce aux yeux d'Angeas et aux yeux de son peuple, et Zepho fut le capitaine de l'armée d'Angeas roi d'Afrique pendant de nombreux jours.

[4] Et Zepho incita Angeas roi d'Afrique à rassembler toute son armée pour aller combattre les Égyptiens et les fils de Jacob, et venger la cause de ses frères.

[5] Mais Angeas ne voulut pas écouter Zepho pour faire cette chose, car Angeas connaissait la force des fils de Jacob et ce qu'ils avaient fait à son armée dans leur guerre contre les enfants d'Ésaü.

[6] Et en ces jours, Zepho était très grand aux yeux d'Angeas et de tout son peuple, et il les incitait continuellement à faire la guerre contre l'Égypte, mais ils ne voulaient pas.

[7] Et il arriva en ces jours-là qu'il y avait dans le pays de Chittim un homme dans la ville de Puzimna, don't le nom était Uzu, et il devint divinisé de manière dégénérée par les enfants de Chittim, et l'homme mourut et n'avait pas de fils, seulement une fille don't le nom était Jania.

[8] Et la demoiselle était extrêmement belle, agréable et intelligente, il n'y en avait pas de vue semblable à elle pour la beauté et la sagesse dans tout le pays.

[9] Et le peuple d'Angeas roi d'Afrique la vit et ils vinrent la louer auprès de lui, et Angeas envoya aux enfants de Chittim, et il demanda à la prendre pour lui-même comme épouse, et le peuple de Chittim consentit à la lui donner comme épouse.

[10] Et lorsque les messagers d'Angeas partirent du pays de Chittim pour prendre leur voyage, voici les messagers de Turnus roi de Bibentu vinrent à Chittim, car Turnus roi de Bibentu avait également envoyé ses messagers pour demander Jania pour lui, à prendre pour lui-même comme épouse, car tous ses hommes l'avaient également louée auprès de lui, c'est pourquoi il envoya tous ses serviteurs vers elle.

[11] Et les serviteurs de Turnus vinrent à Chittim, et ils demandèrent Jania, pour être prise pour Turnus leur roi comme épouse.

[12] Et le peuple de Chittim leur dit : "Nous ne pouvons pas la donner, car Angeas roi d'Afrique la désirait pour la prendre pour lui comme épouse avant que vous veniez, et que nous devions la lui donner, et maintenant donc nous ne pouvons pas faire cette chose pour priver Angeas de la demoiselle afin de la donner à Turnus.

[13] Car nous avons très peur d'Angeas de peur qu'il ne vienne en bataille contre nous et nous détruise, et Turnus votre maître ne pourra pas nous délivrer de sa main.

[14] Et lorsque les messagers de Turnus entendirent toutes les paroles des enfants de Chittim, ils retournèrent à leur maître et lui dirent toutes les paroles des enfants de Chittim.

[15] Et les enfants de Chittim envoyèrent un mémorial à Angeas, disant : "Voici Turnus a envoyé pour Jania pour la prendre pour lui comme épouse, et ainsi nous lui avons répondu ; et nous avons entendu qu'il a rassemblé toute son armée pour aller en guerre contre toi, et il a l'intention de passer par la route de Sardunia pour combattre contre ton frère Lucus, et après cela il viendra combattre contre toi.

[16] Et Angeas entendit les paroles des enfants de Chittim qu'ils lui envoyèrent dans le rapport, et sa colère fut allumée et il se leva et assembla toute son armée et vint par les îles de la mer, par le chemin de Sardunia, vers son frère Lucus roi de Sardunia.

[17] Et Niblos, fils de Lucus, entendit que son oncle Angeas venait, et il sortit à sa rencontre avec une puissante armée, et il l'embrassa et le baisa, et Niblos dit à Angeas, Lorsque tu demanderas à mon père de ses nouvelles, lorsque j'irai avec toi combattre Turnus, demande-lui de me faire capitaine de son armée, et Angeas fit ainsi, et il vint à son frère et son frère vint à sa rencontre, et il lui demanda de ses nouvelles.

[18] Et Angeas demanda à son frère Lucus de ses nouvelles, et de faire de son fils Niblos le capitaine de son armée, et Lucus fit ainsi, et Angeas et son frère Lucus se levèrent et ils allèrent vers Turnus pour combattre, et ils étaient avec eux une grande armée et un peuple lourd.

[19] Et ils vinrent en navires, et ils arrivèrent dans la province d'Ashtorash, et voici Turnus vint à leur rencontre, car il était sorti pour Sardunia, et avait l'intention de la détruire et ensuite de passer de là pour combattre Angeas.

[20] Et Angeas et son frère Lucus rencontrèrent Turnus dans la vallée de Canopia, et la bataille fut forte et puissante entre eux à cet endroit.

[21] Et la bataille fut sévère sur Lucus roi de Sardunia, et toute son armée tomba, et Niblos son fils tomba aussi dans cette bataille.

[22] Et son oncle Angeas commanda à ses serviteurs et ils firent un cercueil d'or pour Niblos et ils le mirent dedans, et Angeas fit de nouveau la guerre vers Turnus, et Angeas était plus fort que lui, et il le tua, et il frappa tout son peuple par le tranchant de l'épée, et Angeas vengea la cause de Niblos le fils de son frère et la cause de l'armée de son frère Lucus.

[23] Et lorsque Turnus mourut, les mains de ceux qui survécurent à la bataille devinrent faibles, et ils s'enfuirent devant Angeas et Lucus son frère.

[24] Et Angeas et son frère Lucus les poursuivirent jusqu'à la grande route, qui est entre Alphanu et Romah, et ils tuèrent toute l'armée de Turnus par le tranchant de l'épée.

[25] Et Lucus roi de Sardunia commanda à ses serviteurs qu'ils fassent un cercueil de cuivre, et qu'ils y placent le corps de son fils Niblos, et ils l'enterrèrent à cet endroit.

[26] Et ils construisirent sur lui une haute tour là sur la grande route, et ils appelèrent son nom d'après le nom de Niblos jusqu'à ce jour, et ils enterrèrent aussi Turnus roi de Bibentu là à cet endroit avec Niblos.

[27] Et voici sur la grande route entre Alphanu et Romah, la tombe de Niblos est d'un côté et la tombe de Turnus de l'autre, et un pavage entre eux jusqu'à ce jour.

[28] Et lorsque Niblos fut enterré, Lucus son père retourna avec son armée dans son pays Sardunia, et Angeas son frère roi d'Afrique alla avec son peuple à la ville de Bibentu, c'est la ville de Turnus.

[29] Et les habitants de Bibentu entendirent parler de sa renommée et eurent très peur de lui, ils sortirent à sa rencontre avec pleurs et supplications, et les habitants de Bibentu implorèrent Angeas de ne pas les tuer ni détruire leur ville ; et il en fut ainsi, car Bibentu était en ces jours-là considérée comme l'une des villes des enfants de Chittim ; il ne détruisit donc pas la ville.

[30] Mais à partir de ce jour, les troupes du roi d'Afrique allaient à Chittim pour piller et plunder, et chaque fois qu'ils y allaient, Zepho, le capitaine de l'armée d'Angeas, allait avec eux.

[31] Et après cela, Angeas se tourna avec son armée et ils vinrent à la ville de Puzimna, et Angeas prit de là Jania, la fille d'Uzu, pour épouse et l'amena dans sa ville en Afrique.

61 – Zepho Unit l'Italie

[1] Et il arriva à cette époque que Pharaon, roi d'Égypte, ordonna à tout son peuple de lui construire un palais fortifié en Égypte.

[2] Il ordonna également aux fils de Jacob d'aider les Égyptiens dans la construction, et les Égyptiens construisirent un palais beau et élégant pour une habitation royale, et il y habita, renouvela son gouvernement et régna en sécurité.

[3] Et Zabulon, fils de Jacob, mourut cette année-là, c'est-à-dire la soixante-douzième année de la descente des Israélites en Égypte, et Zabulon mourut âgé de cent quatorze ans, et fut mis dans un cercueil et remis entre les mains de ses enfants.

[4] Et la soixante-quinzième année, son frère Siméon mourut, il avait cent vingt ans à sa mort, et il fut également mis dans un cercueil et remis entre les mains de ses enfants.

[5] Et Zepho, fils d'Eliphaz, fils d'Ésaü, capitaine de l'armée d'Angeas, roi de Dinhabah, tentait chaque jour d'inciter Angeas à préparer la bataille pour combattre les fils de Jacob en Égypte, et Angeas ne voulait pas faire cela, car ses serviteurs lui avaient raconté toute la puissance des fils de Jacob, ce qu'ils leur avaient fait dans leur bataille contre les enfants d'Ésaü.

[6] Et Zepho tentait chaque jour d'inciter Angeas à combattre les fils de Jacob à cette époque.

[7] Et après un certain temps, Angeas écouta les paroles de Zepho et consentit à combattre les fils de Jacob en Égypte, et Angeas rassembla tout son peuple, un peuple aussi nombreux que le sable sur le bord de la mer, et il prit la résolution d'aller en Égypte pour la bataille.

[8] Et parmi les serviteurs d'Angeas, il y avait un jeune homme de quinze ans, Balaam, fils de Beor était son nom, et le jeune homme était très sage et comprenait l'art de la sorcellerie.

[9] Et Angeas dit à Balaam : "Conjure pour nous, je te prie, par la sorcellerie, afin que nous sachions qui prévaudra dans cette bataille à laquelle nous nous préparons maintenant."

[10] Et Balaam ordonna qu'on lui apporte de la cire, et il en fit l'effigie de chars et de cavaliers représentant l'armée d'Angeas et l'armée d'Égypte, et il les plaça dans les eaux astucieusement préparées à cet effet, et il prit dans sa main les branches d'arbres de myrte, et il exerça son art, et il les joignit au-dessus de l'eau, et il lui apparut dans l'eau les images ressemblantes des armées d'Angeas tombant devant les images ressemblantes des Égyptiens et des fils de Jacob.

[11] Et Balaam raconta cette chose à Angeas, et Angeas désespéra et ne s'arma pas pour descendre en Égypte pour la bataille, et il resta dans sa ville.

[12] Et lorsque Zepho, fils d'Eliphaz, vit qu'Angeas désespérait de partir en bataille contre les Égyptiens, Zepho s'enfuit d'Angeas, d'Afrique, et il alla et vint à Kittim.

[13] Et tout le peuple de Kittim le reçut avec de grands honneurs, et ils l'engagèrent pour combattre leurs batailles tous les jours, et Zepho devint extrêmement riche à cette époque, et les troupes du roi d'Afrique se répandaient encore à cette époque, et les enfants de Kittim s'assemblèrent et allèrent au mont Cuptizia à cause des troupes d'Angeas, roi d'Afrique, qui avançaient sur eux.

[14] Et il arriva un jour que Zepho perdit une jeune génisse, et il partit à sa recherche, et il l'entendit meugler autour de la montagne.

[15] Et Zepho alla, et voici, il y avait une grande caverne au bas de la montagne, et il y avait une grande pierre à l'entrée de la caverne, et Zepho fendit la pierre et entra dans la caverne, et il regarda, et voici, un grand animal dévorait le bœuf ; de la moitié vers le haut, il ressemblait à un homme, et de la moitié vers le bas, il ressemblait à un animal, et Zepho se leva contre l'animal et le tua avec ses épées.

[16] Et les habitants de Kittim entendirent parler de cela, et ils se réjouirent grandement, et ils dirent : Que ferons-nous pour cet homme qui a tué cet animal qui dévorait notre bétail ?

[17] Et ils s'assemblèrent tous pour consacrer un jour de l'année en son honneur, et ils appelèrent ce jour Zepho, d'après son nom, et ils lui apportèrent des offrandes de boisson année après année ce jour-là, et ils lui apportèrent des cadeaux.

[18] À cette époque, Jania, la fille d'Uzu, épouse du roi Angeas, tomba malade, et sa maladie fut fortement ressentie par Angeas et ses officiers, et Angeas dit à ses sages : Que dois-je faire pour Jania et comment la guérir de sa maladie ? Et ses sages lui dirent : Parce que l'air de notre pays n'est pas comme l'air du pays de Kittim, et notre eau n'est pas comme leur eau, c'est pourquoi la reine est tombée malade.

[19] Car à travers le changement d'air et d'eau elle est tombée malade, et aussi parce que dans son pays elle ne buvait que de l'eau qui venait de Purmah, que ses ancêtres avaient amenée avec des ponts.

[20] Et Angeas ordonna à ses serviteurs, et ils lui apportèrent dans des récipients les eaux de Purmah appartenant à Kittim, et ils pesèrent ces eaux avec toutes les eaux de la terre d'Afrique, et ils trouvèrent que ces eaux étaient plus légères que les eaux d'Afrique.

[21] Et Angeas vit cela, et il commanda à tous ses officiers de rassembler les tailleurs de pierre par milliers et dizaines de milliers, et ils taillèrent des pierres sans nombre, et les constructeurs vinrent et ils construisirent un pont extrêmement solide, et ils acheminèrent la source d'eau de la terre de Kittim jusqu'en Afrique, et ces eaux étaient pour Jania la reine et pour tous ses besoins, pour boire, cuire, laver et se baigner avec, et aussi pour arroser avec toutes les semences don't on peut obtenir de la nourriture, et tous les fruits de la terre.

[22] Et le roi ordonna qu'ils apportent de la terre de Kittim dans de grands navires, et ils apportèrent également des pierres pour construire avec, et les constructeurs construisirent des palais pour Jania la reine, et la reine fut guérie de sa maladie.

[23] Et à la révolution de l'année, les troupes d'Afrique continuèrent de venir dans le pays de Kittim pour piller comme d'habitude, et Zepho, fils d'Eliphaz, entendit leur rapport, et il donna des ordres les concernant et il combattit avec eux, et ils s'enfuirent devant lui, et Il délivra le pays de Kittim d'eux.

[24] Et les enfants de Kittim virent la valeur de Zepho, et les enfants de Kittim résolurent et ils firent de Zepho le roi sur eux, et il devint roi sur eux, et pendant qu'il régnait, ils allèrent soumettre les enfants de Tubal, et toutes les îles environnantes.

[25] Et leur roi Zepho alla à leur tête et ils firent la guerre à Tubal et aux îles, et ils les soumirent, et lorsqu'ils revinrent de la bataille, ils renouvelèrent son gouvernement pour lui, et ils lui construisirent un très grand palais pour son habitation royale et son siège, et ils lui firent un grand trône, et Zepho régna sur toute la terre de Kittim et sur la terre d'Italia pendant cinquante ans.

62 - Les Fils de Jacob Meurent

(Exode 1:1-6)

[1] En cette année, la soixante-dix-neuvième année depuis la descente des Israélites en Égypte, Reuben, le fils de Jacob, mourut dans le pays d'Égypte. Reuben avait cent vingt-cinq ans lorsqu'il mourut, et ils le mirent dans un cercueil, qui fut remis entre les mains de ses enfants.

[2] Et dans la quatre-vingtième année, son frère Dan mourut ; il avait cent vingt ans à sa mort, et il fut également placé dans un cercueil et remis entre les mains de ses enfants.

[3] Et cette année-là, Chusham, roi d'Édom, mourut, et après lui régna Hadad, fils de Bedad, pendant trente-cinq ans ; et dans la quatre-vingt-unième année, Issachar, le fils de Jacob, mourut en Égypte. Issachar avait cent vingt-deux ans à sa mort, et il fut mis dans un cercueil en Égypte, et remis entre les mains de ses enfants.

[4] Et dans la quatre-vingt-deuxième année, son frère Asher mourut ; il avait cent vingt-trois ans à sa mort, et il fut placé dans un cercueil en Égypte, et remis entre les mains de ses enfants.

[5] Et dans la quatre-vingt-troisième année, Gad mourut ; il avait cent vingt-cinq ans à sa mort, et il fut mis dans un cercueil en Égypte, et remis entre les mains de ses enfants.

[6] Et il arriva dans la quatre-vingt-quatrième année, qui est la cinquantième année du règne de Hadad, fils de Bedad, roi d'Édom, que Hadad rassembla tous les enfants d'Ésaü, et il prépara toute son armée, environ quatre cent mille hommes, et il se dirigea vers le pays de Moab, et il alla combattre Moab pour les rendre tributaires à lui.

[7] Et les enfants de Moab entendirent cela, et ils eurent très peur, et ils envoyèrent vers les enfants de Madian pour les aider à combattre Hadad, fils de Bedad, roi d'Édom.

[8] Et Hadad vint au pays de Moab, et Moab et les enfants de Madian sortirent à sa rencontre, et ils se placèrent en ordre de bataille contre lui dans le champ de Moab.

[9] Et Hadad combattit Moab, et il tomba des enfants de Moab et des enfants de Madian beaucoup de morts, environ deux cent mille hommes.

[10] Et la bataille fut très sévère pour Moab, et quand les enfants de Moab virent que la bataille était dure pour eux, ils affaiblirent leurs mains et tournèrent le dos, et laissèrent les enfants de Madian mener le combat.

[11] Et les enfants de Madian ne connaissaient pas les intentions de Moab, mais ils se renforcèrent dans le combat et combattirent avec Hadad et toute son armée, et tout Madian tomba devant lui.

[12] Et Hadad frappa tout Madian d'une grande frappe, et les tua par le tranchant de l'épée, il ne laissa aucun survivant de ceux qui étaient venus aider Moab.

[13] Et quand tous les enfants de Madian eurent péri au combat, et que les enfants de Moab s'étaient échappés, Hadad rendit tout Moab tributaire à ce moment-là, et ils devinrent sous sa main, et ils donnèrent un impôt annuel tel qu'il avait été ordonné, et Hadad retourna et revint dans son pays.

[14] Et à la révolution de l'année, lorsque le reste du peuple de Madian qui était dans le pays entendit que tous leurs frères étaient tombés au combat avec Hadad pour le compte de Moab, parce que les enfants de Moab avaient tourné le dos au combat et avaient laissé Madian combattre, alors cinq des princes de Madian décidèrent avec le reste de leurs frères qui restaient dans leur pays, de combattre Moab pour venger la cause de leurs frères.

[15] Les enfants de Madian envoyèrent chercher tous leurs frères, les enfants de l'est, et tous leurs frères, tous les enfants de Ketura, vinrent aider Madian à combattre Moab.

[16] Les enfants de Moab entendirent cela et eurent très peur que tous les enfants de l'est se soient rassemblés contre eux pour la bataille. Ils, les enfants de Moab, envoyèrent un message au pays d'Édom à Hadad, fils de Bedad, disant :

[17] "Viens à nous et aide-nous et nous frapperons Madian, car ils se sont tous rassemblés et sont venus contre nous avec tous leurs frères, les enfants de l'est, pour la bataille, pour venger la cause de Madian tombé au combat."

[18] Hadad, fils de Bedad, roi d'Édom, partit avec toute son armée et alla au pays de Moab pour combattre Madian, et Madian et les enfants de l'est combattirent avec Moab dans le champ de Moab, et la bataille fut très violente entre eux.

[19] Hadad frappa tous les enfants de Madian et les enfants de l'est par le tranchant de l'épée, et à ce moment-là, Hadad délivra Moab de la main de Madian, et ceux qui restèrent de Madian et des enfants de l'est s'enfuirent devant Hadad et son armée, et Hadad les poursuivit jusqu'à leur pays, et les frappa d'une très lourde défaite, et les tués tombèrent sur la route.

[20] Hadad délivra Moab de la main de Madian, car tous les enfants de Madian étaient tombés par le tranchant de l'épée, et Hadad retourna dans son pays.

[21] Et à partir de ce jour, les enfants de Madian haïrent les enfants de Moab, car ils étaient tombés au combat pour leur cause, et il y eut une grande et puissante inimitié entre eux tous les jours.

[22] Tous ceux qui furent trouvés de Madian sur la route du pays de Moab périrent par l'épée de Moab, et tous ceux qui furent trouvés de Moab sur la route du pays de Madian périrent par l'épée de Madian ; ainsi firent Madian à Moab et Moab à Madian pendant de nombreux jours.

[23] Et il arriva à cette époque que Juda, le fils de Jacob, mourut en Égypte, dans la quatre-vingt-sixième année de la descente de Jacob en Égypte, et Juda avait cent vingt-neuf ans à sa mort, et ils l'embaumèrent et le mirent dans un cercueil, et il fut remis entre les mains de ses enfants.

[24] Et dans la quatre-vingt-neuvième année mourut Naphtali, il avait cent trente-deux ans, et il fut mis dans un cercueil et remis entre les mains de ses enfants.

[25] Et il arriva dans la quatre-vingt-onzième année de la descente des Israélites en Égypte, c'est-à-dire dans la trentième année du règne de Zepho, fils d'Eliphaz, fils d'Ésaü, sur les enfants de Kittim, que les enfants d'Afrique vinrent sur les enfants de Kittim pour les piller comme d'habitude, mais ils n'étaient pas venus sur eux depuis treize ans.

[26] Et ils vinrent à eux cette année-là, et Zepho, fils d'Eliphaz, sortit à leur rencontre avec certains de ses hommes et les frappa désespérément, et les troupes d'Afrique s'enfuirent devant

Zepho et les tués tombèrent devant lui, et Zepho et ses hommes les poursuivirent, continuant à les frapper jusqu'à ce qu'ils soient proches de l'Afrique.

[27] Et Angeas, roi d'Afrique, entendit ce que Zepho avait fait, et cela le contraria extrêmement, et Angeas eut peur de Zepho tous les jours.

63 – La Guerre Romain-Africain

[1] Et dans la quatre-vingt-treizième année mourut Lévi, fils de Jacob, en Égypte, et Lévi avait cent trente-sept ans lorsqu'il mourut, et ils le mirent dans un cercueil et il fut remis entre les mains de ses enfants.

[2] Et il arriva après la mort de Lévi, lorsque tout l'Égypte vit que les fils de Jacob, les frères de Joseph, étaient morts, tous les Égyptiens commencèrent à affliger les enfants de Jacob, et à amertumer leur vie de ce jour jusqu'au jour de leur sortie d'Égypte, et ils prirent entre leurs mains toutes les vignes et champs que Joseph leur avait donnés, et toutes les maisons élégantes dans lesquelles le peuple d'Israël vivait, et toute la graisse de l'Égypte, les Égyptiens prirent tout aux fils de Jacob en ces jours.

[3] Et la main de tout l'Égypte devint plus lourde en ces jours contre les enfants d'Israël, et les Égyptiens blessèrent les Israélites jusqu'à ce que les enfants d'Israël fussent fatigués de leur vie à cause des Égyptiens.

[4] Et il arriva en ces jours, dans la cent deuxième année de la descente d'Israël en Égypte, que le Pharaon, roi d'Égypte, mourut, et Melol, son fils, régna à sa place, et tous les hommes puissants d'Égypte et toute cette génération qui connaissait Joseph et ses frères moururent en ces jours.

[5] Et une autre génération se leva à leur place, qui n'avait pas connu les fils de Jacob et tout le bien qu'ils leur avaient fait, et toute leur puissance en Égypte.

[6] Par conséquent, tout l'Égypte commença dès ce jour-là à amertumer la vie des fils de Jacob, et à les affliger de toute sorte de travaux pénibles, parce qu'ils n'avaient pas connu leurs ancêtres qui les avaient délivrés aux jours de la famine.

[7] Et cela venait aussi du Seigneur, pour les enfants d'Israël, pour les bénéficier dans leurs derniers jours, afin que tous les enfants d'Israël connaissent le Seigneur leur Dieu.

[8] Et afin de connaître les signes et les merveilles puissantes que le Seigneur ferait en Égypte à cause de son peuple Israël, afin que les enfants d'Israël craignent le Seigneur Dieu de leurs ancêtres, et marchent dans toutes ses voies, eux et leur postérité après eux tous les jours.

[9] Melol avait vingt ans lorsqu'il commença à régner, et il régna quatre-vingt-quatorze ans, et tout l'Égypte appela son nom Pharaon après le nom de son père, comme c'était leur coutume de faire pour chaque roi qui régnait sur eux en Égypte.

[10] À cette époque, toutes les troupes d'Angeas, roi d'Afrique, sortirent pour se répandre le long de la terre de Chittim comme d'habitude pour le pillage.

[11] Et Zepho, fils d'Eliphaz, fils d'Ésaü, entendit leur rapport, et il sortit à leur rencontre avec son armée, et il les combattit là sur la route.

[12] Et Zepho frappa les troupes du roi d'Afrique avec le tranchant de l'épée, et ne laissa aucun survivant d'entre eux, et pas même un ne retourna à son maître en Afrique.

[13] Et Angeas entendit ce que Zepho, fils d'Eliphaz, avait fait à toutes ses troupes, qu'il les avait détruites, et Angeas rassembla toutes ses troupes, tous les hommes du pays d'Afrique, un peuple nombreux comme le sable au bord de la mer.

[14] Et Angeas envoya à Lucus son frère, disant : Viens à moi avec tous tes hommes et aide-moi à frapper Zepho et tous les enfants de Chittim qui ont détruit mes hommes, et Lucus vint avec toute son armée, une force très grande, pour aider Angeas son frère à combattre Zepho et les enfants de Chittim.

[15] Et Zepho et les enfants de Chittim entendirent cette chose, et ils eurent une grande peur et une grande terreur tomba sur leurs cœurs.

[16] Et Zepho envoya également une lettre au pays d'Édom à Hadad le fils de Bedad roi d'Édom et à tous les enfants d'Ésaü, disant,

[17] J'ai entendu qu'Angeas roi d'Afrique vient à nous avec son frère pour la bataille contre nous, et nous avons très peur de lui, car son armée est très grande, surtout qu'il vient contre nous avec son frère et son armée également.

[18] Maintenant donc venez aussi avec moi et aidez-moi, et nous combattrons ensemble contre Angeas et son frère Lucus, et vous nous sauverez de leurs mains, mais sinon, sachez que nous mourrons tous.

[19] Et les enfants d'Ésaü envoyèrent une lettre aux enfants de Chittim et à Zepho leur roi, disant, Nous ne pouvons pas combattre contre Angeas et son peuple car une alliance de paix a été entre nous depuis de nombreuses années, depuis les jours de Bela le premier roi, et depuis les jours de Joseph le fils de Jacob roi d'Égypte, avec qui nous avons combattu de l'autre côté du Jourdain lorsqu'il a enterré son père.

[20] Et quand Zepho entendit les paroles de ses frères les enfants d'Ésaü il se retint d'eux, et Zepho eut très peur d'Angeas.

[21] Et Angeas et Lucus son frère rassemblèrent toutes leurs forces, environ huit cent mille hommes, contre les enfants de Chittim.

[22] Et tous les enfants de Chittim dirent à Zepho, Prie pour nous le Dieu de tes ancêtres, peut-être nous délivrera-t-il de la main d'Angeas et de son armée, car nous avons entendu qu'il est un grand Dieu et qu'il délivre tous ceux qui se confient en lui.

[23] Et Zepho entendit leurs paroles, et Zepho chercha le Seigneur et il dit,

[24] Ô Seigneur Dieu d'Abraham et d'Isaac mes ancêtres, ce jour-ci je sais que tu es le vrai Dieu, et tous les dieux des nations sont vains et inutiles.

[25] Souviens-toi maintenant de ce jour envers moi de ton alliance avec Abraham notre père, que nos ancêtres nous ont relatée, et agis gracieusement avec moi ce jour pour l'amour d'Abraham et d'Isaac nos pères, et sauve-moi et les enfants de Chittim de la main du roi d'Afrique qui vient contre nous pour la bataille.

[26] Et le Seigneur écouta la voix de Zepho, et il eut égard à lui à cause d'Abraham et d'Isaac, et le Seigneur délivra Zepho et les enfants de Chittim de la main d'Angeas et de son peuple.

[27] Et Zepho combattit Angeas roi d'Afrique et tout son peuple ce jour-là, et le Seigneur donna tout le peuple d'Angeas entre les mains des enfants de Chittim.

[28] Et la bataille fut sévère sur Angeas, et Zepho frappa tous les hommes d'Angeas et Lucus son frère, avec le tranchant de l'épée, et il tomba d'eux jusqu'au soir de ce jour environ quatre cent mille hommes.

[29] Et quand Angeas vit que tous ses hommes périssaient, il envoya une lettre à tous les habitants d'Afrique pour venir à lui, pour l'assister dans la bataille, et il écrivit dans la lettre, disant : Que tous ceux qui se trouvent en Afrique viennent à moi, dès l'âge de dix ans ; qu'ils viennent tous à moi, et voici, s'il ne vient pas, il mourra, et tout ce qu'il possède, avec toute sa maison, le roi le prendra.

[30] Et tous les autres habitants d'Afrique furent terrifiés par les paroles d'Angeas, et il sortit de la ville environ trois cent mille hommes et garçons, à partir de dix ans, et ils vinrent à Angeas.

[31] Et au bout de dix jours, Angeas renouvela la bataille contre Zepho et les enfants de Chittim, et la bataille fut très grande et forte entre eux.

[32] Et de l'armée d'Angeas et de Lucus, Zepho envoya de nombreux blessés entre ses mains, environ deux mille hommes, et Sosiphtar, le capitaine de l'armée d'Angeas, tomba dans cette bataille.

[33] Et quand Sosiphtar tomba, les troupes africaines tournèrent le dos pour fuir, et ils s'enfuirent, et Angeas et Lucus son frère étaient avec eux.

[34] Et Zepho et les enfants de Chittim les poursuivirent, et ils les frappèrent encore lourdement sur la route, environ deux cents hommes, et ils poursuivirent Azdrubal, le fils d'Angeas qui avait fui avec son père, et ils frappèrent vingt de ses hommes sur la route, et Azdrubal échappa aux enfants de Chittim, et ils ne le tuèrent pas.

[35] Et Angeas et Lucus son frère s'enfuirent avec le reste de leurs hommes, et ils s'échappèrent et entrèrent en Afrique avec terreur et consternation, et Angeas craignit tous les jours de peur que Zepho, le fils d'Eliphaz, ne parte en guerre contre lui.

64 - La Guerre Romain-Égyptien

[1] Et Balaam, fils de Beor, était à ce moment-là avec Angeas dans la bataille, et lorsqu'il vit que Zepho l'emportait sur Angeas, il s'enfuit de là et vint à Chittim.

[2] Et Zepho et les enfants de Chittim le reçurent avec de grands honneurs, car Zepho connaissait la sagesse de Balaam, et Zepho donna à Balaam de nombreux cadeaux et il resta avec lui.

[3] Et lorsque Zepho revint de la guerre, il commanda que tous les enfants de Chittim qui étaient partis au combat avec lui soient recensés, et voici, pas un ne manquait.

[4] Et Zepho se réjouit de cette chose, et il renouvela son royaume, et il fit une fête pour tous ses sujets.

[5] Mais Zepho ne se souvint pas du Seigneur et ne considéra pas que le Seigneur l'avait aidé dans la bataille, et qu'il l'avait délivré, lui et son peuple, de la main du roi d'Afrique, mais il continua de marcher dans les voies des enfants de Chittim et des méchants enfants d'Ésaü, pour servir d'autres dieux que ses frères, les enfants d'Ésaü, lui avaient appris ; il est donc dit, De l'impie sort l'impiété.

[6] Et Zepho régna en toute sécurité sur tous les enfants de Chittim, mais ne connaissait pas le Seigneur qui l'avait délivré, lui et tout son peuple, de la main du roi d'Afrique ; et les troupes d'Afrique ne vinrent plus à Chittim pour piller comme d'habitude, car ils connaissaient la puissance de Zepho qui les avait tous frappés au fil de l'épée, ainsi Angeas craignait Zepho, fils d'Eliphaz, et les enfants de Chittim, tous les jours.

[7] À cette époque, lorsque Zepho était revenu de la guerre, et quand Zepho avait vu comment il avait prévalu sur tout le peuple d'Afrique et les avait frappés dans la bataille au fil de l'épée, alors Zepho conseilla avec les enfants de Chittim, d'aller en Égypte pour combattre contre les fils de Jacob et contre Pharaon, roi d'Égypte.

[8] Car Zepho avait entendu dire que les hommes puissants d'Égypte étaient morts et que Joseph et ses frères, les fils de Jacob, étaient morts, et que tous leurs enfants, les enfants d'Israël, restaient en Égypte.

[9] Et Zepho envisagea d'aller combattre contre eux et contre toute l'Égypte, pour venger la cause de ses frères, les enfants d'Ésaü, que Joseph avec ses frères et toute l'Égypte avaient frappés dans le pays de Canaan, lorsqu'ils montèrent enterrer Jacob à Hébron.

[10] Et Zepho envoya des messagers à Hadad, fils de Bedad, roi d'Édom, et à tous ses frères, les enfants d'Ésaü, disant,

[11] N'avez-vous pas dit que vous ne combattriez pas contre le roi d'Afrique car il est membre de votre alliance ? Voici, je me suis battu contre lui et je l'ai frappé lui et tout son peuple.

[12] Maintenant donc, j'ai résolu de combattre contre l'Égypte et contre les enfants de Jacob qui y sont, et je me vengerai d'eux pour ce que Joseph, ses frères et ancêtres nous ont fait dans le pays de Canaan quand ils montèrent enterrer leur père à Hébron.

[13] Maintenant donc, si vous êtes disposés à venir à moi pour m'assister dans le combat contre eux et contre l'Égypte, alors nous vengerons la cause de nos frères.

[14] Et les enfants d'Ésaü écoutèrent les paroles de Zepho, et les enfants d'Ésaü se rassemblèrent, un très grand peuple, et ils allèrent assister Zepho et les enfants de Chittim dans la bataille.

[15] Et Zepho envoya à tous les enfants de l'est et à tous les enfants d'Ismaël avec des paroles semblables à celles-ci, et ils se rassemblèrent et vinrent à l'assistance de Zepho et des enfants de Chittim dans la guerre contre l'Égypte.

[16] Et tous ces rois, le roi d'Édom et les enfants de l'est, et tous les enfants d'Ismaël, et Zepho le roi de Chittim sortirent et disposèrent toutes leurs armées à Hébron.

[17] Et le camp était très lourd, s'étendant sur une longueur d'une distance de trois jours de marche, un peuple nombreux comme le sable sur le bord de la mer qui ne peut être compté.

[18] Et tous ces rois et leurs armées descendirent et vinrent contre toute l'Égypte en bataille, et campèrent ensemble dans la vallée de Pathros.

[19] Et toute l'Égypte entendit leur rapport, et ils se rassemblèrent également, tout le peuple du pays d'Égypte, et de toutes les villes appartenant à l'Égypte, environ trois cent mille hommes.

[20] Et les hommes d'Égypte envoyèrent également aux enfants d'Israël qui étaient en ces jours-là dans le pays de Goshen, pour venir à eux afin d'aller combattre avec ces rois.

[21] Et les hommes d'Israël s'assemblèrent et étaient environ cent cinquante hommes, et ils allèrent au combat pour assister les Égyptiens.

[22] Et les hommes d'Israël et d'Égypte sortirent, environ trois cent mille hommes et cent cinquante hommes, et ils allèrent vers ces rois pour combattre, et ils se placèrent de l'extérieur du pays de Goshen en face de Pathros.

[23] Et les Égyptiens ne crurent pas en Israël pour aller avec eux dans leurs camps ensemble pour la bataille, car tous les Égyptiens dirent : Peut-être les enfants d'Israël nous livreront-ils entre les mains des enfants d'Ésaü et d'Ismaël, car ils sont leurs frères.

[24] Et tous les Égyptiens dirent aux enfants d'Israël : Restez ici ensemble à votre poste et nous irons combattre contre les enfants d'Ésaü et d'Ismaël, et si ces rois devaient prévaloir sur nous, alors venez tous ensemble sur eux et assistez-nous, et les enfants d'Israël firent ainsi.

[25] Et Zepho, fils d'Éliphaz, fils d'Ésaü, roi de Chittim, et Hadad, fils de Bedad, roi d'Édom, et tous leurs camps, et tous les enfants de l'est, et enfants d'Ismaël, un peuple nombreux comme le sable, campèrent ensemble dans la vallée de Pathros en face de Tachpanches.

[26] Balaam, fils de Beor le Syrien, était là dans le camp de Zepho, car il était venu avec les enfants de Kittim pour la bataille, et Balaam était un homme très honoré aux yeux de Zepho et de ses hommes.

[27] Et Zepho dit à Balaam : "Essaie par la divination pour nous afin que nous sachions qui prévaudra dans la bataille, nous ou les Égyptiens."

[28] Et Balaam se leva et tenta l'art de la divination, et il était habile dans la connaissance de celle-ci, mais il fut confus et l'œuvre fut détruite dans sa main.

[29] Et il tenta à nouveau mais cela ne réussit pas, et Balaam désespéra de cela et l'abandonna et ne le termina pas, car cela venait du Seigneur, afin de faire tomber Zepho et son peuple entre les mains des enfants d'Israël, qui avaient confié dans le Seigneur, le Dieu de leurs ancêtres, dans leur guerre.

[30] Et Zepho et Hadad disposèrent leurs forces en ordre de bataille, et tous les Égyptiens allèrent seuls contre eux, environ trois cent mille hommes, et pas un homme d'Israël n'était avec eux.

[31] Et tous les Égyptiens combattirent avec ces rois devant Pathros et Tachpanhes, et la bataille fut sévère contre les Égyptiens.

[32] Et les rois furent plus forts que les Égyptiens dans cette bataille, et environ cent quatre-vingts hommes d'Égypte tombèrent ce jour-là, et environ trente hommes des forces des rois, et tous les hommes d'Égypte s'enfuirent devant les rois, ainsi les enfants d'Ésaü et d'Ismaël poursuivirent les Égyptiens, continuant à les frapper jusqu'au lieu où se trouvait le camp des enfants d'Israël.

[33] Et tous les Égyptiens crièrent aux enfants d'Israël, disant : "Hâtez-vous vers nous et aidez-nous et sauvez-nous de la main d'Ésaü, d'Ismaël et des enfants de Kittim."

[34] Et les cent cinquante hommes des enfants d'Israël coururent de leur station vers les camps de ces rois, et les enfants d'Israël crièrent au Seigneur leur Dieu pour qu'il les délivre.

[35] Et le Seigneur écouta Israël, et le Seigneur donna tous les hommes des rois entre leurs mains, et les enfants d'Israël combattirent contre ces rois, et les enfants d'Israël frappèrent environ quatre mille hommes des rois.

[36] Et le Seigneur jeta une grande consternation dans le camp des rois, de sorte que la peur des enfants d'Israël tomba sur eux.

[37] Et toutes les armées des rois s'enfuirent devant les enfants d'Israël, et les enfants d'Israël les poursuivirent, continuant à les frapper jusqu'aux frontières de la terre de Cusch.

[38] Et les enfants d'Israël tuèrent d'eux sur la route encore deux mille hommes, et des enfants d'Israël pas un ne tomba.

[39] Et quand les Égyptiens virent que les enfants d'Israël avaient combattu avec si peu d'hommes contre les rois, et que la bataille était si très sévère contre eux,

[40] Tous les Égyptiens eurent grand peur de leur vie à cause de la forte bataille, et tout l'Égypte s'enfuit, chaque homme se cachant lui-même des forces armées, et ils se cachèrent dans la route, et ils laissèrent les Israélites combattre.

[41] Et les enfants d'Israël infligèrent un coup terrible aux hommes des rois, et ils revinrent d'eux après les avoir chassés à la frontière de la terre de Cusch.

[42] Et tout Israël connut la chose que les hommes d'Égypte leur avaient faite, qu'ils s'étaient enfuis d'eux dans la bataille, et les avaient

Laissés combattre seuls.

[43] Ainsi, les enfants d'Israël agirent également avec ruse, et lorsque les enfants d'Israël revenaient de la bataille, ils trouvèrent certains des Égyptiens sur la route et les frappèrent là.

[44] Et pendant qu'ils les tuaient, ils leur dirent ces mots :

[45] Pourquoi nous avez-vous quittés et laissés, étant peu de gens, pour combattre contre ces rois qui avaient un grand peuple pour nous frapper, afin que vous puissiez ainsi sauver vos propres âmes ?

[46] Et de certains que les Israélites rencontrèrent sur la route, eux, les enfants d'Israël, se dirent l'un à l'autre, disant : "Frappe, frappe, car il est un Ismaélite, ou un Édomite, ou des enfants de Kittim", et ils se tenaient debout sur lui et le tuèrent, et ils savaient qu'il était un Égyptien.

[47] Et les enfants d'Israël firent ces choses avec ruse contre les Égyptiens, parce qu'ils les avaient abandonnés dans la bataille et s'étaient enfuis d'eux.

[48] Et les enfants d'Israël tuèrent des hommes d'Égypte sur la route de cette manière, environ deux cents hommes.

[49] Et tous les hommes d'Égypte virent le mal que les enfants d'Israël leur avaient fait, ainsi tout l'Égypte craignit grandement les enfants d'Israël, car ils avaient vu leur grande puissance, et que pas un homme d'entre eux n'était tombé.

[50] Ainsi, tous les enfants d'Israël retournèrent avec joie sur leur route vers Goshen, et le reste de l'Égypte retourna chacun à sa place.

65 – Les Israélites Réduits en Esclavage

(Exode 1:7-22)

[1] Et il arriva, après ces événements, que tous les conseillers de Pharaon, roi d'Égypte, et tous les anciens d'Égypte se rassemblèrent, vinrent devant le roi et s'inclinèrent jusqu'au sol devant lui. Ils s'assirent devant lui.

[2] Les conseillers et les anciens d'Égypte parlèrent au roi, disant :

[3] "Voici, le peuple des enfants d'Israël est plus grand et plus puissant que nous, et tu connais tout le mal qu'ils nous ont fait sur la route lorsque nous revenions de la bataille.

[4] Et tu as aussi vu leur force puissante, car cette force leur vient de leurs ancêtres, car peu d'hommes se sont dressés contre un peuple nombreux comme le sable, et les ont frappés au fil de l'épée, et d'eux-mêmes, aucun n'est tombé, si bien que s'ils avaient été nombreux, ils les auraient alors totalement détruits.

[5] Donne-nous maintenant un conseil sur ce qu'il faut faire avec eux, jusqu'à ce que nous les détruisions progressivement parmi nous, de peur qu'ils ne deviennent trop nombreux pour nous dans le pays.

[6] Car si les enfants d'Israël augmentent dans le pays, ils deviendront un obstacle pour nous, et si une guerre devait se produire, ils rejoindraient notre ennemi avec leur grande force, nous combattraient, nous détruiraient du pays et s'en iraient.

[7] Le roi répondit aux anciens d'Égypte et leur dit : Voici le plan conseillé contre Israël, don't nous ne nous écarterons pas,

[8] Voici, dans le pays se trouvent Pithom et Ramsès, villes non fortifiées contre la bataille, il vous appartient et nous appartient de les construire et de les fortifier.

[9] Allez donc également et agissez avec ruse envers eux, et proclamez une voix en Égypte et à Goshen sur l'ordre du roi, disant :

[10] "Tous les hommes d'Égypte, de Goshen, de Pathros et tous leurs habitants ! Le roi nous a commandé de construire Pithom et Ramsès, et de les fortifier pour la bataille; qui parmi vous de toute l'Égypte, des enfants d'Israël et de tous les habitants des villes, est prêt à construire avec nous, recevra son salaire quotidien sur ordre du roi ; allez donc d'abord et agissez avec ruse, rassemblez-vous et venez à Pithom et à Ramsès pour construire.

[11] Et pendant que vous construisez, faites proclamer chaque jour en Égypte une proclamation de ce genre sur l'ordre du roi.

[12] Et quand certains des enfants d'Israël viendront construire avec vous, vous leur donnerez leur salaire quotidien pendant quelques jours.

[13] Et après qu'ils auront construit avec vous pour leur salaire quotidien, éloignez-vous d'eux quotidiennement un par un en secret, puis vous vous lèverez et deviendrez leurs chefs de corvée

et officiers, et vous les laisserez ensuite construire sans salaire, et s'ils refusent, alors forcez-les de toute votre force à construire.

[14] Et si vous faites cela, il nous sera avantageux de renforcer notre pays contre les enfants d'Israël, car à cause de la fatigue de la construction et du travail, les enfants d'Israël diminueront, parce que vous les priverez de leurs femmes jour après jour.

[15] Et tous les anciens d'Égypte entendirent le conseil du roi, et le conseil leur sembla bon, ainsi qu'aux yeux des serviteurs de Pharaon et à tous les Égyptiens, et ils firent selon la parole du roi.

[16] Tous les serviteurs s'éloignèrent du roi, et ils firent proclamer dans toute l'Égypte, à Tachpanches et à Goshen, et dans toutes les villes autour de l'Égypte, disant :

[17] Vous avez vu ce que les enfants d'Ésaü et d'Ismaël nous ont fait, qui sont venus en guerre contre nous et ont souhaité nous détruire.

[18] Maintenant donc, le roi nous a commandé de fortifier le pays, de construire les villes de Pithom et Ramsès, et de les fortifier pour la bataille, au cas où ils reviendraient contre nous.

[19] Quiconque parmi vous, de toute l'Égypte et des enfants d'Israël, viendra construire avec nous, recevra son salaire quotidien donné par le roi, comme il nous l'a ordonné.

[20] Et lorsque l'Égypte et tous les enfants d'Israël entendirent tout ce que les serviteurs de Pharaon avaient dit, ils vinrent des Égyptiens et des enfants d'Israël pour construire avec les serviteurs de Pharaon, Pithom et Ramsès, mais aucun des enfants de Lévi ne vint avec leurs frères pour construire.

[21] Et tous les serviteurs de Pharaon et ses princes vinrent d'abord avec tromperie pour construire avec tout Israël comme ouvriers journaliers loués, et ils donnèrent à Israël leur salaire quotidien au début.

[22] Et les serviteurs de Pharaon construisirent avec tout Israël et furent employés dans ce travail avec Israël pendant un mois.

[23] Et à la fin du mois, tous les serviteurs de Pharaon commencèrent à se retirer secrètement des enfants d'Israël chaque jour.

[24] Et Israël continua le travail à ce moment-là, mais ils reçurent alors leur salaire quotidien, parce que certains des hommes d'Égypte continuaient le travail avec Israël à ce moment-là ; donc les Égyptiens donnèrent à Israël leur salaire en ces jours, afin qu'eux, les Égyptiens leurs collègues ouvriers, puissent aussi prendre le paiement pour leur travail.

[25] Et à la fin d'un an et quatre mois, tous les Égyptiens se retirèrent des enfants d'Israël, de sorte que les enfants d'Israël furent laissés seuls engagés dans le travail.

[26] Et après que tous les Égyptiens se furent retirés des enfants d'Israël, ils revinrent et devinrent des oppresseurs et des officiers sur eux, et certains d'entre eux se tenaient sur les enfants d'Israël comme chefs de corvée, pour recevoir d'eux tout ce qu'ils leur donnaient pour le paiement de leur travail.

[27] Et les Égyptiens firent ainsi aux enfants d'Israël jour après jour, afin de les affliger dans leur travail.

[28] Et tous les enfants d'Israël étaient seuls engagés dans le travail, et les Égyptiens s'abstinrent de donner tout salaire aux enfants d'Israël à partir de ce moment.

[29] Et lorsque certains des hommes d'Israël refusèrent de travailler à cause du salaire non donné, alors les exacteurs et les serviteurs de Pharaon les opprimèrent et les frappèrent de coups lourds, et les forcèrent à retourner travailler avec leurs frères ; ainsi firent tous les Égyptiens aux enfants d'Israël tous les jours.

[30] Et tous les enfants d'Israël eurent une grande peur des Égyptiens à ce sujet, et tous les enfants d'Israël retournèrent et travaillèrent seuls sans salaire.

[31] Et les enfants d'Israël construisirent Pithom et Ramsès, et tous les enfants d'Israël firent le travail, certains fabriquant des briques, et d'autres construisant, et les enfants d'Israël construisirent et fortifièrent tout le pays d'Égypte et ses murs, et les enfants d'Israël furent engagés dans le travail pendant de nombreuses années, jusqu'au moment où le Seigneur se souvint d'eux et les fit sortir d'Égypte.

[32] Mais les enfants de Lévi ne furent pas employés dans le travail avec leurs frères d'Israël, depuis le début jusqu'au jour de leur sortie d'Égypte.

[33] Car tous les enfants de Lévi savaient que les Égyptiens avaient prononcé toutes ces paroles avec tromperie envers les Israélites, c'est pourquoi les enfants de Lévi se sont abstenus de s'approcher du travail avec leurs frères.

[34] Et les Égyptiens n'ont pas dirigé leur attention pour faire travailler les enfants de Lévi par la suite, puisqu'ils n'avaient pas été avec leurs frères au début, donc les Égyptiens les ont laissés tranquilles.

[35] Et les mains des hommes d'Égypte ont été dirigées avec une sévérité continue contre les enfants d'Israël dans ce travail, et les Égyptiens ont fait travailler les enfants d'Israël avec rigueur.

[36] Et les Égyptiens ont améris la vie des enfants d'Israël avec un travail pénible, dans le mortier et les briques, et aussi dans toutes sortes de travaux dans les champs.

[37] Et les enfants d'Israël ont appelé Melol, le roi d'Égypte, "Meror, roi d'Égypte", parce qu'en ses jours les Égyptiens avaient améris leur vie avec toute sorte de travail.

[38] Et tout le travail dans lequel les Égyptiens ont fait travailler les enfants d'Israël, ils l'ont exigé avec rigueur, afin d'affliger les enfants d'Israël, mais plus ils les affligeaient, plus ils augmentaient et croissaient, et les Égyptiens étaient affligés à cause des enfants d'Israël.

66 – Les Bébés Israélites Mâles Tués

(Exode 1)

[1] À cette époque mourut Hadad, fils de Bedad, roi d'Édom, et Samlah de Mesrekah, du pays des enfants de l'est, régna à sa place.

[2] La treizième année du règne de Pharaon, roi d'Égypte, qui était la cent vingt-cinquième année de la descente des Israélites en Égypte, Samlah avait régné sur Édom pendant dix-huit ans.

[3] Et lorsqu'il régna, il fit sortir ses armées pour aller combattre contre Zepho, fils d'Éliphaz, et les enfants de Chittim, parce qu'ils avaient fait la guerre à Angeas, roi d'Afrique, et avaient détruit toute son armée.

[4] Mais il ne s'engagea pas avec lui, car les enfants d'Ésaü l'en empêchèrent, disant : C'était leur frère. Alors Samlah écouta la voix des enfants d'Ésaü et retourna avec toutes ses forces au pays d'Édom, et ne procéda pas à combattre contre Zepho, fils d'Éliphaz.

[5] Et Pharaon, roi d'Égypte, entendit cette chose, disant : Samlah, roi d'Édom, a résolu de combattre les enfants de Chittim, et après il viendra combattre contre l'Égypte.

[6] Et quand les Égyptiens entendirent cette affaire, ils augmentèrent le travail sur les enfants d'Israël, de peur que les Israélites ne leur fassent comme ils leur avaient fait dans leur guerre avec les enfants d'Ésaü aux jours de Hadad.

[7] Alors les Égyptiens dirent aux enfants d'Israël : Hâtez-vous et faites votre travail, et achevez votre tâche, et fortifiez le pays, de peur que les enfants d'Ésaü, vos frères, ne viennent combattre contre nous, car à cause de vous, ils viendront contre nous.

[8] Et les enfants d'Israël firent le travail des hommes d'Égypte jour après jour, et les Égyptiens affligèrent les enfants d'Israël pour les diminuer dans le pays.

[9] Mais comme les Égyptiens augmentaient le travail sur les enfants d'Israël, ainsi les enfants d'Israël augmentaient et se multipliaient, et tout l'Égypte fut rempli des enfants d'Israël.

[10] Et dans la cent vingt-cinquième année de la descente d'Israël en Égypte, tous les Égyptiens virent que leur conseil ne réussissait pas contre Israël, mais qu'ils augmentaient et grandissaient, et le pays d'Égypte et le pays de Goshen furent remplis des enfants d'Israël.

[11] Alors tous les anciens d'Égypte et ses sages vinrent devant le roi et se prosternèrent devant lui et s'assirent devant lui.

[12] Et tous les anciens d'Égypte et les sages de celui-ci dirent au roi : Que le roi vive éternellement ; tu nous as conseillé le conseil contre les enfants d'Israël, et nous leur avons fait selon la parole du roi.

[13] Mais à mesure que l'augmentation du travail, ils augmentent et grandissent dans le pays, et voici, tout le pays est rempli d'eux.

[14] Maintenant donc, notre seigneur et roi, les yeux de tout l'Égypte sont sur toi pour leur donner conseil avec ta sagesse, par lequel ils peuvent prévaloir sur Israël pour les détruire, ou les

diminuer du pays ; et le roi leur répondit en disant : Donnez-vous conseil en cette affaire afin que nous sachions quoi leur faire.

[15] Et un officier, l'un des conseillers du roi, don't le nom était Job, de Mésopotamie, au pays d'Uz, répondit au roi, disant :

[16] Si cela plaît au roi, qu'il entende le conseil de son serviteur ; et le roi lui dit : Parle.

[17] Et Job parla devant le roi, les princes, et devant tous les anciens d'Égypte, disant :

[18] Voici le conseil du roi qu'il avait donné auparavant concernant le travail des enfants d'Israël est très bon, et vous ne devez pas les décharger de ce travail à jamais.

[19] Mais voici le conseil par lequel vous pouvez les diminuer, si cela semble bon au roi de les affliger.

[20] Voici, nous avons craint la guerre depuis longtemps, et nous avons dit, Lorsque Israël deviendra fécond dans le pays, ils nous chasseront du pays si une guerre devait avoir lieu.

[21] Si cela plaît au roi, qu'un décret royal soit promulgué, et qu'il soit inscrit dans les lois d'Égypte qui ne seront pas révoquées, que chaque enfant mâle né des Israélites, son sang sera répandu sur le sol.

[22] Et en faisant cela, lorsque tous les enfants mâles d'Israël seront morts, le mal de leurs guerres cessera ; que le roi fasse ainsi et envoie chercher toutes les sages-femmes hébraïques et leur ordonne d'exécuter cette affaire ; ainsi la chose plut au roi et aux princes, et le roi fit selon la parole de Job.

[23] Et le roi envoya appeler les sages-femmes hébraïques, don't le nom de l'une était Shephrah, et le nom de l'autre Puah.

[24] Et les sages-femmes vinrent devant le roi, et se tinrent en sa présence.

[25] Et le roi leur dit : Lorsque vous faites l'office de sage-femme aux femmes hébraïques, et que vous les voyez sur les sièges, si c'est un fils, alors vous le tuerez, mais si c'est une fille, alors elle vivra.

[26] Mais si vous ne faites pas cette chose, alors je vous brûlerai, vous et toutes vos maisons avec du feu.

[27] Mais les sages-femmes craignaient Dieu et n'écoutèrent pas le roi d'Égypte ni ses paroles, et lorsque les femmes hébraïques accouchaient d'un fils ou d'une fille, alors la sage-femme faisait tout ce qui était nécessaire à l'enfant et le laissait vivre ; ainsi firent les sages-femmes tous les jours.

[28] Et cette chose fut rapportée au roi, et il envoya et appela les sages-femmes et leur dit : Pourquoi avez-vous fait cette chose et avez sauvé les enfants en vie ?

[29] Et les sages-femmes répondirent et parlèrent ensemble devant le roi, disant :

[30] Que le roi ne pense pas que les femmes hébraïques sont comme les femmes égyptiennes, car tous les enfants d'Israël sont vigoureux, et avant que la sage-femme ne vienne à elles, elles accouchent, et quant à nous tes servantes, depuis de nombreux jours aucune femme hébraïque

n'a accouché sur nous, car toutes les femmes hébraïques sont leurs propres sages-femmes, parce qu'elles sont vigoureuses.

[31] Et Pharaon entendit leurs paroles et les crut en cette affaire, et les sages-femmes s'éloignèrent du roi, et Dieu leur fit du bien, et le peuple se multiplia et grandit excessivement.

67 – Miriam naît

[1] Il y avait un homme dans le pays d'Égypte de la descendance de Lévi, don't le nom était Amram, le fils de Kehath, le fils de Lévi, le fils d'Israël.

[2] Cet homme alla et prit pour épouse Jochebed la fille de Lévi, la sœur de son père, qui avait cent vingt-six ans, et il vint vers elle.

[3] La femme conçut et enfanta une fille, et elle appela son nom Miriam, parce qu'en ces jours, les Égyptiens avaient amèrement embitter la vie des enfants d'Israël.

[4] Elle conçut de nouveau et enfanta un fils et elle appela son nom Aaron, car au temps de sa conception, Pharaon commença à verser le sang des enfants mâles d'Israël.

[5] En ces jours-là mourut Zepho le fils d'Eliphaz, fils d'Ésaü, roi de Chittim, et Janeas régna à sa place.

[6] Le temps que Zepho régna sur les enfants de Chittim fut de cinquante ans, et il mourut et fut enterré dans la ville de Nabna au pays de Chittim.

[7] Et Janeas, l'un des hommes puissants des enfants de Chittim, régna après lui et il régna cinquante ans.

[8] Et ce fut après la mort du roi de Chittim que Balaam le fils de Beor s'enfuit du pays de Chittim, et il alla et vint en Égypte vers Pharaon, roi d'Égypte.

[9] Et Pharaon le reçut avec grande honneur, car il avait entendu parler de sa sagesse, et il lui donna des présents et le fit conseiller, et l'agrandit.

[10] Et Balaam demeura en Égypte, honoré parmi tous les nobles du roi, et les nobles l'exaltèrent, car ils convoitaient tous d'apprendre sa sagesse.

[11] Et dans la cent trentième année de la descente d'Israël en Égypte, Pharaon rêva qu'il était assis sur son trône royal, et il leva les yeux et vit un vieil homme debout devant lui, et il y avait des balances dans les mains du vieil homme, telles balances que les marchands utilisent.

[12] Et le vieil homme prit les balances et les suspendit devant Pharaon.

[13] Et le vieil homme prit tous les anciens d'Égypte et tous ses nobles et grands hommes, et les lia ensemble et les mit dans une balance.

[14] Et il prit un chevreau de lait et le mit dans l'autre balance, et le chevreau l'emporta sur tous.

[15] Et Pharaon fut étonné de cette vision terrible, pourquoi le chevreau l'emportait sur tous, et Pharaon s'éveilla et voici c'était un rêve.

[16] Et Pharaon se leva de bon matin et appela tous ses serviteurs et leur raconta le rêve, et les hommes furent très effrayés.

[17] Et le roi dit à tous ses sages, Interprétez je vous prie le rêve que j'ai rêvé, afin que je puisse le connaître.

[18] Et Balaam le fils de Beor répondit au roi et lui dit, Cela ne signifie rien d'autre qu'un grand mal qui surgira contre l'Égypte dans les derniers jours.

[19] Car un fils naîtra à Israël qui détruira toute l'Égypte et ses habitants, et fera sortir les Israélites d'Égypte avec une main puissante.

[20] Maintenant donc, ô roi, prends conseil sur cette affaire, afin que tu puisses détruire l'espoir des enfants d'Israël et leur attente, avant que ce mal ne s'élève contre l'Égypte.

[21] Et le roi dit à Balaam, Et que ferons-nous à Israël ? sûrement d'une certaine manière nous avons d'abord conseillé contre eux et n'avons pas pu prévaloir sur eux.

[22] Donc maintenant, donne également tes conseils contre eux pour que nous puissions prévaloir sur eux.

[23] Et Balaam répondit au roi, disant : Envoie maintenant appeler tes deux conseillers, et nous verrons quel est leur avis sur cette affaire et après cela ton serviteur parlera.

[24] Et le roi envoya appeler ses deux conseillers Reuel le Madianite et Job l'Uzite, et ils vinrent et s'assirent devant le roi.

[25] Et le roi leur dit : Voici, vous avez tous deux entendu le rêve que j'ai fait, et son interprétation ; donnez donc maintenant conseil et voyez ce qu'il faut faire aux enfants d'Israël, pour que nous puissions prévaloir sur eux, avant que leur mal ne se lève contre nous.

[26] Et Reuel le Madianite répondit au roi et dit : Que le roi vive, que le roi vive à jamais.

[27] Si cela semble bon au roi, qu'il cesse de s'en prendre aux Hébreux et les laisse, et qu'il ne tende pas sa main contre eux.

[28] Car ce sont eux que l'Éternel a choisis dans les temps anciens, et pris comme part de son héritage parmi toutes les nations de la terre et les rois de la terre ; et qui est celui qui a tendu sa main contre eux impunément, don't leur Dieu ne s'est pas vengé ?

[29] Tu sais sûrement que lorsque Abraham descendit en Égypte, Pharaon, l'ancien roi d'Égypte, vit Sarah sa femme, et la prit pour femme, parce qu'Abraham avait dit : Elle est ma sœur, car il avait peur que les hommes d'Égypte ne le tuent à cause de sa femme.

[30] Et quand le roi d'Égypte avait pris Sarah alors Dieu le frappa, lui et sa maison, de grandes plaies, jusqu'à ce qu'il rende à Abraham sa femme Sarah, alors il fut guéri.

[31] Et Abimélec le Gérarite, roi des Philistins, Dieu le punit à cause de Sarah femme d'Abraham, en fermant tout utérus de l'homme à la bête.

[32] Lorsque leur Dieu vint à Abimélec dans le rêve de la nuit et l'effraya afin qu'il rende à Abraham Sarah qu'il avait prise, et après tout le peuple de Gérar fut puni à cause de Sarah, et Abraham pria son Dieu pour eux, et il fut entreaté de lui, et il les guérit.

[33] Et Abimélec craignit tout ce mal qui était venu sur lui et sur son peuple, et il rendit à Abraham sa femme Sarah, et lui donna avec elle de nombreux cadeaux.

[34] Il fit de même à Isaac lorsqu'il l'avait chassé de Gérar, et Dieu avait fait des choses merveilleuses pour lui, que tous les cours d'eau de Gérar se sont asséchés, et leurs arbres productifs ne portaient pas de fruits.

[35] Jusqu'à ce qu'Abimélec de Gérar, et Ahuzzath l'un de ses amis, et Pichol le capitaine de son armée, allèrent à lui et ils se courbèrent et s'inclinèrent devant lui jusqu'à terre.

[36] Et ils lui demandèrent de supplier pour eux, et il pria l'Éternel pour eux, et l'Éternel fut entreaté de lui et il les guérit.

[37] Jacob aussi, l'homme simple, fut délivré par son intégrité de la main de son frère Ésaü, et de la main de Laban le Syrien, le frère de sa mère, qui avait cherché sa vie ; de même de la main de tous les rois de Canaan qui s'étaient réunis contre lui et ses enfants pour les détruire, et l'Éternel les délivra de leurs mains, qu'ils se retournèrent contre eux et les frappèrent, car qui avait jamais tendu sa main contre eux impunément ?

[38] Assurément Pharaon l'ancien, le grand-père de ton père, a élevé Joseph, le fils de Jacob, au-dessus de tous les princes du pays d'Égypte, lorsqu'il a vu sa sagesse, car grâce à sa sagesse il a sauvé tous les habitants du pays de la famine.

[39] Après quoi, il a ordonné à Jacob et à ses enfants de descendre en Égypte, afin que, grâce à leur vertu, le pays d'Égypte et la terre de Goshen soient délivrés de la famine.

[40] Maintenant donc, si cela te semble bon, cesse de détruire les enfants d'Israël, mais si ce n'est pas ta volonté qu'ils demeurent en Égypte, envoie-les d'ici, pour qu'ils aillent au pays de Canaan, la terre où leurs ancêtres ont séjourné.

[41] Et quand Pharaon entendit les paroles de Jethro, il fut très en colère contre lui, de sorte qu'il se leva avec honte de la présence du roi, et s'en alla à Madian, sa terre, et prit le bâton de Joseph avec lui.

[42] Et le roi dit à Job l'Uzite : Que dis-tu Job, et quel est ton conseil concernant les Hébreux ?

[43] Alors Job dit au roi : Voici, tous les habitants du pays sont sous ton pouvoir, que le roi fasse ce qui lui semble bon à ses yeux.

[44] Et le roi dit à Balaam : Que dis-tu, Balaam, parle ta parole afin que nous puissions l'entendre.

[45] Et Balaam dit au roi : De tout ce que le roi a conseillé contre les Hébreux, ils seront délivrés, et le roi ne pourra prévaloir sur eux par aucun conseil.

[46] Car si tu penses les diminuer par le feu flamboyant, tu ne pourras prévaloir sur eux, car sûrement leur Dieu a délivré Abraham leur père d'Ur des Chaldéens ; et si tu penses les détruire par l'épée, sûrement Isaac leur père en a été délivré, et un bélier a été placé à sa place.

[47] Et si par un travail dur et rigoureux tu penses les diminuer, tu ne prévaudras même pas ainsi, car leur père Jacob a servi Laban dans toute sorte de travail difficile, et a prospéré.

[48] Maintenant donc, ô Roi, écoute mes paroles, car c'est le conseil qui est conseillé contre eux, par lequel tu prévaudras sur eux, et duquel tu ne devrais pas t'écarter.

[49] Si cela plaît au roi, qu'il ordonne que tous leurs enfants qui naîtront à partir de ce jour soient jetés dans l'eau, car par cela tu pourras effacer leur nom, car aucun d'eux, ni de leurs pères, n'a été éprouvé de cette manière.

[50] Et le roi entendit les paroles de Balaam, et la chose plut au roi et aux princes, et le roi fit selon la parole de Balaam.

[51] Et le roi ordonna qu'une proclamation soit émise et une loi soit faite dans tout le pays d'Égypte, disant : Tout enfant mâle né aux Hébreux à partir de ce jour en avant sera jeté dans l'eau.

[52] Et Pharaon appela tous ses serviteurs, disant : Allez maintenant et cherchez dans toute la terre de Goshen où sont les enfants d'Israël, et voyez que chaque fils né aux Hébreux soit jeté dans le fleuve, mais chaque fille, vous la laisserez vivre.

[53] Et quand les enfants d'Israël entendirent cette chose que Pharaon avait commandée, de jeter leurs enfants mâles dans le fleuve, certains des gens se séparèrent de leurs épouses et d'autres leur restèrent attachés.

[54] Et dès ce jour-là, lorsque le temps de l'accouchement arrivait pour ces femmes d'Israël qui étaient restées avec leurs maris, elles allaient au champ pour y accoucher, et elles accouchaient dans le champ, et laissaient leurs enfants sur le champ et retournaient chez elles.

[55] Et l'Éternel, qui avait juré à leurs ancêtres de les multiplier, envoya l'un de ses anges ministériels qui sont dans les cieux pour laver chaque enfant dans l'eau, pour l'oindre et l'envelopper et pour mettre dans ses mains deux pierres lisses don't l'une donnait du lait et l'autre du miel, et il fit pousser ses cheveux jusqu'à ses genoux, afin qu'il puisse se couvrir ; pour le réconforter et s'attacher à lui, par sa compassion pour lui.

[56] Et lorsque Dieu eut compassion d'eux et désira les multiplier sur la face de la terre, il ordonna à sa terre de les recevoir pour être préservés en elle jusqu'au temps de leur croissance, après quoi la terre ouvrit sa bouche et les vomit, et ils jaillirent de la ville comme l'herbe de la terre et l'herbe des forêts, et ils retournèrent chacun dans sa famille et dans la maison de son père, et ils restèrent avec eux.

[57] Et les bébés des enfants d'Israël étaient sur la terre comme l'herbe des champs, par la grâce de Dieu envers eux.

[58] Et quand tous les Égyptiens virent cette chose, ils sortirent, chacun dans son champ avec son joug de bœufs et son soc, et ils le labourèrent comme on laboure la terre au temps des semailles.

[59] Et lorsqu'ils labouraient, ils ne pouvaient pas blesser les nourrissons des enfants d'Israël, ainsi le peuple augmenta et s'accrut considérablement.

[60] Et Pharaon ordonna à ses officiers d'aller quotidiennement à Goshen pour chercher les bébés des enfants d'Israël.

[61] Et lorsqu'ils en avaient cherché et trouvé un, ils le prenaient de force du sein de sa mère et le jetaient dans le fleuve, mais l'enfant femelle, ils la laissaient avec sa mère ; ainsi faisaient les Égyptiens aux Israélites tous les jours.

68 - Moïse naît

(Exode 2)

[1] Et à cette époque, l'esprit de Dieu était sur Miriam, la fille d'Amram, la sœur d'Aaron, et elle sortit et prophétisa dans la maison, disant : Voici, un fils nous naîtra de mon père et de ma mère cette fois, et il sauvera Israël de la main de l'Égypte.

[2] Quand Amram entendit les paroles de sa fille, il reprit sa femme dans la maison, après l'avoir renvoyée à l'époque où Pharaon avait ordonné que chaque enfant mâle de la maison de Jacob soit jeté dans l'eau.

[3] Ainsi, Amram reprit Jochebed, sa femme, trois ans après l'avoir renvoyée, et il vint à elle et elle conçut.

[4] Et à la fin de sept mois de sa conception, elle enfanta un fils, et toute la maison fut remplie d'une grande lumière comme celle du soleil et de la lune au moment de leur éclat.

[5] Et quand la femme vit que l'enfant était bon et agréable à voir, elle le cacha pendant trois mois dans une chambre intérieure.

[6] En ces jours, les Égyptiens conspirèrent pour détruire tous les Hébreux là-bas.

[7] Et les femmes égyptiennes allèrent à Goshen où se trouvaient les enfants d'Israël, et elles portaient leurs jeunes enfants sur leurs épaules, leurs bébés qui ne pouvaient pas encore parler.

[8] Et en ces jours, quand les femmes des enfants d'Israël accouchaient, chaque femme cachait son fils devant les Égyptiens, pour que les Égyptiens ne sachent pas qu'elles avaient enfanté, et ne les détruisent pas de la terre.

[9] Et les femmes égyptiennes vinrent à Goshen et leurs enfants qui ne pouvaient pas parler étaient sur leurs épaules, et quand une femme égyptienne entrait dans la maison d'une femme hébraïque, son bébé commençait à pleurer.

[10] Et quand il pleurait, l'enfant qui était dans la chambre intérieure lui répondait, alors les femmes égyptiennes allaient le dire à la maison de Pharaon.

[11] Et Pharaon envoya ses officiers pour prendre les enfants et les tuer ; ainsi firent les Égyptiens aux femmes hébraïques tous les jours.

[12] Et ce fut à cette époque, environ trois mois après que Jochebed eut caché son fils, que la chose fut connue dans la maison de Pharaon.

[13] Et la femme se hâta de prendre son fils avant que les officiers n'arrivent, et elle prit pour lui une arche de joncs, la couvrit de bitume et de poix, y mit l'enfant, et la posa dans les roseaux au bord du fleuve.

[14] Et sa sœur Miriam se tenait à distance pour savoir ce qui lui serait fait, et ce que deviendraient ses paroles.

[15] Et Dieu envoya à cette époque une chaleur terrible dans le pays d'Égypte, qui brûlait la chair de l'homme comme le soleil dans son circuit, et cela oppressait grandement les Égyptiens.

[16] Et tous les Égyptiens descendirent se baigner dans le fleuve, à cause de la chaleur consommatrice qui brûlait leur chair.

[17] Et Bathia, la fille de Pharaon, alla aussi se baigner dans le fleuve, à cause de la chaleur consommatrice, et ses servantes marchaient au bord du fleuve, et toutes les femmes d'Égypte également.

[18] Et Bathia leva les yeux vers le fleuve, et elle vit l'arche sur l'eau, et envoya sa servante pour la chercher.

[19] Et elle l'ouvrit et vit l'enfant, et voici, le bébé pleurait, et elle eut compassion de lui, et elle dit : C'est l'un des enfants des Hébreux.

[20] Et toutes les femmes d'Égypte qui marchaient au bord du fleuve désiraient lui donner le sein, mais il ne voulut pas téter, car cela venait du Seigneur, afin de le rendre à la poitrine de sa mère.

[21] Et Miriam, sa sœur, était à ce moment-là parmi les femmes égyptiennes au bord du fleuve, et voyant cela, elle dit à la fille de Pharaon : "Dois-je aller chercher une nourrice parmi les femmes hébraïques, pour qu'elle allaite l'enfant pour toi ?"

[22] La fille de Pharaon lui dit : "Va." Et la jeune femme alla appeler la mère de l'enfant.

[23] La fille de Pharaon dit à Jochebed : "Prends cet enfant et allaite-le pour moi, et je te paierai ton salaire, deux pièces d'argent par jour." Et la femme prit l'enfant et l'allaita.

[24] Et à la fin de deux ans, quand l'enfant grandit, elle l'amena à la fille de Pharaon, et il lui fut comme un fils, et elle appela son nom Moïse, car elle dit : "Parce que je l'ai tiré de l'eau."

[25] Amram, son père, appela son nom Chabar, car il dit : "C'était pour lui que je me suis associé à nouveau avec ma femme que j'avais renvoyée."

[26] Et Jochebed, sa mère, appela son nom Jekuthiel, car elle dit : "J'ai espéré en lui vers le Tout-Puissant, et Dieu me l'a rendu."

[27] Et Miriam, sa sœur, l'appela Jered, car elle descendit après lui au fleuve pour savoir quel serait son sort.

[28] Et Aaron, son frère, appela son nom Abi Zanuch, en disant : "Mon père a quitté ma mère et est retourné à elle à cause de lui."

[29] Et Kehath, le père d'Amram, appela son nom Abigdor, car à cause de lui, Dieu répara la brèche de la maison de Jacob, de sorte qu'ils ne pouvaient plus jeter leurs enfants mâles dans l'eau.

[30] Et leur nourrice l'appela Abi Socho, en disant : "Dans son tabernacle, il fut caché pendant trois mois, à cause des enfants de Cham."

[31] Et tout Israël appela son nom Shemaiah, fils de Nethanel, car ils dirent : "En ses jours, Dieu a entendu leurs cris et les a sauvés de leurs oppresseurs."

[32] Et Moïse était dans la maison de Pharaon, et était pour Bathia, la fille de Pharaon, comme un fils, et Moïse grandit parmi les enfants du roi.

69 – Les Égyptiens Maltraitent les Israélites
(Exode 5)

[1] Et le roi d'Édom mourut en ces jours-là, la dix-huitième année de son règne, et fut enterré dans son temple qu'il avait construit pour lui-même comme résidence royale dans le pays d'Édom.

[2] Et les enfants d'Ésaü envoyèrent à Pethor, qui est sur le fleuve, et ils y cherchèrent un jeune homme aux beaux yeux et à l'aspect agréable, nommé Saül, et ils le firent roi sur eux à la place de Samlah.

[3] Et Saül régna sur tous les enfants d'Ésaü dans le pays d'Édom pendant quarante ans.

[4] Et lorsque le Pharaon, roi d'Égypte, vit que le conseil que Balaam avait conseillé concernant les enfants d'Israël ne réussissait pas, mais que néanmoins ils étaient fructueux, se multipliaient et augmentaient à travers le pays d'Égypte,

[5] Alors Pharaon ordonna en ces jours-là qu'une proclamation soit émise à travers l'Égypte aux enfants d'Israël, disant : Aucun homme ne diminuera rien de son travail quotidien.

[6] Et l'homme qui sera trouvé déficient dans son travail qu'il effectue quotidiennement, que ce soit en mortier ou en briques, alors son fils cadet sera mis à leur place.

[7] Et le travail de l'Égypte se renforça sur les enfants d'Israël en ces jours-là, et voilà si une brique manquait dans le travail quotidien de n'importe quel homme, les Égyptiens prenaient de force son garçon le plus jeune de sa mère, et le mettaient dans la construction à la place de la brique que son père avait laissée manquante.

[8] Et les hommes d'Égypte firent ainsi à tous les enfants d'Israël jour après jour, tous les jours pendant une longue période.

[9] Mais la tribu de Lévi ne travailla pas à ce moment-là avec les Israélites leurs frères, depuis le début, car les enfants de Lévi connaissaient la ruse des Égyptiens qu'ils avaient exercée au début envers les Israélites.

70 – L'enfant Moïse

(Exode 4:10)

[1] Et dans la troisième année après la naissance de Moïse, Pharaon était assis à un banquet, quand Alparanith la reine était assise à sa droite et Bathia à sa gauche, et le jeune Moïse était couché sur son sein, et Balaam fils de Beor avec ses deux fils, et tous les princes du royaume étaient assis à table en présence du roi.

[2] Et le jeune tendit la main vers la tête du roi, et prit la couronne de la tête du roi pour la placer sur sa propre tête.

[3] Et quand le roi et les princes virent l'acte que le garçon avait accompli, le roi et les princes furent terrifiés, et chacun à son voisin exprima l'étonnement.

[4] Et le roi dit aux princes qui étaient devant lui à table, Que dites-vous, ô princes, dans cette affaire, et quel est le jugement contre le garçon à cause de cet acte?

[5] Et Balaam fils de Beor le magicien répondit devant le roi et les princes, et il dit, Souviens-toi maintenant, ô mon seigneur et roi, du rêve que tu as fait il y a bien des jours, et de ce que ton serviteur t'a interprété.

[6] Maintenant donc, c'est un enfant parmi les enfants Hébreux, en qui est l'esprit de Dieu, et que mon seigneur le roi n'imagine pas que ce garçon a fait cette chose sans connaissance.

[7] Car c'est un garçon Hébreu, et la sagesse et l'intelligence sont avec lui, bien qu'il soit encore enfant, et avec sagesse il a fait cela et a choisi pour lui le royaume d'Égypte.

[8] Car c'est la manière de tous les Hébreux de tromper les rois et leurs nobles, de faire toutes ces choses avec astuce, afin de faire trembler les rois de la terre et leurs hommes.

[9] Tu sais sûrement qu'Abraham leur père agissait ainsi, qui trompa l'armée de Nimrod, roi de Babel, et Abimelech, roi de Guérar, et qu'il s'empara de la terre des enfants de Heth et de tous les royaumes de Canaan.

[10] Et qu'il descendit en Égypte et dit de Sara sa femme, c'est ma sœur, afin de tromper l'Égypte et son roi.

[11] Son fils Isaac fit aussi ainsi quand il alla à Guérar et y demeura, et sa force prévalut sur l'armée d'Abimelech, roi des Philistins.

[12] Il pensa aussi à faire trébucher le royaume des Philistins, en disant que Rebecca sa femme était sa sœur.

[13] Jacob aussi traita son frère avec perfidie, et lui prit de la main son droit d'aînesse et sa bénédiction.

[14] Il alla alors à Padan-Aram, chez Laban, le frère de sa mère, et obtint avec ruse de lui sa fille, son bétail, et tout ce qui lui appartenait, et s'enfuit et retourna au pays de Canaan vers son père.

[15] Ses fils vendirent leur frère Joseph, qui descendit en Égypte et devint esclave, et fut placé dans la maison de prison pendant douze ans.

[16] Jusqu'à ce que l'ancien Pharaon fît des rêves, et le retira de la maison de prison, et le magnifia au-dessus de tous les princes en Égypte à cause de son interprétation de ses rêves pour lui.

[17] Et lorsque Dieu causa une famine dans tout le pays, il envoya chercher son père et tous ses frères, et toute la maison de son père, et les soutint sans prix ni récompense, et acheta les Égyptiens comme esclaves.

[18] Maintenant donc mon seigneur roi, vois que cet enfant s'est levé à leur place en Égypte, pour faire selon leurs actes et pour tromper tout roi, prince et juge.

[19] Si cela plaît au roi, appelons maintenant tous les juges de l'Égypte et ses sages, et apprenons si le jugement de mort est dû à ce garçon comme tu l'as dit, et alors nous le tuerons.

[20] Et Balaam dit au roi, Appelons en outre tous les juges d'Égypte et les hommes sages, et apprenons si le jugement de mort est dû à ce garçon comme tu l'as dit, et alors nous le tuerons.

[21] Et Pharaon envoya appeler tous les sages d'Égypte, et ils vinrent devant le roi, et un ange du Seigneur vint parmi eux, et il était semblable à l'un des sages d'Égypte.

[22] Et le roi dit aux sages, Vous avez sûrement entendu ce que ce garçon Hébreu qui est dans la maison a fait, et ainsi a jugé Balaam dans cette affaire.

[23] Maintenant jugez vous aussi et voyez ce qui est dû au garçon pour l'acte qu'il a commis.

[24] Et l'ange, qui semblait être l'un des sages de Pharaon, répondit et dit comme suit, devant tous les sages d'Égypte et devant le roi et les princes:

[25] Si cela plaît au roi, que le roi envoie des hommes qui apporteront devant lui une pierre onyx et un charbon de feu, et les placeront devant l'enfant, et si l'enfant étend la main et prend la pierre onyx, alors nous saurons que le garçon a fait tout cela avec sagesse, et nous devons le tuer.

[26] Mais s'il étend la main sur le charbon, alors nous saurons que ce n'était pas avec connaissance qu'il a fait cette chose, et il vivra.

[27] Et la chose sembla bonne aux yeux du roi et des princes, alors le roi fit selon la parole de l'ange du Seigneur.

[28] Et le roi ordonna que la pierre onyx et le charbon soient apportés et placés devant Moïse.

[29] Et ils placèrent le garçon devant eux, et le jeune essaya d'étendre la main vers la pierre onyx, mais l'ange du Seigneur prit sa main et la plaça sur le charbon, et le charbon s'éteignit dans sa main, et il le souleva et le mit dans sa bouche, et il brûla une partie de ses lèvres et une partie de sa langue, et il eut la bouche et la langue lourdes.

[30] Et lorsque le roi et les princes virent cela, ils surent que Moïse n'avait pas agi avec sagesse en enlevant la couronne de la tête du roi.

[31] Alors le roi et les princes s'abstinrent de tuer l'enfant, ainsi Moïse resta dans la maison de Pharaon, grandissant, et le Seigneur était avec lui.

[32] Et alors que le garçon était dans la maison du roi, il était revêtu de pourpre et grandissait parmi les enfants du roi.

[33] Et quand Moïse grandit dans la maison du roi, Bathia, la fille de Pharaon, le considéra comme son fils, et toute la maison de Pharaon l'honora, et tous les hommes d'Égypte le craignaient.

[34] Et il sortait chaque jour et venait dans le pays de Goshen, où se trouvaient ses frères les enfants d'Israël, et Moïse les voyait chaque jour dans le souffle court et le dur labeur.

[35] Et Moïse leur demanda, disant, Pourquoi ce labeur vous est-il infligé jour après jour?

[36] Et ils lui dirent tout ce qui leur était arrivé, et toutes les injonctions que Pharaon leur avait imposées avant sa naissance.

[37] Et ils lui dirent tous les conseils que Balaam, fils de Beor, leur avait donnés, et ce qu'il avait aussi conseillé contre lui afin de le tuer quand il avait pris la couronne du roi de sa tête.

[38] Et quand Moïse entendit ces choses, sa colère s'enflamma contre Balaam, et il chercha à le tuer, et il était en embuscade pour lui jour après jour.

[39] Et Balaam eut peur de Moïse, et lui et ses deux fils se levèrent et sortirent d'Égypte, et ils fuirent et sauvèrent leur vie et se rendirent au pays de Cusch auprès de Kikianus, roi de Cusch.

[40] Et Moïse était dans la maison du roi, allant et venant, le Seigneur lui donna faveur aux yeux de Pharaon, et aux yeux de tous ses serviteurs, et aux yeux de tout le peuple d'Égypte, et ils aimèrent Moïse extrêmement.

[41] Et le jour arriva où Moïse alla à Goshen pour voir ses frères, qu'il vit les enfants d'Israël dans leurs peines et leur dur labeur, et Moïse fut affligé à cause d'eux.

[42] Et Moïse retourna en Égypte et vint à la maison de Pharaon, et se présenta devant le roi, et Moïse s'inclina devant le roi.

[43] Et Moïse dit à Pharaon, Je te prie mon seigneur, je suis venu demander une petite faveur de ta part, ne détourne pas mon visage les mains vides; et Pharaon lui dit, Parle.

[44] Et Moïse dit à Pharaon, Que soient donnés à tes serviteurs, les enfants d'Israël qui sont à Goshen, un jour pour y reposer de leur labeur.

[45] Et le roi répondit à Moïse et dit, Vois, j'ai relevé ton visage dans cette chose pour accorder ta requête.

[46] Et Pharaon ordonna qu'une proclamation soit faite dans toute l'Égypte et Goshen, disant,

[47] A vous, tous les enfants d'Israël, ainsi parle le roi, pendant six jours vous ferez votre travail et votre labeur, mais le septième jour vous vous reposerez, et vous ne ferez aucun travail, ainsi ferez-vous tous les jours, comme le roi et Moïse, fils de Bathia, l'ont commandé.

[48] Et Moïse se réjouit de cette chose que le roi lui avait accordée, et tous les enfants d'Israël firent comme Moïse leur avait ordonné.

[49] Car cette chose venait du Seigneur pour les enfants d'Israël, car le Seigneur avait commencé à se souvenir des enfants d'Israël pour les sauver à cause de leurs pères.

[50] Et le Seigneur était avec Moïse, et sa renommée se répandit dans toute l'Égypte.

[51] Et Moïse devint grand aux yeux de tous les Égyptiens, et aux yeux de tous les enfants d'Israël, cherchant le bien de son peuple Israël et parlant des paroles de paix à leur sujet au roi.

71 - Moïse Tue un Égyptien

(Exode 2:11-15)

[1] Et lorsque Moïse avait dix-huit ans, il désira voir son père et sa mère et il alla les voir à Goshen. Lorsque Moïse approcha de Goshen, il arriva à l'endroit où les enfants d'Israël travaillaient et il observa leurs charges. Il vit un Égyptien frapper l'un de ses frères Hébreux.

[2] L'homme battu, voyant Moïse, courut vers lui pour obtenir de l'aide, car Moïse était grandement respecté dans la maison de Pharaon. Il lui dit : "Mon seigneur, porte attention à moi, cet Égyptien est venu chez moi la nuit, m'a lié et est venu vers ma femme en ma présence, et maintenant il cherche à m'ôter la vie."

[3] Lorsque Moïse entendit cette chose méchante, sa colère s'enflamma contre l'Égyptien. Il regarda de tous côtés et, voyant qu'il n'y avait personne, il frappa l'Égyptien et le cacha dans le sable, et délivra l'Hébreu de la main de celui qui le frappait.

[4] L'Hébreu retourna chez lui, et Moïse rentra chez lui, sortit et revint à la maison du roi.

[5] Lorsque l'homme fut rentré chez lui, il envisagea de répudier sa femme, car cela n'était pas convenable dans la maison de Jacob, pour un homme, de s'approcher de sa femme après qu'elle ait été souillée.

[6] La femme alla le dire à ses frères, et les frères de la femme cherchèrent à le tuer, mais il s'enfuit chez lui et échappa.

[7] Le lendemain, Moïse sortit vers ses frères et vit, et voilà que deux hommes se disputaient. Il dit à celui qui était méchant : "Pourquoi frappes-tu ton prochain ?"

[8] Il lui répondit : "Qui t'a établi prince et juge sur nous ? Penses-tu me tuer comme tu as tué l'Égyptien ?" Moïse eut peur et dit : "Certainement, la chose est connue."

[9] Pharaon entendit parler de cette affaire et ordonna de tuer Moïse. Alors Dieu envoya son ange, qui apparut à Pharaon sous les traits d'un capitaine de la garde.

[10] L'ange du Seigneur prit l'épée de la main du capitaine de la garde et lui coupa la tête avec, car l'apparence du capitaine de la garde fut changée en celle de Moïse.

[11] L'ange du Seigneur saisit la main droite de Moïse, le fit sortir d'Égypte et le plaça hors des frontières de l'Égypte, à une distance de quarante jours de voyage.

[12] Aaron, son frère, resta seul dans le pays d'Égypte et prophétisa aux enfants d'Israël, disant :

[13] "Ainsi dit le Seigneur Dieu de vos ancêtres : Rejetez, chacun, les abominations de ses yeux et ne vous souillez pas avec les idoles d'Égypte."

[14] Les enfants d'Israël se rebellèrent et n'écoutèrent pas Aaron à cette époque.

[15] Le Seigneur pensa les détruire, n'eût été que le Seigneur se souvint de l'alliance qu'il avait faite avec Abraham, Isaac et Jacob.

[16] En ces jours, la main de Pharaon continua d'être sévère contre les enfants d'Israël, et il les écrasa et les opprima jusqu'au moment où Dieu envoya sa parole et prit soin d'eux.

72 - Kikianus

[1] Il arriva en ces jours-là qu'il y eut une grande guerre entre les enfants de Cusch et les enfants de l'est et d'Aram, et ils se rebellèrent contre le roi de Cusch entre les mains desquels ils étaient.

[2] Alors Kikianus, roi de Cusch, sortit avec tous les enfants de Cusch, un peuple nombreux comme le sable, et il alla combattre Aram et les enfants de l'est, pour les soumettre.

[3] Et quand Kikianus sortit, il laissa Balaam le magicien, avec ses deux fils, pour garder la ville, et le peuple le plus bas de la terre.

[4] Ainsi Kikianus alla à Aram et aux enfants de l'est, et il combattit contre eux et les frappa, et ils tombèrent tous blessés devant Kikianus et son peuple.

[5] Et il prit beaucoup d'entre eux en captivité et il les soumit comme auparavant, et il campa sur leur terre pour leur imposer un tribut comme d'habitude.

[6] Et Balaam, fils de Beor, lorsque le roi de Cusch l'eut laissé pour garder la ville et les pauvres de la ville, se leva et consulta le peuple de la terre pour se rebeller contre le roi Kikianus, pour ne pas le laisser entrer dans la ville quand il reviendrait chez lui.

[7] Et le peuple de la terre l'écouta, et ils lui jurèrent et le firent roi sur eux, lui et ses deux fils comme capitaines de l'armée.

[8] Alors ils se levèrent et élevèrent les murs de la ville aux deux coins, et ils construisirent un bâtiment extrêmement solide.

[9] Et au troisième coin, ils creusèrent des fossés sans nombre, entre la ville et la rivière qui entourait toute la terre de Cusch, et ils firent jaillir les eaux de la rivière là.

[10] Au quatrième coin, ils rassemblèrent de nombreux serpents par leurs incantations et leurs enchantements, et ils fortifièrent la ville et y habitèrent, et personne n'entra ni ne sortit devant eux.

[11] Et Kikianus combattit contre Aram et les enfants de l'est et il les soumit comme auparavant, et ils lui donnèrent leur tribut habituel, et il partit et retourna dans son pays.

[12] Et quand Kikianus, roi de Cusch, approcha de sa ville et que tous les capitaines de l'armée étaient avec lui, ils levèrent les yeux et virent que les murs de la ville étaient construits et très élevés, alors les hommes furent étonnés de cela.

[13] Et ils se dirent l'un à l'autre, C'est parce qu'ils ont vu que nous étions retardés, en bataille, et qu'ils ont été très effrayés de nous, c'est pourquoi ils ont fait cela et ont élevé les murs de la ville et les ont fortifiés afin que les rois de Canaan ne puissent pas venir en bataille contre eux.

[14] Alors le roi et les troupes approchèrent de la porte de la ville et ils regardèrent en haut et voici, toutes les portes de la ville étaient fermées, et ils appelèrent les sentinelles, disant, Ouvrez-nous, que nous puissions entrer dans la ville.

[15] Mais les sentinelles refusèrent de leur ouvrir sur l'ordre de Balaam le magicien, leur roi, ils ne leur permirent pas d'entrer dans leur ville.

[16] Alors ils livrèrent bataille avec eux devant la porte de la ville, et cent trente hommes de l'armée de Kikianus tombèrent ce jour-là.

[17] Et le lendemain, ils continuèrent à combattre et ils combattirent du côté de la rivière ; ils tentèrent de passer mais ne le purent pas, alors certains d'entre eux tombèrent dans les fosses et moururent.

[18] Alors le roi ordonna de couper des arbres pour fabriquer des radeaux, sur lesquels ils pourraient leur passer, et ils le firent.

[19] Et quand ils arrivèrent à l'endroit des fosses, les eaux tourbillonnèrent par des moulins, et deux cents hommes sur dix radeaux se noyèrent.

[20] Et le troisième jour, ils vinrent combattre du côté où se trouvaient les serpents, mais ils ne purent s'approcher de là, car les serpents en tuèrent cent soixante-dix hommes, et ils cessèrent de combattre contre Cusch, et ils assiégèrent Cusch pendant neuf ans, personne ne sortant ni n'entrant.

[21] À cette époque où la guerre et le siège étaient contre Cusch, Moïse s'enfuit d'Égypte loin de Pharaon qui cherchait à le tuer pour avoir tué l'Égyptien.

[22] Et Moïse avait dix-huit ans lorsqu'il s'enfuit d'Égypte loin de la présence de Pharaon, et il s'enfuit et échappa au camp de Kikianus, qui à cette époque assiégeait Cusch.

[23] Et Moïse fut neuf ans dans le camp de Kikianus, roi de Cusch, tout le temps qu'ils assiégeaient Cusch, et Moïse sortait et entrait avec eux.

[24] Et le roi et les princes et tous les hommes de guerre aimaient Moïse, car il était grand et digne, sa stature était comme celle d'un noble lion, son visage était comme le soleil, et sa force était celle d'un lion, et il était conseiller du roi.

[25] Et à la fin de neuf ans, Kikianus fut saisi d'une maladie mortelle, et sa maladie l'emporta, et il mourut le septième jour.

[26] Alors ses serviteurs l'embaumèrent et le portèrent et l'enterrèrent en face de la porte de la ville au nord de la terre d'Égypte.

[27] Et ils construisirent sur lui un bâtiment élégant, fort et haut, et ils placèrent de grandes pierres en dessous.

[28] Les scribes du roi gravèrent sur ces pierres toute la puissance de leur roi Kikianus, et toutes les batailles qu'il avait combattues, et voici, elles sont écrites là à ce jour.

[29] Or, après la mort de Kikianus, roi de Cusch, ses hommes et ses troupes furent grandement affligés à cause de la guerre.

[30] Ils se dirent donc l'un à l'autre : « Donnez-nous conseil sur ce que nous devons faire à présent, car nous avons résidé dans le désert neuf ans loin de nos foyers.

[31] Si nous disons que nous allons combattre la ville, beaucoup d'entre nous tomberont blessés ou tués, et si nous restons ici dans le siège, nous mourrons aussi.

[32] Car maintenant tous les rois d'Aram et des enfants de l'est sauront que notre roi est mort, et ils nous attaqueront soudainement de manière hostile, et ils combattront contre nous et ne laisseront aucun survivant.

[33] Maintenant donc, allons et choisissons aujourd'hui un homme parmi l'armée de Kikianus pour être notre roi, et ils ne trouvèrent aucun objet de leur choix tel que Moïse pour régner sur eux.

[34] Ils se hâtèrent et se dépouillèrent chacun de ses vêtements et les jetèrent par terre, et ils firent un grand tas et placèrent Moïse dessus.

[35] Ils se levèrent alors, soufflèrent dans des trompettes et crièrent devant lui, disant : Que le roi vive, que le roi vive !

[36] Et tout le peuple et les nobles lui jurèrent de lui donner pour femme Adonie, la reine, la Cuschite, femme de Kikianus, et ils firent de Moïse leur roi en ce jour.

[37] Et tout le peuple de Cusch proclama en ce jour, disant : Que chaque homme donne quelque chose à Moïse de ce qui est en sa possession.

[38] Ils étendirent alors un drap sur le tas, et chaque homme y jeta quelque chose de ce qu'il possédait, l'un un anneau d'or et l'autre une pièce.

[39] Les enfants de Cusch jetèrent aussi à Moïse sur le tas des pierres d'onyx, du bdellium, des perles et du marbre, ainsi que de l'argent et de l'or en grande abondance.

[40] Moïse prit tout l'argent et l'or, tous les ustensiles, et le bdellium et les pierres d'onyx que tous les enfants de Cusch lui avaient donnés, et il les plaça parmi ses trésors.

[41] Et Moïse régna sur les enfants de Cusch en ce jour, à la place de Kikianus, roi de Cusch.

[42] Et Moïse régna sur les enfants de Cusch en ce jour, à la place de Kikianus, roi de Cusch.

73 - Moïse en Éthiopie

(Exode 2)

[1] La cinquante-cinquième année du règne de Pharaon, roi d'Égypte, c'est-à-dire la cent cinquante-septième année depuis que les Israélites sont descendus en Égypte, Moïse régna à Cusch.

[2] Moïse avait vingt-sept ans lorsqu'il commença à régner sur Cusch, et quarante ans il régna.

[3] Et le Seigneur accorda à Moïse faveur et grâce aux yeux de tous les enfants de Cusch, et les enfants de Cusch l'aimaient excessivement, ainsi Moïse fut favorisé par le Seigneur et par les hommes.

[4] Et au septième jour de son règne, tous les enfants de Cusch s'assemblèrent et vinrent devant Moïse et se prosternèrent devant lui jusqu'à terre.

[5] Et tous les enfants parlèrent ensemble en présence du roi, disant : Donnez-nous un conseil afin que nous puissions voir ce qui doit être fait à cette ville.

[6] Car cela fait maintenant neuf ans que nous assiégeons la ville de tous côtés, et nous n'avons pas vu nos enfants et nos femmes.

[7] Alors le roi leur répondit, disant : Si vous écoutez ma voix en tout ce que je vous commanderai, alors le Seigneur donnera la ville entre nos mains et nous la soumettrons.

[8] Car si nous combattons avec eux comme dans la bataille précédente que nous avons eue avec eux avant la mort de Kikianus, beaucoup d'entre nous tomberont blessés comme auparavant.

[9] Maintenant donc, voici un conseil pour vous en cette affaire ; si vous écoutez ma voix, alors la ville sera livrée entre nos mains.

[10] Alors toutes les forces répondirent au roi, disant : Tout ce que notre seigneur commandera, nous le ferons.

[11] Et Moïse leur dit : Passez et proclamez une voix dans tout le camp à tout le peuple, disant,

[12] Ainsi parle le roi, entrez dans la forêt et apportez avec vous des jeunes cigognes, chacun un jeune dans sa main.

[13] Et toute personne transgressant la parole du roi, qui ne présentera pas son jeune, il mourra, et le roi prendra tout ce qui lui appartient.

[14] Et lorsque vous les aurez apportés, ils seront sous votre garde, vous les élèverez jusqu'à ce qu'ils grandissent, et vous leur apprendrez à fondre sur, comme le font les jeunes faucons.

[15] Alors tous les enfants de Cusch entendirent les paroles de Moïse, et ils se levèrent et firent proclamer dans tout le camp, disant,

[16] À vous, tous les enfants de Cusch, l'ordre du roi est que vous alliez tous ensemble dans la forêt, et que vous attrapiez là les jeunes cigognes, chacun un jeune dans sa main, et vous les apporterez à la maison.

[17] Et toute personne violant l'ordre du roi mourra, et le roi prendra tout ce qui lui appartient.

[18] Et tout le peuple fit ainsi, et ils sortirent dans le bois et ils grimpèrent dans les sapins et attrapèrent, chacun un jeune dans sa main, tous les jeunes des cigognes, et ils les amenèrent dans le désert et les élevèrent sur ordre du roi, et ils leur apprirent à fondre sur, semblable aux jeunes faucons.

[19] Et après que les jeunes cigognes furent élevées, le roi ordonna qu'elles soient affamées pendant trois jours, et tout le peuple le fit ainsi.

[20] Et le troisième jour, le roi leur dit, fortifiez-vous et devenez des hommes vaillants, et revêtez chacun votre armure et ceignez votre épée sur vous, et montez chacun votre cheval et prenez chacun votre jeune cigogne dans votre main.

[21] Et nous nous lèverons et nous combattrons contre la ville à l'endroit où se trouvent les serpents ; et tout le peuple fit comme le roi l'avait ordonné.

[22] Et ils prirent chacun leur jeune dans leur main, et ils partirent, et quand ils furent arrivés à l'endroit des serpents, le roi leur dit, Envoyez chacun votre jeune cigogne sur les serpents.

[23] Et ils envoyèrent chacun leur jeune cigogne sur l'ordre du roi, et les jeunes cigognes se précipitèrent sur les serpents et les dévorèrent tous et les détruisirent de cet endroit.

[24] Et quand le roi et le peuple virent que tous les serpents étaient détruits en cet endroit, tout le peuple poussa un grand cri.

[25] Et ils s'approchèrent et combattirent contre la ville et la prirent et la soumirent, et ils entrèrent dans la ville.

[26] Et il mourut en ce jour mille cent hommes des habitants de la ville, tous ceux qui habitaient la ville, mais des gens assiégeant aucun ne mourut.

[27] Alors tous les enfants de Cusch retournèrent chacun chez lui, vers sa femme et ses enfants et tout ce qui lui appartenait.

[28] Et Balaam le magicien, quand il vit que la ville était prise, ouvrit la porte et lui et ses deux fils et huit frères s'enfuirent et retournèrent en Égypte vers Pharaon, roi d'Égypte.

[29] Ce sont les sorciers et magiciens qui sont mentionnés dans le livre de la loi, s'opposant à Moïse lorsque le Seigneur envoya les plaies sur l'Égypte.

[30] Ainsi Moïse prit la ville par sa sagesse, et les enfants de Cusch le placèrent sur le trône à la place de Kikianus, roi de Cusch.

[31] Et ils placèrent la couronne royale sur sa tête, et ils lui donnèrent pour femme Adoniah, la reine Cuschite, femme de Kikianus.

[32] Et Moïse craignait le Seigneur Dieu de ses pères, de sorte qu'il ne vint pas vers elle, et il ne détourna pas ses yeux d'elle.

[33] Car Moïse se souvenait comment Abraham avait fait jurer à son serviteur Eliezer, lui disant : "Tu ne prendras pas une femme parmi les filles de Canaan pour mon fils Isaac."

[34] Et aussi ce qu'Isaac avait fait quand Jacob avait fui son frère, quand il lui avait commandé, disant : "Tu ne prendras pas une femme parmi les filles de Canaan, ni ne feras alliance avec aucun des enfants de Cham."

[35] Car le Seigneur notre Dieu a donné Cham, fils de Noé, et ses enfants et toute sa descendance, comme esclaves aux enfants de Sem et aux enfants de Japhet, et à leur descendance après eux comme esclaves, pour toujours.

[36] C'est pourquoi Moïse ne tourna ni son cœur ni ses yeux vers la femme de Kikianus tous les jours où il régna sur Cusch.

[37] Et Moïse craignit le Seigneur son Dieu toute sa vie, et Moïse marcha devant le Seigneur dans la vérité, de tout son cœur et de toute son âme, il ne se détourna pas du bon chemin tous les jours de sa vie ; il ne dévia ni à droite ni à gauche, dans lequel Abraham, Isaac et Jacob avaient marché.

[38] Et Moïse se fortifia dans le royaume des enfants de Cusch, et il guida les enfants de Cusch avec sa sagesse habituelle, et Moïse prospéra dans son royaume.

[39] Et à cette époque Aram et les enfants de l'est apprirent que Kikianus, roi de Cusch, était mort, alors Aram et les enfants de l'est se rebellèrent contre Cusch en ces jours-là.

[40] Et Moïse rassembla tous les enfants de Cusch, un peuple très puissant, environ trente mille hommes, et il partit pour combattre Aram et les enfants de l'est.

[41] Et ils se rendirent d'abord chez les enfants de l'est, et quand les enfants de l'est entendirent leur rapport, ils vinrent à leur rencontre et entrèrent en bataille avec eux.

[42] Et la guerre fut sévère contre les enfants de l'est, alors le Seigneur livra tous les enfants de l'est entre les mains de Moïse, et environ trois cents hommes tombèrent morts.

[43] Et tous les enfants de l'est firent demi-tour et battirent en retraite, alors Moïse et les enfants de Cusch les suivirent et les soumirent, et leur imposèrent une taxe, comme c'était leur coutume.

[44] Ainsi Moïse et tout le peuple avec lui passèrent de là au pays d'Aram pour la bataille.

[45] Et le peuple d'Aram alla aussi à leur rencontre, et ils combattirent contre eux, et le Seigneur les livra entre les mains de Moïse, et beaucoup d'hommes d'Aram tombèrent blessés.

[46] Et Aram fut aussi soumis par Moïse et le peuple de Cusch, et ils donnèrent aussi leur taxe habituelle.

[47] Et Moïse amena Aram et les enfants de l'est sous la soumission des enfants de Cusch, et Moïse et tout le peuple qui était avec lui, se retournèrent vers le pays de Cusch.

[48] Et Moïse se fortifia dans le royaume des enfants de Cusch, et le Seigneur était avec lui, et tous les enfants de Cusch le craignaient.

74 - Le Règne de Moïse en Cusch

[1] À la fin des années, Saül, roi d'Édom, mourut, et Baal Hanan, fils d'Acbor, régna à sa place.

[2] La seizième année du règne de Moïse sur Cusch, Baal Hanan, fils d'Acbor, régna sur le pays d'Édom sur tous les enfants d'Édom pendant trente-huit ans.

[3] En ses jours, Moab se rebella contre le pouvoir d'Édom, ayant été sous Édom depuis les jours de Hadad, fils de Bedad, qui les frappa, eux et Midian, et soumit Moab sous la sujétion d'Édom.

[4] Et lorsque Baal Hanan, fils d'Acbor, régna sur Édom, tous les enfants de Moab retirèrent leur allégeance à Édom.

[5] Et Angeas, roi d'Afrique, mourut en ces jours, et Azdrubal, son fils, régna à sa place.

[6] Et en ces jours mourut Janeas, roi des enfants de Kittim, et ils l'enterrèrent dans son temple qu'il avait construit pour lui-même dans la plaine de Canopia pour résidence, et Latinus régna à sa place.

[7] La vingt-deuxième année du règne de Moïse sur les enfants de Cusch, Latinus régna sur les enfants de Kittim pendant quarante-cinq ans.

[8] Et il construisit également pour lui-même une tour grande et puissante, et il y construisit un temple élégant pour sa résidence, pour diriger son gouvernement, comme c'était la coutume.

[9] La troisième année de son règne, il fit faire une proclamation à tous ses hommes habiles, qui lui firent de nombreux navires.

[10] Et Latinus rassembla toutes ses forces, et ils vinrent en navires, et allèrent ainsi combattre Azdrubal fils d'Angeas, roi d'Afrique, et ils vinrent en Afrique et s'engagèrent dans la bataille avec Azdrubal et son armée.

[11] Et Latinus prévalut sur Azdrubal, et Latinus prit d'Azdrubal l'aqueduc que son père avait apporté des enfants de Kittim, lorsqu'il prit Janiah, la fille d'Uzi, pour femme, ainsi Latinus renversa le pont de l'aqueduc, et frappa toute l'armée d'Azdrubal d'un coup sévère.

[12] Et les hommes restants forts d'Azdrubal se renforcèrent, et leurs cœurs furent remplis d'envie, et ils recherchèrent la mort, et s'engagèrent à nouveau dans la bataille avec Latinus, roi de Kittim.

[13] Et la bataille fut sévère sur tous les hommes d'Afrique, et ils tombèrent tous blessés devant Latinus et son peuple, et Azdrubal le roi tomba également dans cette bataille.

[14] Et le roi Azdrubal avait une fille très belle, don't le nom était Ushpezena, et tous les hommes d'Afrique brodèrent son image sur leurs vêtements, en raison de sa grande beauté et de son apparence agréable.

[15] Et les hommes de Latinus virent Ushpezena, la fille d'Azdrubal, et la louèrent auprès de Latinus leur roi.

[16] Et Latinus ordonna qu'elle soit amenée à lui, et Latinus prit Ushpezena pour femme, et il retourna sur son chemin vers Kittim.

[17] Et ce fut après la mort d'Azdrubal, fils d'Angeas, lorsque Latinus était retourné sur sa terre de la bataille, que tous les habitants d'Afrique se levèrent et prirent Anibal, le fils d'Angeas, le frère cadet d'Azdrubal, et le firent roi à sa place sur toute la terre d'Afrique.

[18] Et lorsqu'il régna, il résolut d'aller à Kittim pour combattre les enfants de Kittim, pour venger la cause d'Azdrubal son frère, et la cause des habitants d'Afrique, et il fit ainsi.

[19] Et il fit de nombreux navires, et il vint avec toute son armée, et il alla à Kittim.

[20] Ainsi Anibal combattit les enfants de Kittim, et les enfants de Kittim tombèrent blessés devant Anibal et son armée, et Anibal vengea la cause de son frère.

[21] Et Anibal continua la guerre pendant dix-huit ans avec les enfants de Kittim, et Anibal habita dans le pays de Kittim et y campa longtemps.

[22] Et Anibal frappa très sévèrement les enfants de Kittim, et il tua leurs grands hommes et princes, et du reste du peuple, il en tua environ quatre-vingt mille hommes.

[23] Et à la fin des jours et des années, Anibal retourna dans son pays d'Afrique, et il y régna en sécurité à la place d'Azdrubal, son frère.

75 – Les Éphraïmites Tentent de Quitter l'Égypte

(1 Chronicles 7:20-23)

[1] À cette époque, la 180e année depuis la descente des Israélites en Égypte, trente mille hommes vaillants à pied, issus des enfants d'Israël et tous de la tribu de Joseph, descendants d'Éphraïm fils de Joseph, sortirent d'Égypte.

[2] Ils affirmèrent que le délai fixé par le Seigneur aux enfants d'Israël dans les temps anciens, qu'il avait annoncé à Abraham, était écoulé.

[3] Ces hommes se ceignirent, chacun mettant son épée à son côté et son armure sur lui. Confiant en leur force, ils sortirent d'Égypte avec une main puissante.

[4] Mais ils n'emportèrent aucune provision pour le voyage, seulement de l'argent et de l'or, pas même du pain pour ce jour-là dans leurs mains, car ils comptaient obtenir leurs provisions contre paiement chez les Philistins, ou les prendre de force si nécessaire.

[5] Ces hommes étaient très puissants et vaillants, un homme pouvant poursuivre mille et deux en mettre dix mille en déroute. Ils faisaient donc confiance à leur force et partirent ensemble tels qu'ils étaient.

[6] Ils se dirigèrent vers le pays de Gath, descendirent et trouvèrent les bergers de Gath en train de faire paître le bétail des enfants de Gath.

[7] Ils dirent aux bergers : Donnez-nous quelques moutons contre paiement, pour que nous mangions, car nous avons faim, n'ayant rien mangé de toute la journée.

[8] Les bergers répondirent : Ces moutons ou bétail sont-ils les nôtres pour que nous vous les donnions même contre paiement ? Alors, les enfants d'Éphraïm s'approchèrent pour les prendre de force.

[9] Les bergers de Gath crièrent sur eux si fort que leur cri fut entendu de loin, si bien que tous les enfants de Gath sortirent vers eux.

[10] Lorsque les enfants de Gath virent les méfaits des enfants d'Éphraïm, ils revinrent et rassemblèrent les hommes de Gath, chacun revêtant son armure, et ils sortirent pour combattre les enfants d'Éphraïm.

[11] Ils s'affrontèrent dans la vallée de Gath, la bataille fut sévère et ils se frappèrent mutuellement un grand nombre ce jour-là.

[12] Le lendemain, les enfants de Gath envoyèrent vers toutes les villes des Philistins pour qu'ils viennent à leur secours, disant :

[13] Venez à nous et aidez-nous, pour que nous puissions frapper les enfants d'Éphraïm qui sont sortis d'Égypte pour prendre notre bétail et combattre contre nous sans raison.

[14] Les enfants d'Éphraïm, épuisés par la faim et la soif, n'avaient pas mangé de pain depuis trois jours. Quarante mille hommes sortirent des villes des Philistins pour aider les hommes de Gath.

[15] Ces hommes combattirent contre les enfants d'Éphraïm, et le Seigneur livra les enfants d'Éphraïm entre les mains des Philistins.

[16] Ils tuèrent tous les enfants d'Éphraïm qui étaient sortis d'Égypte, il n'en resta que dix hommes qui s'étaient enfuis du champ de bataille.

[17] Car ce malheur venait du Seigneur contre les enfants d'Éphraïm, car ils avaient transgressé la parole du Seigneur en sortant d'Égypte avant le terme fixé par le Seigneur dans les temps anciens à Israël.

[18] Parmi les Philistins aussi tombèrent de nombreux hommes, environ vingt mille, et leurs frères les emportèrent et les enterrèrent dans leurs villes.

[19] Les corps des enfants d'Éphraïm tués restèrent abandonnés dans la vallée de Gath pendant de nombreux jours et années, sans être enterrés, et la vallée fut remplie d'ossements d'hommes.

[20] Les hommes qui avaient échappé à la bataille retournèrent en Égypte et racontèrent tout ce qui leur était arrivé aux enfants d'Israël.

[21] Leur père Éphraïm les pleura de nombreux jours, et ses frères vinrent pour le consoler.

[22] Puis, il alla vers sa femme qui enfanta un fils, et il nomma cet enfant Beriah, car elle était devenue malheureuse dans sa maison.

76 - Moïse quitte Cusch

(Exode 2:11-23; Acts 7:30)

[1] Moïse, fils d'Amram, régnait toujours sur le pays de Cusch en ces jours-là, et il prospérait dans son royaume, et il gouvernait les enfants de Cusch avec justice, droiture et intégrité.

[2] Et tous les enfants de Cusch aimaient Moïse tous les jours où il régna sur eux, et tous les habitants du pays de Cusch le craignaient beaucoup.

[3] Et la quarantième année du règne de Moïse sur Cusch, Moïse était assis sur le trône royal tandis qu'Adoniah la reine était devant lui, et tous les nobles étaient assis autour de lui.

[4] Et Adoniah la reine dit devant le roi et les princes: Qu'est-ce que cette chose que vous, enfants de Cusch, avez faite depuis si longtemps?

[5] Vous savez sûrement que pendant quarante ans, cet homme a régné sur Cusch, il ne s'est pas approché de moi, ni n'a servi les dieux des enfants de Cusch.

[6] Maintenant donc écoutez, ô enfants de Cusch, et que cet homme ne règne plus sur vous, car il n'est pas de notre chair.

[7] Voici, Menacrus mon fils est devenu grand, qu'il règne sur vous, car il est préférable pour vous de servir le fils de votre seigneur que de servir un étranger, esclave du roi d'Égypte.

[8] Et tout le peuple et les nobles des enfants de Cusch entendirent les paroles qu'Adoniah la reine avait prononcées à leurs oreilles.

[9] Et tout le peuple se préparait jusqu'au soir, et le matin ils se levèrent de bonne heure et firent de Menacrus, fils de Kikianus, leur roi.

[10] Et tous les enfants de Cusch craignaient de lever la main contre Moïse, car l'Éternel était avec Moïse, et les enfants de Cusch se souvenaient du serment qu'ils avaient fait à Moïse, donc ils ne lui firent aucun mal.

[11] Mais les enfants de Cusch donnèrent beaucoup de présents à Moïse, et l'envoyèrent d'eux avec beaucoup d'honneur.

[12] Ainsi Moïse sortit du pays de Cusch, et rentra chez lui et cessa de régner sur Cusch, et Moïse avait soixante-six ans quand il sortit du pays de Cusch, car la chose venait de l'Éternel, car le moment était venu qu'il avait fixé dans les jours anciens, pour faire sortir Israël de l'affliction des enfants de Ham.

[13] Alors Moïse alla à Madian, car il avait peur de retourner en Égypte à cause de Pharaon, et il alla et s'assit à un puits d'eau en Madian.

[14] Et les sept filles de Reuel le Madianite sortirent pour paître le troupeau de leur père.

[15] Et elles vinrent au puits et puisèrent de l'eau pour abreuver le troupeau de leur père.

[16] Alors les bergers de Madian vinrent et les chassèrent, et Moïse se leva et les aida et abreuva le troupeau.

[17] Et elles rentrèrent chez elles chez leur père Reuel, et lui racontèrent ce que Moïse avait fait pour elles.

[18] Et elles dirent: Un homme égyptien nous a délivrées des mains des bergers, il nous a donné de l'eau et a abreuvé le troupeau.

[19] Et Reuel dit à ses filles: Et où est-il? Pourquoi avez-vous laissé partir l'homme?

[20] Et Reuel le fit chercher et le fit venir et l'amena chez lui, et il mangea du pain avec lui.

[21] Et Moïse raconta à Reuel qu'il avait fui d'Égypte et qu'il avait régné quarante ans sur Cusch, et qu'ils lui avaient ensuite enlevé le gouvernement, et l'avaient envoyé en paix avec honneur et avec des présents.

[22] Et quand Reuel eut entendu les paroles de Moïse, Reuel dit en lui-même: Je mettrai cet homme dans la maison de prison, par quoi je pourrai concilier les enfants de Cusch, car il a fui d'eux.

[23] Et ils le prirent et le mirent dans la maison de prison, et Moïse fut en prison dix ans, et tandis que Moïse était dans la maison de prison, Zipporah, fille de Reuel, eut pitié de lui, et le soutenait de pain et d'eau tout le temps.

[24] Et tous les enfants d'Israël étaient encore dans le pays d'Égypte servant les Égyptiens dans toute sorte de travaux pénibles, et la main de l'Égypte continuait à peser durement sur les enfants d'Israël en ces jours-là.

[25] En ce temps-là, l'Éternel frappa Pharaon, roi d'Égypte, et l'affligea de la plaie de la lèpre du bas de son pied jusqu'au sommet de sa tête; à cause du traitement cruel des enfants d'Israël, cette plaie fut alors de l'Éternel sur Pharaon, roi d'Égypte.

[26] Car l'Éternel avait entendu la prière de son peuple, les enfants d'Israël, et leur cri était parvenu à lui à cause de leur dur labeur.

[27] Mais sa colère ne se détourna pas d'eux, et la main de Pharaon était toujours étendue contre les enfants d'Israël, et Pharaon endurcit son cou devant l'Éternel, et il augmenta son joug sur les enfants d'Israël, et amèrement leur amena la vie avec toute sorte de travail pénible.

[28] Et quand l'Éternel eut infligé la plaie à Pharaon, roi d'Égypte, il demanda à ses sages et sorciers de le guérir.

[29] Et ses sages et sorciers lui dirent: que si le sang des petits enfants était mis dans les plaies, il serait guéri.

[30] Et Pharaon les écouta, et envoya ses ministres à Goshen aux enfants d'Israël pour prendre leurs petits enfants.

[31] Et les ministres de Pharaon allèrent et prirent les nourrissons des enfants d'Israël des bras de leurs mères par la force, et ils les amenèrent à Pharaon chaque jour, un enfant chaque jour, et les médecins les tuaient et les appliquaient à la plaie ; ainsi firent-ils tous les jours.

[32] Et le nombre des enfants que Pharaon tua était de trois cent soixante-quinze.

[33] Mais le Seigneur n'écouta pas les médecins du roi d'Égypte, et la plaie continua de s'aggraver puissamment.

[34] Et Pharaon fut dix ans affligé par cette plaie, mais le cœur de Pharaon était encore plus endurci contre les enfants d'Israël.

[35] Et à la fin de dix ans, le Seigneur continua d'affliger Pharaon de plaies destructrices.

[36] Et le Seigneur le frappa d'une mauvaise tumeur et de maladies à l'estomac, et cette plaie se transforma en un furoncle sévère.

[37] À cette époque, les deux ministres de Pharaon vinrent du pays de Goshen où se trouvaient tous les enfants d'Israël, et allèrent à la maison de Pharaon et lui dirent : Nous avons vu les enfants d'Israël se relâcher dans leur travail et négliger leur labeur.

[38] Et quand Pharaon entendit les paroles de ses ministres, sa colère s'enflamma contre les enfants d'Israël à l'extrême, car il était très affligé de ses douleurs corporelles.

[39] Et il répondit et dit : Maintenant que les enfants d'Israël savent que je suis malade, ils se retournent et se moquent de nous, maintenant donc attelez mon char pour moi, et je me rendrai à Goshen et verrai la moquerie des enfants d'Israël avec laquelle ils se moquent de moi ; ainsi ses serviteurs attelèrent le char pour lui.

[40] Et ils le prirent et le firent monter sur un cheval, car il n'était pas capable de monter par lui-même ;

[41] Et il prit avec lui dix cavaliers et dix fantassins, et alla vers les enfants d'Israël à Goshen.

[42] Et lorsqu'ils furent arrivés à la frontière de l'Égypte, le cheval du roi passa dans un endroit étroit, élevé dans la partie creuse du vignoble, clôturé des deux côtés, le bas, la plaine étant de l'autre côté.

[43] Et les chevaux couraient rapidement en cet endroit et se pressaient les uns les autres, et les autres chevaux pressaient le cheval du roi.

[44] Et le cheval du roi tomba dans la plaine basse tandis que le roi était en train de monter dessus, et quand il tomba, le char se retourna sur le visage du roi et le cheval se coucha sur le roi, et le roi cria, car sa chair était très douloureuse.

[45] Et la chair du roi fut arrachée de lui, et ses os furent brisés et il ne put pas monter, car cette chose venait du Seigneur pour lui, car le Seigneur avait entendu les cris de son peuple les enfants d'Israël et leur affliction.

[46] Et ses serviteurs le portèrent sur leurs épaules, un peu à la fois, et ils le ramenèrent en Égypte, et les cavaliers qui étaient avec lui revinrent aussi en Égypte.

[47] Et ils le placèrent dans son lit, et le roi sut que sa fin était venue pour mourir, alors Aparanith la reine sa femme vint et pleura devant le roi, et le roi pleura abondamment avec elle.

[48] Et tous ses nobles et serviteurs vinrent ce jour-là et virent le roi dans cette affliction, et pleurèrent abondamment avec lui.

[49] Et les princes du roi et tous ses conseillers conseillèrent au roi de faire régner quelqu'un à sa place dans le pays, quiconque il choisirait parmi ses fils.

[50] Et le roi avait trois fils et deux filles qu'Aparanith la reine sa femme lui avait donnés, outre les enfants du roi de concubines.

[51] Et voici leurs noms, le premier-né Othri, le second Adikam, et le troisième Morion, et leurs sœurs, le nom de l'aînée Bathia et de l'autre Acuzi.

[52] Et Othri le premier-né du roi était un idiot, précipité et pressé dans ses paroles.

[53] Mais Adikam était un homme rusé et sage et connaissant toute la sagesse de l'Égypte, mais d'aspect peu séduisant, épais de chair, et très petit de stature ; sa taille était d'un cubit.

[54] Et lorsque le roi vit Adikam son fils intelligent et sage en toutes choses, le roi résolut qu'il serait roi à sa place après sa mort.

[55] Et il prit pour lui une femme Gedudah fille d'Abilot, et il avait dix ans, et elle lui enfanta quatre fils.

[56] Et il alla ensuite et prit trois femmes et engendra huit fils et trois filles.

[57] Et le désordre prévalut grandement sur le roi, et sa chair sentait comme la chair d'une carcasse jetée sur le champ en été, pendant la chaleur du soleil.

[58] Et lorsque le roi vit que sa maladie s'était fortement renforcée sur lui, il ordonna que son fils Adikam lui soit amené, et ils en firent le roi sur le pays à sa place.

[59] Et à la fin de trois ans, le roi mourut, dans la honte, le déshonneur et le dégoût, et ses serviteurs le portèrent et l'enterrèrent dans le sépulcre des rois d'Égypte à Zoan Mizraim.

[60] Mais ils ne l'embaumèrent pas comme c'était l'habitude avec les rois, car sa chair était putréfiée, et ils ne pouvaient pas s'approcher pour l'embaumer à cause de la puanteur, alors ils l'enterrèrent en hâte.

[61] Car ce mal venait du Seigneur pour lui, car le Seigneur lui avait rendu le mal pour le mal qu'il avait fait à Israël en son temps.

[62] Et il mourut dans la terreur et la honte, et son fils Adikam régna à sa place.

77 - La Verge de Moïse

(Exode 4:2)

[1] Adikam avait vingt ans lorsqu'il régna sur l'Égypte, et il régna quatre ans.

[2] La deux cent sixième année après la descente d'Israël en Égypte, Adikam régna sur l'Égypte, mais il ne continua pas aussi longtemps dans son règne sur l'Égypte que ses pères avaient continué les leurs.

[3] Car Melol, son père, régna quatre-vingt-quatorze ans en Égypte, mais il fut malade pendant dix ans et mourut, car il avait été méchant devant le Seigneur.

[4] Et tous les Égyptiens appelèrent Adikam Pharaon, comme le nom de ses pères, comme c'était leur coutume de faire en Égypte.

[5] Et tous les sages de Pharaon appelèrent Adikam Ahuz, car court est appelé Ahuz en langue égyptienne.

[6] Et Adikam était extrêmement laid, et il mesurait un coude et une empanne et il avait une grande barbe qui atteignait la plante de ses pieds.

[7] Et Pharaon s'assit sur le trône de son père pour régner sur l'Égypte, et il dirigea le gouvernement de l'Égypte avec sa sagesse.

[8] Et pendant son règne, il dépassa son père et tous les rois précédents en méchanceté, et il augmenta son joug sur les enfants d'Israël.

[9] Et il alla avec ses serviteurs à Goshen auprès des enfants d'Israël, et il renforça le travail sur eux et leur dit : Complétez votre travail, la tâche de chaque jour, et ne laissez pas vos mains se relâcher de notre travail à partir de ce jour comme vous l'avez fait aux jours de mon père.

[10] Et il plaça des officiers sur eux parmi les enfants d'Israël, et sur ces officiers il plaça des chefs de corvée parmi ses serviteurs.

[11] Et il leur imposa une mesure de briques pour qu'ils en fassent selon ce nombre, jour après jour, et il retourna en Égypte.

[12] À ce moment-là, les chefs de corvée de Pharaon ordonnèrent aux officiers des enfants d'Israël selon le commandement de Pharaon, disant :

[13] Ainsi dit Pharaon, Faites votre travail chaque jour, et finissez votre tâche, et observez la mesure quotidienne de briques ; ne diminuez rien.

[14] Et il arrivera que si vous êtes en défaut dans vos briques quotidiennes, je mettrai vos jeunes enfants à leur place.

[15] Et les chefs de corvée d'Égypte firent ainsi en ces jours, comme Pharaon leur avait ordonné.

[16] Et chaque fois qu'une déficience était trouvée dans la mesure quotidienne des briques des enfants d'Israël, les chefs de corvée de Pharaon allaient chez les femmes des enfants d'Israël et prenaient des nourrissons des enfants d'Israël au nombre de briques manquantes, ils les prenaient de force des genoux de leur mère, et les mettaient dans la construction à la place des briques ;

[17] Pendant que leurs pères et leurs mères pleuraient sur eux et pleuraient en entendant les voix pleurantes de leurs nourrissons dans le mur de la construction.

[18] Et les chefs de corvée prévalurent sur Israël, de sorte que les Israélites devaient placer leurs enfants dans la construction, de sorte qu'un homme plaçait son fils dans le mur et mettait du mortier sur lui, pendant que ses yeux pleuraient sur lui, et ses larmes coulaient sur son enfant.

[19] Et les chefs de corvée d'Égypte firent ainsi aux bébés d'Israël pendant de nombreux jours, et personne n'eut pitié ou compassion sur les bébés des enfants d'Israël.

[20] Et le nombre de tous les enfants tués dans la construction était de deux cent soixante-dix, certains d'entre eux ayant été utilisés à la place des briques qui avaient été laissées en déficit par leurs pères, et certains d'entre eux ayant été retirés morts de la construction.

[21] Et le travail imposé aux enfants d'Israël du temps d'Adikam dépassait en difficulté celui qu'ils avaient effectué du temps de son père.

[22] Et les enfants d'Israël soupiraient tous les jours à cause de leur lourd travail, car ils se disaient : Voici, lorsque Pharaon mourra, son fils se lèvera et allégera notre travail !

[23] Mais ils augmentèrent le travail ultérieur plus que le premier, et les enfants d'Israël soupirèrent à cela et leur cri monta vers Dieu à cause de leur travail.

[24] Et Dieu entendit la voix des enfants d'Israël et leur cri, en ces jours-là, et Dieu se souvint pour eux de son alliance qu'il avait faite avec Abraham, Isaac et Jacob.

[25] Et Dieu vit le fardeau des enfants d'Israël, et leur travail pénible en ces jours-là, et il décida de les délivrer.

[26] Et Moïse, fils d'Amram, était encore enfermé dans le cachot en ces jours-là, dans la maison de Reuel le Madianite, et Zipporah, la fille de Reuel, le soutenait secrètement avec de la nourriture jour après jour.

[27] Et Moïse fut enfermé dans le cachot dans la maison de Reuel pendant dix ans.

[28] Et à la fin des dix ans, qui était la première année du règne de Pharaon sur l'Égypte, à la place de son père,

[29] Zipporah dit à son père Reuel : Personne n'enquiert ni ne cherche après l'homme Hébreu, que tu as lié en prison il y a maintenant dix ans.

[30] Maintenant donc, s'il te semble bon, envoyons voir s'il est vivant ou mort, mais son père ne savait pas qu'elle l'avait soutenu.

[31] Et Reuel, son père, répondit et lui dit : Est-il jamais arrivé qu'un homme soit enfermé dans une prison sans nourriture pendant dix ans, et qu'il vive ?

[32] Et Zipporah répondit à son père, disant : Sûrement, tu as entendu que le Dieu des Hébreux est grand et redoutable, et fait des merveilles pour eux en tout temps.

[33] C'est lui qui a délivré Abraham d'Ur des Chaldéens, et Isaac de l'épée de son père, et Jacob de l'ange du Seigneur qui luttait avec lui au gué de Jabbok.

[34] Aussi avec cet homme a-t-il fait beaucoup de choses, il l'a délivré de la rivière en Égypte et de l'épée de Pharaon, et des enfants de Cusch, ainsi peut-il aussi le délivrer de la famine et le faire vivre.

[35] Et la chose parut bonne aux yeux de Reuel, et il fit selon la parole de sa fille, et envoya au cachot pour s'informer de ce qui était advenu à Moïse.

[36] Et il vit, et voici, l'homme Moïse vivait dans le cachot, debout sur ses pieds, louant et priant le Dieu de ses ancêtres.

[37] Et Reuel ordonna que Moïse soit sorti du cachot, alors ils le rasèrent et il changea ses vêtements de prison et mangea du pain.

[38] Et après cela, Moïse alla dans le jardin de Reuel qui était derrière la maison, et là il pria le Seigneur son Dieu, qui avait fait de grandes merveilles pour lui.

[39] Et il arriva que pendant qu'il priait, il regarda en face de lui, et voici, un bâton de saphir était planté dans le sol, qui était planté au milieu du jardin.

[40] Et il s'approcha du bâton et regarda, et voici, le nom du Seigneur Dieu des armées était gravé dessus, écrit et développé sur le bâton.

[41] Et il le lut, tendit la main, arracha le bâton comme un arbre de la forêt parmi les buissons, et le bâton fut dans sa main.

[42] Et c'est avec ce bâton que tous les travaux de notre Dieu ont été accomplis, après qu'il eut créé le ciel et la terre, et toute leur armée, les mers, les rivières et tous leurs poissons.

[43] Et lorsque Dieu chassa Adam du jardin d'Éden, il prit le bâton dans sa main et alla cultiver le sol d'où il avait été pris.

[44] Et le bâton descendit jusqu'à Noé et fut donné à Sem et à ses descendants, jusqu'à ce qu'il arrive dans la main d'Abraham l'Hébreu.

[45] Et quand Abraham eut donné tout ce qu'il possédait à son fils Isaac, il lui donna également ce bâton.

[46] Et quand Jacob s'enfuit à Padan-Aram, il le prit dans sa main, et lorsqu'il retourna chez son père, il ne l'avait pas laissé derrière lui.

[47] Aussi, lorsqu'il descendit en Égypte, il le prit dans sa main et le donna à Joseph, une part au-dessus de ses frères, car Jacob l'avait pris de force à son frère Ésaü.

[48] Et après la mort de Joseph, les nobles d'Égypte entrèrent dans la maison de Joseph, et le bâton arriva dans la main de Reuel le Madianite, et lorsqu'il sortit d'Égypte, il le prit dans sa main et le planta dans son jardin.

[49] Et tous les puissants hommes des Kénites essayèrent de l'arracher lorsqu'ils tentèrent d'obtenir Zipporah, sa fille, mais ils n'y parvinrent pas.

[50] Ainsi, ce bâton resta planté dans le jardin de Reuel, jusqu'à celui qui avait le droit de le prendre et le prit.

[51] Et quand Reuel vit le bâton dans la main de Moïse, il s'en étonna, et il lui donna sa fille Zipporah pour épouse.

78 - L'appel de Moïse

(Exode 3)

[1] À cette époque, Baal Channan, fils d'Achbor, roi d'Édom, mourut et fut enterré dans sa maison au pays d'Édom.

[2] Après sa mort, les enfants d'Ésaü envoyèrent au pays d'Édom et prirent de là un homme qui était en Édom, nommé Hadad, et ils le firent roi sur eux à la place de Baal Channan, leur roi.

[3] Hadad régna sur les enfants d'Édom pendant quarante-huit ans.

[4] Lorsqu'il régna, il résolut de combattre les enfants de Moab pour les soumettre au pouvoir des enfants d'Ésaü comme auparavant, mais il n'y parvint pas, car les enfants de Moab apprirent cela et se levèrent rapidement pour élire un roi parmi leurs frères.

[5] Ils rassemblèrent ensuite un grand peuple et envoyèrent chercher de l'aide auprès des enfants d'Ammon, leurs frères, pour combattre Hadad, roi d'Édom.

[6] Hadad entendit ce que les enfants de Moab avaient fait et eut très peur d'eux, se retenant de les combattre.

[7] En ces jours, Moïse, fils d'Amram, en Midian, prit pour épouse Zipporah, fille de Reuel le Midianite.

[8] Zipporah suivit la voie des filles de Jacob, n'étant en rien inférieure à la justice de Sarah, Rebecca, Rachel et Léa.

[9] Zipporah conçut et donna naissance à un fils et il appela son nom Gershom, car il dit : J'ai été un étranger dans une terre étrangère; mais il ne circoncit pas son prépuce, sur l'ordre de Reuel son beau-père.

[10] Elle conçut de nouveau et donna naissance à un fils, qu'elle circoncit et appela son nom Eliezer, car Moïse dit : Parce que le Dieu de mes pères a été mon aide, et m'a délivré de l'épée de Pharaon.

[11] Pharaon, roi d'Égypte, augmenta grandement le travail des enfants d'Israël en ces jours-là et continua d'alourdir leur joug.

[12] Il ordonna qu'une proclamation soit faite en Égypte, disant : Ne donnez plus de paille au peuple pour faire des briques, qu'ils aillent eux-mêmes ramasser de la paille.

[13] Aussi, le quota de briques qu'ils doivent fabriquer chaque jour, qu'ils le donnent et qu'ils n'en diminuent rien, car ils sont paresseux dans leur travail.

[14] Les enfants d'Israël entendirent cela, ils se lamentèrent et soupirèrent, et ils crièrent vers l'Éternel à cause de l'amertume de leur âme.

[15] L'Éternel entendit les cris des enfants d'Israël et vit l'oppression avec laquelle les Égyptiens les opprimaient.

[16] L'Éternel fut jaloux de son peuple et de son héritage, et entendit leur voix, et il résolut de les sortir de l'affliction d'Égypte, pour leur donner le pays de Canaan en possession.

79 - Moïse Devant le Pharaon

(Exode 5:1-3)

[1] Et en ces jours-là, Moïse gardait le troupeau de Réuel le Madianite, son beau-père, au-delà du désert de Sin, et le bâton qu'il avait pris de son beau-père était dans sa main.

[2] Et il arriva un jour qu'un chevreau s'égarait du troupeau, et Moïse le poursuivit jusqu'à la montagne de Dieu à Horeb.

[3] Et quand il arriva à Horeb, l'Éternel lui apparut dans le buisson, et il trouva le buisson brûlant de feu, mais le feu n'avait aucun pouvoir sur le buisson pour le consumer.

[4] Et Moïse fut grandement étonné de cette vue, car le buisson ne se consumait pas, et il s'approcha pour voir cette chose puissante, et l'Éternel appela Moïse du feu et lui ordonna de descendre en Égypte, vers Pharaon, roi d'Égypte, pour faire sortir les enfants d'Israël de son service.

[5] Et l'Éternel dit à Moïse: Va, retourne en Égypte, car tous ces hommes qui cherchaient ta vie sont morts, et tu parleras à Pharaon pour qu'il fasse sortir les enfants d'Israël de son pays.

[6] Et l'Éternel lui montra à faire des signes et des prodiges en Égypte, devant les yeux de Pharaon et devant les yeux de ses sujets, afin qu'ils croient que l'Éternel l'avait envoyé.

[7] Et Moïse écouta tout ce que l'Éternel lui avait commandé, et il retourna vers son beau-père et lui rapporta la chose, et Réuel lui dit: Va en paix.

[8] Et Moïse se leva pour aller en Égypte, et il prit sa femme et ses fils avec lui, et il était dans une auberge sur la route, et un ange de Dieu descendit et chercha une occasion contre lui.

[9] Et il voulut le tuer à cause de son fils premier-né, car il ne l'avait pas circoncis, et avait transgressé l'alliance que l'Éternel avait faite avec Abraham.

[10] Car Moïse avait écouté les paroles de son beau-père, qu'il lui avait dites de ne pas circoncire son fils premier-né, c'est pourquoi il ne l'avait pas circoncis.

[11] Et Tsippora vit l'ange de l'Éternel cherchant une occasion contre Moïse, et elle sut que cette chose était due au fait qu'il n'avait pas circoncis son fils Guershom.

[12] Et Tsippora se hâta et prit les pierres aiguës qui étaient là, et elle circoncit son fils, et délivra son mari et son fils de la main de l'ange de l'Éternel.

[13] Et Aaron, fils d'Amram, frère de Moïse, était en Égypte, marchant au bord de la rivière ce jour-là.

[14] Et l'Éternel lui apparut en ce lieu, et il lui dit: Va maintenant vers Moïse dans le désert, et il alla à sa rencontre dans la montagne de Dieu, et l'embrassa.

[15] Et Aaron leva les yeux, et vit Tsippora, la femme de Moïse, et ses enfants, et il dit à Moïse: Qui sont ceux-ci pour toi?

[16] Et Moïse lui dit: Ce sont ma femme et mes fils, que Dieu m'a donnés à Madian; et la chose affligea Aaron à cause de la femme et de ses enfants.

[17] Et Aaron dit à Moïse: Envoie la femme et ses enfants, qu'ils aillent à la maison de son père, et Moïse écouta les paroles d'Aaron, et fit ainsi.

[18] Et Tsippora retourna avec ses enfants, et ils allèrent à la maison de Réuel, et y restèrent jusqu'au moment où l'Éternel visita son peuple, et le fit sortir d'Égypte de la main de Pharaon.

[19] Et Moïse et Aaron vinrent en Égypte à la communauté des enfants d'Israël, et ils leur parlèrent toutes les paroles de l'Éternel, et le peuple se réjouit d'une grande joie.

[20] Et Moïse et Aaron se levèrent de bon matin le lendemain, et ils allèrent à la maison de Pharaon, et ils prirent dans leurs mains le bâton de Dieu.

[21] Et quand ils arrivèrent à la porte du roi, deux jeunes lions étaient enfermés là avec des instruments de fer, et personne n'entrait ni ne sortait devant eux, à moins que ceux que le roi ordonnait de venir, quand les sorciers venaient et retirait les lions par leurs incantations, et cela les amenait au roi.

[22] Et Moïse se hâta et leva le bâton sur les lions, et il les délia, et Moïse et Aaron entrèrent dans la maison du roi.

[23] Les lions vinrent aussi avec eux dans la joie, et ils les suivirent et se réjouirent comme un chien se réjouit de retrouver son maître quand il revient du champ.

[24] Et quand Pharaon vit cette chose, il en fut stupéfait, et il fut grandement terrifié à la nouvelle, car leur apparence était comme l'apparence des enfants de Dieu.

[25] Et Pharaon dit à Moïse: Que demandez-vous? Et ils lui répondirent, disant: L'Éternel, le Dieu des Hébreux, nous a envoyés vers toi, pour dire: Laisse partir mon peuple afin qu'ils me servent.

[26] Et quand Pharaon entendit leurs paroles, il fut grandement terrifié devant eux, et il leur dit: Allez aujourd'hui et revenez vers moi demain, et ils firent selon la parole du roi.

[27] Et quand ils furent partis, Pharaon envoya chercher Balaam le magicien et Jannès et Jambrès ses fils, et tous les magiciens et sorciers et conseillers qui appartenaient au roi vinrent et s'assirent devant le roi.

[28] Et le roi leur rapporta toutes les paroles que Moïse et son frère Aaron lui avaient dites, et les magiciens dirent au roi: Mais comment ces hommes sont-ils venus à toi, à cause des lions qui étaient enfermés à la porte?

[29] Et le roi dit: Parce qu'ils ont levé leur bâton contre les lions et les ont libérés, et ils sont venus vers moi, et les lions se sont aussi réjouis en leur présence comme un chien se réjouit de rencontrer son maître.

[30] Et Balaam, fils de Beor le magicien, répondit au roi, disant: Ce ne sont rien d'autre que des magiciens comme nous.

[31] Maintenant donc envoie-les chercher, et qu'ils viennent, et nous les mettrons à l'épreuve, et le roi le fit ainsi.

[32] Et le matin, Pharaon envoya chercher Moïse et Aaron pour venir devant le roi, et ils prirent le bâton de Dieu, et vinrent vers le roi et lui parlèrent, disant,

[33] Ainsi parle l'Éternel, le Dieu des Hébreux: Laisse partir mon peuple afin qu'ils me servent.

[34] Et le roi leur dit: Mais qui vous croira, que vous êtes les messagers de Dieu et que vous venez à moi par son ordre?

[35] Maintenant donc donnez un prodige ou un signe dans cette affaire, et alors les paroles que vous prononcerez seront crues.

[36] Et Aaron se hâta et jeta le bâton de sa main devant Pharaon et devant ses serviteurs, et le bâton se transforma en serpent.

[37] Et les sorciers virent cela et chacun jeta son bâton par terre et ils devinrent des serpents.

[38] Et le serpent du bâton d'Aaron leva la tête et ouvrit la bouche pour avaler les bâtons des magiciens.

[39] Et Balaam le magicien répondit et dit: Cette chose est depuis les temps anciens, qu'un serpent devrait avaler son semblable, et que les êtres vivants se dévorent les uns les autres.

[40] Maintenant donc, rends-le à un bâton comme il était au début, et nous rendrons également nos bâtons comme ils étaient au début, et si ton bâton avale nos bâtons, alors nous saurons que l'esprit de Dieu est en toi, et sinon, tu n'es qu'un artisan comme nous.

[41] Et Aaron se hâta et étendit la main et saisit la queue du serpent et il devint un bâton dans sa main, et les sorciers firent de même avec leurs bâtons, et ils saisirent, chacun la queue de son serpent, et ils devinrent des bâtons comme au début.

[42] Et quand ils furent restaurés en bâtons, le bâton d'Aaron avala leurs bâtons.

[43] Et quand le roi vit cette chose, il ordonna que le livre des archives relatant les rois d'Égypte soit apporté, et ils apportèrent le livre des archives, les chroniques des rois d'Égypte, dans lesquelles tous les idoles de l'Égypte étaient inscrites, car ils pensaient y trouver le nom de l'Éternel, mais ils ne le trouvèrent pas.

[44] Et Pharaon dit à Moïse et à Aaron: Voici, je n'ai pas trouvé le nom de votre Dieu écrit dans ce livre, et son nom je ne le connais pas.

[45] Et les conseillers et les sages répondirent au roi: Nous avons entendu dire que le Dieu des Hébreux est un fils des sages, le fils des rois anciens.

[46] Et Pharaon se tourna vers Moïse et Aaron et leur dit: Je ne connais pas l'Éternel que vous avez déclaré, et je ne laisserai pas partir son peuple.

[47] Et ils répondirent et dirent au roi : **Yahuah Elohiym** des dieux est son nom, et il a proclamé son nom sur nous depuis les jours de nos ancêtres, et il nous a envoyés, disant: Va vers Pharaon et dis-lui: Laisse partir mon peuple afin qu'ils me servent.

[48] Maintenant donc, envoie-nous, afin que nous puissions faire un voyage de trois jours dans le désert, et là nous pourrons lui faire des sacrifices, car depuis notre descente en Égypte, il n'a pas pris de nos mains ni d'offrande brûlée, ni d'oblation, ni de sacrifice, et si tu ne nous envoies pas, sa colère s'enflammera contre toi, et il frappera l'Égypte soit par la plaie, soit par l'épée.

[49] Et Pharaon leur dit: Dites-moi maintenant sa puissance et sa force; et ils lui dirent: Il a créé le ciel et la terre, les mers et tous leurs poissons, il a formé la lumière, créé les ténèbres, fait pleuvoir sur la terre et l'a arrosée, et fait germer l'herbe et l'herbe, il a créé l'homme et la bête et

les animaux de la forêt, les oiseaux du ciel et les poissons de la mer, et par sa bouche ils vivent et meurent.

[50] Assurément il t'a créé dans le ventre de ta mère, et a mis en toi le souffle de vie, et t'a élevé et t'a placé sur le trône royal d'Égypte, et il prendra ton souffle et ton âme de toi, et te renverra à la terre d'où tu as été pris.

[51] Et la colère du roi s'enflamma à leurs paroles, et il leur dit: Mais qui parmi tous les dieux des nations peut faire cela? Ma rivière est la mienne, et je l'ai faite pour moi-même.

[52] Et il les chassa de lui, et il ordonna que le travail sur Israël soit plus sévère qu'il ne l'était hier et auparavant.

[53] Et Moïse et Aaron sortirent de la présence du roi, et ils virent les enfants d'Israël dans une mauvaise condition car les surveillants avaient rendu leur travail extrêmement difficile.

[54] Et Moïse retourna vers l'Éternel et dit: Pourquoi as-tu maltraité ton peuple? Car depuis que je suis venu parler à Pharaon pour ce que tu m'as envoyé faire, il a maltraité excessivement les enfants d'Israël.

[55] Et l'Éternel dit à Moïse: Vois, tu verras que, par une main étendue et de lourdes plaies, Pharaon enverra les enfants d'Israël loin de son pays.

[56] Et Moïse et Aaron demeurèrent parmi leurs frères, les enfants d'Israël, en Égypte.

[57] Quant aux enfants d'Israël, les Égyptiens amèrement leur amèrent la vie avec le travail pénible qu'ils leur imposaient.

80 – Les Plaies d'Égypte

(Exode 7:14; 8-12)

[1] Après deux années, l'Éternel envoya de nouveau Moïse vers Pharaon pour faire sortir les enfants d'Israël et les libérer de la terre d'Égypte.

[2] Moïse se rendit à la maison de Pharaon et lui parla des paroles de l'Éternel qui l'avait envoyé, mais Pharaon n'écouta pas la voix de l'Éternel. Dieu déploya sa puissance en Égypte contre Pharaon et ses sujets, frappant Pharaon et son peuple de fléaux très grands et douloureux.

[3] L'Éternel, par l'intermédiaire d'Aaron, transforma toutes les eaux d'Égypte en sang, y compris leurs fleuves et rivières.

[4] Quand un Égyptien tentait de boire ou de puiser de l'eau, il découvrait que l'eau s'était transformée en sang.

[5] Même la pâte à pain et la nourriture des femmes changeaient d'apparence en sang.

[6] L'Éternel envoya ensuite des grenouilles qui envahirent les maisons des Égyptiens.

[7] Les Égyptiens, en buvant, ingéraient des grenouilles qui se mettaient à danser dans leurs ventres.

[8] L'eau de boisson et l'eau de cuisson se transformaient en grenouilles, et même la sueur sur leurs lits générait des grenouilles.

[9] Malgré tout cela, la colère de l'Éternel ne s'apaisa pas, et sa main était tendue contre tous les Égyptiens pour les frapper de fléaux sévères.

[10] Il transforma leur poussière en poux, qui s'accumulèrent jusqu'à atteindre deux coudées de hauteur sur la terre.

[11] Les poux infestaient également la chair des hommes et des animaux, à tel point que même le roi et la reine furent touchés, causant une grande détresse en Égypte.

[12] Malgré cela, la colère de l'Éternel ne s'apaisa pas, et sa main demeura étendue sur l'Égypte.

[13] L'Éternel envoya toutes sortes de bêtes sauvages qui détruisirent tout en Égypte, hommes et bêtes, arbres et tout ce qui s'y trouvait.

[14] Il envoya des serpents de feu, des scorpions, des souris, des belettes, des crapauds, parmi d'autres créatures rampantes et des mouches, des frelons, des puces, des punaises et des moucherons, chacun selon son espèce.

[15] Toutes sortes de reptiles et d'animaux ailés selon leur espèce vinrent en Égypte et affligèrent grandement les Égyptiens.

[16] Les puces et les mouches envahissaient les yeux et les oreilles des Égyptiens.

[17] Les frelons les chassaient, les forçant à se réfugier dans leurs chambres intérieures, mais les frelons les poursuivaient.

[18] Quand les Égyptiens se cachaient à cause de l'invasion d'animaux, ils fermaient leurs portes, mais Dieu ordonna à la Sulanuth de la mer de monter et d'entrer en Égypte.

[19] Elle avait de longs bras, mesurant dix coudées de longueur, selon la coudée d'un homme.

[20] Elle montait sur les toits, détruisait les charpentes et les planchers, et tendait son bras dans les maisons pour ouvrir les portes et les verrous.

[21] Ensuite, les animaux envahissaient les maisons des Égyptiens, les détruisant et causant une grande détresse.

[22] Malgré cela, la colère de l'Éternel ne s'apaisa pas, et sa main demeura étendue sur les Égyptiens.

[23] Dieu envoya une épidémie qui frappa l'Égypte, touchant les chevaux, les ânes, les chameaux, les troupeaux de bœufs et de moutons, ainsi que les hommes.

[24] Dieu envoya la peste, qui se répandit en Égypte, touchant chevaux, ânes, chameaux, troupeaux de bœufs et de moutons, ainsi que les hommes.

[25] Lorsque les Égyptiens se levèrent tôt le matin pour emmener leur bétail paître, ils trouvèrent tous leurs animaux morts.

[26] Seulement un sur dix du bétail égyptien survécut, tandis qu'aucun des animaux appartenant aux Israélites à Goshen ne mourut.

[27] Dieu envoya une inflammation brûlante sur la chair des Égyptiens, qui faisait éclater leur peau et devenait une démangeaison sévère chez tous les Égyptiens, des plantes des pieds jusqu'au sommet de la tête.

[28] De nombreux furoncles apparurent sur leur chair, si bien que leur chair se consumait jusqu'à devenir pourrie et putride.

[29] Malgré cela, la colère du Seigneur ne se détourna pas, et sa main restait tendue sur toute l'Égypte.

[30] Le Seigneur envoya une grêle très lourde qui frappa leurs vignes, brisa leurs arbres fruitiers et les dessécha, si bien qu'ils tombèrent sur eux.

[31] Toute herbe verte sécha et périt, car un feu mêlé descendait au milieu de la grêle, consumant ainsi toute chose.

[32] Hommes et bêtes trouvés dehors périrent des flammes de feu et de la grêle, et tous les jeunes lions furent épuisés.

[33] Le Seigneur envoya de nombreux criquets en Égypte, le Chasel, le Salom, le Chargol et le Chagole, chaque espèce de criquet dévorant tout ce que la grêle avait laissé.

[34] Les Égyptiens se réjouirent des criquets, bien qu'ils consommaient les produits des champs, et ils les capturèrent en abondance et les salèrent pour les manger.

[35] Le Seigneur fit souffler un vent puissant de la mer qui emporta tous les criquets, même ceux qui avaient été salés, et les jeta dans la Mer Rouge; aucun criquet ne resta dans les limites de l'Égypte.

[36] Dieu envoya des ténèbres sur l'Égypte, plongeant tout le pays d'Égypte et Pathros dans l'obscurité pendant trois jours, si bien qu'un homme ne pouvait pas voir sa main lorsqu'il la portait à sa bouche.

[37] À ce moment-là, moururent beaucoup des gens d'Israël qui s'étaient rebellés contre le Seigneur, qui n'avaient pas écouté Moïse et Aaron, et qui ne croyaient pas en eux, envoyés par Dieu.

[38] Ceux qui avaient dit : "Nous ne sortirons pas d'Égypte, de peur de mourir de faim dans un désert désolé", et qui n'avaient pas écouté la voix de Moïse.

[39] Le Seigneur les frappa pendant les trois jours de ténèbres, et les Israélites les enterrèrent durant ces jours, sans que les Égyptiens ne le sachent ou s'en réjouissent.

[40] Les ténèbres furent très grandes en Égypte pendant trois jours, et quiconque se tenait debout lorsque les ténèbres vinrent resta debout à sa place, celui qui était assis resta assis, celui qui était couché continua de rester couché dans le même état, et celui qui marchait resta assis sur le sol au même endroit; cette situation arriva à tous les Égyptiens, jusqu'à ce que les ténèbres se dissipent.

[41] Les jours de ténèbres s'étaient dissipés, et l'Éternel envoya Moïse et Aaron vers les enfants d'Israël en leur disant : Célébrez votre fête et préparez votre Pâque, car voici, je passerai au milieu de la nuit parmi tous les Égyptiens, et je frapperai tous leurs premiers-nés, du premier-né de l'homme au premier-né de la bête, et quand je verrai votre Pâque, je passerai au-dessus de vous.

[42] Les enfants d'Israël firent tout ce que l'Éternel avait ordonné à Moïse et Aaron, ainsi firent-ils cette nuit-là.

[43] Au milieu de la nuit, l'Éternel se manifesta au milieu de l'Égypte et frappa tous les premiers-nés des Égyptiens, du premier-né de l'homme au premier-né de la bête.

[44] Pharaon se leva cette nuit-là, lui, tous ses serviteurs et tous les Égyptiens, et il y eut un grand cri dans toute l'Égypte cette nuit-là, car il n'y avait pas une maison sans un mort.

[45] Même les représentations des premiers-nés d'Égypte, sculptées sur les murs de leurs maisons, furent détruites et tombèrent au sol.

[46] Les os de leurs premiers-nés, morts auparavant et enterrés dans leurs maisons, furent déterrés par les chiens d'Égypte cette nuit-là et traînés devant les Égyptiens.

[47] Tous les Égyptiens virent ce malheur qui était soudainement tombé sur eux, et tous les Égyptiens crièrent à haute voix.

[48] Toutes les familles d'Égypte pleurèrent cette nuit-là, chaque homme pour son fils et chaque homme pour sa fille, étant les premiers-nés, et le tumulte en Égypte fut entendu de loin cette nuit-là.

[49] Bathia, la fille de Pharaon, sortit avec le roi cette nuit-là pour chercher Moïse et Aaron dans leurs maisons, et les trouva chez eux, mangeant, buvant et se réjouissant avec tout Israël.

[50] Bathia dit à Moïse : Est-ce là la récompense pour le bien que j'ai fait pour toi, qui t'ai élevé et t'ai pris sous mon aile, et tu as apporté ce mal sur moi et sur la maison de mon père ?

[51] Moïse lui répondit : L'Éternel a infligé dix plaies à l'Égypte ; l'une d'elles t'a-t-elle touchée ? Elle répondit : Non.

[52] Moïse lui dit : Bien que tu sois la première-née de ta mère, tu ne mourras pas, et aucun mal ne t'atteindra au milieu de l'Égypte.

[53] Elle dit : Quel avantage cela me procure-t-il, quand je vois le roi, mon frère, et toute sa maison et ses sujets dans ce malheur, don't les premiers-nés périssent avec tous les premiers-nés d'Égypte ?

[54] Moïse lui répondit : Certes, ton frère, sa maison et ses sujets, les familles d'Égypte, n'ont pas écouté les paroles de l'Éternel, c'est pourquoi ce malheur leur est arrivé.

[55] Pharaon, roi d'Égypte, s'approcha de Moïse et Aaron, ainsi que de certains enfants d'Israël qui étaient avec eux à cet endroit, et les supplia en disant :

[56] Levez-vous, prenez vos frères, tous les enfants d'Israël qui sont dans le pays, avec leurs moutons, leurs bœufs et tout ce qui leur appartient ; ils ne laisseront rien derrière eux, mais priez pour moi auprès de l'Éternel, votre Dieu.

[57] Moïse dit à Pharaon : Bien que tu sois le premier-né de ta mère, n'aie crainte, car tu ne mourras pas, l'Éternel a ordonné que tu vives pour te montrer sa grande puissance et son bras étendu.

[58] Pharaon ordonna le départ des enfants d'Israël, et tous les Égyptiens se renforcèrent pour les envoyer, car ils disaient : "Nous sommes tous en train de périr."

[59] Ainsi, tous les Égyptiens laissèrent partir les Israélites, les dotant de grandes richesses, de moutons, de bœufs et de biens précieux, conformément au serment fait par l'Éternel entre Lui et Abraham, notre père.

[60] Les enfants d'Israël retardèrent leur départ jusqu'à la nuit, et quand les Égyptiens vinrent à eux pour les faire sortir, ils leur dirent : "Sommes-nous des voleurs, pour que nous partions de nuit ?"

[61] Les enfants d'Israël demandèrent alors aux Égyptiens des vases d'argent, des vases d'or et des vêtements, et ils dépouillèrent les Égyptiens.

[62] Moïse se hâta, se leva et se rendit au fleuve d'Égypte, d'où il remonta le cercueil de Joseph pour l'emporter avec lui.

[63] Les enfants d'Israël firent de même, chaque homme emportant avec lui le cercueil de son père, ainsi que les cercueils de sa tribu.

81 – La Séparation de La Mer Rouge

(Exode 14)

[1] Et les enfants d'Israël partirent de Ramsès pour Souccoth, environ six cent mille hommes à pied, sans compter les petits enfants et leurs femmes.

[2] Aussi une multitude mélangée monta avec eux, et des troupeaux, et des troupeaux de bétail, beaucoup de bétail.

[3] Et la résidence des enfants d'Israël, qui demeuraient dans le pays d'Égypte dans un dur labeur, fut de deux cent dix ans.

[4] Et à la fin des deux cent dix ans, le Seigneur fit sortir les enfants d'Israël d'Égypte avec une main forte.

[5] Et les enfants d'Israël partirent d'Égypte et de Goshen et de Ramsès, et campèrent à Souccoth le quinzième jour du premier mois.

[6] Et les Égyptiens enterrèrent tous leurs premiers-nés que le Seigneur avait frappés, et tous les Égyptiens enterrèrent leurs morts pendant trois jours.

[7] Et les enfants d'Israël partirent de Souccoth et campèrent à Etham, à l'extrémité du désert.

[8] Et le troisième jour après que les Égyptiens eurent enterré leurs premiers-nés, de nombreux hommes se levèrent d'Égypte et allèrent après Israël pour les faire revenir en Égypte, car ils regrettèrent de les avoir envoyés loin de leur servitude.

[9] Et un homme dit à son voisin, Assurément Moïse et Aaron ont parlé à Pharaon, disant, Nous irons faire un voyage de trois jours dans le désert et sacrifierons au Seigneur notre Dieu.

[10] Maintenant donc, levons-nous de bonne heure le matin et faisons-les revenir, et il sera que s'ils reviennent avec nous en Égypte à leurs maîtres, alors nous saurons qu'il y a foi en eux, mais s'ils ne veulent pas revenir, alors nous combattrons contre eux, et les ferons revenir avec grande puissance et une main forte.

[11] Et tous les nobles de Pharaon se levèrent le matin, et avec eux environ sept cent mille hommes, et ils sortirent d'Égypte ce jour-là, et vinrent à l'endroit où les enfants d'Israël étaient.

[12] Et tous les Égyptiens virent et voici Moïse et Aaron et tous les enfants d'Israël étaient assis devant Pi-hahirot, mangeant et buvant et célébrant la fête du Seigneur.

[13] Et tous les Égyptiens dirent aux enfants d'Israël, Assurément vous avez dit, Nous ferons un voyage de trois jours dans le désert et sacrifierons à notre Dieu et reviendrons.

[14] Maintenant donc ce jour fait cinq jours depuis que vous êtes partis, pourquoi ne retournez-vous pas à vos maîtres ?

[15] Et Moïse et Aaron leur répondirent, disant, Parce que le Seigneur notre Dieu a témoigné en nous, disant, Vous ne retournerez plus jamais en Égypte, mais nous nous dirigerons vers une terre qui coule de lait et de miel, comme le Seigneur notre Dieu l'a juré à nos ancêtres de nous donner.

[16] Et quand les nobles d'Égypte virent que les enfants d'Israël ne les écoutaient pas pour retourner en Égypte, ils se ceignirent pour combattre contre Israël.

[17] Et le Seigneur fortifia le cœur des enfants d'Israël contre les Égyptiens, de sorte qu'ils leur infligèrent une sévère défaite, et la bataille fut dure sur les Égyptiens, et tous les Égyptiens s'enfuirent devant les enfants d'Israël, car beaucoup d'entre eux périrent par la main d'Israël.

[18] Et les nobles de Pharaon retournèrent en Égypte et dirent à Pharaon, disant, Les enfants d'Israël se sont enfuis, et ne retourneront plus en Égypte, et de cette manière Moïse et Aaron nous ont parlé.

[19] Et Pharaon entendit cela, et son cœur et les cœurs de tous ses sujets se retournèrent contre Israël, et ils regrettèrent d'avoir envoyé Israël ; et tous les Égyptiens conseillèrent à Pharaon de poursuivre les enfants d'Israël pour les faire revenir à leurs charges.

[20] Et ils se dirent l'un à l'autre, Qu'avons-nous fait en envoyant Israël loin de notre servitude ?

[21] Et l'Éternel fortifia le cœur de tous les Égyptiens pour poursuivre les Israélites, car l'Éternel voulait renverser les Égyptiens dans la mer Rouge.

[22] Et Pharaon se leva, attela son chariot et ordonna à tous les Égyptiens de se rassembler, sans laisser homme à part les petits et les femmes.

[23] Et tous les Égyptiens sortirent avec Pharaon pour poursuivre les enfants d'Israël, et le camp d'Égypte était un camp extrêmement grand et lourd, environ un million d'hommes.

[24] Et tout ce camp poursuivit les enfants d'Israël pour les ramener en Égypte, et ils les atteignirent campés près de la mer Rouge.

[25] Et les enfants d'Israël levèrent les yeux, et voici, tous les Égyptiens les poursuivaient, et les enfants d'Israël furent grandement terrifiés et crièrent à l'Éternel.

[26] À cause des Égyptiens, les enfants d'Israël se divisèrent en quatre divisions, et ils étaient divisés dans leurs opinions, car ils avaient peur des Égyptiens, et Moïse parla à chacun d'eux.

[27] La première division était celle des enfants de Ruben, Siméon et Issacar, et ils résolurent de se jeter dans la mer, car ils avaient extrêmement peur des Égyptiens.

[28] Et Moïse leur dit : Ne craignez pas, tenez-vous tranquilles et voyez la délivrance que l'Éternel va vous accorder aujourd'hui.

[29] La deuxième division était celle des enfants de Zabulon, Benjamin et Nephtali, et ils résolurent de retourner en Égypte avec les Égyptiens.

[30] Et Moïse leur dit : Ne craignez pas, car comme vous avez vu les Égyptiens aujourd'hui, vous ne les verrez plus jamais pour toujours.

[31] La troisième division était celle des enfants de Juda et Joseph, et ils résolurent d'aller à la rencontre des Égyptiens pour les combattre.

[32] Et Moïse leur dit : Tenez-vous à vos places, car l'Éternel combattra pour vous, et vous resterez silencieux.

[33] La quatrième division était celle des enfants de Lévi, Gad et Aser, et ils résolurent d'aller au milieu des Égyptiens pour les confondre, et Moïse leur dit : Restez à vos postes et ne craignez pas, invoquez seulement l'Éternel pour qu'il vous sauve de leurs mains.

[34] Après cela, Moïse se leva du milieu du peuple, et il pria l'Éternel et dit,

[35] Ô Seigneur Dieu de toute la terre, sauve maintenant ton peuple que tu as sorti d'Égypte, et ne laisse pas les Égyptiens se vanter que la puissance et la force sont les leurs.

[36] Ainsi l'Éternel dit à Moïse : Pourquoi cries-tu vers moi ? Parle aux enfants d'Israël afin qu'ils marchent, et toi, étends ta verge sur la mer et divise-la, et les enfants d'Israël passeront au travers.

[37] Et Moïse fit ainsi, et il leva sa verge sur la mer et la divisa.

[38] Et les eaux de la mer se divisèrent en douze parties, et les enfants d'Israël passèrent à pied sec, avec des chaussures, comme un homme passerait par une route préparée.

[39] Et l'Éternel manifesta aux enfants d'Israël ses merveilles en Égypte et dans la mer par la main de Moïse et d'Aaron.

[40] Et lorsque les enfants d'Israël entrèrent dans la mer, les Égyptiens les poursuivirent, et les eaux de la mer se refermèrent sur eux, et ils coulèrent tous dans l'eau, et il ne resta aucun homme sauf Pharaon, qui remercia le Seigneur et crut en lui, donc le Seigneur ne le fit pas périr à ce moment-là avec les Égyptiens.

[41] Et le Seigneur ordonna à un ange de le prendre parmi les Égyptiens, qui le jeta sur la terre de Ninive et il y régna longtemps.

[42] Et ce jour-là, le Seigneur sauva Israël de la main de l'Égypte, et tous les enfants d'Israël virent que les Égyptiens avaient péri, et ils contemplèrent la grande main du Seigneur, dans ce qu'il avait accompli en Égypte et dans la mer.

[43] Alors Moïse et les enfants d'Israël chantèrent ce cantique au Seigneur, le jour où le Seigneur fit tomber les Égyptiens devant eux.

[44] Et tout Israël chanta en chœur, disant : Je chanterai à l'Éternel, car il est hautement élevé; le cheval et son cavalier, il les a jetés dans la mer; voici, cela est écrit dans le livre de la loi de Dieu.

[45] Après cela, les enfants d'Israël continuèrent leur voyage, et campèrent à Mara, et le Seigneur donna aux enfants d'Israël des statuts et des jugements à cet endroit à Mara, et le Seigneur commanda aux enfants d'Israël de marcher dans toutes ses voies et de le servir.

[46] Et ils partirent de Mara et vinrent à Élim, et à Élim, il y avait douze sources d'eau et soixante-dix palmiers-dattiers, et les enfants campèrent là près des eaux.

[47] Et ils partirent d'Élim et vinrent au désert de Sin, le quinzième jour du deuxième mois après leur départ d'Égypte.

[48] À ce moment-là, le Seigneur donna la manne aux enfants d'Israël à manger, et le Seigneur fit pleuvoir du ciel de la nourriture pour les enfants d'Israël jour après jour.

[49] Et les enfants d'Israël mangèrent la manne pendant quarante ans, tous les jours qu'ils furent dans le désert, jusqu'à ce qu'ils arrivent au pays de Canaan pour le posséder.

[50] Et ils partirent du désert de Sin et campèrent à Alush.

[51] Et ils partirent d'Alush et campèrent à Rephidim.

[52] Et lorsque les enfants d'Israël étaient à Rephidim, Amalek, fils d'Eliphaz, fils d'Ésaü, frère de Zepho, vint combattre Israël.

[53] Et il amena avec lui huit cent un mille hommes, magiciens et conjurateurs, et il se prépara au combat contre Israël à Rephidim.

[54] Et ils menèrent une grande et sévère bataille contre Israël, et le Seigneur livra Amalek et son peuple entre les mains de Moïse et des enfants d'Israël, et entre les mains de Josué, fils de Noun, l'Éphratite, le serviteur de Moïse.

[55] Et les enfants d'Israël frappèrent Amalek et son peuple au fil de l'épée, mais la bataille fut très dure pour les enfants d'Israël.

[56] Et le Seigneur dit à Moïse : Écris cela comme un mémorial dans un livre, et mets-le dans la main de Josué, fils de Noun, ton serviteur, et tu commanderas aux enfants d'Israël, disant : Lorsque tu viendras au pays de Canaan, tu effaceras complètement le souvenir d'Amalek de dessous les cieux.

[57] Et Moïse fit ainsi, et il prit le livre et y écrivit ces mots, disant:

[58] Souviens-toi de ce qu'Amalek t'a fait sur la route, lorsque tu sortais d'Égypte.

[59] Comment il t'a rencontré sur la route et a frappé l'arrière-garde, même ceux qui étaient faibles derrière toi, quand tu étais fatigué et las.

[60] Il en sera donc ainsi lorsque l'Éternel ton Dieu t'aura donné du repos de tous tes ennemis tout autour dans le pays que l'Éternel ton Dieu te donne en héritage pour le posséder, tu effaceras le souvenir d'Amalek de dessous les cieux ; tu ne l'oublieras pas.

[61] Et le roi qui aura pitié d'Amalek, ou de son souvenir ou de sa postérité, voici, je le lui demanderai, et je le retrancherai d'entre son peuple.

[62] Et Moïse écrivit toutes ces choses dans un livre, et il en enjoignit aux enfants d'Israël au sujet de toutes ces matières.

82- La Loi sur le Mont Sinaï

(Exode 19, 20)

[1] Et les enfants d'Israël partirent de Rephidim et campèrent dans le désert de Sinaï, au troisième mois depuis leur sortie d'Égypte.

[2] À cette époque, Reuel le Madianite, beau-père de Moïse, vint avec sa fille Séphora et ses deux fils, car il avait entendu parler des merveilles de Yahuah qu'il avait accomplies pour Israël en les délivrant de la main de l'Égypte.

[3] Et Reuel vint vers Moïse dans le désert où il campait, près de la montagne d'Elohiym.

[4] Et Moïse sortit à la rencontre de son beau-père avec grand honneur, et tout Israël était avec lui.

[5] Et Reuel et ses enfants restèrent parmi les Israélites pendant plusieurs jours, et Reuel connut Yahuah à partir de ce jour.

[6] Et au troisième mois depuis le départ des enfants d'Israël d'Égypte, au sixième jour, Yahuah donna les dix commandements à Israël sur le Mont Sinaï.

[7] Et tout Israël entendit ces commandements, et ils se réjouirent grandement en Yahuah ce jour-là.

[8] Et la gloire de Yahuah reposait sur le Mont Sinaï, et il appela Moïse. Moïse entra dans une nuée et monta sur la montagne.

[9] Et Moïse resta sur la montagne quarante jours et quarante nuits ; il ne mangea pas de pain et ne but pas d'eau. Yahuah lui enseigna les lois et les jugements pour instruire les enfants d'Israël.

[10] Et Yahuah écrivit les dix commandements qu'il avait donnés aux enfants d'Israël sur deux tablettes de pierre, qu'il remit à Moïse pour les transmettre.

[11] À la fin des quarante jours et quarante nuits, Yahuah remit à Moïse les tablettes de pierre, écrites du doigt d'Elohiym.

[12] Mais quand les enfants d'Israël virent que Moïse tardait à redescendre de la montagne, ils se rassemblèrent autour d'Aaron et dirent : « Quant à cet homme Moïse, nous ne savons pas ce qu'il est devenu.

[13] Maintenant donc, lève-toi, fais-nous un dieu qui marchera devant nous, afin que tu ne meures pas.

[14] Et Aaron, effrayé par le peuple, leur demanda d'apporter leur or, et il en fit un veau en métal fondu pour eux.

[15] Et Yahuah dit à Moïse, avant qu'il ne descende de la montagne : « Descends, car ton peuple que tu as fait sortir d'Égypte s'est corrompu.

[16] Ils se sont faits un veau en métal fondu et se sont prosternés devant lui. Maintenant donc, laisse-moi les consumer de la surface de la terre, car ils sont un peuple au cou raide.

[17] Et Moïse implora Yahuah, priant pour le peuple à cause du veau qu'ils avaient fabriqué. Puis il descendit de la montagne, tenant les deux tablettes de pierre qu'Elohiym lui avait données.

[18] Mais en approchant du camp et voyant le veau, la colère de Moïse s'enflamma, et il brisa les tablettes au pied de la montagne.

[19] Moïse entra dans le camp, prit le veau, le brûla au feu, le réduisit en poudre fine, la répandit sur l'eau et fit boire cette eau aux enfants d'Israël.

[20] Et environ trois mille hommes parmi eux, qui avaient fait le veau, périrent par l'épée.

[21] Le lendemain, Moïse dit au peuple : « Je monterai vers Yahuah, peut-être obtiendrai-je l'expiation pour vos péchés.

[22] Et Moïse monta encore vers Yahuah, où il resta quarante jours et quarante nuits.

[23] Durant ces quarante jours, Moïse implora Yahuah en faveur des enfants d'Israël, et Yahuah écouta sa prière et fut apaisé à leur sujet.

[24] Puis Yahuah demanda à Moïse de tailler deux nouvelles tablettes de pierre pour qu'il y inscrive de nouveau les dix commandements.

[25] Moïse obéit, tailla les tablettes, et remonta sur le Mont Sinaï, où Yahuah inscrivit les dix commandements.

[26] Moïse demeura encore quarante jours et quarante nuits avec Yahuah, recevant les lois et les jugements pour les enseigner à Israël.

[27] Yahuah lui ordonna également de faire construire un sanctuaire où son nom résiderait, en montrant à Moïse le modèle du sanctuaire et de ses ustensiles.

[28] À la fin des quarante jours, Moïse redescendit avec les deux tablettes de pierre.

[29] Moïse rapporta aux enfants d'Israël toutes les paroles de Yahuah et leur enseigna les lois, statuts et jugements qu'il avait reçus.

[30] Il leur transmit également l'ordre de Yahuah de construire un sanctuaire où il habiterait parmi eux.

[31] Le peuple se réjouit grandement des paroles de Yahuah et dit : « Nous ferons tout ce que Yahuah a dit.

[32] Tous se levèrent comme un seul homme et apportèrent des offrandes généreuses pour le sanctuaire de Yahuah.

[33] Les enfants d'Israël apportèrent chacun ce qu'il possédait pour le sanctuaire : or, argent, cuivre, et tout ce qui était utile.

[34] Les artisans habiles entreprirent la construction du sanctuaire selon les ordres de Yahuah.

[35] La construction du tabernacle fut achevée en cinq mois, et les enfants d'Israël exécutèrent tout ce que Yahuah avait commandé à Moïse.

[36] Ils apportèrent le sanctuaire et son mobilier à Moïse, exactement selon le modèle montré par Yahuah.

[37] Moïse examina l'ouvrage et vit qu'il avait été réalisé comme Yahuah l'avait ordonné, et il bénit le peuple.

83 - Les Douze Espions

(Nombres 13)

[1] Au douzième mois, le vingt-troisième jour du mois, Moïse prit Aaron et ses fils, les habilla de leurs vêtements, les oignit et fit pour eux comme l'Éternel lui avait commandé. Moïse offrit toutes les offrandes que l'Éternel lui avait ordonné ce jour-là.

[2] Moïse prit ensuite Aaron et ses fils et leur dit : Pendant sept jours, vous resterez à l'entrée du tabernacle, car c'est ce qui m'est commandé.

[3] Aaron et ses fils firent tout ce que l'Éternel leur avait commandé par Moïse, et ils restèrent sept jours à l'entrée du tabernacle.

[4] Le huitième jour, qui était le premier jour du premier mois, la deuxième année après le départ des Israélites d'Égypte, Moïse érigea le sanctuaire. Il installa tout le mobilier du tabernacle et tout le mobilier du sanctuaire et fit tout ce que l'Éternel lui avait commandé.

[5] Moïse appela Aaron et ses fils, et ils offrirent l'holocauste et le sacrifice pour le péché pour eux-mêmes et pour les enfants d'Israël, comme l'Éternel l'avait commandé à Moïse.

[6] Ce jour-là, les deux fils d'Aaron, Nadab et Abihu, prirent un feu étranger et l'apportèrent devant l'Éternel, ce qui ne leur avait pas été commandé. Un feu sortit de devant l'Éternel, les consuma, et ils moururent devant l'Éternel ce jour-là.

[7] Puis, le jour où Moïse avait achevé d'ériger le sanctuaire, les princes des enfants d'Israël commencèrent à apporter leurs offrandes devant l'Éternel pour la dédicace de l'autel.

[8] Ils apportèrent leurs offrandes, chaque prince pendant un jour, un prince par jour pendant douze jours.

[9] Toutes les offrandes qu'ils apportèrent, chaque homme dans son jour, comprenaient un plat d'argent de cent trente sicles, un bol d'argent de soixante-dix sicles selon le sicle du sanctuaire, tous deux remplis de fine farine mêlée d'huile pour une offrande de céréales.

[10] Une cuillère de dix sicles d'or, pleine d'encens.

[11] Un jeune taureau, un bélier, un agneau d'un an pour un holocauste.

[12] Et un bouc pour un sacrifice pour le péché.

[13] Et pour un sacrifice de paix, deux bœufs, cinq béliers, cinq boucs, cinq agneaux d'un an.

[14] Ainsi firent les douze princes d'Israël jour après jour, chaque homme dans son jour.

[15] Et après cela, le treizième jour du mois, Moïse commanda aux enfants d'Israël d'observer la Pâque.

[16] Les enfants d'Israël célébrèrent la Pâque en son temps, le quatorzième jour du mois, comme l'Éternel l'avait commandé à Moïse. Ainsi firent les enfants d'Israël.

[17] Et au deuxième mois, le premier jour du mois, l'Éternel parla à Moïse, disant :

[18] Recense tous les mâles des enfants d'Israël depuis l'âge de vingt ans et plus, toi et ton frère Aaron et les douze princes d'Israël.

[19] Moïse fit ainsi, et Aaron vint avec les douze princes d'Israël, et ils recensèrent les enfants d'Israël dans le désert de Sinaï.

[20] Le nombre des enfants d'Israël, par maisons de leurs pères, depuis l'âge de vingt ans et plus, était de six cent trois mille cinq cent cinquante.

[21] Mais les enfants de Lévi ne furent pas comptés parmi leurs frères, les enfants d'Israël.

[22] Le nombre de tous les mâles des enfants d'Israël, depuis l'âge d'un mois et plus, était de vingt-deux mille deux cent soixante-treize.

[23] Et le nombre des enfants de Lévi, depuis l'âge d'un mois et plus, était de vingt-deux mille.

[24] Moïse affecta les prêtres et les Lévites, chacun à son service et à sa charge, pour servir le sanctuaire de la tente d'assignation, comme l'Éternel l'avait commandé à Moïse.

[25] Et le vingtième jour du mois, la nuée se leva de sur la tente du témoignage.

[26] À ce moment-là, les enfants d'Israël poursuivirent leur voyage depuis le désert du Sinaï, et ils firent une marche de trois jours, et la nuée se reposa sur le désert de Paran ; là, la colère de l'Éternel s'enflamma contre Israël, car ils avaient provoqué l'Éternel en lui demandant de la viande à manger.

[27] Et l'Éternel écouta leur voix, et leur donna de la viande qu'ils mangèrent pendant un mois.

[28] Mais après cela, la colère de l'Éternel s'enflamma contre eux, et il les frappa d'une grande mortalité, et ils furent enterrés à cet endroit.

[29] Et les enfants d'Israël appelèrent cet endroit Kibroth-Hattaavah, parce qu'ils y enterrèrent le peuple qui avait convoité la chair.

[30] Ils partirent de Kibroth-Hattaavah et campèrent à Hazéroth, qui est dans le désert de Paran.

[31] Pendant que les enfants d'Israël étaient à Hazéroth, la colère de l'Éternel s'enflamma contre Miriam à cause de Moïse, et elle devint lépreuse, blanche comme neige.

[32] Elle fut mise à l'écart du camp pendant sept jours, jusqu'à ce qu'elle soit de nouveau acceptée après sa lèpre.

[33] Les enfants d'Israël partirent ensuite de Hazéroth et campèrent à l'extrémité du désert de Paran.

[34] À cette époque, l'Éternel parla à Moïse pour envoyer douze hommes des enfants d'Israël, un homme par tribu, pour explorer le pays de Canaan.

[35] Moïse envoya les douze hommes, et ils allèrent au pays de Canaan pour le rechercher et l'examiner, et ils explorèrent tout le pays depuis le désert de Sin jusqu'à Rehob, à l'entrée de Hamath.

[36] Et au bout de quarante jours, ils revinrent vers Moïse et Aaron, et leur rapportèrent ce qu'ils avaient dans le cœur, et dix des hommes firent un mauvais rapport aux enfants d'Israël sur le pays qu'ils avaient exploré, disant : Il vaut mieux pour nous retourner en Égypte que d'aller dans ce pays, un pays qui dévore ses habitants.

[37] Mais Josué, fils de Nun, et Caleb, fils de Jephunné, qui faisaient partie de ceux qui avaient exploré le pays, dirent : Le pays est extrêmement bon.

[38] Si l'Éternel nous est favorable, alors il nous amènera dans ce pays et nous le donnera, un pays où coulent le lait et le miel.

[39] Mais les enfants d'Israël n'écoutèrent pas et prêtèrent l'oreille aux paroles des dix hommes qui avaient fait un mauvais rapport sur le pays.

[40] L'Éternel entendit les murmures des enfants d'Israël et se mit en colère et jura, en disant :

[41] Sûrement, aucun homme de cette génération mauvaise ne verra le pays, depuis l'âge de vingt ans et plus, à l'exception de Caleb, fils de Jephunné, et Josué, fils de Nun.

[42] Mais sûrement cette génération mauvaise périra dans ce désert, et leurs enfants viendront dans le pays et le posséderont ; ainsi la colère de l'Éternel s'enflamma contre Israël, et il les fit errer dans le désert pendant quarante ans jusqu'à la fin de cette génération mauvaise, parce qu'ils n'avaient pas suivi l'Éternel.

[43] Et le peuple séjourna longtemps dans le désert de Paran, puis ils continuèrent leur chemin à travers le désert par le chemin de la mer Rouge.

84 - La Rébellion de Korah

(Nombres 16)

[1] À cette époque, après la peste, l'Éternel dit à Moïse et à Éléazar, fils d'Aaron le prêtre, en disant,

[2] Faites le dénombrement de toute la communauté des enfants d'Israël, depuis l'âge de vingt ans et plus, tous ceux qui sont aptes à partir à l'armée.

[3] Moïse et Éléazar dénombrèrent les enfants d'Israël selon leurs familles, et le nombre total d'Israël était de sept cent mille, sept cent trente.

[4] Le nombre des enfants de Lévi, depuis l'âge d'un mois et plus, était de vingt-trois mille, et parmi eux, il n'y avait pas un homme de ceux qui avaient été dénombrés par Moïse et Aaron dans le désert de Sinaï.

[5] Car l'Éternel leur avait dit qu'ils mourraient dans le désert, donc ils moururent tous, et il ne resta d'eux, sauf Caleb fils de Jephunné, et Josué fils de Nun.

[6] Et après cela, l'Éternel dit à Moïse : Dis aux enfants d'Israël de se venger sur les Madianites de la cause de leurs frères, les enfants d'Israël.

[7] Moïse fit ainsi, et les enfants d'Israël choisirent parmi eux douze mille hommes, mille par tribu, et ils allèrent contre Madian.

[8] Les enfants d'Israël combattirent contre Madian, tuèrent tous les mâles, ainsi que les cinq princes de Madian, et Balaam fils de Beor, ils le tuèrent par l'épée.

[9] Les enfants d'Israël prirent captives les femmes de Madian, avec leurs petits enfants et leurs troupeaux, et tout ce qui leur appartenait.

[10] Ils prirent tout le butin et toute la proie, et les apportèrent à Moïse et à Éléazar dans les plaines de Moab.

[11] Moïse et Éléazar et tous les princes de la congrégation sortirent à leur rencontre avec joie.

[12] Ils partagèrent tout le butin de Madian, et les enfants d'Israël se vengèrent sur Madian de la cause de leurs frères, les enfants d'Israël.

[13] Ainsi, les enfants d'Israël passèrent à côté du désert de Moab pendant dix-neuf ans, sans les combattre.

[14] Dans la trente-sixième année après le départ des enfants d'Israël d'Égypte, l'Éternel frappa le cœur de Sihon, roi des Amorites, qui déclara la guerre et partit combattre les enfants de Moab.

[15] Sihon envoya des messagers à Béor fils de Janéas, fils de Balaam, conseiller du roi d'Égypte, et à Balaam son fils, pour maudire Moab, afin qu'il soit livré entre les mains de Sihon.

[16] Les messagers allèrent chercher Béor fils de Janéas et Balaam son fils à Pethor en Mésopotamie. Ainsi, Béor et Balaam son fils vinrent à la ville de Sihon et maudirent Moab et leur roi devant Sihon roi des Amorites.

[17] Sihon sortit avec toute son armée, alla contre Moab et les combattit, les soumit, et l'Éternel les livra entre ses mains. Sihon tua le roi de Moab.

[18] Sihon prit toutes les villes de Moab lors de la bataille ; il prit aussi Heshbon qui était l'une des villes de Moab, et il plaça ses princes et ses nobles à Heshbon, qui appartenait à Sihon en ces jours-là.

[19] Par conséquent, les parabolistes Béor et Balaam son fils prononcèrent ces mots, disant : "Venez à Heshbon, la ville de Sihon sera construite et établie.

[20] Malheur à toi Moab ! Tu es perdu, ô peuple de Kemosh ! Voici, il est écrit dans le livre de la loi de Dieu.

[21] Lorsque Sihon eut conquis Moab, il plaça des gardes dans les villes qu'il avait prises à Moab, et un grand nombre d'enfants de Moab tombèrent au combat entre les mains de Sihon, et il fit un grand butin d'eux, fils et filles, et Il tua leur roi ; ainsi Sihon retourna à sa propre terre.

[22] Sihon donna de nombreux présents d'argent et d'or à Béor et à Balaam son fils, et il les renvoya, et ils allèrent à la Mésopotamie, chez eux et dans leur pays.

[23] À cette époque, tous les enfants d'Israël passèrent à côté du chemin du désert de Moab, et revinrent et encerclèrent le désert d'Édom.

[24] Ainsi, toute la congrégation vint au désert de Sin, au premier mois de la quarantième année depuis leur départ d'Égypte, et les enfants d'Israël habitèrent là à Kadès, dans le désert de Sin, et Miriam mourut là et fut enterrée là.

[25] À ce moment, Moïse envoya des messagers à Hadad, roi d'Édom, disant : Ainsi dit ton frère Israël, Laisse-moi passer, je te prie, à travers ton pays, nous ne passerons ni par les champs ni par les vignobles, nous ne boirons pas l'eau des puits ; nous marcherons sur la route du roi.

[26] Édom lui dit : Tu ne passeras pas par mon pays," et Édom sortit à la rencontre des enfants d'Israël avec une puissante armée.

[27] Les enfants d'Ésaü refusèrent de laisser passer les enfants d'Israël par leur terre, alors les Israélites s'éloignèrent d'eux et ne les combattirent pas.

[28] Car auparavant, l'Éternel avait commandé aux enfants d'Israël, en disant : "Vous ne combattrez pas contre les enfants d'Ésaü", donc les Israélites s'éloignèrent d'eux et ne les combattirent pas.

[29] Ainsi, les enfants d'Israël partirent de Kadès, et tout le peuple vint au mont Hor.

[30] À ce moment-là, l'Éternel dit à Moïse : "Dis à ton frère Aaron qu'il mourra là, car il n'entrera pas dans le pays que j'ai donné aux enfants d'Israël."

[31] Et Aaron monta, sur l'ordre de l'Éternel, au mont Hor, la quarantième année, au cinquième mois, le premier jour du mois.

[32] Aaron avait cent vingt-trois ans lorsqu'il mourut au mont Hor.

85 - Les Moabites Séduisent Israël

(Nombres 25)

[1] Le roi Arad le Cananéen, qui habitait dans le sud, apprit que les Israélites étaient venus par le chemin des espions, et il organisa ses forces pour combattre les Israélites.

[2] Les enfants d'Israël eurent très peur de lui, car il avait une grande et lourde armée, donc les enfants d'Israël décidèrent de retourner en Égypte.

[3] Les enfants d'Israël firent demi-tour sur une distance de trois jours de marche jusqu'à Maserath Beni Jaakon, car ils avaient très peur du roi Arad.

[4] Les enfants d'Israël ne retournèrent pas à leurs places, donc ils restèrent à Beni Jaakon pendant trente jours.

[5] Lorsque les enfants de Lévi virent que les enfants d'Israël ne retournaient pas, ils furent jaloux pour l'amour de l'Éternel, et ils se levèrent et combattirent contre les Israélites leurs frères, et en tuèrent un grand nombre, et les forcèrent à retourner à leur place, le mont Hor.

[6] Lorsqu'ils retournèrent, le roi Arad était toujours en train d'organiser son armée pour combattre les Israélites.

[7] Israël fit un vœu, disant : Si tu livres ce peuple entre mes mains, alors je détruirai totalement leurs villes.

[8] L'Éternel écouta la voix d'Israël, et il livra les Cananéens entre leurs mains, et il les détruisit totalement, eux et leurs villes, et il appela ce lieu Hormah.

[9] Les enfants d'Israël partirent du mont Hor et campèrent à Oboth, et de Oboth, ils campèrent à Ije-abarim, à la frontière de Moab.

[10] Les enfants d'Israël envoyèrent dire à Moab : Laisse-nous passer maintenant par ton pays pour aller à notre place, mais les enfants de Moab ne permirent pas aux enfants d'Israël de passer par leur pays, car les enfants de Moab avaient très peur de ce que les enfants d'Israël pourraient leur faire, comme Sihon, roi des Amorites, leur avait fait, qui avait pris leur terre et en avait tué beaucoup.

[11] C'est pourquoi Moab ne permit pas aux Israélites de passer par son pays, et l'Éternel commanda aux enfants d'Israël de ne pas combattre contre Moab, alors les Israélites s'éloignèrent de Moab.

[12] Les enfants d'Israël partirent de la frontière de Moab et vinrent de l'autre côté de l'Arnon, la frontière de Moab, entre Moab et les Amorites, et ils campèrent à la frontière de Sihon, roi des Amorites, dans le désert de Kedemoth.

[13] Les enfants d'Israël envoyèrent des messagers à Sihon, roi des Amorites, en disant :

[14] Laisse-nous passer par ton pays, nous ne nous écarterons ni dans les champs ni dans les vignes, nous irons par le chemin du roi jusqu'à ce que nous ayons passé ta frontière, mais Sihon ne permit pas aux Israélites de passer.

[15] Alors Sihon rassembla tout le peuple des Amorites et sortit dans le désert à la rencontre des enfants d'Israël, et il combattit contre Israël à Jahaz.

[16] L'Éternel livra Sihon, roi des Amorites, entre les mains des enfants d'Israël, et Israël frappa tout le peuple de Sihon par le tranchant de l'épée et vengea la cause de Moab.

[17] Les enfants d'Israël prirent possession de la terre de Sihon depuis Aram jusqu'à Jabok, jusqu'aux enfants d'Ammon, et ils prirent tout le butin des villes.

[18] Israël prit toutes ces villes, et Israël habita dans toutes les villes des Amorites.

[19] Et tous les enfants d'Israël décidèrent de combattre contre les enfants d'Ammon pour prendre aussi leur terre.

[20] Alors l'Éternel dit aux enfants d'Israël : N'assiégez pas les enfants d'Ammon, et ne provoquez pas de bataille contre eux, car je ne vous donnerai rien de leur terre. Et les enfants d'Israël écoutèrent la parole de l'Éternel et ne combattirent pas contre les enfants d'Ammon.

[21] Les enfants d'Israël se tournèrent et montèrent par le chemin de Basan vers le pays d'Og, roi de Basan. Og, le roi de Basan, sortit à la rencontre des Israélites pour combattre, et il avait avec lui de nombreux hommes vaillants et une force très puissante du peuple des Amorites.

[22] Og, roi de Basan, était un homme très puissant, mais Naaron, son fils, était extrêmement puissant, encore plus que lui.

[23] Og dit dans son cœur : Voici, tout le camp d'Israël occupe un espace de trois parasangs ; je vais les frapper d'un coup, sans épée ni lance.

[24] Og monta sur le mont Jahaz et en prit une grande pierre, don't la longueur était de trois parasangs, et il la plaça sur sa tête, résolu à la jeter sur le camp des enfants d'Israël, pour frapper tous les Israélites avec cette pierre.

[25] L'ange de l'Éternel vint et perça la pierre sur la tête d'Og, et la pierre tomba sur le cou d'Og, de sorte qu'Og tomba à terre à cause du poids de la pierre sur son cou.

[26] À ce moment, l'Éternel dit aux enfants d'Israël : Ne craignez pas, car je l'ai livré, lui, tout son peuple et tout son pays, entre vos mains, et vous lui ferez comme vous avez fait à Sihon.

[27] Moïse descendit vers lui avec un petit nombre des enfants d'Israël, et Moïse frappa Og avec un bâton aux chevilles de ses pieds et le tua.

[28] Les enfants d'Israël poursuivirent ensuite les enfants d'Og et tout son peuple, et les battirent et les détruisirent jusqu'à ce qu'il n'en reste aucun.

[29] Moïse envoya ensuite certains des enfants d'Israël espionner Jaazer, car Jaazer était une ville très renommée.

[30] Les espions allèrent à Jaazer et l'explorèrent, et les espions se confièrent à l'Éternel et combattirent contre les hommes de Jaazer.

[31] Ces hommes prirent Jaazer et ses villages, et l'Éternel les livra entre leurs mains, et ils chassèrent les Amorites qui y étaient.

[32] Les enfants d'Israël prirent la terre des deux rois des Amorites, soixante villes qui étaient de l'autre côté du Jourdain, depuis le torrent d'Arnon jusqu'à la montagne de l'Hermon.

[33] Les enfants d'Israël voyagèrent et arrivèrent dans la plaine de Moab, qui est de ce côté du Jourdain, près de Jéricho.

[34] Les enfants de Moab entendirent tout le mal que les enfants d'Israël avaient fait aux deux rois des Amorites, Sihon et Og, alors tous les hommes de Moab eurent très peur des Israélites.

[35] Les anciens de Moab dirent : Voici, les deux rois des Amorites, Sihon et Og, qui étaient plus puissants que tous les rois de la terre, n'ont pas pu résister aux enfants d'Israël, comment pourrions-nous tenir devant eux ?

[36] Assurément, ils nous ont envoyé un message auparavant pour traverser notre pays sur leur chemin, et nous ne les avons pas laissé faire. Maintenant, ils se retourneront contre nous avec leurs lourdes épées et nous détruiront. Moab était angoissé à cause des enfants d'Israël et avait très peur d'eux. Ils se consultèrent sur ce qu'il fallait faire aux enfants d'Israël.

[37] Les anciens de Moab décidèrent et choisirent l'un des leurs, Balak fils de Zippor le Moabite, et le firent roi sur eux à ce moment-là. Balak était un homme très sage.

[38] Les anciens de Moab se levèrent et envoyèrent vers les enfants de Madian pour faire la paix avec eux, car il y avait eu une grande bataille et de l'hostilité en ces jours entre Moab et Madian, depuis les jours de Hadad fils de Bedad, roi d'Édom, qui avait frappé Madian dans le champ de Moab, jusqu'à ces jours.

[39] Les enfants de Moab envoyèrent aux enfants de Madian, et ils firent la paix avec eux. Les anciens de Madian vinrent au pays de Moab pour faire la paix au nom des enfants de Madian.

[40] Les anciens de Moab consultèrent avec les anciens de Madian sur ce qu'il fallait faire pour sauver leur vie d'Israël.

[41] Tous les enfants de Moab dirent aux anciens de Madian : Maintenant donc, les enfants d'Israël lèchent tout ce qui est autour de nous, comme le bœuf lèche l'herbe du champ, car c'est ainsi qu'ils ont fait aux deux rois des Amorites qui étaient plus forts que nous.

[42] Les anciens de Madian dirent à Moab : Nous avons entendu qu'au moment où Sihon, roi des Amorites, a combattu contre vous, lorsqu'il a prévalu sur vous et a pris votre terre, il avait envoyé chercher Béor fils de Janeas et Balaam son fils de Mésopotamie, et ils sont venus et vous ont maudits; c'est pourquoi la main de Sihon a prévalu sur vous, qu'il a pris votre terre.

[43] Maintenant donc, envoyez également chercher Balaam son fils, car il est toujours dans son pays, et donnez-lui son salaire, afin qu'il vienne et maudisse tous les peuples don't vous avez peur. Ainsi, les anciens de Moab entendirent cela et cela leur plut d'envoyer chercher Balaam fils de Béor.

[44] Balak fils de Zippor, roi de Moab, envoya des messagers à Balaam, en disant :

[45] Voici, un peuple est sorti d'Égypte, voici, il couvre la face de la terre et se tient en face de moi.

[46] Maintenant donc, viens et maudis ce peuple pour moi, car ils sont trop puissants pour moi. Peut-être que je pourrai les combattre et les chasser, car j'ai entendu dire que celui que tu bénis est béni, et celui que tu maudis est maudit.

[47] Ainsi, les messagers de Balak allèrent vers Balaam et l'amenèrent pour maudire le peuple afin de combattre contre Moab.

[48] Balaam vint vers Balak pour maudire Israël, mais l'Éternel dit à Balaam : Ne maudis pas ce peuple, car il est béni.

[49] Balak pressa Balaam jour après jour de maudire Israël, mais Balaam n'écouta pas Balak à cause de la parole de l'Éternel qu'il avait dite à Balaam.

[50] Lorsque Balak vit que Balaam ne cédait pas à son souhait, il se leva et s'en alla chez lui, et Balaam retourna également dans son pays et partit de là vers Madian.

[51] Les enfants d'Israël quittèrent la plaine de Moab et campèrent près du Jourdain, de Beth-jesimoth jusqu'à Abel-Shittim, à l'extrémité des plaines de Moab.

[52] Lorsque les enfants d'Israël séjournaient dans la plaine de Shittim, ils commencèrent à se prostituer avec les filles de Moab.

[53] Les enfants d'Israël s'approchèrent de Moab, et les enfants de Moab dressèrent leurs tentes en face du camp des enfants d'Israël.

[54] Les enfants de Moab avaient peur des enfants d'Israël, et ils prirent toutes leurs filles et leurs femmes, belles et de belle apparence, et les habillèrent d'or, d'argent et de vêtements coûteux.

[55] Les enfants de Moab placèrent ces femmes à l'entrée de leurs tentes, afin que les enfants d'Israël les voient, se tournent vers elles et ne combattent pas contre Moab.

[56] Tous les enfants de Moab firent cela aux enfants d'Israël, et chaque homme plaça sa femme et sa fille à l'entrée de sa tente, et tous les enfants d'Israël virent l'acte des enfants de Moab, et ils se tournèrent vers les filles de Moab, les convoitèrent et allèrent vers elles.

[57] Lorsqu'un Hébreu s'approchait de l'entrée de la tente de Moab et voyait une fille de Moab, la désirait dans son cœur et lui parlait à l'entrée de la tente de ce qu'il désirait, pendant qu'ils parlaient ensemble, les hommes de la tente sortaient et parlaient à l'Hébreu avec des mots semblables à ceux-ci :

[58] Tu sais sûrement que nous sommes frères, nous sommes tous descendants de Lot et descendants d'Abraham son frère, pourquoi alors ne resterais-tu pas avec nous, et pourquoi ne mangerais-tu pas de notre pain et de nos sacrifices ?

[59] Lorsque les enfants de Moab l'avaient ainsi submergé de leurs discours et séduit par leurs paroles flatteuses, ils l'asseyaient dans la tente, cuisinaient et sacrifiaient pour lui, et il mangeait de leur sacrifice et de leur pain.

[60] Ils lui donnaient ensuite du vin à boire, il buvait et s'enivrait, et ils plaçaient devant lui une belle demoiselle, et il faisait avec elle ce qu'il voulait, car il ne savait pas ce qu'il faisait, ayant bu abondamment de vin.

[61] Ainsi firent les enfants de Moab à Israël en ce lieu, dans la plaine de Shittim, et la colère de l'Éternel s'enflamma contre Israël à cause de cette affaire, et il envoya une épidémie parmi eux, et il mourut des enfants d'Israël vingt-quatre mille hommes.

[62] Il y avait là un homme des enfants de Siméon, nommé Zimri, fils de Salu, qui s'unit à la Midianite Cosbi, fille de Zur, roi de Madian, aux yeux de tous les enfants d'Israël.

[63] Phinées, fils d'Éléazar, fils d'Aaron, le prêtre, vit cet acte mauvais que Zimri avait commis, et il prit une lance, se leva et les poursuivit, les transperça tous les deux et les tua, et la peste cessa parmi les enfants d'Israël.

86 - Israël Attaque Madian

(Nombres 31)

[1] En ce temps-là, après la peste, l'Éternel dit à Moïse et à Éléazar, fils d'Aaron le prêtre, en disant :

[2] Faites le dénombrement de toute l'assemblée des enfants d'Israël, depuis l'âge de vingt ans et au-dessus, tous ceux aptes à partir à l'armée.

[3] Et Moïse et Éléazar dénombrèrent les enfants d'Israël selon leurs familles, et le nombre total d'Israël fut de sept cent mille sept cent trente.

[4] Et le nombre des enfants de Lévi, depuis l'âge d'un mois et au-dessus, était de vingt-trois mille, et parmi eux, il n'y avait pas un homme de ceux qui avaient été dénombrés par Moïse et Aaron dans le désert de Sinaï.

[5] Car l'Éternel leur avait dit qu'ils mourraient dans le désert, donc ils moururent tous, et il n'en resta aucun d'entre eux, sauf Caleb fils de Jephunné, et Josué fils de Nun.

[6] Et après cela, l'Éternel dit à Moïse : Dis aux enfants d'Israël de se venger sur Midian de la cause de leurs frères, les enfants d'Israël.

[7] Et Moïse fit ainsi, et les enfants d'Israël choisirent parmi eux douze mille hommes, mille par tribu, et ils allèrent contre Midian.

[8] Et les enfants d'Israël combattirent contre Midian, et ils tuèrent tous les mâles, aussi les cinq princes de Midian, et Balaam fils de Beor, ils le tuèrent par l'épée.

[9] Et les enfants d'Israël prirent captives les femmes de Midian, avec leurs petits enfants et leurs troupeaux, et tout ce qui leur appartenait.

[10] Et ils prirent tout le butin et toute la proie, et ils l'apportèrent à Moïse et à Éléazar dans les plaines de Moab.

[11] Et Moïse, Éléazar et tous les princes de l'assemblée sortirent à leur rencontre avec joie.

[12] Et ils partagèrent tout le butin de Midian, et les enfants d'Israël s'étaient vengés sur Midian pour la cause de leurs frères, les enfants d'Israël.

87 - La Mort de Moïse

(Deutéronome 34)

[1] À cette époque, l'Éternel dit à Moïse : Voici, tes jours approchent de leur fin, prends maintenant Josué, fils de Nun, ton serviteur, et place-le dans le tabernacle, et je lui donnerai mes ordres. Et Moïse fit ainsi.

[2] Et l'Éternel apparut dans le tabernacle dans une colonne de nuée, et la colonne de nuée se tint à l'entrée du tabernacle.

[3] Et l'Éternel commanda à Josué, fils de Nun, et lui dit : Sois fort et courageux, car tu feras entrer les enfants d'Israël dans le pays que j'ai juré de leur donner, et je serai avec toi.

[4] Et Moïse dit à Josué : Sois fort et courageux, car c'est toi qui feras hériter le pays aux enfants d'Israël, et l'Éternel sera avec toi, il ne te délaissera ni ne t'abandonnera, ne crains pas et ne te laisse pas abattre.

[5] Et Moïse appela tous les enfants d'Israël et leur dit : Vous avez vu tout le bien que l'Éternel votre Dieu a fait pour vous dans le désert.

[6] Maintenant, observez donc toutes les paroles de cette loi, et marchez dans la voie de l'Éternel votre Dieu, ne vous écartez pas de la voie que l'Éternel vous a commandée, ni à droite ni à gauche.

[7] Et Moïse enseigna aux enfants d'Israël des statuts et des jugements et des lois à suivre dans le pays, comme l'Éternel lui avait commandé.

[8] Et il leur enseigna la voie de l'Éternel et ses lois ; voici, elles sont écrites sur le livre de la loi de Dieu qu'il a donné aux enfants d'Israël par la main de Moïse.

[9] Et Moïse acheva de commander aux enfants d'Israël, et l'Éternel lui dit : Monte sur la montagne d'Abarim et meurs là, et tu seras recueilli auprès de ton peuple, comme Aaron, ton frère, a été recueilli.

[10] Et Moïse monta comme l'Éternel lui avait commandé, et il mourut là, dans le pays de Moab, par ordre de l'Éternel, la quarantième année après la sortie des Israélites du pays d'Égypte.

[11] Et les enfants d'Israël pleurèrent Moïse dans les plaines de Moab pendant trente jours, et les jours de pleurs et de deuil pour Moïse furent achevés.

88 - Josué Traverse le Jourdain
(Josué 3)

[1] Et ce fut après la mort de Moïse que l'Éternel dit à Josué, fils de Nun, en disant,

[2] Lève-toi et passe le Jourdain vers la terre que j'ai donnée aux enfants d'Israël, et tu feras hériter aux enfants d'Israël la terre.

[3] Tout lieu que foulera la plante de vos pieds sera à vous, depuis le désert du Liban jusqu'au grand fleuve, le fleuve de l'Euphrate, sera ta limite.

[4] Aucun homme ne pourra se dresser contre toi tous les jours de ta vie ; comme j'étais avec Moïse, ainsi je serai avec toi, seulement sois fort et courageux pour observer toute la loi que Moïse t'a commandée, ne te détourne pas de la voie ni à droite ni à gauche, afin que tu prospères dans tout ce que tu entreprendras.

[5] Et Josué donna l'ordre aux officiers d'Israël, en disant : Passez dans le camp et commandez au peuple, en disant : Préparez-vous des provisions, car dans trois jours de plus vous passerez le Jourdain pour posséder la terre.

[6] Et les officiers des enfants d'Israël firent ainsi, et ils commandèrent au peuple et ils firent tout ce que Josué avait commandé.

[7] Et Josué envoya deux hommes pour espionner le pays de Jéricho, et les hommes allèrent et espionnèrent Jéricho.

[8] Et au bout de sept jours, ils revinrent à Josué dans le camp et lui dirent : L'Éternel a livré tout le pays entre nos mains, et les habitants en ont fondu de peur à cause de nous.

[9] Et il arriva qu'après cela, Josué se leva le matin, et tout Israël avec lui, et ils partirent de Shittim, et Josué et tout Israël avec lui passèrent le Jourdain ; et Josué était âgé de quatre-vingt-deux ans lorsqu'il passa le Jourdain avec Israël.

[10] Et le peuple monta depuis le Jourdain le dixième jour du premier mois, et ils campèrent à Guilgal, à l'angle oriental de Jéricho.

[11] Et les enfants d'Israël célébrèrent la Pâque à Guilgal, dans les plaines de Jéricho, le quatorzième jour du mois, comme il est écrit dans la loi de Moïse.

[12] Et la manne cessa à cette époque, le lendemain de la Pâque, et il n'y eut plus de manne pour les enfants d'Israël, et ils mangèrent des produits de la terre de Canaan.

[13] Et Jéricho était complètement fermée contre les enfants d'Israël, personne ne sortait ni n'entrait.

[14] Et ce fut au deuxième mois, le premier jour du mois, que l'Éternel dit à Josué : Lève-toi, voici, j'ai livré Jéricho entre tes mains avec tout le peuple qui s'y trouve ; et tous tes hommes de guerre feront le tour de la ville, une fois par jour, ainsi ferez-vous pendant six jours.

[15] Et les prêtres sonneront des trompettes, et quand vous entendrez le son de la trompette, tout le peuple poussera un grand cri, et les murs de la ville tomberont ; tout le peuple montera, chaque homme droit devant lui.

[16] Et Josué fit selon tout ce que l'Éternel lui avait commandé.

[17] Et le septième jour, ils firent le tour de la ville sept fois, et les prêtres sonnèrent des trompettes.

[18] Et à la septième ronde, Josué dit au peuple : Criez, car l'Éternel a livré toute la ville entre nos mains.

[19] Seulement la ville et tout ce qu'elle contient seront dévoués à l'Éternel, et gardez-vous de l'objet dévoué, de peur que vous ne rendiez le camp d'Israël dévoué et que vous ne le mettiez en trouble.

[20] Mais tout l'argent, l'or, le bronze et le fer seront consacrés à l'Éternel, ils entreront dans le trésor de l'Éternel.

[21] Et le peuple sonna des trompettes et poussa un grand cri, et les murs de Jéricho s'effondrèrent, et tout le peuple monta, chaque homme droit devant lui, et ils prirent la ville et détruisirent entièrement tout ce qui était dedans, homme et femme, jeune et vieux, bœuf, mouton et âne, par le tranchant de l'épée.

[22] Et ils brûlèrent toute la ville par le feu ; seuls les récipients d'argent et d'or, de bronze et de fer, furent mis dans le trésor de l'Éternel.

[23] Et Josué jura à ce moment-là, en disant : Maudit soit l'homme qui rebâtira Jéricho ; il posera ses fondations sur son premier-né, et sur son plus jeune fils il dressera ses portes.

[24] Et Acan, fils de Carmi, fils de Zabdi, fils de Zérach, de la tribu de Juda, agit traîtreusement avec l'objet dévoué, et il prit de l'objet dévoué et le cacha dans sa tente, et la colère de l'Éternel s'enflamma contre Israël.

[25] Et après cela, lorsque les enfants d'Israël étaient revenus de la destruction de Jéricho, Josué envoya des hommes pour espionner également Aï, et pour la combattre.

[26] Et les hommes montèrent et espionnèrent Aï, et ils revinrent et dirent : Ne monte pas tout le peuple avec toi à Aï, mais seulement environ trois mille hommes pour frapper la ville, car les hommes y sont peu nombreux.

[27] Et Josué fit ainsi, et il monta avec lui environ trois mille hommes des enfants d'Israël, et ils combattirent contre les hommes d'Aï.

[28] Et la bataille fut sévère contre Israël, et les hommes d'Aï frappèrent trente-six hommes d'Israël, et les enfants d'Israël s'enfuirent devant les hommes d'Aï.

[29] Et lorsque Josué vit cela, il déchira ses vêtements et tomba sur son visage à terre devant l'Éternel, lui et les anciens d'Israël, et ils mirent de la poussière sur leurs têtes.

[30] Et Josué dit : Pourquoi, ô Éternel, as-tu fait passer ce peuple le Jourdain ? Que dirai-je, après que les Israélites ont tourné le dos à leurs ennemis ?

[31] Maintenant donc, tous les Cananéens, habitants du pays, entendront cela, et nous entoureront et retrancheront notre nom.

[32] Et l'Éternel dit à Josué : Pourquoi es-tu tombé sur ton visage ? lève-toi, retire-toi, car les Israélites ont péché et ont pris de l'objet dévoué ; Je ne serai plus avec eux à moins qu'ils ne détruisent l'objet dévoué parmi eux.

[33] Et Josué se leva et assembla le peuple, et amena l'Urim par ordre de l'Éternel, et la tribu de Juda fut prise, et Acan, fils de Carmi, fut pris.

[34] Et Josué dit à Acan : Dis-moi, mon fils, qu'as-tu fait ? Et Acan dit : J'ai vu parmi le butin un beau manteau de Schinear, et deux cents sicles d'argent, et un lingot d'or de cinquante sicles de poids ; je les ai convoités et pris, et voici, ils sont cachés dans la terre au milieu de ma tente.

[35] Et Josué envoya des hommes qui allèrent les prendre dans la tente d'Acan, et ils les apportèrent à Josué.

[36] Et Josué prit Acan et ces ustensiles, et ses fils et ses filles et tout ce qui lui appartenait, et ils les emmenèrent dans la vallée d'Acor.

[37] Et Josué les brûla là par le feu, et tous les Israélites lapidèrent Acan de pierres, et ils élevèrent sur lui un grand tas de pierres ; c'est pourquoi il appela ce lieu la vallée d'Acor, ainsi la colère de l'Éternel fut apaisée, et Josué retourna combattre contre la ville.

[38] Et l'Éternel dit à Josué : Ne crains point, ne sois point effrayé, voici, j'ai livré entre tes mains Aï, son roi et son peuple, et tu leur feras comme tu as fait à Jéricho et à son roi, seulement le butin et les bêtes, vous les prendrez pour vous ; dresse une embuscade derrière la ville.

[39] Josué fit donc selon la parole de l'Éternel, et il choisit parmi les fils de guerre trente mille hommes vaillants, et il les envoya, et ils se mirent en embuscade derrière la ville.

[40] Et il leur commanda, en disant : Lorsque vous nous verrez fuir devant eux avec ruse, ils nous poursuivront, alors vous surgirez de l'embuscade et prendrez la ville, et ils firent ainsi.

[41] Et Josué combattit, et les hommes de la ville sortirent vers Israël, ne sachant pas qu'ils étaient en embuscade derrière la ville.

[42] Et Josué et tous les Israélites se firent passer pour fatigués devant eux, et ils s'enfuirent par le chemin du désert avec ruse.

[43] Et les hommes d'Aï rassemblèrent tout le peuple qui était dans la ville pour poursuivre les Israélites, et ils sortirent et furent attirés loin de la ville, et pas un ne resta, et ils laissèrent la ville ouverte et poursuivirent les Israélites.

[44] Et ceux qui étaient en embuscade se levèrent de leurs places, et se hâtèrent de venir à la ville et la prirent et y mirent le feu, et les hommes d'Aï se retournèrent, et voici, la fumée de la ville montait vers le ciel, et ils n'avaient aucun moyen de s'échapper ni d'un côté ni de l'autre.

[45] Et tous les hommes d'Aï étaient au milieu d'Israël, certains de ce côté et d'autres de celui-là, et ils les frappèrent de sorte qu'aucun d'eux ne resta.

[46] Et les enfants d'Israël prirent vivant Melosh, roi d'Aï, et l'amenèrent à Josué, et Josué le pendit à un arbre et il mourut.

[47] Et les enfants d'Israël retournèrent à la ville après l'avoir brûlée, et ils frappèrent tous ceux qui étaient dedans par le tranchant de l'épée.

[48] Et le nombre de ceux qui tombèrent, hommes et femmes, de la ville d'Aï, fut de douze mille ; seulement le bétail et le butin de la ville, ils les prirent pour eux, selon la parole de l'Éternel à Josué.

[49] Et tous les rois de ce côté du Jourdain, tous les rois de Canaan, entendirent le mal que les enfants d'Israël avaient fait à Jéricho et à Aï, et ils se rassemblèrent pour combattre contre Israël.

[50] Seuls les habitants de Gabaon eurent grand peur de combattre contre les Israélites de peur de périr, ils agirent donc avec ruse, et ils vinrent à Josué et à tout Israël, et leur dirent : Nous venons d'un pays lointain, faites donc maintenant une alliance avec nous.

[51] Et les habitants de Gabaon dépassèrent les enfants d'Israël, et les enfants d'Israël firent alliance avec eux, et ils firent la paix avec eux, et les princes de l'assemblée leur jurèrent, mais par la suite les enfants d'Israël surent qu'ils étaient leurs voisins et qu'ils habitaient parmi eux.

[52] Mais les enfants d'Israël ne les tuèrent pas, car ils leur avaient juré par l'Éternel, et ils devinrent des coupeurs de bois et des puiseurs d'eau.

[53] Et Josué leur dit : Pourquoi nous avez-vous trompés, en faisant cela contre nous ? Et ils lui répondirent : Parce qu'il a été rapporté à tes serviteurs tout ce que tu avais fait à tous les rois des Amorites, et nous avons eu très peur pour nos vies, et nous avons fait cette chose.

[54] Et Josué les établit ce jour-là pour couper du bois et puiser de l'eau, et il les répartit comme esclaves entre toutes les tribus d'Israël.

[55] Et lorsque Adoni-Tsédek, roi de Jérusalem, entendit tout ce que les enfants d'Israël avaient fait à Jéricho et à Aï, il envoya à Hoham, roi d'Hébron, à Piram, roi de Jarmuth, à Japhia, roi de Lakis, et à Debir, roi d'Eglon, en disant :

[56] Montez vers moi et aidez-moi, afin que nous frappions les enfants d'Israël et les habitants de Gabaon qui ont fait la paix avec les enfants d'Israël.

[57] Et ils se rassemblèrent et les cinq rois des Amorites montèrent, eux et tous leurs camps, un peuple nombreux comme le sable qui est sur le bord de la mer.

[58] Et tous ces rois vinrent et campèrent devant Gabaon et commencèrent à combattre contre ses habitants, et tous les hommes de Gabaon envoyèrent dire à Josué : Monte vite vers nous et aide-nous, car tous les rois des Amorites qui habitent la montagne se sont rassemblés contre nous.

[59] Et Josué et tout le peuple de guerre montèrent depuis Guilgal, et Josué vint subitement sur eux, et frappa ces cinq rois d'une grande défaite.

[60] Et l'Éternel les mit en déroute devant Israël, qui leur infligea une grande défaite à Gabaon, les poursuivit par le chemin de la montée de Beth-Horon et les battit jusqu'à Azéka et Maqqéda.

[61] Et pendant qu'ils fuyaient devant Israël, sur la descente de Beth-Horon, l'Éternel lança du ciel sur eux de grandes pierres jusqu'à Azéka, et ils moururent. Il y en eut plus qui moururent des grêlons que les enfants d'Israël n'en tuèrent avec l'épée.

[62] Et les enfants d'Israël les poursuivirent et les battirent sur la route, continuant à les frapper.

[63] Et comme ils les frappaient, le jour baissait vers le soir, et Josué dit en présence de tout le peuple : Soleil, arrête-toi sur Gabaon, et toi, lune, dans la vallée d'Ajalon.

[64] Et l'Éternel écouta la voix de Josué, et le soleil s'arrêta au milieu du ciel et ne se hâta pas de se coucher pendant environ un jour entier.

[65] Il n'y eut jamais de jour semblable, ni avant ni après, où l'Éternel ait écouté la voix d'un homme, car l'Éternel combattait pour Israël.

89 – La Conquête de Canaan

(Josué 6-13)

[1] Alors Josué chanta ce cantique, le jour où l'Éternel livra les Amorites entre les mains de Josué et des enfants d'Israël, et il dit en présence de tout Israël,

[2] Tu as fait des choses puissantes, Ô Éternel, tu as accompli de grandes œuvres ; qui est semblable à toi ? Mes lèvres chanteront en ton nom.

[3] Ma bonté et ma forteresse, ma haute tour, je te chanterai un nouveau chant, avec reconnaissance je te chanterai, tu es la force de mon salut.

[4] Tous les rois de la terre te loueront, les princes du monde chanteront pour toi, les enfants d'Israël se réjouiront de ton salut, ils chanteront et loueront ta puissance.

[5] En toi, Ô Éternel, avons-nous eu confiance ; nous avons dit que tu es notre Dieu, car tu étais notre abri et notre forte tour contre nos ennemis.

[6] Nous avons crié vers toi et n'avons pas été confus, en toi nous avons eu confiance et avons été délivrés ; quand nous avons crié vers toi, tu as entendu notre voix, tu as délivré nos âmes de l'épée, tu nous as montré ta grâce, tu nous as donné ton salut, tu as réjoui nos cœurs par ta force.

[7] Tu es sorti pour notre salut, avec ton bras tu as racheté ton peuple ; tu nous as répondu depuis les cieux de ta sainteté, tu nous as sauvés des dizaines de milliers de personnes.

[8] Le soleil et la lune se sont arrêtés dans les cieux, et tu t'es dressé dans ta colère contre nos oppresseurs et as ordonné tes jugements sur eux.

[9] Tous les princes de la terre se sont levés, les rois des nations se sont rassemblés, ils n'ont pas été ébranlés à ta présence, ils ont désiré tes batailles.

[10] Tu t'es levé contre eux dans ta colère, et as abattu ta fureur sur eux ; tu les as détruits dans ta colère, et les as exterminés dans ton cœur.

[11] Les nations ont été consumées par ta fureur, les royaumes ont décliné à cause de ta colère, tu as blessé les rois au jour de ta colère.

[12] Tu as versé ta fureur sur eux, ta colère ardente les a saisis ; tu as retourné leur iniquité sur eux, et les as exterminés dans leur méchanceté.

[13] Ils ont tendu un piège, ils y sont tombés, dans le filet qu'ils ont caché, leur pied a été pris.

[14] Ta main était prête pour tous tes ennemis qui disaient : Par leur épée ils ont possédé la terre, par leur bras ils ont habité dans la ville ; tu as rempli leurs visages de honte, tu as abattu leurs cornes jusqu'à terre, tu les as terrifiés dans ta colère, et les as détruits dans ta fureur.

[15] La terre a tremblé et s'est secouée au son de ta tempête sur eux, tu n'as pas retenu leurs âmes de la mort, et as fait descendre leurs vies dans la tombe.

[16] Tu les as poursuivis dans ta tempête, tu les as consumés dans ton tourbillon, tu as changé leur pluie en grêle, ils sont tombés dans des fosses profondes de sorte qu'ils ne pouvaient pas se lever.

[17] Leurs cadavres étaient comme des ordures jetées au milieu des rues.

[18] Ils ont été consumés et détruits dans ta colère, tu as sauvé ton peuple par ta puissance.

[19] C'est pourquoi nos cœurs se réjouissent en toi, nos âmes s'exaltent dans ton salut.

[20] Nos langues raconteront ta force, nous chanterons et louerons tes œuvres merveilleuses.

[21] Car tu nous as sauvés de nos ennemis, tu nous as délivrés de ceux qui se sont révoltés contre nous, tu les as détruits devant nous et les as abattus sous nos pieds.

[22] Ainsi périront tous tes ennemis, ô Seigneur, et les méchants seront comme la paille emportée par le vent, et tes bien-aimés seront comme des arbres plantés près des eaux.

[23] Alors Josué et tout Israël avec lui retournèrent au camp à Guilgal, après avoir frappé tous les rois, sans qu'il n'en reste un seul survivant.

[24] Et les cinq rois s'enfuirent à pied du champ de bataille et se cachèrent dans une caverne, et Josué les chercha sur le champ de bataille, mais ne les trouva pas.

[25] Et on rapporta ensuite à Josué : « Les rois ont été trouvés, et voici, ils sont cachés dans une caverne. »

[26] Et Josué dit : « Placez des hommes à l'entrée de la caverne pour les garder, de peur qu'ils ne s'échappent. » Et les enfants d'Israël firent ainsi.

[27] Josué appela alors tout Israël et dit aux officiers de bataille : « Placez vos pieds sur le cou de ces rois, » et Josué dit : « Ainsi fera Yahuah à tous vos ennemis. »

[28] Puis Josué ordonna qu'ils tuent les rois et qu'ils les jettent dans la caverne, et qu'ils mettent de grandes pierres à l'entrée de la caverne.

[29] Josué se rendit ensuite avec tout le peuple ce jour-là à Makkéda, et il la frappa du tranchant de l'épée.

[30] Il détruisit complètement les âmes et tout ce qui appartenait à la ville, et il fit au roi et au peuple comme il avait fait à Jéricho.

[31] De là, il passa à Libna et combattit contre elle, et Yahuah la livra entre ses mains. Josué la frappa du tranchant de l'épée avec toutes les âmes qu'elle contenait, et il fit à elle et à son roi comme il avait fait à Jéricho.

[32] De là, il se rendit à Lakish pour combattre contre elle, et Horam, roi de Gaza, vint aider les hommes de Lakish, mais Josué le frappa, lui et son peuple, jusqu'à ce qu'il n'en reste plus un seul.

[33] Josué prit Lakish et tout son peuple, et il fit à elle comme il avait fait à Libna.

[34] De là, il passa à Églon, la prit également, et il la frappa ainsi que tout son peuple du tranchant de l'épée.

[35] Ensuite, il passa à Hébron, combattit contre elle, la prit et la détruisit complètement. Puis il retourna avec tout Israël à Debir, combattit contre elle et la frappa du tranchant de l'épée.

[36] Il détruisit chaque âme qui s'y trouvait, n'en laissant aucune, et il fit à elle et à son roi comme il avait fait à Jéricho.

[37] Josué frappa tous les rois des Amorites, de Kadès-Barnéa à Gaza, et il prit leur pays d'un seul coup, car Yahuah avait combattu pour Israël.

[38] Josué revint avec tout Israël au camp de Guilgal.

[39] À ce moment-là, Jabin, roi de Hazor, entendit tout ce que Josué avait fait aux rois des Amorites. Il envoya des messages à Jobab, roi de Madian, à Laban, roi de Shimron, à Jéphal, roi d'Aksaph, et à tous les rois des Amorites, disant :

[40] « Venez rapidement nous aider, afin que nous frappions les enfants d'Israël avant qu'ils ne viennent sur nous et ne nous fassent comme ils ont fait aux autres rois des Amorites. »

[41] Tous ces rois obéirent aux paroles de Jabin, roi de Hazor, et ils se rassemblèrent avec leurs camps, dix-sept rois, aussi nombreux que le sable de la mer, avec des chevaux et des chars innombrables. Ils campèrent ensemble près des eaux de Mérom pour combattre Israël.

[42] Et Yahuah dit à Josué : « Ne les crains pas, car demain à cette heure je les livrerai tous, morts, entre tes mains. Tu couperas les jarrets de leurs chevaux et brûleras leurs chars. »

[43] Josué et tous les hommes de guerre arrivèrent soudainement sur eux et les frappèrent, car Yahuah les avait livrés aux mains des enfants d'Israël.

[44] Les enfants d'Israël poursuivirent ces rois et leurs camps, les frappant jusqu'à ce qu'il n'en reste plus un seul. Josué leur fit comme Yahuah l'avait dit.

[45] Josué retourna à Hazor, la frappa avec l'épée, détruisit toutes les âmes qui s'y trouvaient, et la brûla par le feu.

[46] De là, il passa à Shimron et fit à elle comme il avait fait à Hazor.

[47] Puis il alla à Adullam, frappa tout son peuple et fit à Adullam comme il avait fait à Shimron et Hazor.

[48] Il frappa toutes les villes des rois qu'il avait vaincus, détruisant tous les survivants.

[49] Seuls le butin et le bétail furent pris comme proie, mais aucun être humain ne fut laissé en vie.

[50] Comme Yahuah l'avait commandé à Moïse, Josué et tout Israël accomplirent tout sans manquer à rien.

[51] Ainsi, Josué et les enfants d'Israël frappèrent tout le pays de Canaan, comme Yahuah l'avait ordonné, ainsi que leurs trente et un rois, prenant tout le territoire.

[52] Cela s'ajouta aux royaumes de Sihon et Og, de l'autre côté du Jourdain, où Moïse avait frappé plusieurs villes, qu'il donna aux Rubénites, aux Gadites, et à la moitié de la tribu de Manassé.

[53] Josué frappa tous les rois de ce côté du Jourdain et donna leurs terres en héritage aux neuf tribus et à la moitié de la tribu d'Israël.

[54] Pendant cinq ans, Josué mena la guerre contre ces rois, donnant leurs villes aux Israélites. Ainsi, le pays devint paisible, libre de combats dans toutes les villes des Amorites et des Cananéens.

90 - Josué Divise la Terre

(Josué 14-21)

[1] À cette époque, la cinquième année après que les enfants d'Israël eurent traversé le Jourdain, après que les enfants d'Israël se furent reposés de leur guerre contre les Cananéens, à cette époque, de grandes et sévères batailles se levèrent entre Édom et les enfants de Kittim, et les enfants de Kittim combattirent contre Édom.

[2] Et Abianus, roi de Kittim, sortit cette année-là, c'est-à-dire la trente et unième année de son règne, avec une grande force des puissants hommes des enfants de Kittim, et il alla à Séir pour combattre contre les enfants d'Ésaü.

[3] Et Hadad, le roi d'Édom, entendit parler de lui et sortit à sa rencontre avec un peuple nombreux et une force puissante, et il s'engagea dans la bataille avec lui dans le champ d'Édom.

[4] Et la main de Kittim prévalut sur les enfants d'Ésaü, et les enfants de Kittim tuèrent des enfants d'Ésaü, vingt-deux mille hommes, et tous les enfants d'Ésaü s'enfuirent devant eux.

[5] Et les enfants de Kittim les poursuivirent et atteignirent Hadad, roi d'Édom, qui courait devant eux, et ils l'attrapèrent vivant et l'amenèrent à Abianus, roi de Kittim.

[6] Et Abianus ordonna qu'il soit tué, et Hadad, roi d'Édom, mourut dans la quarante-huitième année de son règne.

[7] Et les enfants de Kittim continuèrent leur poursuite d'Édom, et ils les frappèrent d'un grand massacre et Édom devint sujet aux enfants de Kittim.

[8] Et les enfants de Kittim régnèrent sur Édom, et Édom devint sous la main des enfants de Kittim et devint un royaume uni à partir de ce jour.

[9] Et depuis ce temps, ils ne purent plus lever la tête, et leur royaume devint uni avec les enfants de Kittim.

[10] Et Abianus plaça des officiers en Édom et tous les enfants d'Édom devinrent sujets et tributaires à Abianus, et Abianus retourna dans sa propre terre, Kittim.

[11] Et à son retour, il renouvela son gouvernement et construisit pour lui-même un palais spacieux et fortifié pour une résidence royale, et régna en sécurité sur les enfants de Kittim et sur Édom.

[12] En ces jours, après que les enfants d'Israël eurent chassé tous les Cananéens et les Amorites, Josué était vieux et avancé en âge.

[13] Et l'Éternel dit à Josué : Tu es vieux, avancé en vie, et une grande partie du pays reste à posséder.

[14] Divise donc ce pays en héritage pour les neuf tribus et pour la demi-tribu de Manassé, et Josué se leva et fit comme l'Éternel lui avait parlé.

[15] Et il divisa tout le pays aux tribus d'Israël comme héritage selon leurs divisions.

[16] Mais à la tribu de Lévi, il ne donna pas d'héritage, les offrandes de l'Éternel sont leur héritage comme l'Éternel leur avait parlé par la main de Moïse.

[17] Et Josué donna le mont Hébron à Caleb, fils de Jephunné, une portion au-dessus de ses frères, comme l'Éternel avait parlé par Moïse.

[18] Ainsi Hébron devint un héritage pour Caleb et ses enfants jusqu'à ce jour.

[19] Et Josué divisa tout le pays par le sort à tout Israël pour un héritage, comme l'Éternel lui avait ordonné.

[20] Et les enfants d'Israël donnèrent des villes aux Lévites de leur propre héritage, et des banlieues pour leur bétail et leurs biens, comme l'Éternel avait commandé à Moïse, ainsi firent les enfants d'Israël, et ils divisèrent le pays par le sort, que ce soit grand ou petit.

[21] Et ils partirent pour hériter le pays selon leurs frontières, et les enfants d'Israël donnèrent à Josué, fils de Nun, un héritage parmi eux.

[22] Par la parole du Seigneur, ils lui donnèrent la ville qu'il demanda, Timnath-Sérach dans la montagne d'Éphraïm, et il construisit la ville et y habita.

[23] Voici les héritages qu'Eléazar le prêtre, Josué fils de Nun, et les chefs des pères des tribus distribuèrent par le sort aux enfants d'Israël à Silo, devant le Seigneur, à l'entrée de la tente d'assignation. Ils cessèrent de partager le pays.

[24] Et le Seigneur donna le pays aux Israélites, et ils en prirent possession comme le Seigneur l'avait dit à leurs ancêtres, et comme il l'avait juré à eux.

[25] Et le Seigneur donna aux Israélites du repos de tous leurs ennemis autour d'eux, et aucun homme ne tint devant eux, et le Seigneur livra tous leurs ennemis entre leurs mains, et pas une chose ne manqua de tout le bien que le Seigneur avait dit aux enfants d'Israël, oui, le Seigneur accomplit tout.

[26] Et Josué appela tous les enfants d'Israël et les bénit, et leur commanda de servir le Seigneur, puis il les envoya, et ils allèrent chacun à sa ville, et chacun à son héritage.

[27] Et les enfants d'Israël servirent le Seigneur tous les jours de Josué, et le Seigneur leur donna du repos de tous les côtés, et ils habitèrent en sécurité dans leurs villes.

[28] Et il arriva en ces jours-là, qu'Abianus, roi de Kittim, mourut, la trente-huitième année de son règne, soit la septième année de son règne sur Édom, et ils l'enterrèrent dans son lieu qu'il avait bâti pour lui-même, et Latinus régna à sa place pendant cinquante ans.

[29] Et pendant son règne, il leva une armée, alla combattre les habitants de Britannia et Kernania, les enfants d'Élisha fils de Javan, et il prévalut sur eux et les rendit tributaires.

[30] Puis il entendit qu'Édom s'était révolté de sous la main de Kittim, et Latinus y alla, les frappa et les soumit, et les plaça sous la main des enfants de Kittim, et Édom devint un royaume avec les enfants de Kittim tous les jours.

[31] Et pendant de nombreuses années, il n'y eut pas de roi en Édom, et leur gouvernement était avec les enfants de Kittim et leur roi.

[32] Et ce fut la vingt-sixième année après que les enfants d'Israël eurent passé le Jourdain, c'est-à-dire la soixante-sixième année après que les enfants d'Israël furent sortis d'Égypte, que Josué était vieux, avancé en âge, ayant cent huit ans en ces jours.

[33] Et Josué appela tout Israël, leurs anciens, leurs juges et leurs officiers, après que le Seigneur eut donné du repos à tous les Israélites de tous leurs ennemis autour d'eux, et Josué dit aux anciens d'Israël et à leurs juges : Voici, je suis vieux, avancé en âge, et vous avez vu ce que le Seigneur a fait à toutes les nations qu'il a chassées devant vous, car c'est le Seigneur qui a combattu pour vous.

[34] Maintenant donc, fortifiez-vous pour garder et accomplir toutes les paroles de la loi de Moïse, pour ne pas vous en écarter, ni à droite ni à gauche, et pour ne pas vous mêler à ces nations qui restent dans le pays ; vous ne ferez pas mention du nom de leurs dieux, mais vous vous attacherez au Seigneur votre Dieu, comme vous l'avez fait jusqu'à ce jour.

[35] Et Josué exhorta grandement les enfants d'Israël à servir le Seigneur tous les jours de leur vie.

[36] Et tous les Israélites dirent : Nous servirons le Seigneur notre Dieu tous nos jours, nous et nos enfants, et les enfants de nos enfants, et notre postérité pour toujours.

[37] Et Josué conclut une alliance avec le peuple ce jour-là, et il renvoya les enfants d'Israël, et ils allèrent chacun vers son héritage et dans sa ville.

[38] Et en ces jours-là, lorsque les enfants d'Israël habitaient en sécurité dans leurs villes, ils enterrèrent les cercueils des tribus de leurs ancêtres, qu'ils avaient amenés d'Égypte, chaque homme dans l'héritage de ses enfants, les douze fils de Jacob furent enterrés par les enfants d'Israël, chaque homme dans la possession de ses enfants.

[39] Et voici les noms des villes où ils enterrèrent les douze fils de Jacob, que les enfants d'Israël avaient amenés d'Égypte.

[40] Ils enterrèrent Ruben et Gad de ce côté du Jourdain, à Romia, que Moïse avait donnée à leurs enfants.

[41] Et Siméon et Lévi furent enterrés dans la ville de Mauda, qu'il avait donnée aux enfants de Siméon, et la banlieue de la ville était pour les enfants de Lévi.

[42] Et Juda fut enterré dans la ville de Benjamin en face de Bethléem.

[43] Et les os d'Issacar et de Zabulon furent enterrés à Sidon, dans la portion qui échut à leurs enfants.

[44] Et Dan fut enterré dans la ville de ses enfants à Eshtaol, et Nephthali et Aser furent enterrés à Kadesh-Nephthali, chacun à sa place qu'il avait donnée à ses enfants.

[45] Et les os de Joseph furent enterrés à Sichem, dans la partie du champ que Jacob avait achetée à Hamor, et qui devint l'héritage de Joseph.

[46] Et ils enterrèrent Benjamin à Jérusalem en face du Jébusien, qui fut donnée aux enfants de Benjamin ; les enfants d'Israël enterrèrent leurs pères, chacun dans la ville de ses enfants.

[47] Et à la fin de deux ans, Josué fils de Nun mourut, âgé de cent dix ans, et le temps pendant lequel Josué jugea Israël fut de vingt-huit ans, et Israël servit le Seigneur tous les jours de sa vie.

[48] Et les autres affaires de Josué, ses batailles, ses réprimandes avec lesquelles il réprimanda Israël, et tout ce qu'il leur avait commandé, et les noms des villes que les enfants d'Israël

possédaient de son vivant, voici, ils sont écrits dans le livre des paroles de Josué aux enfants d'Israël, et dans le livre des guerres du Seigneur, que Moïse, Josué et les enfants d'Israël avaient écrits.

[49] Et les enfants d'Israël enterrèrent Josué à la limite de son héritage, à Timnath-Sérach, qui lui avait été donnée dans la montagne d'Éphraïm.

[50] Et Eléazar, fils d'Aaron, mourut en ces jours-là, et ils l'enterrèrent sur la colline appartenant à Phinées son fils, qui lui avait été donnée dans la montagne d'Éphraïm.

91 – Le Règne des Anciens

(Juges 1)

[1] En ce temps-là, après la mort de Josué, les enfants des Cananéens étaient encore dans le pays, et les Israélites résolurent de les chasser.

[2] Et les enfants d'Israël demandèrent au Seigneur, disant : Qui montera pour nous le premier contre les Cananéens pour les combattre ? et le Seigneur dit : Juda montera.

[3] Et les enfants de Juda dirent à Siméon : Monte avec nous dans notre part, et nous combattrons contre les Cananéens ; nous aussi, nous monterons avec vous dans votre part. Ainsi les enfants de Siméon allèrent avec les enfants de Juda.

[4] Et les enfants de Juda montèrent et combattirent contre les Cananéens ; ainsi le Seigneur livra les Cananéens entre les mains des enfants de Juda, et ils les frappèrent à Bezek, dix mille hommes.

[5] Et ils combattirent contre Adonibezek à Bezek, et il s'enfuit devant eux, et ils le poursuivirent, le saisirent et lui coupèrent les pouces des mains et des pieds.

[6] Et Adonibezek dit : Soixante-dix rois, ayant les pouces des mains et des pieds coupés, ramassaient leur nourriture sous ma table ; comme j'ai fait, Dieu me l'a rendu. Et ils l'emmenèrent à Jérusalem, et il mourut là.

[7] Et les enfants de Siméon allèrent avec les enfants de Juda, et ils frappèrent les Cananéens du tranchant de l'épée.

[8] Et le Seigneur fut avec les enfants de Juda, et ils prirent possession de la montagne ; et les enfants de Joseph montèrent à Béthel, la même est Luz, et le Seigneur fut avec eux.

[9] Et les enfants de Joseph espionnèrent Béthel, et les guetteurs virent un homme sortant de la ville, et ils le saisirent et lui dirent : Montre-nous maintenant l'entrée de la ville et nous te ferons grâce.

[10] Et cet homme leur montra l'entrée de la ville, et les enfants de Joseph vinrent et frappèrent la ville du tranchant de l'épée.

[11] Et l'homme avec sa famille, ils les laissèrent partir, et il alla chez les Hittites et il bâtit une ville, et il appela son nom Luz ; ainsi tous les Israélites habitèrent dans leurs villes, et les enfants d'Israël servirent l'Éternel tous les jours de Josué, et tous les jours des anciens, qui prolongèrent leurs jours après Josué, et virent la grande œuvre de l'Éternel, qu'il avait faite pour Israël.

[12] Et les anciens jugèrent Israël après la mort de Josué pendant dix-sept ans.

[13] Et tous les anciens combattirent aussi les batailles d'Israël contre les Cananéens et le Seigneur chassa les Cananéens de devant les enfants d'Israël, afin de placer les Israélites dans leur terre.

[14] Et il accomplit toutes les paroles qu'il avait dites à Abraham, Isaac et Jacob, et le serment qu'il avait juré, de leur donner à eux et à leur postérité, la terre des Cananéens.

[15] Et le Seigneur donna aux enfants d'Israël tout le pays de Canaan, comme il l'avait juré à leurs ancêtres, et le Seigneur leur donna du repos de tous ceux qui les entouraient, et les enfants d'Israël habitèrent en sécurité dans leurs villes.

[16] Béni soit le Seigneur pour toujours, amen et amen.

[17] Fortifiez-vous, et que le cœur de tous ceux qui se confient dans le Seigneur soit de bon courage. LA FIN.

*Apéndice A
*Ces dates proviennent du site web Biblefacts.org, dirigé par le Dr. Ken Johnson©

Naissance et Mort

0001-0930 Adam (930)

0130-1042 Seth (912)

0235-1140 Énos (905)

0325-1235 Kénan (910)

0395-1290 Mahalaléel (895)

0460-1422 Jéred (962)

0622-0987 Hénoch* (365)

0687-1656 Methuschélah (969)

0874-1651 Lamech (777)

0974-???? Naamah

1056-2006 Noé (950)

1556-???? Japhet

1558-2158 Sem (600)

1656 Déluge

1658-2096 Arphaxad (438)

1693-2126 Shélah (433)

1723-2187 Éber (464)

1757-1996 Péleg (239)

1787-2026 Reü (239)

1819-2048 Seroug (205)

1849-1997 Nahor I (148)

1878-2083 Térah (205)

1908-2123 Nimrod (215)

1948-2123 Abraham (175)

1958-2085 Sara (127)

1947-2087 Lot (140)

2034-2172 Ismaël (138)

2048-2228 Isaac (180)

2075-2208 Rébecca (133)

2108-2255 Jacob (147)

2108-2255 Ésaü (147)

2164-2214 Léa (50)

2164-2209 Rachel (45)

2188-???? Réuel (Ésaü, 80 ans)

2193-2317 Ruben (124)

2193-2313 Siméon (120)

2194-2331 Lévi (137)

2195-2324 Juda (129)

2196-2310 Zabulon (114)

2196-2321 Gad (125)

2197-2319 Issacar (122)

2197-2320 Aser (123)

2198-2318 Dan (120)

2199-2309 Joseph (110)

???? -2208 Laban

2209-2318 Benjamin (109)

2216-2349 Qehath (133)

2225-???? Pérets et Zérah

2233-???? Éphraïm, Manassé

2298-2488 Balaam II (190)

2338-2379 Jokébed (141) Lévi

2364-2488 Miriam (124)

2365-2488 Aaron (123)

2368-2488 Moïse (120)

2406-2516 Josué (110)

2445-???? Guershom (Moïse)

2446-???? Éliézer (Moïse)

Événements marquants

2188 Réunion avec Ésaü (80 ans)

2193 Jacob (85 ans) épouse Léa (29 ans) et Rachel (29 ans)

2193 Naissance de Ruben (Jacob 85 ans, Léa 29 ans)

2193 Naissance de Siméon (Jacob 85 ans, Léa 29 ans)

2194 Naissance de Lévi (Jacob 86 ans, Léa 30 ans)

2195 Naissance de Juda (Jacob 87 ans, Léa 31 ans)

2196 Naissance de Zabulon (Jacob 88 ans, Léa 32 ans)

2196 Naissance de Gad (Jacob 88 ans)

2197 Naissance d'Issacar (Jacob 89 ans, Léa 33 ans)

2197 Naissance d'Aser (Jacob 89 ans)

2198 Naissance de Dan (Jacob 90 ans)

2199 Naissance de Joseph (Jacob 91 ans, Rachel 35 ans)

2206 Retour de Jacob (98 ans) chez Isaac (158 ans)

2207 Jacob (99 ans) part pour Béthel

2208 Mort de Rébecca (133 ans)

2208 Mort de Laban

2209 Mort de Rachel (45 ans) en donnant naissance à Benjamin (Jacob 101 ans)

2214 Mort de Léa (50 ans)

2216 Joseph (17 ans) vendu en Égypte

2216 Lévi (22 ans) épouse Adia (fille de Joktan, fils d'Éber)

2216 Naissance de Qehath, fils de Lévi (22 ans)

2225 Naissance de Pérets et Zérah, fils de Juda (30 ans)

2226 Joseph (27 ans) interprète deux rêves

2228 Mort d'Isaac (180 ans)

2228 Joseph (29 ou 30 ans) devient gouverneur d'Égypte

2233 Naissance de Manassé (Joseph 34 ans)

2233 Naissance d'Éphraïm (Joseph 34 ans)

2238 Israël (Jacob, 130 ans) part pour l'Égypte

2238 Naissance de Jokébed (Lévi 44 ans) en route pour l'Égypte

2255 Mort d'Israël (147 ans)

2255 Mort d'Ésaü (147 ans)

2270 Montée de Magron comme pharaon

2298 Naissance de Balaam II, fils de Béor II

2309 Mort de Joseph (110 ans)

2310 Mort de Zabulon (114 ans)

2313 Mort de Siméon (120 ans)

2317 Mort de Ruben (124 ans)

2318 Mort de Dan (120 ans)

2319 Mort d'Issacar (122 ans)

2320 Mort d'Aser (123 ans)

2321 Mort de Gad (125 ans)

2324 Mort de Juda (129 ans)

2331 Mort de Lévi (137 ans)

2332 Début de l'esclavage des Israélites en Égypte

2353 Melol devient pharaon

2364 Naissance de Miriam (Amram et Jokébed)

2365 Naissance d'Aaron (Amram et Jokébed)

2368 Naissance de Moïse (Amram et Jokébed)

2406 Naissance de Josué (Nun)

2445 Moïse (77 ans) épouse Séphora

2447 Moïse voit le buisson ardent

2447 La verge de Moïse devient un serpent

2448 Début des plaies d'Égypte

2448 Les Israélites quittent l'Égypte (15e jour du premier mois)

2448 Dieu donne les 10 Commandements (6e jour du 3e mois)

2448 Manne du ciel (15e jour du 2e mois)

2448 Construction du Tabernacle (durée : 5 mois)

2448 Aaron (83 ans) devient grand prêtre (23e jour du 12e mois)

2449 Dédicace du Tabernacle (1er jour du premier mois)

2449 Première Pâque des Israélites (13e jour du premier mois)

2449 La nuée se lève du Tabernacle (20e jour du premier mois)

2488 Retour des Israélites en Canaan (1er jour du premier mois)

2488 Mort de Miriam (124 ans)

2488 Mort d'Aaron (123 ans) sur le mont Hor (1er jour du 5e mois)

2488 Mort de Balaam II (190 ans) à Moab

2488 Mort de Moïse (120 ans) sur le mont Nébo

2489 Josué (82 ans) traverse le Jourdain (10e jour du premier mois)

2489 Première Pâque en Canaan (14e jour du premier mois)

2489 Dieu donne des instructions à Josué pour Jéricho

2494 Conquête de Canaan par les Israélites

2503 Répartition de la terre d'Israël entre les 12 tribus

2514 Josué bénit Israël

2516 Mort de Josué (110 ans)

2517 Début des 17 ans de gouvernement sous les anciens

Apéndice B

Notes sur la Chronologie :

Galates 3:16 indique que les 430 ans couvrent la période entre la promesse faite à Abraham et l'Exode ou le jour de la libération du peuple. Cette chronologie, basée sur des dates estimées, correspond à la naissance de Jocabed, mère de Moïse, survenue alors que Jacob et ses fils se rendaient en Égypte, ainsi qu'à celle d'Adia, fille de Joktan, fils d'Éber, qui épousa Lévi.

En croisant les récits du Livre de Jashar avec ceux de Flavius Josèphe, historien Hébreu, on conclut que Moïse tua un Égyptien à l'âge de 18 ans et s'enfuit dans une région connue sous le nom de Basse-Égypte ou Pathros, comme le mentionne le prophète Isaïe (Ésaïe 11:11). Cependant, en raison d'une rébellion en Éthiopie, il fut appelé à diriger son armée. Après avoir réprimé la rébellion, apprenant que dans la Basse-Égypte (Pathros) on cherchait toujours à le tuer, il resta en Haute-Égypte et devint roi d'Éthiopie, où il régna de 27 à 66 ans. Par la suite, il renonça volontairement au pouvoir et se rendit à Madian, comme le rapporte Exode 2:11–21.

Pendant ses 40 ans de règne en Éthiopie, Moïse mena des batailles contre plusieurs rois, et tous les descendants de Koush (y compris les Égyptiens) le redoutaient grandement. Il semble qu'il se soit rebellé contre l'Égypte en rendant l'Éthiopie indépendante. Cela explique pourquoi les 40 ans mentionnés par Étienne, vécus en Égypte et en dehors (Actes 7:23–30), concordent avec les récits du Livre de Jashar et de Josèphe.

Ces événements liés à cette période de sa vie n'affectent pas les autres aspects de ce calendrier. Par conséquent, toutes les autres dates restent inchangées. Bien que la Septante (traduction grecque de la Bible) contienne des dates complètement différentes de celles des versions hébraïques, tant la Septante que la Bible hébraïque décrivent le Livre de Jashar comme un ouvrage historiquement précis. Les trois calendriers simultanés du Livre de Jashar concordent avec les versions hébraïques (Genèse hébraïque, Talmud et Seder Olam, etc.).

Ainsi, la chronologie de la version hébraïque doit être correcte au moins jusqu'à la mort de Josué en 2516. En ajoutant 480 ans à partir de Josué jusqu'au Temple, on peut situer la consécration du Temple de Salomon en l'an 2935 après la Création.

Table des Nations

Les informations de cette table proviennent du site Biblefacts.org, dirigé par le Dr Ken Johnson©.
La Table des Nations est basée sur Genèse 10, avec des informations supplémentaires issues de Jashar 7 et 10.
Les détails de Josèphe 1:6 sont indiqués en italique.

Japhet

- Gomer (Gaulois ou Galates)
    - N. Francum, L. Franza, R. Franza, R. Senah
    - Askenaz – G. Réjiniens
    - Rifath – N. Bartoniens et Riphéens, G. Paphlagoniens

- L. Bartonie, L. Ledah
- Togarmah (Arménie)
  - G. Phrygiens, R. Hithlah, R. Itatac, Buzar, Elicanum, Ragbib, Tarki, Bid, Zebuc, Yilmaz – R. Hithlah Ongal (Angolie), Balgar, Parzunak – R. Dubnée
- Magog
  - N. Magogites, G. Scythes
  - Elichanaf, Lubal
- Madaï
  - N. Orelum, G. Mèdes, L. Curson, Achon, Zeelo, Chazoni, Lot
- Javan
  - N. Javanites, G. Grecs et Ioniens, L. Macédoine
  - Élisa – G. Éoliens, N. Alémaniques, entre le Mont Job et Shibathmo. Parmi eux, on trouve les Lombards, qui ont conquis l'Italie.
  - Tarsis – L. Cilicie, capitale Tarse
  - Kittim (Rome) – N. Romains, V. Canopia, R. Tibre. Avant d'arriver en Italie, ils s'arrêtèrent sur l'île de Kittim ou Chypre.
  - Dodanim (Troyens ?) – L. Bordna, Mer de Guijón

Cham

- Koush (Éthiopie)
  - Nimrod
  - Séba – G. Sabéens
  - Havila – G. Getules
  - Sabta – N. Sabténites, G. Astaboriens
  - Raema – Séba et Dedan (Arabie Saoudite)
  - Sabteca – Sabacténites
- Misraïm
  - G. Égypte, R. Sihor – un fleuve d'Égypte
  - Anamim
  - Ludim
  - Ces trois peuples ont migré vers le sud, en direction de la Libye.
  - Naphtuhim, Kaftorim
    - Les Kaftorites furent renversés lors de la guerre éthiopienne.
- Canaan
  - Sidon – C. Sidon
  - Arodi – Île d'Aradus et Arce au Liban
  - Amorites – C. Amath ou Hamath, G. Épiphanie

Sem

- Élam (Perses)
  - N. Élamites
  - Suse
  - Machul
  - Harmon
- Arpachshad (Babyloniens)
  - G. Chaldéens

- Sélah – Héber, Péleg et Joktan
  - Almodad, Shéléph, Hatsar-Maveth, Jérah, Hadoram, Uzal, Dikla, Obal, Abimaël, Séba, Ophir, Havila, et Jobab

Abréviations
R. = Rivière, L. = Terre, Mts. = Montagnes, V. = Vallée, C. = Ville, N. = Nom Hébreu du peuple, G. = Nom grec

* Apéndice C

Liste des Rois Gentils (Gouvernants non Israélites)
Des Archives de Jashar

*Détails des événements obtenus de Biblefacts.org, organisés par le Dr. Ken Johnson©

Année	Événements
1557	Noé engendra Cham.
1656	Le déluge de Noé.
????	Cham engendra Mitsraïm. Mitsraïm établit l'Égypte.
????	Mitsraïm engendra Anom (Anom devient la divinité connue sous le nom d'Amon-Râ). Jashar 7:11.
????	Anom engendra Oswiris (Oswiris devient la divinité Osiris). Jashar 14:2.
????	Rikayon monte sur le trône et devient le premier pharaon. Jashar 14.
2018	Dieu fait Sa promesse à Abraham (les 430 ans commencent ; Gal. 3:16, 17).
2023	Abraham visite l'Égypte et rencontre Rikayon et Oswiris. Jashar 14, 15.
2039	La guerre commence entre Kittim (ou Chittim) et Tubal (les raids sabins).
2047	Les guerres sabines prennent fin.
????	Rikayon engendre des descendants... Un intervalle de 209-212 ans.
2216	Joseph est vendu en Égypte. Jashar 59.
2228	Joseph interprète les rêves du pharaon. Jashar 59.
2238	Jacob (âgé de 130 ans) se déplace en Égypte.
2255	Jacob meurt ; Zefo est emprisonné. Jashar 56-57.
2270	Magron (fils de Joseph avec la fille du pharaon) devient pharaon. Jashar 58.
2288	Les fils de Jacob combattent les descendants d'Ésaü.
2309	Joseph meurt.
2310	Magron meurt. Zefo s'enfuit d'Égypte vers Angeas en Afrique.
????	Angeas en Afrique mène une guerre contre Turno de Bibentus. Jashar 60.
????	Un pharaon non identifié règne de 2310 à 2340 (30 ans).
2313	Zefo s'enfuit d'Angeas en Afrique et se dirige vers Kittim.
????	Angeas construit un canal important.
????	Zefo unifie l'Italie et devient le premier roi romain. Jashar 62:1.

Année	Événements
2329	L'Afrique attaque Kittim. Jashar 62:25.
2340	Zefo vainc la flotte d'invasion africaine. Jashar 63.
????	Angeas et Lucas attaquent Kittim ; Édom refuse de soutenir Kittim. Zefo prie.
????	Kittim (Zefo) et Édom attaquent l'Égypte, mais sont vaincus.
2353	Melol devient pharaon. Jashar 63:4, 9.
2367	Janeas devient roi de Rome.
2368	Moïse naît.
2386	Moïse tue un Égyptien et s'enfuit à Cusch. Jashar 71.
2395	Le roi Kikianus de Cusch meurt ; Moïse devient roi de Cusch. Jashar 73.
2411	Angeas d'Afrique meurt ; son fils Asdrubal monte sur le trône. Jashar 74.
2417	Janeas, roi de Rome, meurt, et Latinus I devient roi. Jashar 74.
2421	Latinus de Rome attaque Asdrubal en Afrique. Asdrubal meurt ; son frère Hannibal devient roi.
2421	Hannibal mène une guerre contre Rome. Jashar 74.
2437	Melol tombe malade pendant dix ans. Jashar 77:3.
2444	Adicam (fils de Melol) devient pharaon. Jashar 77:1, 3.
2448	Adicam ne retourne pas en Égypte. Jashar 81:40, 41.
2448	L'Exode.
2448	Dieu remet les Dix Commandements (les 430 ans se terminent ; Gal. 3:16, 17).
2462	Latinus I de Rome meurt. Jashar 74.
2463	Abianus devient roi de Rome.
2488	Israël entre en Canaan sous Josué.
2494	Abianus capture Édom.
2501	Abianus meurt, et Latinus II devient roi de Rome. Jashar 90:28, 29.
2505	La période des Juges commence en Israël.
2551	Latinus II meurt.

Apéndice D:
Contradictions Analysées

Le Livre de Jashar éclaire de nombreux passages des Saintes Écritures, bien que certains éléments du livre puissent susciter des questions.

La neige avant le Déluge ?

De nombreux érudits conservateurs enseignent qu'il n'y avait pas de pluie avant le Grand Déluge, en se basant sur des passages comme Genèse 2:5-6 et 7:4. Seul un rosée irriguait les plantes. La pluie est apparue pour la première fois avec le Grand Déluge. Cela pourrait avoir été normal ou anormal dans différentes parties du monde. En examinant de près le texte, il est mentionné de la neige près de la montagne qu'Énoch gravit avant d'être enlevé au ciel. Même si avant le déluge il n'y avait que de la rosée et non de la pluie, la vapeur d'eau qui se refroidissait sur les sommets des montagnes aurait pu se cristalliser en glace ou en neige.

Domination sur les esprits ?

Un passage affirme que Kénan régnait sur les esprits et les démons. Cela ne signifie pas de la magie. Le texte veut simplement dire que Kénan, tout comme les chrétiens craignant Dieu aujourd'hui, avait pouvoir sur toutes les forces de l'adversaire. De plus, Dieu dit à l'humanité par Adam : "Soyez féconds et multipliez-vous ; remplissez la terre et soumettez-la. Dominez sur les poissons de la mer, les oiseaux du ciel et tous les êtres vivants qui se meuvent sur la terre." (Genèse 1:28). Dieu n'a fait aucune exception pour les esprits maléfiques comme quelque chose que les humains ne pouvaient dominer.

120 ans ou 5 ans pour construire l'arche ?

La Bible enseigne que Noé prêcha le repentir pendant 120 ans et construisit l'arche. Elle ne dit jamais explicitement que la construction de l'arche elle-même a pris 120 ans, mais que tout le processus s'est étendu sur 120 ans. Jashar rapporte que Noé prêcha pendant 120 ans. Cinq ans avant la fin de cette période, Jashar dit que Dieu ordonna à Noé de commencer enfin à construire l'arche.

Un loup qui parle ?

Le SEIGNEUR fit qu'un loup parla à Jacob dans Jashar 43:40-46. Deux autres animaux sont enregistrés parlant aux humains dans les Saintes Écritures : une ânesse parla à Balaam dans Nombres 22:28-30 après la chute de l'homme, et avant la chute, le serpent parla à Ève dans Genèse 3:1-7. Jashar ne rapporte rien qui contredise la Parole de Dieu, mais relate ce qui arriva à Jacob après avoir réfléchi à ce qu'il croyait être arrivé à Joseph.

Abram s'établit en Canaan à 75 ans

Genèse 12:4 déclare qu'Abram avait 75 ans lorsqu'il quitta Haran et entra en terre de Canaan. Jashar 13:5 dit qu'Abram se rendit à Canaan à l'âge de 50 ans. Au début, cela semble être une contradiction, mais Jashar explique qu'Abram revint à Haran après son premier voyage. Plus tard, à 75 ans, Abram s'établit effectivement en Canaan. Les Saintes Écritures enregistrent aussi qu'après 75 ans, Abram partit pour l'Égypte à cause d'une famine, avant de revenir. De même, cette information ne contredit pas mais fournit un contexte supplémentaire, montrant qu'Abram eut des moments de doute, mais le SEIGNEUR fut patient avec lui, tout comme il l'est avec nous lorsqu'il nous appelle.

Dieu ou un ange prophétisant à Abram ?

Jashar 18:9 affirme qu'un des anges dit à Abram que Sara aurait un fils, tandis que Genèse 17:16 dit que Dieu parla à Abram. Genèse 18 continue l'histoire où trois anges visitèrent Abram. Quand l'un d'eux parla à Abram, les Écritures déclarent : "Le SEIGNEUR dit." Cela représente une apparition pré-incarnée de Jésus-Christ. Le mot Hébreu pour "ange" peut simplement signifier "messager."

Jacob à Padan-Aram ou chez Laban ?

Genèse 28:5 déclare qu'Isaac envoya Jacob à Padan-Aram (Mésopotamie) chez Laban. Jashar 29:11 dit que Jacob se cacha à la maison d'Heber pendant 14 ans. Puisque les Saintes Écritures ne fournissent pas de chronologie pour ces événements, il est plausible et approprié que Jacob ait d'abord été chez Heber avant de se rendre chez Laban. Les Écritures ne rapportent que les événements les plus marquants de l'époque, tandis que Jashar offre des détails supplémentaires.

La demande du pharaon avant ou après avoir rencontré Moïse ?

Le pharaon proclama qu'il ne fournirait plus de paille aux Hébreux, mais qu'ils devaient toujours produire le même nombre de briques avant que Moïse ne confronte le pharaon, selon Jashar 78:12-13. Exode 5:1,7-8 rapporte le même événement se produisant après que Moïse ait confronté le pharaon. Ici, Jashar présente l'information avant, ce qui est précis, mais c'est parce que le pharaon changea deux fois la quantité quotidienne. La Bible se concentre sur l'événement le plus significatif, qui se produisit après que Moïse eut parlé au pharaon. Les deux récits sont importants, mais les auteurs, sous la direction du Saint-Esprit, décidèrent de ce qui était le plus pertinent à ce moment-là.

La nécromancie pratiquée ?

Dans Jashar 42:30-41, Rachel parle à Joseph, et une voix émerge du tombeau. Cela pourrait sembler de la nécromancie, une abomination devant le SEIGNEUR selon Deutéronome 18:11-12. Quand cela se produisit, Joseph fut stupéfait. De manière similaire, dans les Écritures, l'esprit du prophète Samuel revint et prophétisa à Saül dans 1 Samuel 28. Dans les deux histoires, Dieu permit que l'esprit de Rachel et celui de Samuel apparaissent pour accomplir un dessein, tout comme les esprits de Moïse et d'Élie apparurent pour parler à Jésus dans un but (Luc 9:29-30). Quel que soit l'avis sur 1 Samuel 28, un événement similaire se produisit précédemment dans Jashar 42.

Pratique de la divination ?

Selon Jashar 53:18-22, Benjamin utilisa une "carte stellaire" et la coupe de divination de Joseph pour retrouver Joseph. Deutéronome 18:10 interdit la divination. The Gospel in the Stars de Joseph A. Seiss fournit une explication détaillée de l'utilisation des étoiles par les sages pour retrouver le Messie, ce qui était très différent de l'astrologie ou de toute forme de divination, que ce soit dans l'histoire de Jashar ou dans Matthieu (Matthieu 2:1-2). L'événement dans Jashar ressemble à l'utilisation de l'Urim et du Thummim par les prêtres, ce qui était ordonné par Dieu et n'était pas de la divination.

La plaie des mouches ou des animaux ?

Dans Exode 8:24, des mouches sont mentionnées comme la plaie envoyée par Dieu, mais Jashar 80 dit qu'il s'agissait d'une plaie d'animaux. Jashar la décrit comme une plaie d'animaux, mais les Égyptiens se barricadèrent chez eux, loin de la majorité des animaux. À ce moment-là, seuls les moustiques et les mouches pouvaient entrer dans leurs maisons, de sorte que la plaie fut connue sous le nom de plaie des mouches. Les deux récits sont précis, mais les auteurs se concentrèrent sur ce qui était nécessaire pour transmettre la puissance de Dieu.

Moïse quittant l'Égypte à 18 ou 40 ans

Le chapitre 71 de Jashar affirme que Moïse avait 18 ans lorsqu'il quitta l'Égypte. (Est-ce une tradition rabbinique ?) Il ne se rendit pas à Madian, mais en Cusch et devint roi (72:34-36). Il régna sur Cusch pendant 40 ans (73:2). Après cela, il partit pour Madian, où Reuel l'emprisonna pendant dix ans, suspectant que les Cuschites voulaient tuer Moïse. Dans Actes 7:23-30, Étienne, inspiré par l'Esprit Saint, déclare que Moïse passa 40 ans en Égypte avant de se rendre à Madian pour 40 autres années. Jashar et Flavius Josèphe semblent avoir tort concernant cette chronologie, ou la seule façon dont les deux pourraient être corrects serait :

Jashar et Josèphe décrivent Moïse tuant l'Égyptien à 18 ans et fuyant le Bas-Égypte (l'Égypte était divisée en Bas et Haut Égypte ; Moïse vivait dans le Bas-Égypte avant de tuer l'Égyptien). Il prit ensuite le contrôle de la nation Cuschite en Éthiopie, sous le contrôle du Bas-Égypte. Des années plus tard, Moïse mena une rébellion contre l'Égypte, rendant l'Empire Cuschite indépendant. Moïse partit ensuite pour Madian et, à 80 ans, revint pour libérer les Israélites d'Égypte. Cette rébellion pendant son règne en Éthiopie permet à la déclaration d'Étienne dans Actes 7:23-30 d'être entièrement précise, car Moïse passa 40 ans en Égypte et 40 ans à l'extérieur, tandis que Jashar et Josèphe ont également raison en disant que Moïse passa 18 ans dans le Bas-Égypte, 49 ans en Éthiopie, 12 ans à Madian, et à 80 ans, il libéra Israël de l'Égypte !

Esclavage de 210 ans ou 430 ans

Jashar 81:3-4 affirme que les Israélites restèrent en Égypte seulement 210 ans. Exode 12:40-41 dit qu'ils y restèrent 430 ans. Galates 3:16-18 explique cette différence. Les 430 ans commencèrent lorsque Dieu donna la prophétie à Abraham à l'âge de 75 ans. Ainsi, les 430 ans couvrent la période d'Abraham à l'Exode. En utilisant la chronologie de la Genèse, le temps réellement passé en Égypte était d'environ 210 ans.

Le pharaon mourut-il dans la Mer Rouge ou se rendit-il à Ninive ?

Jashar 81:40-41 dit que tous, à l'exception du pharaon, périrent dans la Mer Rouge. Le pharaon loua le SEIGNEUR, et un ange l'envoya à Ninive, où il régna pendant longtemps. Exode 14:23 dit que l'armée du pharaon périt, mais n'affirme pas explicitement que le pharaon mourut avec eux. Cette histoire pourrait être vraie ou simplement une exagération, mais elle ne change rien de significatif.

Une robe magique ?

Jashar 7:24-30 dit que la peau que Dieu fit pour Adam et Ève fut transmise à Hénoc, Methuschélah, Noé, puis volée par Cham, qui la donna à Cusch. Plus tard, elle finit entre les mains de Nimrod, qui devint fort en utilisant la "robe magique". Cependant, la Bible enregistre un événement dans la vie de Jacob. Dans Genèse 30:32-42, Jacob utilisa des branches d'arbres pour influencer la reproduction des animaux. Tout comme Jacob comprenait quelque chose sur l'attraction des animaux plus sains, la robe pourrait avoir été quelque chose qui repoussait certains prédateurs. Ce n'était pas de la magie ; Dieu l'avait destinée à un but.

Des oiseaux mangeant des serpents ?

Jashar 73 mentionne Moïse, en tant que roi de Cusch, élevant des cigognes pour dévorer les serpents qui gardaient la ville Cuschite. Cet événement se trouve aussi dans les Antiquités de Flavius Josèphe 2:10. Il est donc probable que ce soit une histoire vraie.

La Mer Rouge se divisa-t-elle une fois ou 12 fois ?

Jashar 81:38 dit que les eaux se divisèrent en 12 sections lors du passage de la Mer Rouge. L'Hébreu pourrait signifier 12 sections ou exprimer que les 12 tribus d'Israël traversèrent la Mer Rouge en même temps, au lieu d'une après l'autre.

Des bêtes terribles ?

Jashar 36:30-35 décrit 120 bêtes terribles attaquant les ânes d'Anan. Leurs formes étaient moitié humaines de la taille vers le haut et moitié animales de la taille vers le bas. Certaines ressemblaient à des ours, ou des keephas, avec des queues qui s'étendaient de leurs épaules jusqu'au sol. Il pourrait s'agir de créatures reptiliennes attaquant des chevaux comme des lions.

Créature mi-humaine, mi-reptilienne ?

Jashar 61:15 décrit Zéfo tuant une créature qui était moitié humaine, moitié bête. "De la taille vers le haut, elle semblait un homme, et de la taille vers le bas, elle ressemblait à une bête." Cela pourrait avoir été un grand reptile ou un petit dinosaure marchant debout comme un humain.

Autres événements étranges

Dans Jashar 8, une étoile spéciale marqua la naissance d'Abraham. Dans Jashar 44:62-68, un bébé de onze mois parla. Cela peut sembler étrange, mais cela ne contredit pas la Bible. Comme vous le savez, les prophètes accomplirent des actes étranges sous la direction de Dieu dans le passé. De nombreux miracles accomplis par le SEIGNEUR furent extraordinaires, comme l'âne de Balaam parlant, Isaïe marchant nu pendant trois ans, Jésus changeant l'eau en vin, le mouchoir de l'apôtre Paul guérissant les malades, et Ézéchiel s'allongeant sur son côté gauche pendant 390 jours et sur son côté droit pendant 40 jours.

Conclusion

Il n'y a rien dans Jashar qui contredise directement les Saintes Écritures. Ce livre offre une vision de nombreux passages Bibliques et est fortement recommandé par les Saintes Écritures.

*Apéndice E :
Préface à l'édition de 1840

PRÉFACE

C'est un plaisir pour moi de présenter au public américain la traduction du Livre de Jashar, tel qu'il est mentionné dans Josué et dans le Second Livre de Samuel, que, après plusieurs années de négociations avec le propriétaire et traducteur de l'œuvre en Angleterre, j'ai réussi à obtenir. De nombreux livres mentionnés dans l'Ancien Testament sont maintenant classés parmi les livres perdus, ou on suppose qu'ils ont été perdus au milieu des nombreuses révolutions survenues en Judée. Ces livres ne figurent pas dans le Canon juif, et il est douteux que certains manquent parmi ceux considérés comme émanant de écrivains inspirés ; car, lorsque les livres de la Bible ne purent être découverts malgré les recherches les plus diligentes, la conclusion fut que leurs noms avaient été appliqués à d'autres œuvres ou versions différentes de ces mêmes écrits. Par exemple, le Livre de l'Alliance (Exode 24:7) était une simple collection de mandats et d'institutions données par le Tout-Puissant à Moïse. Il en va de même pour le Livre de la Loi (Deutéronome 31:9). Le Livre des Guerres du Seigneur (Nombres 21:14) ne peut plus être trouvé et est universellement considéré comme l'un des livres perdus. Le Dr Lightfoot, dans ses Chroniques, estime que Moïse fait référence à son propre livre composé sous mandat divin (Exode 17:14). Cependant, nous croyons que le Livre des Juges est celui désigné sous le nom de Livre des Guerres du Seigneur, car il contient tous les faits des Hébreux en détail et de manière étendue.

Dans les Chroniques et les Rois, nous trouvons de nombreuses références à des livres qui sont maintenant disparus. Les actes du roi David sont mentionnés dans le Livre de Samuel le Voyant, ainsi que dans le Livre de Nathan le Prophète et le Livre de Gad le Voyant. Les actes de Salomon sont mentionnés dans le Livre de Nathan le Prophète et le Livre d'Abijas le Silonite. Les actes de Roboam sont enregistrés dans le Livre de Semaïas le Prophète. Les actes de Josaphat figurent dans le Livre de Jéhu. Les Chroniques des Rois de Juda et d'Israël, les trois mille cinq chants et un traité sur la botanique et la nature animale du sage roi Salomon sont perdus. Il en va de même pour « Les Actes de Manassé ». Ces œuvres, non récupérées par Esdras, ne purent être intégrées à l'Ancien Testament et, en conséquence, ne furent pas considérées comme des écritures divinement inspirées. Cependant, il serait présomptueux de prétendre qu'il n'y avait pas d'autres écrits à l'époque d'Esdras en dehors de ceux considérés comme divinement inspirés. Saint Augustin affirme : « Certaines choses furent écrites par les écrivains sacrés telles qu'elles étaient, par connaissance historique et diligence, et d'autres furent écrites comme des prophètes par inspiration divine. » Ainsi, nous avons une classification des écrits, tant en tant qu'historiens que prophètes.

La négligence des Juifs dans les temps anciens, combinée à leurs transitions continues d'un pays à un autre, a entraîné la perte de nombreux écrits sacrés. Le propre Livre du Deutéronome a été perdu pendant longtemps. De nombreux livres rejetés par le Canon restent des objets de curiosité et de vénération en raison de leur ancienneté. La Prière de Manassé, Bel et le Dragon, les deux Livres d'Esdras, les Livres des Macchabées et le Livre d'Hénoch, récemment découvert et traduit de l'éthiopien, en sont des exemples. Le Livre de Jashar, mentionné dans Josué et dans le Second Livre de Samuel, est depuis longtemps un objet de grande curiosité. Certains écrivains Hébreux ont soutenu que le livre contient des récits des vies et des actions d'Abraham, Isaac, Jacob et d'autres patriarches, appelés collectivement les Jasharim, qui signifie les justes. Le Dr Lightfoot pense qu'il s'agit du Livre des Guerres de Dieu, ce qui amène le lecteur à considérer les diverses batailles décrites à l'intérieur. Grotius le qualifie de poème triomphant. Josèphe dit : « Par ce livre, on entend certains registres préservés dans un endroit sûr, fournissant expressément un compte rendu de ce qui se passa entre les Hébreux année après année, et le livre s'appelait Jashar, ou droit, en raison de la fidélité de ses annales. »

Il est bien connu qu'il y a eu beaucoup de curiosité et d'anxiété pour découvrir le livre perdu, ce qui a conduit à plusieurs falsifications sous ce nom de temps à autre. Le Rév. M. Horne, dans son Introduction à l'Étude des Écritures, a pris le temps de compiler une histoire des différents Livres de Jashar falsifiés. Le plus notable fut publié pour la première fois en Angleterre en 1750 par un individu nommé Illivc, qui affirmait qu'il s'agissait d'une traduction d'une œuvre hébraïque de ce nom trouvée en Perse par Alcuin. Il fut republication à Bristol en 1829, et j'ai maintenant une copie. C'est une falsification mal exécutée de seulement soixante-deux pages, qui comprend de nombreuses notes, faisant apparaître Jashar comme l'un des Juges, tandis que la traduction du mot signifie « le droit » ou « le registre droit ». La même œuvre du Dr Horne mentionne brièvement le Livre de Jashar, écrit en Hébreu rabbinique et qui serait découvert à Jérusalem lorsque cette ville fut capturée par Titus et imprimée à Venise en 1613. C'est ce livre qui est maintenant traduit en anglais pour la première fois.

Avant la destruction de Jérusalem, les Juifs s'étaient déjà établis dans diverses parties de l'Espagne et de l'Italie. Ils commerçaient dans le Détroit de Gibraltar, comme le confirment les historiens, depuis les premières périodes de l'histoire. Basnage mentionne la découverte à Sagunto, une ville en Espagne, d'une stèle portant cette inscription hébraïque : « Voici la tombe d'Adoniram, un officier du roi Salomon, qui vint collecter les impôts et mourut _____ jour », etc. Il ne fait aucun doute que l'Espagne, et probablement la France et l'Italie, payaient un tribut à Salomon. Cependant, il est vrai que les Juifs apportèrent avec eux en Espagne, lors de leur dispersion, un nombre significatif de manuscrits et de rouleaux sacrés, qui restèrent là pendant de nombreuses années. Au XIe siècle, ils furent placés dans les grands collèges de Cordoue, et de là, transportés à Venise avec l'arrivée de l'imprimerie. La préface hébraïque du Jashar imprimé indique qu'il s'agissait d'une transcription minutieuse d'un registre hébraïque très ancien et presque illisible, imprimée avec le consentement du grand Consistoire rabbinique de Venise, qui seul avait l'autorité pour publier de telles œuvres de manuscrits hébraïques considérés comme authentiques. De l'édition vénitienne du Jashar, une autre édition fut publiée des années plus tard à Lemberg, en Galice. Les deux éditions hébraïques sont maintenant en ma possession. Lorsque la Société asiatique de Calcutta obtint une copie du Jashar, elle ordonna qu'elle soit traduite. Cependant, cet ordre fut annulé lorsqu'on remarqua les progrès notables réalisés en Angleterre pour la traduction de cette œuvre. Une lettre de son secrétaire au traducteur reflète le grand respect que la société avait pour ce projet.

SOCIÉTÉ ASIATIQUE RÉELLE

Maison de Grafton St., Bond St., Londres, 2 Septembre 1831.

Cher Monsieur,

Je vous remercie beaucoup de m'avoir permis de lire la lettre de M. Noah. En réponse à votre lettre, je tiens à vous informer que le Comité de Traduction Orientale ne considère aucun droit sur votre travail, et si le Rév. M. Adams devait traduire le Livre de Jashar, cela ne serait pas avant plusieurs années. J'espère que vos efforts importants et précieux dans ce travail intéressant seront bientôt présentés au public d'une manière ou d'une autre.

Cordialement,

WM. HUTTMAN.

Tout ce qui a été écrit ou publié par les commentateurs concernant les faux Livres de Jashar, je suis sûr, ne se rapporte pas à ce travail, bien que le Dr Horne le mentionne lorsqu'il parle des publications de Venise pendant la période précoce de la découverte de l'imprimerie. Cependant, en ce qui concerne l'origine et l'histoire de ce livre, je ne savais rien de plus que des rumeurs selon lesquelles il aurait été apporté de Jérusalem. Il y a certains événements enregistrés dans Jashar qui ressemblent à ceux trouvés dans le Talmud, sans doute des copies de Jashar. Bien que nous trouvions de nombreuses paraboles et histoires imaginaires dans le Talmud, la Mishnah et la Guémara pour des raisons morales et religieuses, tout ce qui se trouve dans Jashar figure également dans la Bible, mais avec plus de détails.

Préface du Traducteur

Notre époque se caractérise par un grand intérêt pour comprendre les connaissances et les arts des temps anciens. De nombreux étudiants et chercheurs ont visité des monuments antiques dans des pays tels que l'Égypte, Babylone, Assyrie et d'autres, à travers leurs explorations ; et c'est parmi ces monuments de la grandeur humaine en ruines que des voyageurs courageux et éclairés ont trouvé de grandes récompenses pour leur travail, rempli de danger et d'efforts ardus ; car parmi les vestiges de la grandeur humaine, ils ont réussi à rassembler des preuves solides confirmant plusieurs des vérités les plus importantes de l'histoire sacrée. L'histoire profane nous a effectivement transmis certains récits de ces royaumes et des puissants rois qui les ont gouvernés à travers de nombreuses générations ; mais les événements racontés sont clairement mélangés avec des exagérations et remplis de légendes. Ainsi, indépendamment de la reconnaissance que peuvent avoir les auteurs ou de l'attractivité de leurs écrits, l'étudiant religieux et philosophique s'écartera souvent insatisfait pour chercher des réponses dans les annales divines qui authentifient les registres Hébreux. C'est seulement dans ces derniers que l'on peut trouver la vérité sur l'origine, la gloire éclatante, le déclin et les véritables causes de la chute de ces anciens empires.

Dans l'histoire sacrée, nous trouvons la seule information authentique, qui est sans aucun doute inestimable, sur l'origine de l'univers, de l'humanité et de toutes les autres créatures vivantes, s'étendant progressivement à travers l'humanité, et le déluge qui a eu lieu l'année 1656 de la création. Cet événement colossal possède encore des preuves qui existent de nos jours, des preuves si universelles et solides qu'aucune connaissance géologique, aussi suspecte soit-elle, ne pourrait les faire disparaître pour faire place à des hypothèses apparemment plausibles. Les événements mémorables et les transactions dans les Écritures, ainsi que beaucoup d'autres réalités très intéressantes, sont inclus dans le Livre de Jashar. Tout est présenté dans un style de majesté simple, sans ornements excessifs, ce qui est une caractéristique particulière de la langue hébraïque.

Cela, avec de nombreuses autres preuves internes, convaincra probablement l'étudiant Hébreu que ce livre, à l'exception de quelques parties douteuses, est un monument vénéré des temps anciens. Bien qu'il puisse y avoir quelques ajouts effectués à des époques modernes, il existe encore suffisamment de preuves pour démontrer qu'il s'agit d'une copie du livre mentionné au chapitre 10 de Josué et au chapitre 1 de 2 Samuel. Il n'y a pas plus de sept ou huit mots tout au long du livre qui, par construction, pourraient être dérivés de la langue chaldéenne. La copie du livre en Hébreu que le traducteur possède ne contient pas de points. Lorsqu'il l'a lue pour la première fois, quelques confusions et doutes sont apparus dans son esprit concernant son authenticité ; mais plus il a étudié le livre, plus des preuves irrésistibles l'ont convaincu que le livre contient un trésor d'informations sur ces temps anciens, où l'histoire d'autres nations demeure silencieuse ou ne révèle aucune vérité réelle.

Il se réjouit particulièrement de constater que tout le contenu du livre sert à illustrer et confirmer les grandes et précieuses vérités de l'histoire divine, jusqu'à quelques années après la mort de Josué, période où le livre se termine. Dans ce livre exceptionnel, le lecteur trouvera des modèles de vertu, de dévotion et de la plus haute générosité, qui ne peuvent que renforcer son admiration et, en même temps, éveiller en lui un sentiment d'émulation pour suivre les glorieux exemples présentés. Avec ces observations préliminaires, le traducteur cherche maintenant à expliquer certains commentaires sur le contenu du livre pour les lecteurs.

Le titre ספר הישר signifie littéralement "le récit de ce qui est droit ou juste", mais comme le livre n'était pas connu, il a été appelé le Livre de Jashar. Cela a amené certaines personnes, qui n'étaient pas familières avec la langue hébraïque, à supposer que Jashar était le nom d'un prophète ou d'un juge en Israël. Un exemple de cette supposition est apparu dans une publication du milieu du siècle dernier, où il était supposé qu'il s'agissait d'une traduction anglaise d'un manuscrit Hébreu sur Jashar trouvé à Gaza, en Perse. Il était supposé que cette traduction avait été apportée par Alcuin.

Lorsque le traducteur a écrit à l'éditeur du London Courier en novembre dernier, il ne savait pas que la copie de Jashar, qui avait été annoncée dans la Bristol Gazette comme une découverte importante, se référait à ce livre fictif, qu'il a eu l'occasion de consulter grâce à la gentillesse d'un ami. Il s'est rapidement convaincu que tout le livre était une œuvre de satire en Angleterre, imitant le langage des Écritures. Ce livre a été publié sans aucune mention de l'imprimeur, de l'éditeur, du distributeur ou du rédacteur ; et il est clair que les personnes impliquées dans sa rédaction, qui ont fait de Jashar le nom d'un juge en Israël, étaient ignorantes même des rudiments de la langue dans laquelle elles disaient avoir traduit le texte, comme il est bien connu, même par un débutant en Hébreu, que l'article défini ה n'est jamais ajouté aux noms propres.

Des transactions importantes racontées avec une remarquable brièveté dans la Bible sont détaillées avec plus de précision dans le Livre de Jashar ; par exemple, concernant le meurtre d'Abel par son frère Caïn, il y a un récit spécial sur le désaccord qui a surgi avant cet acte et le prétexte que Caïn a cherché pour commettre le crime.

Il montre aussi que lorsque le jugement divin l'a condamné à devenir un nomade errant sur la terre, sa femme l'a accompagné, mais pas vers la terre de Nod, car un tel endroit n'est pas mentionné ; il semble plutôt que le mot "Nod" dans les Écritures signifie le participe du verbe נד ("voyager" ou "mesurer"). Jashar l'explique de la manière suivante : "Et à cette époque, Caïn sortit de la présence du Seigneur, de l'endroit où il était ; et il commença à voyager et errer sur la terre, du côté est de l'Éden, lui et tous ceux qui étaient avec lui."

Dans le passage sur la naissance de Caïn et Abel, trois femmes sont également mentionnées. Selon Jashar, l'art de l'écriture semblait être connu et pratiqué depuis les temps anciens ; il mentionne que Caïn avait été averti par Dieu de la destruction imminente de l'humanité par le déluge, ce qu'il avait gravé sur plusieurs tables de pierre et gardé dans son trésor. Ce livre fournit un récit plus détaillé des terribles circonstances entourant le commencement du déluge et du comportement de Noé face à la foule, qui semblait se rassembler autour de l'arche lorsque le moment fatal arriva, et leurs sorts furent irrévocablement scellés.

Une description particulière de la vie et du caractère d'Enoch montre que, grâce à sa sagesse, il mena les fils des hommes, leur enseignant toujours la vérité, la justice et le savoir, souvent devant le roi. Jashar nous informe qu'à l'époque de Péleg, non seulement la race humaine fut divisée et dispersée, mais que la terre elle-même fut divisée ; et il est supposé qu'il existe encore aujourd'hui suffisamment de preuves pour prouver la véracité de ces réalités. Ce livre offre également un récit plus détaillé des générations des descendants de Japhet, Sem et Cham, et des différentes parties de la terre qu'ils ont colonisées.

À cette période de l'histoire, il y a une histoire sur Nimrod, dont le caractère arbitraire et violent se distingue. Le point débattu sur la question de savoir si Nimrod était ou non le fondateur de l'Empire assyrien est clarifié ici. La cause de la dispute entre les commentateurs vient du mot אשור dans le chapitre 10 de la Genèse, verset 11, qui pourrait signifier à la fois le nom d'une personne et celui du pays, l'Assyrie. Jashar le décrit de la manière suivante : « Et Assur, le fils de Sem, sortit avec ses fils et sa maison, etc., et ils construisirent la ville de Ninive. »

Jashar clarifie clairement une série de difficultés généalogiques et chronologiques qui apparaissent dans la Bible ; un exemple en est donné ici avec la génération de Seir, l'Hori, dont la Bible reste silencieuse. Le commentateur érudit Aben Ezra observe : « De Seir, nous ne savons pas sa génération » ; et il est supposé que le mot חרי provient de חור, qui signifie un noble ; mais Jashar nous donne les descendants de Seir (expliquant pourquoi il était appelé l'Hori) avec ces mots : « Et Seir, le fils de Hur, le fils de Hivi, le fils de Canaan, etc. » ; c'est pourquoi il fut appelé l'Hori, à cause de Hur, son père.

Le caractère d'Abraham, par sa dévotion, sa véritable dignité et son hospitalité, semble sans égal ; mais le récit le plus émouvant et magnifique de ce livre est celui du sacrifice d'Isaac par Abraham. L'affection mutuelle entre père et fils, et leur dévotion ainsi que leur obéissance aux commandements du Créateur, sont décrites avec une telle profondeur qu'il est difficile de ne pas être profondément ému par ce récit. Le comportement de Sara, lié à cet événement glorieux et inédit, montre clairement qu'elle était la véritable femme d'Abraham et la mère d'Isaac. À ce moment-là, Sara mourut à Kiriath-Arba. Son enterrement est décrit comme magnifique ; il est spécifiquement mentionné qu'elle était accompagnée de Sem, le fils de Noé, d'Eber, son fils, du roi Abimélec, ainsi que d'Anar, Escol, Mamré et d'autres figures importantes de la terre.

Dans la Bible, Sara est la seule femme dont l'âge au moment de sa mort est mentionné ; mais il serait intéressant pour le lecteur de savoir que Jashar fournit généralement l'âge de toutes les femmes mentionnées tout au long de l'histoire. Dans ce livre, nous apprenons que Noé et Abraham étaient contemporains. Quelle belle réflexion sur une rencontre entre ces deux patriarches ! L'un était un monument de la miséricorde de Dieu, tandis que l'autre portait la promesse du favori et de la grâce de Dieu, non seulement pour lui, mais aussi pour ses descendants.

Ce fait pourrait être prouvé dans les Écritures ; mais étant donné qu'au verset 32 du chapitre 11 de la Genèse, la plupart des commentateurs chrétiens, malheureusement, datent la naissance d'Abraham 60 ans après ce qui s'est réellement passé ; ils spécifient généralement qu'il est né en l'an 2008 de la création, tandis que les calculs réguliers de la Bible nous conduisent 60 ans avant, ce qui correspond à l'an 1948 de la création.

Ce livre fournit un récit spécial des instructions qu'Abraham, Isaac et Jacob ont reçues de Sem et Eber, ce qui les a rendus excellents en dévotion et en sagesse. Ces hommes sont devenus leurs mentors, car ils vécurent jusqu'à un âge avancé ; en particulier Sem, qui, étant au courant de tout ce qui était connu avant le Déluge, a pu renforcer leurs principes vertueux, la véritable adoration de Dieu et la nécessité de dépendre uniquement de Lui, tout en racontant les événements terribles qu'il avait vécus.

L'histoire de Joseph reste considérée comme l'un des récits les plus admirables et intéressants. Elle est écrite dans un style simple et éloquent qui touche le cœur de tous les lecteurs. Dans Jashar, cette histoire entre dans plus de détails sur l'affaire de la femme de Potiphar, Zelikah ; la magnifique procession de Joseph à travers les villes égyptiennes lorsqu'il atteignit le pouvoir ; le luxe qui l'accompagnait avec des chars, des officiers et le peuple de Pharaon lorsqu'il alla retrouver son père ; la scène émotionnelle qui se produisit à ce moment-là, ainsi que d'autres incidents notables.

Ce livre inclut l'histoire de la vie et des événements mémorables de toutes les figures importantes de l'histoire sacrée, d'Adam jusqu'à l'époque des Anciens, qui suivit immédiatement Josué.

LA FIN

www.ingramcontent.com/pod-product-compliance
Lightning Source LLC
Chambersburg PA
CBHW080946120626
46546CB00010B/2853